AF130960

Friedrich Leopold Graf zu Stolberg

Reise in Deutschland, der Schweiz, Italien und Sizilien

Friedrich Leopold Graf zu Stolberg

Reise in Deutschland, der Schweiz, Italien und Sizilien

ISBN/EAN: 9783742897169

Hergestellt in Europa, USA, Kanada, Australien, Japan

Cover: Foto ©ninafisch / pixelio.de

Friedrich Leopold Graf zu Stolberg

Reise in Deutschland, der Schweiz, Italien und Sizilien

Reise

in

Deutschland, der Schweiz, Italien und Sicilien.

von

Friedrich Leopold Gräf zu Stolberg.

Τὰ καλὰ ἐπὶ τοῖς ἀγαθοῖς·
Das Schöne zum Guten!
Platon im zweiten Alkibiades.

Vierter Band.

Königsberg und Leipzig,
bei Friedrich Nicolovius,
1794.

Reise

in Deutschland, der Schweiz, Italien und Sicilien.

Vierter Band.

Ein und neunzigster Brief.

Meine Absicht war von Girgenti nach Castrogiovanni zu reisen, dem Enna der alten, berühmt durch
seinen Hain, seine blumigen Auen, und die Fabel
der bei der Blumenlese von Pluton entführten Proserpina. Von dort wollte ich mitten durch das Land
nach Syrakus reiten. Aber wir erfuhren, daß in
dieser Jahrszeit die Luft bei Castrogiovanni böse sei,
und beschlossen bis Terranova an der Küste zu
bleiben.

Durch ziemlich kahle Gefilde reisten wir am
21sten des Morgens nach Palma. Sehr heiß glühte
der Sonne Strahl, als wir dieses feine Städtchen
beinah nach 9 Uhr des Vormittags erreichten. Nahe
vor seinen Mauern wird die Vegetation wieder sehr
frisch in quellenreicher Gegend. Mandelbäume werden hier in großer Menge gezogen, und erreichen einen
ansehnlichen Wuchs. Auch wird der Johannisbrod-
baum hier sehr groß. Er hat ein sonderbares und
schönes Ansehen. Nah an der Wurzel verbreiten sich
seine starken Aeste rund umher, senken sich in die Erde,
wachsen dann gerade wieder empor. Wo Ein Baum
sich mit seiner Familie verbreitet, da scheinet ein kleiner Hain zu grünen.

Ein Empfehlungsschreiben des freundlichen Canonicus Spoto hatte uns in Palma einen geräumigen
Palazo geöffnet, wo wir die heißen Stunden auf Bet-
ten ruheten. So warm auch diese südlichen Länder
sind, findet man doch mehrentheils angenehme Kühlung in den Häusern. Starke Mauern halten die
Hitze ab, und die Zimmer sind sehr hoch. Bei Tage
leidet man in den Häusern selten von der Hitze, des
Abends mehr, wenn man aus freier Luft hinein tritt,
und die Mauern durchwärmet worden. Es ist son-
derbar, daß die Nachthitze oft den Schlaf stört, die
größere Hitze des Tages aber einschläfert. In gerin-
gerem Grade ist das auch der Fall bei uns, wiewohl
in Deutschland der Morgen- und Abend-Thau viel
stärker fällt als in diesen Ländern, wo man der lieblichen Thauluft, welche Gesunden so erquickend ist,
oft entbehren muß, und nie in dem Maße genießet,
wie in unserm Vaterlande. Die Fliegen sind hier bei
Tage lästig. Ein seidner Flor, welchen man übers
Gesicht wirft, gehört zu den Reisebedürfnissen, wenn
man bei Tage schlummern will.

Palma gehört dem Prinzen von Lampedusa.
Noch im Jahr 1779 hatte es wenig mehr als fünftausend Menschen. Itzt soll die Bevölkerung bis auf
neuntausend gestiegen sein. Eine reiche Schwefel-
mine nähret viele der neuen Anbauer. Diese Stadt
ist erst im Jahr 1637 von einem aus dem Geschlecht
Chiavomonte gegründet worden.

Auf einem Berge am Meer, unfern von Palma, findet man weiße Rebhüner. Man weiß nicht
woher sie gekommen sind, sie sollen erst seit zwölf bis
funfzehn Jahren sich dort aufhalten. Sie vermischen
sich oft mit andern Rebhünern, und dann pflegen aus

derselben Brüt Junge von beiden Arten hervorzu-
kommen. Die gewöhnlichen Rebhüner der Insel sind
grau, mit weißen Flecken und hochrothem Fleisch am
Schnabel. Sie haben Aehnlichkeit mit den Perlhünern.

Nachmittags ritten wir nach Alicata. Dicht
vor dieser Stadt ist ein lieblicher, langer Hügel, dessen südliche Seite die Hitze abwehret. Er ist bedeckt
mit Landhäusern und grünenden Fruchtbäumen, gewässert von reichen Quellen, die auch das Land umher durch unterirdische Leitung geführet, tränken.

Man macht sich bei uns einen falschen Begriff
von der sommerlichen Ausdorrung der Gewächse in
heißen Ländern. Es ist wahr, daß auf freien, unbe-
schatteten und sparsam gewässerten Triften das Gras
auf der Wurzel verdorret. Auf solchen frißt das
Vieh während der heißen Monate wahres Heu. Aber
die großen Heerden werden dann im Gebürge gewei-
det, wo das Gras frisch bleibt. Die Anger, welche
ißt dürr sind, gewähren im Winter dem Vieh frische
Weide. Die Bäume, dieser Luft gewohnt, und in
einem sehr fruchtbaren Boden wurzelnd, haben alle
ein freudiges Grün, und Hügel oder Thäler, welche
von der Natur mit reichen Quellen begünstiget werden, nähren eine volle Vegetation des Grases und
des Laubes, von deren glänzenden Saftfarbe wir
Nordländer uns keinen Begriff machen. Verschiedne
afrikanische Gewächse unsrer Treibhäuser haben diese
Farbe, diese Fülle, diesen Glanz.

Alicata, oder Licata, auch Leocata, ist eine
feine Stadt, theils am Meere unter einem Berge,
theils auf dem Berge selbst erbauet. Ein festes Fel-
senschloß im Meer hängt durch eine schmale Erdzunge

mit der Stadt zusammen. Der Berg heißt itzt nach
der Stadt Monte di Licata. Cluver hält ihn für den
Eknomos der Alten. Die Zahl der Einwohner von
Alicata wird von Amico geschätzet auf 10,960.
Dieser Schriftsteller ist zuverlässig, seit etlichen dreißig Jahren aber hat die Zahl der meisten königlichen
Städte, manches Drucks wegen abgenommen, zum
Vortheil der Baronialstädte, deren Bürger, besonders die vom untern Adel, zwar oft über die Baroni
klagen, sich doch aber besser unter ihrer Herrschaft,
als unter der unmittelbaren Regierung des Königs
befinden. Denn da ihnen immer der Weg zur Klage
offen stehet, und die Regierung den Baroni ihr Ansehen lieber schmälert als erhöhet, müssen diese bei
Ausübung ihrer Rechte große Vorsicht gebrauchen.

Im Jahr 1553 ward Alicata von den Türken
und ihren Bundesgenossen den Franzosen, angefallen
und verbrannt,

Alicata stehet da, wo ehmals Phintia stand,
eine Stadt, welche der agrigentinische Tyrann Phintias, ein Zeitgenosse des Pyrrhos, gründete. Er versetzte hieher die Einwohner von Gela, nachdem er
diese Mutterstadt von Agrigent 282 Jahr vor Christi
Geburt zerstört hatte.

Am 22sten Juni ritten wir den Morgen und
Vormittag, bis wir gegen elf Uhr Terranova erreichten. Gleich vor Alicata kamen wir durch die Mündung des Flusses Fiume salso. Er ist der größte in
der Insel, und hieß ehmals Himeras. Er scheidet
das Val di Mazara vom Val di Noto, in welchem
wir itzt sind. Die Hitze ward in den letzten Stunden
sehr groß. Es wehete der entkräftende Scirokko.
Es ist als ob das Meer unwillig seinen Einfluß fühlte.

So wenig auch die Luft durch ihn in Bewegung kommt, schäumt doch das Meer wenn er herrschet mit brausenden Wogen. Es scheint, daß sich in diesem Elemente seine Bewegung stärker erhalte, als in dem leichteren der Luft. Sein Hauch ist feucht, die Kleider werden klebend unter der Berührung. Das Mark in den Gebeinen ist wie zermalmt, Mißmuth umwölkt das Herz. Kaltes Bad und kaltes Getränk, kühlende Früchte, ein Trunk edeln Weines, aber vor allen Eis und Ruhe sind die besten Mittel dagegen.

Sowohl der alten als der neuen Städte Gründer wählten, wie natürlich, in diesen Ländern quellenreiche Gegenden. Auch Terranova genießet des Segens einer freudigen Vegetation und herrlichen Obstes.

Hier stand das alte Gela. Antiphemos aus Rhodos und Entimos aus Kreta, führten gemeinschaftlich eine Kolonie nach Gela, 45 Jahre nach der Gründung von Syrakus, im ersten Jahr der 23sten Olympiade, 686 Jahr vor Christi Geburt. Es liegt am Flusse, welcher Gelas hieß, und der Stadt ihren Namen gab. Ein alter griechischer Scholiast des Pindars nennet ihn Gelon. Itzt heißt er nach dem neuen Namen der Stadt Terranova. Dicht vor der Stadt, am südwestlichen Ufer, liegt eine gestürzte dorische Säule, einzige Zeugin von Gela's ehmaliger Größe.

Gela hatte ein weitläuftiges Gebiet. Die Stadt war groß, und wird vom Dichter Kallimachos ασυ genannt, ein Wort, welches nur sehr große Städte zu bezeichnen pflegt. Weswegen auch Virgil ihr den Namen immanis Gela giebt. Eine andre Erklärung des Wortes inmanis wird von den Tyrannen hergeleitet, welche theils Gela beherrscht haben, theils aus Gela geburtig waren. Es ist wahr, daß immanis mehrentheils den Begriff der Grausamkeit oder Wildheit ausdrückt. Aber der Umstand, daß es von Tyrannen beherrscht ward, zeichnet Gela nicht vor den andern Städten Siciliens aus. Gelon, Hieron der Erste, und Thrasybulos, drei Söhne des Deinomenes, welche nach einander Syrakus beherrschten, waren aus Gela. Gelon, einer der größten und besten Männer des griechischen Alterthums, herrschte durch verdientes Ansehen, nicht durch Gewalt. Hieron war kaum zweideutiger Gemüthsart, wiewohl große Dichter, Pindar und Simonides, ihn rühmten; Thrasybulos war, in jedem Sinne des Wortes, Tyrann.

Der große tragische Dichter Aeschylos brachte als Greis seine Tage in Gela zu, da er, unzufrieden mit seinen Mitbürgern, Athen verlassen hatte. Als er einst am Gestade schlummerte, ließ ein Adler eine Schildkröte auf seine kahle Scheitel fallen, sie für einen Stein ansehend, weil er seine harte Beute zerbrechen wollte. So starb Aeschylos.

Pausanias, ein Philosoph und Arzt, Freund und Schüler *) des Empedokles, und Timagenes der Philosoph, Schüler des Theophrastos, waren aus Gela.

Im vierten Jahr der 93sten Olympiade, 493 Jahr vor Christi Geburt, fiel Himilkon, Feldherr der Karthager, nachdem er Agrigent zerstört hatte, mit seinem ganzen Heer ins Geloische und Kamarinische Gebiet. An dem Ufer des Gelas, vor der Stadt Gela, raubte er eine koloßalische Statue des Apollon.

---

*) Den Pausanias verwechsle man nicht mit dem Schriftsteller Pausanias.

Er sandte sie nach Tyros, der Mutterstadt von Karthago. Als Alexander Tyros belagerte, beschimpften die Tyrer diese Statue, sie beschuldigend, daß sie es mit dem Feinde hielte.

Die Karthager befestigten ihr Lager, in der Erwartung, daß Dionysios (welcher kurz vorher durch Gewalt und List sich der Herrschaft über Syrakus bemächtigt hatte) mit großer Heeresmacht gegen sie ziehen würde. Die Geloer beschlossen ihre Weiber und Kinder nach Syrakus zu senden, die Weiber aber flohen zu den Altären, und flehten die Männer so dringend an, ihnen zu vergönnen, die Gefahr des Krieges zu theilen, daß jene ihnen zu bleiben erlaubten. Bei verschiednen Ausfällen machten die Geloer viele Gefangne, und tödteten viele Feinde, die Kunde der Gegend nutzend. Sie wehrten sich tapfer gegen die Karthager, als schon ihre Mauern von den feindlichen Widdern erschüttert und gestürzt worden. Was bei Tage einstürzte, bauten sie wieder bei Nacht; Weiber und Kinder waren bei der Arbeit beschäftigt. Die Mannschaft blieb unter den Waffen. Sie wehrten sich mit Unerschrockenheit, wiewohl ihre Stadt nicht sehr fest war, die Mauern einstürzten, und keine Bundesgenossen ihnen beistanden.

Mit einem vermischten, aus Syrakusiern, aus verbündeten Griechen von Italien und Sicilien, und aus Söldnern bestehenden Heere, kam Dionysios Gela zu Hülfe. In einer Schlacht mit den Karthagern ward er geschlagen, und sah sich genöthiget, das Volk von Gela bei Nacht aus der Stadt nach Syrakus zu senden. Die Karthager nahmen von Gela Besitz.

Die Bürger wurden von Syrakus nach Leontion gesendet. Sie müssen bald nachher Gela wieder

Diod.
B. XIII.
Vol. I. p.
630-33.

Diob.
S. XIV.
Vol. II.
p. 89.

bewohnt haben, denn diese Stadt hielt es mit Dion gegen den jüngern Dionysios.

Im zweiten Jahr der 117ten Olympiade, 309 Jahr vor Christi Geburt, beschuldigte Agathokles, der Tyrann von Syrakus, die Geloer, daß sie es mit den Karthagern hielten, tödtete mehr als 4000 Bürger dieser Stadt, und zwang die übrigen, ihm

S. XIX.
Vol. II.
p. 400.

alles geprägte und ungeprägte Gold und Silber zu übergeben.

Phintias, Tyrann von Agrigent, zerstörte Gela 282 Jahr vor Christi Geburt, im ersten Jahr der 124sten Olympiade.

Die neue Stadt Terranova ward gegen die Mitte des 13ten Jahrhunderts von Kaiser Friedrich dem Zweeten gegründet. Die Zahl ihrer Einwohner ward von Amico vor 30 Jahren auf 7076 angege-

Lexicon topogr. Sic.

ben. Es ist eine Baronialstadt, und gehört dem Herzoge von Monteleone.

Am 23sten ritten wir durch den Strom Terranova, dem alten Gelas, ließen das Meer rechts hinter uns, und waren nun in geloischen Gefilden, deren Fruchtbarkeit in allen Zeiten so berühmt war. Nie sah ich stärkere Stoppelhalme. Wo noch Getreide stand, da war es auf Aeckern, welche vom diesjährigen Mangel an Regen gelitten hatten, und da stand es kaum mittelmäßig.

Ehe die Vormittagssonne sehr stark ward, erreichten wir das Städtchen Santa Maria di Niscemi, welches auf einem Berge liegt. Da das Wirthshaus elend zu sein schien, sahen wir uns schon nach einem Kloster um, als ein schlicht gekleideter Mann uns freundlich bat ihm zu folgen. Er führte uns in das Haus seines Sohnes, welcher Scrivano des Städtchens ist. Eine Menge Menschen hatten sich so bald

wir abgestiegen waren, um uns gesammelt. Bald
war nun auch unser Zimmer voll von neugierigen An-
goffern, welche alle kamen, wie sie sagten: per di-
mostrar una piccola attentione agli Signori fo-
restieri, (um den fremden Herren eine kleine Höflichkeit zu erzeigen) in der That aber, um ihre uner-
sättliche Neugierde zu weiden. Unter ihnen war ein
alter Priester, welcher wie die andern unsre Ungeduld
zu reizen anfing, doch aber uns sehr beschämte, als
er, nach weitläufiger Erkundigung unsrer Reise, uns
freundlichen Rath gab, sich entfernte, und bald mit
Empfehlungsschreiben wieder kam. Damit nicht zufrieden, gab er einem unsrer Mauleseltreiber einen
welschen Hahn für uns mit auf den Weg.

Den Nachmittag sahen wir viele und große Kork-
bäume. Abends kamen wir in Caltagirone an. Diese
Stadt, welche von mehr als 17,000 Menschen bewohnt wird, ist nach einer freiwilligen Gabe an den
König, von fast allen Abgaben befreit, und mit Hand-
lungsprivilegien beschenket worden, deren sich keine
der andern Städte erfreuet. Ein mehr prächtiger
als schöner Säulengang, welchen die Bürger auf
einer Anhöhe, um freie Luft zu genießen, bauen,
und eine breite Landstraße, mit deren Fortsetzung man
beschäftiget ist, zeigen schon den Muth der Einwohner, welche wachsende Kräfte fühlen. Die Stadt
liegt auf einem Berge, ihr Ursprung ist ungewiß.
Gewiß ist, daß sie zur Zeit der Saracenen schon stand.
Vermuthlich früher, da die Höhe und die umliegen-
den Aecker reizen mußten.

Gestern sahen wir, sobald wir Caltagirone verlassen hatten, den Aetna hoch hinter den nahen Bergen hervor ragen. Wir ritten durch fruchtbare und
wohlbebaute Gegenden, auch sahen wir wieder Berge,

welche von Bäumen beschattet waren. Wir ließen rechts auf einem Hügel das Städtchen Minoe liegen. Diese Stadt ward ehmals von Sikulern bewohnt, hieß Menai (ich lese Μεναι im Diodor, mit Cluver, statt der gewöhnlichen Lesart Νεας,) und war der Geburtsort des berühmten Duketios, Anführers oder Königs der Sikuler, welcher im vierten Jahr der 8 1sten Olympiade, 45 1 Jahr vor Christi Geburt, die Einwohner in die Ebne, nah an den Tempel der Paliker versetzte, und nach ihnen die neue Stadt Palika nannte.

Diese Götter wurden für Zwillingssöhne des Zeus und der Nymphe Aetna, nach andern Thalia, gehalten. Ihr Tempel war berühmt durch Alterthum und heiliges Grauen. Diodor erzählt, es wären heiße, glühend scheinende Quellen, wie aus zween beiden Kesseln, aus Kratern von nicht großem Umfang, aber von unsäglicher Tiefe, gesprudelt. Wegen des Schwefelgeruchs habe noch niemand ganz hinzu gehen können. Der tiefe Strudel brülle fürchterlich, das Wasser fließe nie über, und fehle nie. Hier wurden die feierlichsten Eide geschworen, und Diodor versichert, den Meineidigen habe unmittelbare Strafe verfolgt. Hier löste der Eid unauflösbare Streitigkeiten. Hier fanden Knechte eine Zuflucht gegen grausame und erzürnte Herren, welche jene nicht mit Gewalt wegführen durften, sondern ihnen durch den Eid bekräftigte Versicherungen geben mußten. Man wußte, sagt Diodor, von keinem Beispiel, daß ein Herr diese Versicherungen nicht gehalten hätte. Der Tempel lag in einem herrlichen Gefilde, war mit Säulengängen und andern Ergötzungs-Anstalten geziert. (*)

*) Die Fabel erzählt, daß schwanger von Jupiter, die Nymphe Aetna, oder Thalia, (Thalia nennet sie Macrobius)

Nachdem Duketios Palika erbaut, und mit einer guten Mauer versehen hatte, theilte er den Bürgern die angränzenden Aecker aus. Güte des Bodens und Menge der Einwohner erhuben bald die Stadt zu Ansehen. Aber das Glück von Palika dauerte nicht lange; es ward bald nachher zerstört.

Diodor. B. XI. Vol. I. p. 471; 7e.

Sowohl die Länge unsrer Tagreise, als auch die böse Luft dieser sprudelnden Quellen, hielten uns ab sie zu besuchen. Ein itzt lebender sicilischer Schriftsteller sagt: „Der See Palici ist noch voll von schweflichem und höchst ungesundem Wasser, so daß Menschen und Thiere nicht ohne Gefahr dabei verweilen. Seine Breite ist ohngefähr von hundert Schritten."

Gegen zehn Uhr Vormittags erreichten wir das Städtchen Palagonia. Es liegt auf einer Anhöhe über einem sehr lustigen Thale. Die Lage und der

den Zorn der Juno fürchtend, gewünscht habe, daß sich ihr die Erde öffnen möchte. Es geschah, und als sie gebar, kamen die beiden Zwillinge hervor, welche Palici von den Worten πάλιν und ἵκειν (wieder und geben) sollen geheißen haben) weil sie aus der Erde wieder zurück kamen. Nach andern waren sie dieselben, welche berühmter sind unter dem Namen Kastor und Pollux. Und hießen Palici, weil sie mit einander immer, einen Monat im Olymp leben, und dann einen Monat im Schattenreich, also immer wie es letzten, seitdem der unsterbliche Pollux von Zeus erbeten hatte, die Unsterblichkeit mit dem von Lyngkeus erschlagnen sterblichen Kastor theilen zu dürfen. Statt pinguis ubi er placabilis ara Dianae (Virg. VII.) lesen andere Palici. Und Servius sagt: Man hätte diesem Göttern erst Menschen geopfert, dann aber hätten sie sich durch andere Opfer sühnen lassen, deswegen nenne Virgil den Altar sühnbar. Was die Söhne der Leda betrifft, so muß ich noch anmerken, daß nach einigen Pollux, nach andern Kastor, der von Natur unsterblich war.

Name machen es mir höchst wahrscheinlich, daß in
diesem Thale der Tempel stand. Dieser Ort ist das
Stammhaus der Prinzen Palagoniä, deren einer das
abenteuerliche Schloß zwischen Solanto und Palermo
baute, welches ich dir beschrieben habe.

Den Nachmittag sahen wir in seiner ganzen
Länge, hinter fruchtreichen Gefilden, den Aetna. Wir
ließen links den See Beverja liegen. Er soll sehr
reich an Fischen sein, besonders an Aalen, und an
Gevögel. Durch ihn fließt der Fluß Leonardo, welchen die Alten Lissos nannten. Bald nachdem er aus
dem See gekommen, fließt er Lentini nahe vorbei.
Da er manchesmal austritt, macht er die Luft der
Stadt sehr ungesund. Mit Vergnügen sahen wir
die fruchtbaren Aecker, welche nach Erzählung der
Alten, Herkules soll bewundert haben. Sie haben
immer den Ruhm ihrer Fruchtbarkeit behauptet.

Diodor.
B. IV.
Vol. I. p.
170.

Den ganzen Tag hatten wir Rauch aufsteigen
gesehen, nicht nur aus dem obersten Schlunde des
Aetna, sondern auch aus einer tieferen Gegend, wo
seit einigen Monaten ein neuer Schlund sich geöffnet
hat. Als es dunkel ward, sahen wir den rothen
Glutstrom.

Ich bitte dich, unser Glück zu bewundern, daß
wir nicht nur den Vesuv während seines Ausbruchs
sahen, sondern nun auch den Aetna zu einer Zeit besuchen, da er mit jeder Schönheit geschmückt, mit
jeder Fruchtbarkeit gerüstet ist.

Ein Empfehlungsschreiben der schönen jungen Prinzessin Leonforte aus Palermo, eröffnete
uns ein bequemes Haus im obern Theil der Stadt
Lentini, wo die Luft nicht so ungesund ist. Lentini
wird itzt nur von etwas mehr als viertausend Menschen bewohnt. Es liegt am Fuß einer Anhöhe,

auf deren Gipfel Karl der Fünfte eine neue Stadt
baute, um die Einwohner zu reizen, ihre böse Luft
gegen beſſere zu vertauschen. Er nannte ſie Cerlen-
tini. Sie ſoll von beinah dreitauſend Menſchen bewohnet werden.

Lentini iſt ein kleines Ueberbleibſel des ehmals
blühenden und mächtigen Leontion, wohin im erſten
Jahr der 13ten Olympiade, 726 Jahr vor Chriſti
Geburt, Chalcidenſer aus Euböa, welche ſechs Jahr
vorher das ſiciliſche Naxos gegründet hatten, unter
Anführung deſſelben Theokles, dem ſie aus Griechenland gefolgt waren, ſich niederließen, nachdem ſie die
ſikuliſchen Einwohner vertrieben hatten.

Thukyd.
B. VI.
P. 379.
ed.Duk.

Leontion hatte gleiches Schickſal mit den andern
griechiſchen Pflanzſtädten Siciliens. Seine Bürger
wurden mehrmal von Tyrannen gedrückt, und behaupteten mehrmal ihre Freiheit wieder. Phalaris,
der Tyrann der Agrigenter, bezwang ſie einmal, nahm
ihnen die Waffen, und führte mit der Staatsklug-
heit eines Tyrannen Ueppigkeit ein, daher das
Sprüchwort entſtand: Die Leontiner ſind immer
bei den Bechern.

Leontion veranlaßte die erſte Unternehmung der
Athenienſer gegen Syrakus. Denn die Leontiner
führten Krieg mit den Syrakuſiern. Alle Städte
doriſchen Urſprungs, außer den Kamarindern,
hielten es mit dieſen; mit den Leontinern alle
Städte chalcidenſiſchen Urſprungs, und die Kamarinder. Der Syrakuſier Uebermacht drängte
die Leontiner. Dieſe ſandten Abgeordnete nach Athen,
um Hülfe flehend. Unter ihnen war der berühmte
Philoſoph und Redner Gorgias. Er übertraf ſeine
Zeitgenoſſen an Ruhm der Beredſamkeit, wiewohl
dieſe großentheils in geſuchten Künſten, Gegenſätzen

und dergleichen Figuren der Rhetorik bestand, und nicht zu vergleichen war mit der hohen erschütternden Beredsamkeit des Perikles, von welcher sogar die komischen Dichter mit Bewundrung reden.

Aristophanes sagte: „Der olympische Perikles blitzte, donnerte, warf Griechenland durcheinander." Und Eupolis, von dem wir wenige Fragmente haben: „Ueberzeugung saß auf seinen Lippen, so bezauberte er, nur er unter allen Rednern ließ einen Stachel in den Hörenden zurück."*) Die Griechen, besonders die Athenienser, waren lüstern nach Neuheit. Gorgias gab Unterricht in der Rhetorik, und ließ sich von seinen Schülern hundert Minen (ohngefähr zweitausend Reichsthaler) bezahlen. Mit verderbenden Sitten nimmt mehrentheils verderbender Geschmack überhand. Denn das Schöne ist mit dem Schönen verwandt, mit dem Schlechten das Schlechte.

Gorgias überredete leicht die Athenienser, Antheil an dem Kriege zu nehmen, da diese, schon lange lüstern nach Siciliens Besitz, gern den Vorwand der

---

*) Diodor führt diese Verse an, und schreibt sie alle dem Eupolis zu, nachdem er vorher andre von Aristophanes angeführet hat. Da aber von andern die beiden ersten Verse dem Aristophanes zugeschrieben werden, so muß man wohl im Diodor mit Wesseling lesen:

Και παλιν εν αλλοις (nehmlich λεγει Αριστοφανης)

— — Περικλης ο ολυμπιος·

Ηςραπτεν, εβροντα, ξυνεκυκα την Ελλαδα·

Ευπολις δε ο ποιητης·

Παθω τις επεκαθισεν επι τοις χειλεσιν.

Ουτως εκηλα, και μονος των Ρητορων

Το κεντρον εγκατελιπε τοις ακρωμενοις·

bedrängten Leontiner ergriffen, denen sie als einem verwandten Völke Beistand geben müßten. Denn die Städte chalcidensischen Ursprungs stammten gleich den Atheniensern von Jonern ab. Die Athenienser beschlossen also Krieg; dieser zog sich in die Länge; die Leontiner machten endlich Friede mit den Syrakusiern, welche ihnen das Bürgerrecht von Syrakus gewähr= ten, sie dorthin verpflanzten, und Besatzung in Leon= tion legten. Die Athenienser schifften daher zurück.

Thukid.
B. III.
p. 220,
21. und
Diod.
B. XII.
Vol.I.p.
513 : 15.

Von den Syrakusiern aus ihrer Vaterstadt ge= trieben, trachteten die Leontiner nach Wiederherstel= lung. Im ersten Jahr der 91sten Olympiade, 414 Jahr vor Christi Geburt, gelang es ihnen und den Egestäern, welche mit den Selinuntiern kriegten, Athen zu einer zwoten Unternehmung gegen Sicilien zu reizen, elf Jahr, nachdem sie die erste Unterneh= mung vornahmen, im 16ten Jahr des peloponnesi= schen Krieges. Die Athenienser waren sehr hitzig bei diesem Feldzuge, und beschlossen, schon zum Voraus, die Syrakusier und Selinuntier alle, als Sklaven zu verkaufen, den übrigen Völkern der Insel aber jähr= lichen Schoß aufzulegen.

Im dritten Jahr der 93sten Olympiade, 405 Jahr vor Christi Geburt, als der Krieg mit den Athe= niensern noch dauerte, räumten die Syrakusier den Agrigentern, deren Stadt die Karthager zerstört hat= ten, Leontion ein.

Noch im selbigen Jahr bediente Dionysios sich des Völks von Leontion, um seine Tyrannei über Syrakus zu befestigen. Aber nachher war auch Leon= tion der Ort, aus welchem die Befreier von Syra= kus, Dion und Timoleon ihre Unternehmung gegen die Tyrannen anfingen. Hier fiel Iketes, der Leon= tiner Tyrann, dem Timoleon in die Hände.

Plut.
im Leben
des Ti=
moleon.

Zu beiden Seiten dicht bei Lentini ſieht man viele Hölen in Felſen gehauen. Vielleicht dienten ſie den Sikulern, vielleicht den früheren Läſtrigonen und Kyklopen zur Wohnung; denn ich bin der Meinung, daß die poetiſche Sage von den Kyklopen auf Wahrheit gegründet war, und die Wildheit dieſes Völkchens den Dichtern Anlaß gab, ſie als große Ungeheuer vorzuſtellen.

Heute ritten wir den Vormittag lange an den Ufern des Fluſſes Cantara, welcher bei den Alten Alabon genannt ward. Nach Bochart ſoll Halava auf Lexic. topogr. Sic. Phöniziſch Süßigkeit heißen; er vermuthet, daß Phönizer den Fluß ſo nannten, weil an ſeinen Ufern vortreflicher Honig iſt. Er ſchlängelt einigemal zwiſchen hohen Felſen durch anmuthige Thäler. Dieſe ganze Gegend hat eine freudige Vegetation und große Fruchtbarkeit. Wir ſähen ſchöne Rinderheerden. Die Rinder der Inſel ſind ohne Ausnahme roth, haben ungeheure Hörner und ſtarken gedrungnen Wuchs. Nur die Farbe unterſcheidet ſie von den weißen apuliſchen Rindern.

Dieſen Mittag raſteten wir in Fondaco del Fico. Der Name wird dich an die angenehme Raſtſtäte in Kalabrien erinnern, wo wir zwiſchen Catanzaro und Monteleone Mittag hielten. Auch das ſiciliſche Fondaco del Fico iſt angenehm durch ſchattende Bäume, unter welchen hohe Maulbeerbäume ſich auszeichnen. Dieſe gewähren itzt mehr als Schatten. Im Hauſe fehlte es an allem, und es war höchſt unſauber. Aber ein großer Feigenbaum nahm uns alle auf in ſeinen Schatten beim Mittagsmahl, und würde uns in ſüßen Schlummer geſäuſelt haben, wenn wir nicht hätten eilen müſſen, um Syrakus zu erreichen.

Den Nachmittag ritten wir über die Stäten, wo das kleinere Hyblä und Megara ehmals standen. Der Boden besteht aus flachen Felsen. Wir sahen eine Trümmer von ausgehauenen Steinen. Ohne Zweifel ein Grabmahl von Megara.

Ohngefähr zur selbigen Zeit da Chalcidenser sich in Leontion niederließen, führte Lamis aus Megara in Griechenland eine Kolonie an den Fluß Pantafias, und gründete Trotilon, (welches östlich am Meer bei Leontion lag) dann beherrschte er mit den Chalcidensern Leontion, ward von den Leontinern vertrieben, gründete Tapsos und starb. Seine Landsleute wurden von Hyblon, einem Könige der Sikuler, aus Tapsos vertrieben, und bauten das hybläische Megara. Nachdem sie diese Stadt 245 Jahre besessen hatten, vertrieb sie Gelon, der Beherrscher von Syrakus, aus der Stadt und dem Gebiet. Hundert Jahre nach Erbauung von Megara hatten diese Megarenser Selinus, durch einen von ihnen gesandten Pammilos, gestiftet.

Thukyd. B. VI. p. 380.

Der hybläische Honig war bei den Alten, nach dem Hymeltischen im attischen Gebiet, vor allen andern berühmt. Noch itzt soll dieser Honig vortreflich sein; und man kann nicht weniger erwarten vom großen stark duftenden Thymian, der auf heißen Felsenboden wächst.

Das alte Thapsos, welches die Römer ohne h Tapsus nannten, stand auf einer kleinen Halbinsel gleiches Namens, welche wir nahe liegen sahen. Sie heißet itzt Isola de gli Manghisi.

Der Anblick von Syrakus, welches wie Tarent zwischen einem größern und kleinern Meere liegt, (man darf wohl seinen Hafen einen Meerbusen nennen) dieser Anblick hat noch immer etwas sehr gro-

ßes, wiewohl die itzige Stadt, auf die Insel eingeschränkt, vielleicht nur den zwanzigsten, wohl kaum
den zwanzigsten Theil der alten Stadt einnimmt.

Mit diesem Anblick drängen sich große Erinnerungen in die Seele. Man sieht die Stadt, welche,
allein unter allen griechischen Städten, Athen den
Vorzug streitig machte. Man übersieht eine Reihe
von Jahrhunderten und gedrängten Begebenheiten.
Man wendet das Auge vom verwirrenden Anblick,
und ruft die Edeln dieser Stadt aus der stillen Tiefe
der Zeit hervor.

Gelon müsse nie unter Tyrannen gezählet werden! Er herrschte durch Weisheit, der größten Griechen einer, welche die Geschichte nennt.

Hermokrates war ein erleuchteter Bürger, ein
großer Feldherr und ein menschlicher Sieger. Er
genoß der Ehre, welche nur in einem Freistaate große
und gute Männer mit einem reinen Kranze krönet;
aber er mußte auch den Kelch des Undanks leeren,
der nur aus den Händen freier Mitbürger so herbe
sein kann.

Verwandt mit Tyrannen kämpfte Dion für die
Freiheit. Im Schatten der Philosophie wuchsen die
Tugenden des geschäftigen Staatsmannes freudig
auf, sanfte Weisheit begleitete ihn in das Getümmel
der bürgerlichen Unruhen, und auf das blutige
Schlachtfeld, wie ernste Weisheit ihn vor des Hofes
Gift geschützt hatte.

Der Besuch eines Mannes, wie Platon, ließ
der besuchten Stadt Ehre zurück; Freiheit und Ruhm
der Besuch des großen Timoleon, welcher Sicilien
von Tyrannen, wie Herkules die Erde von Ungeheuern reinigte, und mit dem milden Einfluß eines
Befreiers unter Freien, als Gleicher mit Gleichen,

feine ruhmgekrönten Tage in Syrakus beschließend,
wie eine Sonne unterging, und nach dem Tode wie
ein Halbgott verehret ward.

Archimedes, ein Verwandter von Hieron dem
Zweeten, entzog sich gern dem Hofe, wie ehmals Dion
gethan, und widmete sich mit entflammter Leidenschaft
der strengen mathematischen Muse.

Er ward das Bollwerk seiner Vaterstadt. Die
Maschinen, welche er erfand, waren lange dem belagerten Syrakus Schild und Schwert. Dennoch
schienen ihm die noch immer angestaunten Anwen-
dungen seiner Wissenschaft nur ein Spiel, zu dem er
sich aus Gefälligkeit für Hieron herabließ, gegen die
reine Beschaulichkeit abgezogner Wahrheiten, in **Blut.** *im Leben*
denen sein großer Geist, weil sie gränzenlos sind, *des Mar-*
daheim war. *cellus.*

Wem bei der Geburt die freundlichste der Musen die Lippe küßt, wen sie wie den Theokritos weihet
im Elemente des Schönen zu leben, und durch Mit-
theilung andre zu beleben, ihre Empfindung für das
Schöne zu entwickeln und zu erhöhen, der stimmet
sich dem Zeitalter zu Liebe nicht herab, und ist eben
dadurch, daß er sich nach diesem nicht herabstimmet,
des Beifalls der Zeitgenossen sicher, sichrer des Kran-
zes der allzeit gerechten Nachwelt. So gewiß das
Blei sinket und die Feder steigt, so gewiß gefällt das
Schöne, denn auch die moralische Natur hat ihre
Gesetze wie die physische.

Theokritos lebte ein Geschlecht nach Alexanders
Zeit, und es schien als wäre mit dem früh erblassen-
den Helden auch das Gefühl erhabner Schönheit und
einfältiger Größe aus der griechischen Welt, die durch
ihn so erweitert ward, gewichen.

Aber die Natur selbst, und ihr Liebling Homer, hatten den sicilischen Dichter gebildet, hatten ihn so vor Mißbildung verwahrt, daß er am Hofe eines Königes, und eines Königes in Aegypten, der Natur getreu blieb. Spielend unter Hirten sang seine dorische Muse mit freundlicher Einfalt, als wollte sie im Wettgesange nur ein Lamm der Heerde ihnen abgewinnen; und sie ersang ihm einen Kranz *), den weder Bion der Smirnäer, noch Moschos der Landsmann des Theokritos, wiewohl unsterblich auch sie, nicht erhielten, und den der große Virgil, mit der viel besaiteten Leier seines Hirtenliedes, ihm nicht abgewann.

*) Diese parabisische Insel hat drei Jdyllendichter hervorgebracht, Daphnis, den Erfinder des Hirtenliedes, Theokritos und Moschos. Ja auch Bion, wiewohl gebürtig aus Smyrna, lebte und dichtete in Sicilien.

Beilage zum ein und neunzigsten Briefe.

Es schien mir nicht überflüssig, bei Beschreibung der Länder und Städte, die ich durchreise, auch einen flüchtigen Blick auf die ehmaligen Schicksale ihrer Bewohner zu werfen. Raum und Zeit sind verwandte Begriffe. Schon allein die Entfernung des beschriebenen Gegenstandes erhöhet das Interesse der Beschreibung. Auch das Alterthum behauptet Rechte auf unsre vorzügliche Theilnehmung. Es bedarf keiner Untersuchung dieser Rechte, wer räumet sie nicht ein?

Eine weise Fabel der Griechen stellet die menschliche Seele unter dem Bilde der Psyche vor. Die Psyche hatte Flügel, aber ihre Flügel waren gebunden. Wir wissen, daß sie gelöset werden sollen! Indessen ungeduldet sie sich oft, fühlt sich beschränkt, kann nicht wie sie will sich erheben, schlägt gern mit den gebundnen Fittichen wie sie kann, flattert über Abgründen des Raumes und der Zeit.

Wie viele und wie große Rechte behaupten diese Länder auf unsre Aufmerksamkeit! Ihre hesperischen Gefilde erhöhen und belohnen unsre Neugierde durch die Reize der größten und schönsten Natur. Ihre Geschichte ist merkwürdig durch Alterthum, merkwürdiger durch große Revolutionen, durch mächtiges Streben menschlicher Kräfte, durch Einwürkung auf die spätesten Jahrhunderte.

Die Begebenheiten von Syrakus sind nicht nur durch ihre Wechsel so lehrreich als unterhaltend, sie sind es auch durch ihren Zusammenhang mit der Weltgeschichte.

Diodor sagt: Gelon ward dem Themistokles zur Seite gesetzt, ja einige behaupteten, daß die Griechen dem Gelon den Sieg bei Salamin zum Theil verdanken müßten, weil sein Sieg vor Himera ihren Muth erhoben, und sie gelehrt hätte, auch die große Uebermacht barbarischer Feinde nicht zu scheuen.

Diodor.
B. IX.
Vol. I.
P. 421.

Da indessen an eben dem Tage, an welchem Gelon die Karthager schlug, auch das Heldenhäuflein der Spartaner in Thermopylä fiel, so dürfen wir den Griechen zutrauen, daß sie Gelons Beispiel zur Entflammung für Sieg und Freiheit nicht bedurften. Aber kühn darf man behaupten, daß die Schlacht vor Himera das Schicksal der Insel entschied, daß sie griechischen Geist, griechische Sitten in ihr erhielt, als schon die Gefahr barbarischer Herrschaft über ihr schwebte. Wurden zu Gelons Zeit die Karthager Besitzer von Sicilien, so breitete sich bald über Italien ihre Herrschaft aus. Dieser frühe Anwachs karthagischer Macht hätte das junge Rom erstickt. Wäre Karthago an Roms Stelle getreten, so hätte das ganze Schauspiel menschlicher Schicksale sich verändert. Der römische, blutige Genius, nahm Bildung vom edleren griechischen Geiste an; der Karthager Grundsatz war, dem Einflusse fremder Sitten nichts einzuräumen. In diesem Geiste verboten sie einmal durch ein Gesetz die Erlernung der griechischen Sprache.

Justin.
XX. c. 5.

Das milde, mit göttlichem Strahl alldurchdringende Licht des Christenthums hätte freilich auch die karthagische Welt durchdrungen, wie es die römische Welt durchdrang, aber auf eine andre Art, und die Frucht des eingeimpften himmlischen Sprößlings,

würde vielleicht etwas herbes vom Safte des wilden
Stammes behalten haben.

Im vierten Jahr der elften Olympiade, (731
Jahr vor Christi Geburt, 22 Jahr nach Erbauung
Roms) stiftete Archias, der Heraklide von Korinth,
eine Pflanzstadt auf der kleinen Insel Ortygia, nach- **Ebul.**
dem er die Sikuler daraus vertrieben hatte.   Diese **VI. p.**
kleine Insel, welche durch einen Damm mit Sicilien **379. ed.**
verbunden worden, muß nicht verwechselt werden **Duk.**
mit der andern Insel Ortygia bei Griechenland.

Archias und Mikyllos (so muß man im Stra-
bon mit Cluver statt Myskellos lesen) hatten zugleich
den Apollon um Rath gefragt, wo sie sich mit ihren
Begleitern anbauen sollten? Das Orakel antwortete
zuerst mit der Frage: Ob sie Gesundheit oder Reichthum für ihr Völkchen begehrten? Archias wählte
Reichthum, Mikyllos Gesundheit.   Diesen sandte
Apollon nach der Gegend von Italien, wo er Kroton
stiftete, den Archias nach der Insel Ortygia.   Die
neue Stadt ward Syrakusa genannt, nach dem nahen
Sumpfe Syraka.   Vielleicht hatte die Stadt, aus **Strab.**
welcher die Sikuler vertrieben wurden, schon diesen **im 6ten**
Namen. **Buch.**

· Schnell muß Syrakus an Kräften zugenommen
haben, da es ohngefähr 70 Jahr nach seiner Gründung
die Pflanzstadt Akrä, wieder nach 20 Jahren Kasmenä,
und im 135sten Jahr Kamarina stiftete. Auch hatten die Syrakusier Bewohner nach Enna gesandt.
Gleichwohl scheinet es, daß schon in dieser frühen Zeit
ihre Freiheit mehr als Einmal gekränket ward. Wir
finden Spuren von einem Tyrannen Pollis, und von
einer Königin Philistis.   Sie müssen vor Gelons Zeit
geherrscht haben, weil wir sie in der spätern, die
uns genau beschrieben wird, nicht finden.

Gelon, Sohn des Deinomenes, war aus Gela
Herodot gebürtig. Weil er sich im Kriege sehr hervorgethan
B. VII. hatte, ward er von den Geloern zum Feldherrn der
Reiterei ernannt; dann herrschte er dort. Als Syrakus sich ihm ergab, überließ er seinem Bruder Hieron die Regierung von Gela. Er führte die Hälfte
der Geloer nach Syrakus, so auch die Bürger von
Kamarina, welches er zerstörte. Beiden gab er das
Bürgerrecht. Megara hatte Krieg gegen Syrakus
angefangen, er mußte sich ihm ergeben. Die Reichen, welche Ursache des Krieges gewesen, erwarteten
den Tod, aber auch diese, sagt Herodot, führte er
nach Syrakus, und gab ihnen das Bürgerrecht. Die
Geringen aber, welche doch unschuldig waren, ließ
er in Syrakus, mit der Bedingung sie auszuführen,
verkaufen. Eben so handelte er gegen die Einwohner
des sicilischen Städtchens Eubäa. Hierdurch ward
Syrakus sehr groß, und er mächtig.

Ich verehre sehr das Ansehen von Herodot, er
war aber weniger unterrichtet von den sicilischen als
von den griechischen und morgenländischen Begebenheiten. Ich habe Mühe zu glauben, daß Gelon so
sollte gehandelt haben. Wäre es nicht natürlicher
gewesen, die schuldigen Reichen durch Einziehung ihres Vermögens zu bestrafen, Arme damit zu berei-
Thuk. chern, und diesen Bürgerrecht zu geben? Auch sagt
B. VI.
p. 380. Thukydides, daß Gelon die Einwohner von Megara
ed. Duk. aus der Stadt und dem Gebiet vertrieben hätte.

Als Xerxes die Griechen mit Krieg überzog,
sandten sie Abgeordnete an Gelon, und baten um
Hülfe. Er bot ihnen 20 Galeeren an, 20,000
schwer bewaffnete zu Fuß, 2000 Reiter, 2000 Bogenschützen, 2000 Schleuderer, 2000 leicht bewaff-

nete Läufer, (ἱπποδρομους ψιλους) dazu Getreide
für der Griechen ganzes Heer, so lange der Krieg
dauern würde. Aber diesem Anerbieten fügte er die
Foderung hinzu, daß er als oberster Feldherr die
Griechen gegen die Barbaren anführen wollte.

Als Syagros, der Spartaner, das hörte, rief
er aus: O wie würde der Pelopid' Agamemnon laut
ausrufen, wenn er hörte, daß die Spartaner von
Gelon und den Syrakusiern der Anführung beraubt
würden!

Gelon ließ in so weit von seiner Foderung nach,
daß er den Gesandten die Wahl ließ, ob er zu Lande
oder zu Wasser anführen sollte? Nun ergriff der Athenienser das Wort: Er hätte vorher geschwiegen, wohl
wissend, daß der Spartaner ihm gebührende Antwort
geben würde; nun aber erkläre er, daß, wofern die
Spartaner dem Gelon die Anführung der Flotte überlassen wollten, die Athenienser das nicht zugeben würden. Diese Ehre würden sie nur den Spartanern,
wofern sie solche verlangten, überlassen. Vergebens
würden sie die erste Seemacht Griechenlands sein,
wenn sie von Syrakusiern sich anführen ließen; sie,
von denen Homer schon gesagt hätte, daß ihr Feldherr der beste gewesen ein Heer zu ordnen.

Gelon antwortete: Atheniensischer Gastfreund,
es scheint, daß ihr Feldherrn habet, und daß euch
die Streitenden fehlen werden. Gehet heim, sagt
den Griechen, sie hätten ein Jahr ohne Frühling!

Herodot
B. VII.

Mit dem Frühling verglich er die aufblühende
Macht der Syrakusier.

Diodor belehret uns, daß Xerxes die Karthager bewogen hatte, zu gleicher Zeit, da er die Griechen mit Krieg überziehen würde, mit einem Heer in
Sicilien einzufallen, damit die griechischen Städte der

Infel unterdeſſen beſchäftiget wären. Der Perſet
Ueberfall ſicherte dagegen die Karthager gegen die
Waffen der Griechen.

Die Karthager überzogen würklich mit ungeheurer Macht Theron den Tyrannen von Agrigent
und von Himera. In einem der vorigen Briefe habe
ich erzählt, wie Gelon den Himerdern zu Hülfe eilte,
welchen glänzenden Sieg er erhielt, und daß er die
Karthager Frieden zu machen zwang. Er legte ihnen eine Geldbuße auf, und die ſchöne Bedingung,
hinfort dem Saturn nicht mehr Knaben zu opfern.

Als ein weiſer Fürſt liebte Gelon den Ackerbau.
Er führte manchesmal, wie zur Schlacht, die Syra-
kuſter zum Landbau an.

Diodor ſagt, Gelon ſei im Begriff geweſen, den
Griechen gegen die Perſer zu Hülfe zu eilen, als er
erfahren, daß Xerxes ſchon mit einem Theile des
Heers Europa verlaſſen hätte. Er entſagte daher
dieſer Unternehmung, und ließ eine Verſammlung
des Volks anſagen, in welcher jeder Bürger gewaffnet erſcheinen ſollte. Nur er erſchien ohne Rüſtung,
ſogar ohne Leibrock, im Untergewande, (ἀχίτων ἐν
ἱματίῳ προσελθὼν) und gab ſo Rechenſchaft von
allen ſeinen Handlungen. Lauter Beifall des Volks
erſcholl, mit den Namen des Wohlthäters, Retters
und Königes! Verehrt und geliebt beſchloß er ſein
ruhmvolles Leben in höhem Alter, im 3ten Jahr der
75ſten Olympiade, 476 Jahr vor Chriſti Geburt,
nach ſiebenjähriger Herrſchaft, die er ſeinem jüngern
Bruder Hieron, dem erſten dieſes Namens, hinterließ.

Dieſer regierte elf Jahr. Er beneidete ſeinem
Bruder Polyzelos, welcher Gelons Wittwe geheira-
thet hatte, das Anſehen, in welchem er bei den Syrakuſiern ſtand, und umgab ſich mit Gewaffneten,

Plut.
Ἀπο-
φθεγ-
ματα.

Ebend.

Diod.
B. XI.
Vol. I.
p. 433.

f. Diod.
u. einen
Scholi.
aſten des
Pindars

ehrgeizige Absichten dem Bruder zutrauend. Als zu
dieser Zeit die Sybariten, belagert von den Krotoniaten, ihn um Hülfe anflehten, ernannte er Polyzelos zum Anführer, in der Hoffnung, daß er umkommen würde. Dieser merkte die Absicht des Hieron, und floh zu seinem Schwiegervater Theron. Die
von Therons Sohne Thrasydäos mit Härte beherrschten Himeräer, versprachen ihm die Stadt zu übergeben, und gemeinschaftlich mit ihm gegen Theron,
dem er des geflüchteten Bruders wegen zürnte, zu
Felde zu ziehen. Hieron aber söhnte sich mit Theron
und Polyzelos aus, und verrieth jenem die Himeräer,
deren viele von Theron am Leben bestraft wurden.

Dioboh
B XI.
Vol.I.p.
440. 41.

Hieron sandte den bittenden Kumäern Hülfe
gegen die sie anfeindenden meerbeherrschenden Tyrrhener. Die Syrakusier und Kumäer erfochten einen
gemeinschaftlichen Sieg auf dem Meer, und demü-
thigten die Feinde. Pindar erwähnt dieses Sieges in
seinem ersten pythischen Siegshymnos, welcher dem
Hieron gewidmet ist.

Hieron starb nach elfjähriger Herrschaft. Er
hatte sich geizig und gewaltthätig gezeigt. Doch hielt
während seiner Regierung Gelons Ruhm, und die
Liebe seines Andenkens noch die Mißvergnügten vom
Aufstande ab. Als aber Thrasybulos, Gelons und
Hierons Bruder, diesem in der Regierung folgte,
herrschte er nach grausamer Willkühr, tödtete viele
Bürger gegen Recht und Gesetz, verwies andre ins
Elend. Diese wählten Anführer und belagerten ihn.
Andre griechische Städte halfen ihnen, und Thrasibu-
los mußte sich glücklich schätzen einen freien Abzug
zu erhalten, nachdem er der Herrschaft, die er ein
Jahr geführt hatte, entsagen müssen.

Selber frei geworden, befreiten nun die Syrakuser auch andre unter Tyrannen und Besatzungen
seufzende Städte, und blühten in wachsendem Wohlstande der Freiheit 60 Jahre lang, bis der ältere
Dionysios sie unterjochte; doch war dieser glückliche
Zeitpunkt nicht frei von Unruhen.

Die erste erhub sich bald, nachdem Syrakus die
Freiheit behauptet hatte. Die Bürger gelobten Zeus
dem Befreier eine kolossalische Bildsäule zu errichten,
und jährlich, am Tage da sie das Joch des Thrasibu-
los abgeschüttelt hatten, mit feierlichem Opfer von
450 Rindern ein Freiheitsfest mit Spielen zu feiern.
Zugleich schlossen sie vom Antheil an den öffentlichen
Geschäften die neuen Bürger und die Söldner aus,
deren Gelon 10,000 an der Zahl mit dem Bürgerrecht beschenkt hatte. Von diesen waren noch 7000
übrig. Es entstand in der Stadt selbst ein bürger-
licher Krieg. Andern Städten theilte sich die Gährung mit, bis endlich alle sich gegen die aufgenom-
menen Fremdlinge verbündeten, welche der Bürgerschaft nach einem gemeinschaftlichen Spruch entsagen
mußten. Dagegen wurden die alten Bürger, welche
vertrieben gewesen, wieder in ihre Rechte eingesetzt.
Den Fremdlingen ward erlaubt, ins Messinesische Gebiet zu gehen, nach Wesselings wahrscheinlicher Meinung, um ihnen, da die meisten Italiäner waren,
den Rückweg zu erleichtern. Das geschah im vierten
Jahr der 79sten Olympiade, 459 Jahr vor Christi
Geburt.

Sieben Jahre nachher erregte ein gewisser Tyn-
daribes neue Unruhen. Er zog die Armen an sich,
damit er durch sie sich der Herrschaft bemächtigen
könnte. Seine Absicht ward offenbar, man verdammte
ihn zum Tode. Als er in den Kerker geführt werden

sollte, legten seine Anhänger Hand an diejenigen, welche ihn führten. Es entstand ein Tumult, die Aufrührer wurden mit Tyndarides getödtet.

Da dergleichen oft vorfiel, beschloß das Volk eine dem Oftrakismos ähnliche Maßregel einzuführen. In Athen war jedem Bürger erlaubt, den Namen desjenigen seiner Mitbürger, den er entfernen wollte, auf eine Scherbe zu schreiben, und in ein mit Gittern verwahrtes Behältniß, welches auf dem öffentlichen Platze stand, zu werfen. Am Ende des Jahrs zählten die Archonten diese Scherben. Wofern keines Bürgers Namen auf 6000 Scherben stand, ward keiner verwiesen. Fänden sich aber Namen, welche so oft angeschrieben waren, so mußte der Bürger, welcher die meisten Scherben gegen sich hatte, das Vaterland auf zehn Jahre räumen. Doch behielt er den Genuß seines Vermögens.

In Syrakus schrieb man den Namen des zu entfernenden Bürgers auf ein Oelblatt. Die Landesverweisung dauerte nur fünf Jahr. Man nannte dieses den Petalismos. Petalon heißt ein Blatt auf griechisch, Oftrakon eine Scherbe. Was man von einem unruhigen Volk' erwarten mußte, geschah. Die Edelsten und Besten wurden verwiesen, rechtschaffne Männer entzogen sich den Geschäften. Vermeßne Leute herrschten, es wimmelte von Demagogen und Sykophanten. Die Jünglinge übten sich in dieser Art von Beredsamkeit, deren eitle und verderbende Künste gegen die vorige strenge Zucht eingetauscht wurden. Der Friede von außen vermehrte zwar das Vermögen der Bürger, aber Eintracht und Gerechtigkeit flohen. Die Syrakusier sahen bald des Petalismos schädliche Folgen ein, und huben ihn wieder auf.

Plutarch im Leben des Aristides.

Diodor. B XI. Vol. I. p. 469, 70.

Ein Jahr nachher sandten die Syrakusier eine Flotte gegen die Tyrrhener (Toskaner), welche Sicilien mit Seeräubern beläſtigten. Sie verwüſteten die Inſel Aethalia (Elba); aber ihr Anführer Phayllos ließ ſich von den Tyrrhenern beſtechen, ſchiffte zurück, und ward ins Elend verwiesen. Mit 60 Galeeren ſandten nun die Syrakuſier den Appelles. Er beunruhigte mit Streifereien die Tyrrheniſche Küſte, ſuchte die Inſel Kyrnos (Corſica) feindlich heim, eroberte Aethalia, und kam zurück mit großer Beute und vielen Sklaven.

Im folgenden Jahre war es, daß Duketios, Anführer der Sikuler, nach einer unglücklichen Schlacht ſich den Syrakuſiern ſelber in die Hände gab, wie ich in einem der vorigen Briefe erzählt habe. Als er aus Korinth, wohin man ihn unter dem Verſprechen, daß er nicht zurück kehren wollte, geſandt hatte, doch nach Sicilien zurück gekommen war, ergriffen die Agrigenter, welche mit Neid auf der Syrakuſier Macht ſahen, den Vorwand, ihnen den Krieg anzukündigen, ſie beſchuldigend, daß ſie den gemein-ſchaftlichen Feind frei gelaſſen hätten ohne ihre Zu-ſtimmung. In einer Schlacht fielen tauſend Agri-genter, und Syrakus gewährte den Frieden, als die Feinde darum baten.

Im dritten Jahr der 84ſten Olympiade, 439 Jahr vor Chriſti Geburt, genoſſen Sicilien und Ita-lien, ja faſt die ganze bekannte Welt, einer friedlichen Ruhe. Die griechiſchen Städte Siciliens, ja ſelbſt die Agrigenter, erkannten nun das herrſchende Anſe-hen von Syrakus.

Drei Jahre nachher bauten die Syrakuſier hun-dert Galeeren, verdoppelten die Reiterei, vermehrten das Fußvolk und erhöhten den Schoß, welchen ſie

Diod. B. XI. XII. Vol. I. p. 474 und 482.

von den Sikulern erhuben, mit ehrgeizigen Absichten
auf die ganze Insel, die sie nach und nach unter ihre
Herrschaft zu zwingen hofften.

Im zweiten Jahr der 88sten Olympiade, 425
Jahr vor Christi Geburt, veranlaßten die Leontiner
die erste Unternehmung der Athenienser gegen Syrakus, welche nicht gleich große Folgen hatte, da beide
Städte bald Frieden mit einander machten. (S. den
91sten Brief.)

Elf Jahre nachher baten die Egestäer und Leontiner die Athenienser um Hülfe, die Egestäer gegen
Selinus, die Leontiner abermals gegen Syrakus.

Die Athenienser waren froh einen Vorwand zu
haben, da sie lange nach dem Besitz von Sicilien dür-
steten. Mit glänzenden Hoffnungen fingen sie diesen
Krieg an, entflammt durch den jungen Alkibiades. Thuk. B.
Nikias, ein rechtschaffner Mann, welcher gegen den VI. p.
Krieg gerathen hatte. Alkibiades und Lamachos wur-381-94.
den zu Feldherrn gegen Syrakus ernannt.

Es giebt ein lehrreiches Beispiel, wenn man
die Athenienser mit trunknen Hoffnungen zu dieser
Unternehmung ausziehen sieht!

Als die Schiffe mit Mannschaft und mit Vorrath angefüllet waren, befahl die Drommete allgemeines Stillschweigen. Die gewöhnlichen Gelübde wurden nicht in jedem Schiff besonders, sondern durch He-
roldsstimme allgemein ausgerufen. Ueberall wurden Becher gefüllt, die Feldherrn und Hauptleute
gossen Trankopfer aus. Mit ihnen flehte zu den
Göttern das Volk am Ufer, die Freunde, die Bürger.
Nach Anstimmung des Päanes und vollendetem Trankopfer, liefen die Schiffe, eins nach dem andern, aus. Ebendas.
Dann ruderten sie in die Wette bis zur Insel Aegina. p. 598.

Die Syrakuſier wurden aus verſchiednen Orten von der Athenienſer nahen Ankunft benachrichtiget, glaubten aber nicht. Hermokrates, Sohn des Hermon, ſuchte ſeine Mitbürger zu überzeugen, daß die Athenienſer mit großer Heeresmacht kämen, und rieth entgegen zu eilen, um ihnen Schlacht zu bieten im ioniſchen Meer.

Nach ſeiner Rede entſtand ein heftiger Wortwechſel. Einige glaubten von allem nichts, andre, daß Hermokrates die Heeresmacht der Athenienſer vergrößert hätte.

Athanagoras, ein Demagoge, beſchuldigte, nach Demagogenart, die Strategen, (dieſes Wort welches eigentlich Feldherrn bedeutet, bezeichnete in Syrakus die gewählten Oberhäupter der Republik) daß ſie eitle Gerüchte des Krieges verbreiteten, um das Volk zu unterjochen. Syrakus ſei mächtig genug die Athenienſer zu vertreiben. Sehr furchtſam müſſe man, oder ſehr mißgünſtig gegen das Vaterland ſein, um nicht zu wünſchen, daß die Athenienſer thöricht genug ſein möchten, dieſen Feldzug zu unternehmen.

Thuk.
B. VI. p.
398-405.

Die Syrakuſier ernannten erſt drei Strategen mit Vollmacht, den Hermokrates, Sikanos und Herakleides, als die Flotte der Athenienſer ſchon in der Meerenge war. Jene beriefen die Mannſchaft zum Kriegsdienſt, und ordneten Geſandte ab an die Städte Siciliens, um ſie zu vermögen, ſich der gemeinſchaftlichen Sache anzunehmen. Die Himeräer, Selinuntier, Geloer und Katander erklärten ſich für die Syrakuſier. Die Sikuliſchen Völkerſchaften waren zwar den Syrakuſiern geneigt, erwarteten aber den Ausgang. In einem der vorigen Briefe habe ich erzählt,

wie die Athenienser von den Egeſtäern durch Vorzei-
gung geborgten Goldes und Silbers getäuſcht wurden. Die Agrigenter und Naxier erklärten ſich für
die Athenienser. Die Katanäer verwehrten dem Heer
der Athenienſer den Einzug in die Stadt, bewilligten
aber den Feldherrn eine Volksverſammlung. Indeſſen daß Alkibiades eine Rede hielt, erbrachen einige
der Athenienſer ein Pförtchen, und gingen hinein in
die Stadt. Katana ſah ſich daher genöthiget gegen
Syrakus zu kriegen.

Gleich nachher ward Alkibiades zurück nach
Athen berufen, unter dem Vorwande der in Einer
Nacht dort zerbrochnen Hermen (Bildſäulen), deren
Verſtümmelung man ihm zuſchrieb, in der That, weil
ihm das Volk herrſchſüchtige Abſichten zutraute.

Die Geſchichte dieſer Belagerung, welche Thukydides mit ihm eigner Stärke, Diodor und Plutarch
ſo ſchön erzählen, darf ich nur flüchtig berühren.
Oft wechſelte das Kriegsglück. Die Athenienſer und
Syrakuſier wurden mehrmal durch Hülfsvölker ver-
ſtärkt; Lamachos blieb in einem Treffen. Auch Eu-
rymedon, den die Athenienſer zugleich mit Demoſthenes an der Spitze eines neuen Heeres ſandten. Die
Peſt verbreitete ſich im Lager der Belagernden. Nach
großen Niederlagen ergaben ſich die Athenienſer dem
Spartaner Gylippos, welcher den Syrakuſiern zu
Hülfe war geſandt worden. In der letzten Schlacht
waren 18,000 Athenienſer getödtet worden. Mit
den Heerführern ergaben ſich 7000.

Am folgenden Tage ward vor verſammeltem
Volk über das Schickſal der Gefangnen Rath gehalten. Diokles, ein mächtiger Demagoge, wollte, daß
Nikias und Demoſthenes erſt ſollten gegeißelt, dann
getödtet werden. Die Soldaten ſollten gleich in den

Steingruben verwahrt, die Bundesgenossen verkauft,
jene aber mit dürftigem Maße von Gerstenmehl unterhalten werden.

Hermokrates, welcher glänzende Siege über die
Athenienser erfochten hatte, suchte seine Mitbürger zu
überreden: daß menschlicher Gebrauch des Sieges
noch schöner als der Sieg wäre. *) Das Volk stürmte.
Da trat Nikolaos, ein Greis, auf, zween Knechte unterstützten ihn, da er schwach durch Alter und Gram
war. „Niemand, sagte er, hat wohl mehr Ursache,
„die Athenienser zu hassen, als ich; sie haben mich
„meiner beiden Söhne beraubt, itzt müssen Knechte
„mich unterstützen!“ Dennoch suchte er Mitleid gegen die durch ihr Unglück genug gestraften Athenienser zu erregen. Er warnte, mit Anwendung des
Beispiels, welches die Athenienser gegeben hatten,
gegen Mißbrauch des Glücks. Er erinnerte daran,
daß die Athenienser sich auf Treu und Glauben ergeben hätten. „Diejenigen, welche nach Herrschaft
„streben, müssen nicht so wohl durch Waffen, als
„durch ihre Sitten Völker erobern.“ Er führte Gelons Beispiel an, der, von ganz Sicilien bevollmäch-
tiget, den Karthagern, die er überwunden, Frieden gab,
und durch Milde alle Menschen gewann. Der Waffen Vortheil hange oft vom Glücke ab. Nur der
Glimpf des Siegers gehöre ihm als eigen. Der Haß
gegen die Feinde müsse sterblich sein, und der Ueber-
winder zuerst Aussöhnung anbieten. Auch die Athenienser hätten die in der Insel Sphakteria gefangnen
Lakedämonier frei gegeben. Mit Weisheit hätten die
Alten den Gebrauch eingeführt, die Siegszeichen nicht

*) Ὡς κάλλιον ἐςι τῦ νικᾷν το την νικην ἐνεγκαν ἀν-
Ἰρωπινως.

von Stein, sondern von gemeinem Holze zu machen, um die Denkmahle des Hasses nicht zu verewigen. Er erinnerte an die Wohlthaten, welche die Athenienser der Welt erzeigt, da Menschen von ihnen die von Göttern gelehrte Nahrung gelernt hätten. Sie hätten zuerst Gesetze gemacht, zuerst Flüchtlingen Schutz verliehen, durch Beredsamkeit, Philosophie, Einweihung in den Mysterien, Völker erleuchtet. Die Bundesgenossen hätten aus Zwang gefochten. Nikias sei immer ein Freund der Syrakusier gewesen, habe gegen den Krieg gerathen; itzt stehe er da mit den Armen hinter dem Rücken gebunden, als habe das Glück an ihm seine Macht beweisen wollen; das Glück, dessen Freigebigkeit menschlich zu nutzen ihnen gezieme, nicht aber gegen ein Volk griechischen Ursprungs barbarisch zu wüthen.

Diodor. B. XIII. Vol. I. p. 557-63.

Diese Rede rührte schon die Syrakusier zum Mitleiden, als Gylippos, der Spartaner, auftrat. Er stimmte das leicht gewandte Volk wieder zur Grausamkeit. Des Diokles Vorschlag ward gebilliget. Nikias, Demosthenes und die Bundesgenossen wurden gleich getödtet; die atheniensischen Soldaten in die Steingruben gebracht. Durch harte Behandlung kamen die Meisten um. Nur diejenigen, welche in den Wissenschaften unterrichtet waren, wurden von der syrakusischen Jugend hervorgerissen und gerettet. Unter denenjenigen, welche ihr Vaterland wieder zu sehen erlebten, begrüßten viele den Euripides, ihm ihre Rettung verdankend. Denn einige wurden als Gefangne freundlich behandelt, wenn sie Verse dieses großen Dichters hersagen konnten, und andre, welche nach der Niederlage sich im Lande zerstreuet hatten, wurden aufgenommen und genährt, wenn sie die

Diod.und Thuk. B. VII. p. 504. 5.

Sicilier mit diesem Dichter, dessen Trauerspiele die
meisten nur durch ihren Ruhm kannten, bekannt
machten.

Als die Syrakusier sich von den Atheniensern
befreit sahen, ernannten sie auf Rath des Diokles
Männer, welche neue Gesetze machen sollten. Diokles ward mit erwählt, und führte sein Amt mit so
überwiegendem Ansehen, daß die Gesetze nach ihm,
Gesetze des Diokles genannt wurden. Diese waren
sehr streng, man rühmte sie aber wegen ihrer Bestimmtheit. Er soll selbst das Opfer seiner Strenge
geworden sein. Nach seinen Gesetzen durfte bei Todes-
strafe kein Bürger gewaffnet in der Versammlung er-
scheinen. Als anwesende Feinde verkündigt wurden, ging
er, sagt man, mit einem Schwert aus dem Hause. Plötzlich entstandner Auflauf zog ihn auf den Platz der
Versammlung. Ein Bürger rief ihm zu: Diokles,
du lösest dein Gesetz! Nicht so, beim Zeus! antwortete er, ich bekräftige es! und stieß sich das Schwert
in den Leib. Die Syrakusier erzeigten ihm nach dem
Tode Ehre der Heroen, und widmeten ihm einen
Tempel. Viele der sicilischen Städte lebten nach seinen Gesetzen, bis die Insel mit dem römischen Bürgerrecht römisches Gesetz erhielt.

Die Egestäer, welche Bundesgenossen der Athenienser gewesen, fürchteten nun die Rache der Syrakusier, und räumten den Selinuntiern den bestritte-
nen Strich Landes ein. Da aber diese noch mehr
nahmen, sandten die Egestäer, drei Jahr nachdem die
Athenienser Sicilien verlassen hatten, nach Karthago,
ihre Stadt den Karthagern anbietend, und Hülfe verlangend. Diese sandten ein Heer, zerstörten erst Selinus, dann Himera, wie ich bei Beschreibung von
den Trümmern dieser Städte erzählt habe.

Hermokrates, welchen die Syrakusier mit 35
Galeeren den Lakedämoniern zu Hülfe gegen die Athenienser im fortdauernden peloponnesischen Kriege gesandt hatten, ward während seiner Abwesenheit von
seinen Feinden verläumdet. Sie brachten es dahin,
daß er ins Elend verwiesen ward. Er flüchtete, nachdem er seinem verordneten Nachfolger die Flotte übergeben hatte, zum persischen Satrapen Pharnabazes,
welcher sein Freund war. Dieser gab ihm Geld; er
schiffte nach Messina, baute fünf Galeeren, und
nahm 1000 Krieger in Sold. Zu diesen gesellten sich 1000 Flüchtlinge von Himera. Mit dieser Schaar versuchte er, durch Hülfe seiner Freunde, nach Syrakus zurück zu kehren. Da ihm das
mißlang, zog er zu Lande, bemächtigte sich des zerstörten Selinus, befestigte einen Theil der Stadt, und
berief ihre hin und her zerstreuten, den Karthagern
entronnenen Bürger. Auch viele andre nahm er auf,
verwüstete das Gebiet der karthagischen Stadt Motya,
deren gegen ihn gezogne Bürger er überwunden hatte;
verheerte auch das Gebiet von Panormos (Palermo)
und die ganze Provinz der Karthager, Beute erntend
und Ruhm. Die Syrakusier bereuten das diesem
Helden widerfahrne Unrecht, in den Versammlungen
ward seiner oft mit Ruhm gedacht.

Er machte sich auf nach Himera. Diokles,
welcher den Himeräern während der Belagerung zu
Hülfe gesandt worden, war mit den Weibern und
Kindern dieser Stadt nach Syrakus zurück geschifft,
ohne vorher die im Treffen gebliebenen Syrakusier zu
begraben. Hermokrates sammelte ihre Gebeine, ließ
sie auf prächtigen Wagen nach Syrakus fahren, und
begleiteten sie bis an die Gränze des vaterländischen
Gebiets. In der Stadt entstand ein Zwist, als diese

Gebeine ankamen. Gegen Diokles Willen wurden
sie mit Pomp unter dem Geleite des ganzen Volks bestattet. Diokles ward verwiesen, Hermokrates gleichwohl nicht zurück berufen, weil man den kühnen
Mann für gefährlich hielt. Er zog zurück nach Selinus. Als aber nach einiger Zeit seine Freunde ihn
wieder einluden, zog er an der Spitze von dreitausend
Mann durchs Gebiet von Gela, und kam zur Nacht-
zeit auf einen abgeredeten Ort. Da nicht alle ihm
folgen konnten, nahte er mit wenigen dem Thore desjenigen Theils von Syrakus, welcher Achradina hieß,
wo seine Freunde Besitz von der Gegend genommen
hatten, und nahm die Nachkommenden auf. Die
Syrakusier liefen gewaffnet auf den öffentlichen Platz,
und Hermokrates ward mit den meisten der Seinigen
getödtet. Die übrigen wurden Landes verwiesen.
Einige schwer verwundete wurden von ihren Verwandten für todt ausgegeben, um sie der Wuth des
Volkes zu entziehen. Unter diesen war Dionysios,
welcher nachher Tyrann ward.

Diod.
B. XIII.
Vol. I. p.
600, 601.

Die Syrakusier schickten Gesandte nach Karthago, sich über den Krieg zu beschweren. Die Karthager antworteten zweideutig, und sandten abermals
ein großes Heer, welches Agrigent einnahm und
zerstörte. (S. den vorletzten Brief.

Die nach Syrakus aus Agrigent Geflüchteten,
beschuldigten dort die Feldherrn der Syrakusier, die
griechischen Städte den Karthagern verrathen zu haben. So murrten auch Siciliens griechische Städte,
daß solchen Männern das Wohl des gemeinschaftlichen Vaterlandes anvertrauet würde. Dennoch wagte
keiner öffentlich sie zu verklagen. Da trat Dionysios auf, Sohn eines gewissen Hermokrates, aber
nicht des großen; sondern eines gemeinen Mannes,

und wie einige wollen, eines Eseltreibers. Dieser bezüchtigte die Feldherrn der Verrätherei. Er entflammte das Volk, und drang darauf, daß man die Zeit, welche die Gesetze bestimmten, nicht abwarten, sondern gleich als schuldig sie bestrafen sollte. *) Umsonst verdammte die Obrigkeit ihn zu einer Geldbuße als einen Friedensstörer, der Geschichtschreiber Philistos versprach diese gleich zu bezahlen. Wenn auch, sagte er, die Archonten den ganzen Tag dich zu neuen Geldbußen verdammen, so bezahle ich sie alle! Dionysios fuhr fort die Feldherrn anzuschwärzen, verläumdete zugleich die angesehensten Bürger, und gab den Rath, das Wohl der Republik geringen, dem Volke gefälligen Männern zu vertrauen. Die vorigen Strategen wurden abgesetzt, neue ernannt, unter diesen war Dionysios. Er machte seine Gehülfen bald verdächtig, erhielt die Zurückberufung der Landesverwiesenen, erlog ein geheimes Verständniß der andern Strategen mit Himilkon, Feldherrn der Karthager, und ward von den bethörten Syrakusiern zum einzigen allbevollmächtigten Strategen ernannt. Kaum hatte die Versammlung sich getrennet, als sie ihre Thorheit zu spät bereuten. Unter einem Vorwande ging Dionysios mit einer Schaar nach Leontion, welches itzt den Syrakusiern zu einer Festung diente; dort beredete er die Menge, welche aus Flüchtlingen und Fremden bestand, ihm eine Leibwache von 600 Mann zu geben; diese waren Leute, welche die Dürftigkeit unternehmend machte, es gesellte sich böses

*) Nach der gewöhnlichen Lesart: μη περιμεναι τον κατα τας νομους κληρον, rieth Dionysios; man möchte die gesetzmäßige Richterwahl nicht erwarten, ich lese aber mit Rhodomann statt κληρον, καιρον.

Gesindel zu ihnen, und Dionysios schlug mit diesem
Haufen ein Lager vor Syrakus auf, nachdem er den
Lakedämonier Dexippos, den er als einen entschloß;
nen Freund der Freiheit kannte, entlassen hatte.
Furcht vor den Söldnern, die dem Dionysios, wel;
cher sich von nun an als einen Tyrannen zeigte, ge;
wogen waren, und vor den Karthagern, hielt die
Syrakusier in Zwang.   Er heirathete eine Tochter
des Hermokrates, und gab seine Schwester dem Po;
lyxenos, einem Bruder dieses von den Syrakusiern
getödteten Feldherrn, dessen Werth sie zu spät schä;
ten.   Auf dieses Hauses Verwandtschaft stützte er sein
Ansehen.

Diodor.
L. XIII.
Vol. I. p.
514: 19.

　　In einer Versammlung erbitterte er das Volk
gegen Demarchos und Daphnäos, die er tödten ließ.
　　So ward Dionysios aus einem Schreiber Ty;
rann von Syrakus, im dritten Jahr der 93sten Olym;
piade, 404 Jahr vor Christi Geburt.
　　Im folgenden Jahr endigte in Griechenland der
peloponnesische Krieg, welcher 27 Jahr gewährt
hatte, und die Karthager nahmen Gela ein, vor des;
sen Mauern sie einen Vortheil über Dionysios er;
hielten.   Er verzweifelte daran die Stadt zu entsetzen,
sandte aber bei Nacht die Einwohner nach Syrakus.
Auch zwang er das Volk von Kamarina mit Weibern
und Kindern dorthin zu flüchten.   Einige rafften
Gold und Silber zusammen; andre achteten diesen
Verlust nicht, und waren nur auf die Rettung ihrer
Eltern und zarten Kinder bedacht.   Einige Alte, de;
nen es an Kindern oder Freunden fehlte, blieben zu;
rück, in augenblicklicher Erwartung der Karthager.
Das Schicksal von Selinus, von Himera und von
Agrigent, hatte alle Gemüther mit Schrecken erfüllt,
denn die Karthager kannten kein Schonen, kein Mit-

leib mit unglücklichen Feinden, deren sie einige zu kreuzigen, andre mit schmäligem und grausamem Hohn zu beleidigen pflegten.

Plut.
S. XII
Vol. I. p
632,133.

Diese unordentliche Flucht, welche zarte Jung-frauen eilender und mit weniger Anstand als ihr Ge-schlecht zu erfodern schien, beschleunigen mußten, und die Schwäche der Kinder und Greise, welche schnel-ler als ihr Alter ertragen konnte, flüchteten, erregte mit dem Mitleiden des Heers auch Haß gegen Dio-nysios, den sie in Verdacht hatten; daß er den Kar-thagern so vieles eingeräumt, damit der Schrecken, welchen diese verbreiteten, die Städte Siciliens unter sein Joch zwingen möchte. Den Bundesgenossen hatte er kurze Zeit Hülfe geleistet; keiner seiner Söldner war im Kriege gefallen; ohne eine wahre Niederlage erlitten zu haben, floh er, kein Feind verfolgte ihn. Der lauernde Unwille ward nun offenbar. Die Grie-chen aus Italien zogen von ihm ab. Die syrakusi-schen Reiter, welche auf einen günstigen Augenblick ihn zu ermorden geharret, ihn aber immer von Söld-nern umringt gesehen hatten, ritten nach Syrakus. Hier plünderten sie das Haus des Tyrannen, ergrif-fen, mißhandelten und tödteten sein Weib. Nach Plutarch tödtete sie sich selbst. Mit Erlesnen, denen er traute, eilte Dionysios nach. Die Reiter erwar-teten nicht, daß er kommen würde, prahlten schon: zum Schein sei er vor Karthagern geflohen, itzt fliehe er würklich vor Syrakusiern.

Plut. im
Leben des
Dion.

Gegen Mitternacht aber war er, nach sehr be-schleunigtem Marsch, mit 100 Reitern und 600 Mann zu Fuß vor dem Thör von Achradina. Da er es verschlossen fand, zündete er es an mit Schilfröhr, welches dort lag zum Gebrauch der Tüncher. Indes-sen kamen noch andre der Seinigen nach. Er ritt

mit seinem Geleite in Syrakus ein. Die Angesehensten der syrakusischen Reiter erwarteten nicht den Zu-
lauf des Volks, sondern widerstanden dem Tyrannen, allein in geringer Anzahl, und wurden von seinen Söldnern durchbohrt. Dionysios rächte sich an
seinen Feinden, deren er einige tödten, andre das
Land räumen hieß. Die Menge der Reiter stürzte
aus der Stadt, und nahm Besitz vom festen Städtchen Aetna. *)

Himilkon sandte nach Syrakus, und machte
Friedensvorschläge, **) welche Dionysios sehr willkommen waren.

Die Karthager erhielten, außer ihren alten Kolonien, die Herrschaft über die Sikaner, über die
Selinuntier, Agrigenter und Himeräer; die Geloer
und Kamarinäer sollten zwar ihre Städte wieder bewohnen, aber den Karthagern zinsbar sein. ***) Frei,
nach eignen Gesetzen, sollten die Leontiner, Messiner
und Sikuler leben; die Syrakusier dem Dionysios
unterworfen sein. Wieder geben solle man die Gefangnen, die genommenen Schiffe.

Wenn auf der einen Seite Dionysios froh sein
mochte, mit den Karthagern Friede gemacht zu haben;

---

*) Την νυν καλαμενην 'Αιτναν, so muß man lesen, wie
Wesseling deutlich beweiset, statt, την νυν καλαμενη
'Αχραδινην. Vom Städtchen Aetna, welches ehmals
Inessa hieß, künftig.

**) Im Texte des Diodor wird dieser Feldherr bald Himil-
kon genannt, bald Hamilkar, oder vielmehr Hamilkas.

***) Ueber die Sikaner und Sikuler, siehe nach den ersten
Brief aus Sicilien.

so fürchtete er auf der andern Seite die Muße, welche
der Friede den Syrakusiern gewähren würde. Um
so gut als möglich sich der Tyrannei zu versichern,
sonderte er die Insel Ortygia (welche also schon damals durch einen Damm mit Sicilien verbunden war,)
vermittelst einer mit vielen und hohen Thürmen ver-
sehenen Mauer, von der übrigen Stadt ab, baute
eine sehr feste Burg auf der Insel, und umfaßte mit
der Mauer dieser Burg zugleich die Schiffwerfte am
kleinen Hafen, welcher Lakkias hieß. Diese Schiffwerfte faßten sechzig Galeeren, und hatten eine so
enge Oeffnung, daß nur Eine auf einmal durchschif-
fen konnte.

Die Häuser der Insel Ortygia schenkte er den
Söldnern und seinen Freunden; die Häuser der übrigen Stadt vertheilte er der Menge. Dann zog er zu
Felde gegen die Sikuler. Früher als die andern
freien Völker Siciliens, wollte er diese unterjochen,
weil sie den Karthagern beigestanden hatten. Er
führte das Heer gegen die Stadt der Herbessiner.

Als die Syrakusier sich gewaffnet sahen, sannen
sie auf ihre Befreiung. Sie machten sich Vorwürfe,
nicht gemeinschaftliche Sache mit den Reitern gemacht
zu haben. Dorikos, ein Befehlshaber des Tyrannen, dräute einem Freiredenden, und ward todtge-
schlagen. Die erbitterten Krieger luden die Bürger
zur Freiheit ein, und sandten zu den Reitern in der
Stadt Aetna um Hülfe.

Dionysios eilte erschrocken von Herbessos nach
Syrakus. Indessen erwählten diejenigen, welche
den Aufstand gemacht hatten, zu Anführern die Krieger, die den Dorikos erschlagen hatten. Sie wurden verstärkt durch die Reiter von Aetna, schlugen
ihr Lager auf in Epipolä, und schnitten den Tyran-

nen ab von der Gemeinschaft mit dem Lande. Messina
und Rhegion sandten, eifernd für der Syrakusier
Freiheit, ihnen 80 Galeeren zu Hülfe. Sie belagerten die Insel Ortygia, und gaben den übergehen-
den Söldnern ihrer Städte Bürgerrecht, setzten auch
einen Preis auf des Tyrannen Kopf. Abgeschnitten
vom Lande, verlassen von den Söldnern, versammelte
Dionysios den Rath seiner Anhänger, so sehr an seiner Lage verzweifelnd, daß er darauf sann, auf welche
Todesart er seine Schmach mildern könnte. Heloris,
welcher nach einigen ihn an Kindesstatt aufgenommen
hatte, *) sagte: Die Tyrannei ist doch ein schönes
Leichentuch! Polyxenos, sein Schwager, rieth ihm,
sich auf seinem schnellsten Pferde zu retten. Philistos
aber, welcher eine Geschichte geschrieben, sagte: Es
geziemet dir nicht auf eilendem Roß aus der Tyrannei heraus zu springen, sondern vielmehr, dich zu
wehren, wenn man beim Bein dich heraus ziehen will. **)

Dionysios handelte seinem Charakter gemäß, und
sann auf Zeitgewinn. Er sandte zu den Syrakusiern,
und bat um Erlaubniß, die Stadt mit den Seinigen
zu verlassen; zugleich aber sandte er auch zu den Kampanern, welche Himilkon zur Bedeckung des Landes
in Sicilien gelassen hatte, und verhieß ihnen zu geben, was sie fodern würden, wenn sie ihn entsetzten.

*) Ἐις τῶν Φιλων, ὡς δ᾽ ἐνιοι φασιν, ὁ ποιητος πατηρ,
so muß man mit Wesseling lesen; die Lesart welche den
Heloris zum Dichter machen will, ist ungriechisch. Wollte
man ποιητης behalten, so müßte man πατηρ ausstrei-
chen. Uebrigens ist kein Dichter Heloris bekannt.

**) Statt Φιλοντος lese ich mit Rhodomann und Wesseling
Σκελους.

Die Syrakusier gaben ihm Erlaubniß mit fünf
Galeeren abzuziehen, wurden nachläßig, und entlie-
ßen viele Krieger.

Da kamen 1200 Kampaner, schlugen sich durch
bis zu Dionysios, und mordeten viele Bürger im
Treffen. Zugleich kamen noch 300 Söldner übers
Meer. Die Syrakusier wurden uneins, er erhielt
einen Sieg über sie, sie zerstreuten sich. Dionysios
ließ die Gefallnen begraben, und schickte Gesandte an
die Flüchtlinge nach dem Städtchen Aetna. Einige,
welche Weiber und Kinder in Syrakus gelassen hatten, kehrten zurück, andre aber antworteten den Gesandten, welche ihm die Bestattung der Todten zum
Verdienst anrechneten: Der Tyrann sei gleicher
Wohlthat werth! Möchten die Götter ihm solche bald
gewähren! Entschlössen ihm nicht zu trauen, blieben
sie in Aetna, und harrten auf eine günstige Gelegenheit etwas gegen ihn zu unternehmen. Dionysios
begegnete den Rückkehrenden mit Milde, um auch jene
anzulocken. Die Kampaner beschenkte und entließ er,
ihrem Wankelmuth nicht trauend. Diese gingen nach
Entella (einer Stadt troisches Ursprungs), berede-
ten die Bürger, ihnen die Erlaubniß der Mitbewoh-
nung zu gewähren, überfielen nächtlich die Männer
und tödteten sie, bemächtigten sich der Weiber, nahmen Besitz von der Stadt.

Nach geendigtem peloponnesischen Kriege übten
die Lakedämonier anerkannte Herrschaft aus zu Wasser und zu Lande. Besonders wurden von ihren Befehlshabern der Flotte die Städte besucht. Diese
setzten nach Sitte ihres Volks, Harmosten *) ein, und

*) Solche Harmosten hatten ohngefähr gleiche Gewalt mit
jener, welche römische Proconsuls oder Proprätors in

begünstigten die Oligarchie. Den Ueberwundnen legten sie Schoß auf. Sie, deren Gesetz die Münze verbannte, huben itzt jährlich tausend Talente.

Dem Scheine nach die Tyrannei aufzuheben, in der That sie zu befestigen, sandten sie den Aristos nach Syrakus. Sie hofften, Dionysios würde herrschend durch sie von ihnen abhangen. Nach einer heimlichen Unterredung mit dem Tyrannen, reizte jener das Volk gegen ihn, und verhieß Freiheit. Er verrieth aber diejenigen, welche sich ihm vertrauet hatten, ließ Nikotetes den Korinthier, welcher die Bürger von Syrakus anführte, tödten, und stärkte die Tyrannei. Als darauf die Syrakusier mit der Ernte beschäftiget waren, ging Dionysios in die Häuser, und nahm ihnen die Waffen. Er zog eine neue Mauer um die Burg, baute Schiffe, nahm eine Menge Söldner in seinen Dienst, und setzte sich immer fester in Besitz der Herrschaft.

Diodor. B.XIV. Vol. I. p. 650. Dann eroberte er Katana (Catania), Naxos und Leontion. Er beredete Aeimnestos, einen Bürger von Enna, nach der Tyrannei zu streben, und verhieß ihm dazu behülflich zu sein. Dem Aeimnestos gelang sein Erkühnen, der neue Tyrann schloß aber dem Dionysios die Thore. Dieser ermunterte nun die Ennäer das Joch abzuschütteln. Begünstiget durch einen Aufstand, schlich Dionysios hinein, ergriff den Aeimnestos, übergab ihn der Rache seiner Mitbürger, und verließ die Stadt ohne etwas feindseliges ausgeübt zu haben. Er wollte das Vertrauen andrer Städte gewinnen.

fremden Städten ausübten. Nach dem Siege des Epaminondas bei Leuktra sandten die Spartaner nicht mehr Harmosten.

Am Fuße des Aetna baute Dionyſios eine Stadt und nannte ſie Habranon, im erſten Jahr der 95ſten Olympiade, 398 Jahr vor Chriſte Geburt. In eben dieſem Jahr trank Sokrates den Giftbecher.

Diodor.
B. XIV.
Vol. I.
p. 672.

Dionyſios rüſtete ſich zu einer Unternehmung gegen die Karthager. Die Peſt, welche dieſes Volk ſehr heimgeſucht hatte, erhöhte ſeinen Muth. Er ließ Künſtler aus Griechenland, aus Italien und aus dem Gebiet der Karthager kommen, um Waffen ver-ſchiedner Art, nach Landesgebrauch verſchiedner Völ-ker, die unter ſeiner Fahne ſtreiten ſollten, machen zu laſſen. Er ermunterte und belehrte die Arbeiter. Die Syrakuſier theilten ſeinen Eifer für die Unterneh-mung. Die Hinterhäuſer der Tempel, die Gymnaſia, des öffentlichen Platzes Hallen, ja ſogar die Häuſer der angeſehenſten Bürger wurden als Werkſtätte ge-braucht. Unter dieſem Zuſammenfluß der geſchickte-ſten Künſtler wurden die Katapulte erfunden. Dio-nyſios erfand die Galeeren mit fünf Reihen Ruder-bänken.

Aus Italien erhielt er viel Schiffholz, ſandte aber die Hälfte der Holzhauer zum Aetna, welcher damals viele Tannen und Fichten trug. In kurzer Zeit hatte Dionyſios 200 neue Schiffe bauen, und 110 alte ausbeſſern laſſen. Auch baute er 160 koſt-bare Schiffſchauer, deren meiſte Raum für zwei Schiffe hatten. Die Lakedämonier erlaubten dem Tyrannen bei ihnen Söldner zu werben.

Rhegion und Meſſina hatten ſich kurz vorher gegen ihn erklärt, ja ſchon einen Feldzug gegen ihn angefangen, welcher durch einen Aufſtand in Meſſina vereitelt worden. Dionyſios wußte, welches Ge-wicht dieſe Städte in die Wagſchale legen könnten, und bewarb ſich um ihre Freundſchaft. Er bat auch

die Rheginer, ihm eine ihrer Jungfrauen zum Weibe
zu geben, hoffend, durch Kinder seine Tyrannei zu
befestigen. Sie schlugen aber diese Verbindung mit
ihm in öffentlicher Volksversammlung aus. Nach
andern sandten sie ihm die Tochter eines Häschers.
Darauf sandte er zu den epizephyrischen Lokrern in
Italien. Diese gewährten ihm seine Bitte. Er heirathete Doris, Tochter des angesehensten Bürgers
Xenetos. Er sandte eine reich geschmückte Galeere
sie abzuholen. Zugleich holte er in einem mit vier
weißen Rossen bespannten Wagen Aristomache heim,
die edelste der Jungfrauen von Syrakus.

Diodor.
B XIV.
Vol.I.p.
674-78.

Er ermahnte nun die Syrakusier in einer Versammlung, den Karthagern den Krieg zu erklären,
und sich gleich der Güter bei ihnen wohnender Karthager zu bemächtigen. Verschiedne hatten sich in
Syrakus niedergelassen. Ihre Häuser wurden geplündert, die Schiffe dieses Volks, welche im Hafen
lagen, wurden als Kriegsbeute angesehen. Andre
Sicilier folgten diesem Beispiel. Darauf sandte Dionysios Abgeordnete, und erklärte den Karthagern den
Krieg; wofern sie die griechischen Städte, welche sie
besäßen, nicht frei geben wollten.

Nur fünf Städte blieben den Karthagern ge-
treu, Ankyra. Solus, Egesta, Panormos, Entella.
Die sikanischen Völkerschaften nahmen Antheil an dem
Kriege gegen Karthago.

Die Kamarinäer, Geloer und Agrigentiner fielen gleich dem Dionysios zu, welcher an der Spitze
eines Heers von 80,000 Mann stand, und gegen
zweihundert Galeeren auslaufen lassen. Himera und
Selinus folgten dem Beispiel der andern Städte, denn
Karthago's Herrschaft ward mit Recht verabscheut.
Nach sehr tapfrer Gegenwehr ward Motya erobert,

Die Sieger kühlten ihre Rachsucht gegen die Kartha-Diodor,
ger auf eine grausame Art in der Ueberwundnen Blut. B. IV.
Vol. I. p.

Motya ward bald wieder von Himilkon erobert. 673-87.
Auch nahm dieser Messina ein, ohne doch sich der festen
Schlösser bemächtigen zu können. Die kleine Völkerschaft der Assoriner ausgenommen, fielen nun die
Sikuler von Dionysios ab, zu den Karthagern. Himilkon machte Messina dem Erdboden gleich. Hierauf
belagerte er Syrakus, nachdem Magon, ein Unter-
befehlshaber, die Flotte der Syrakusier geschlagen hatte.

Himilkon nahm einen Theil der Stadt ein, und
plünderte zween Tempel. Theodoros, ein angesehener Syrakusier, entflammte die Bürger gegen den
Dionysios, mit Recht behauptend, daß es sogar
besser sein würde, sich den Karthagern zu ergeben,
welche ihnen nach ihren Gesetzen zu leben erlauben
würden, als dem Tyrannen zu gehorchen. Doch ermahnte er sie die Freiheit zu behaupten. Nach ihm
trat ein spartanischer Feldherr Parakidas auf. Die
Bürger erwarteten, daß er des Theodoros Meinung
unterstützen würde; aber er erklärte, daß ihn die Lakedämonier zu Hülfe gegen die Karthager, nicht um
Dionysios die Herrschaft zu nehmen, gesandt hätten.
Indessen erhielten die Belagerten verschiedne Vortheile
über die Karthager, eine schreckliche Pest brach im
Lager aus, und Himilkon bat um unbelästigten Abzug. Dionysios gestattete solchen ihm mit den Karthagern, doch ohne die Bundesgenossen. Jene zogen
ab in der Nacht. Die Sikuler zerstreuten sich, die
Spanier nahm der Tyrann in Sold. Mit Schmach
kehrte Himilkon zurück, und ließ sich endlich, gepei-Ebend.
p. 687-
niget von Vorwürfen, zu Tode hungern. 702.

Dionyſios gab 10,000 Sóldnern Leontion zu bewohnen, bevölkerte auch wieder das zerſtörte Meſ- ſina. Die Rheginer erklärten ſich nun gegen ihn, weil ſie mit Furcht Meſſina in ſeinem Beſitz ſahen.

Diodor. B. XIV. Vol.I p, 7 10,11. p. 715. p. 718, 19.

Auch die Sikuler, denen er in einer Niederlage kaum entrann. Die Karthager ſandten Magon mit einer neuen Land- und Seemacht; doch ſchloſſen ſie bald nachher Friede, in welchem die Sikuler und Tauro- menion dem Tyrannen unterworfen wurden. Dieſer ſann nun auf Unterjochung der griechiſchen Städte an Italiens Küſte, verlor eine Schlacht gegen die Rheginer, und rettete ſich mit Mühe in einer Galeere.

Die Krotoner, zu welchen Heloris aus Syrakus geflüchtet war, ſtanden nun den andern griechiſchen Städten Italiens bei. Heloris führte ſie an. In einer Schlacht ward er mit vielen tapfer kämpfenden ermordet, die andern mußten ſich bald nachher dem Dionyſios ergeben. Er mißbrauchte den Sieg nicht, ließ ſie ſogar frei, und machte Friede mit den italiä- niſchen Städten außer Rhegion. Die Rheginer un- terwarfen ſich einer harten Schätzung, und übergab- ben ihm ihre Schiffe, an der Zahl 70. Nun ver- langte er, ſie ſollten ihn, bis er abzöge, mit Lebens- mitteln verſehen, in der Abſicht, wofern ſie ſich wei- gerten, einen neuen Vorwand gegen ſie zu haben; wofern ſie es ihm gewährten, die erſchöpfte Stadt aushungern zu können. Anfangs reichten die Rhegi- ner ohne Argwohn dar. Als er aber die Reiſe immer aufſchob, hörten ſie auf ihm Lebensmittel zu ſenden. Er fing die Belagerung wieder an. Wiewohl fürch- terliche Kriegsmaſchinen die Mauern erſchütterten, wehrten ſich doch mit großem Muth die Rheginer elf Monate lang, und ergaben ſich erſt als das Gras,

von welchem sie gelebt hatten, ihnen fehlte. Dionysios fand die zu Tode verhungerten haufenweise liegen. Nur etwas über 6000 machte er gefangen, und sandte sie nach Syrakus. Er entließ jeden, der sich für eine Mine loskaufen konnte. Die Uebrigen wurden öffentlich verkauft.

Dionysios hatte mehr als eine Art des Ehrgeizes. Er wollte, wiewohl seine Gedichte bei den olympischen Spielen ausgezischt worden, für einen großen Dichter gehalten werden, und ehrte den Dichter Philoxenos. Als dieser einmal seine Meinung über des Tyrannen Gedichte frei geäußert hatte, ließ er ihn in die Steingruben führen. Den Tag nachher ließ er ihn kommen, und sagte ihm Verse vor, welche ihm besonders gerathen zu sein schienen. Philoxenos rief aus: Man führe mich nur wieder in die Steingruben! Der Tyrann mußte lachen, und verzieh.

Daß aber seine Gedichte den Griechen so mißfielen, stürzte ihn in schwarze Melancholie, welche ihn oft wüthen machte. Er verwies seinen Bruder Leptines und den Philistos ins Elend. Andre ließ er tödten. Mit jenen beiden söhnte er sich wieder aus, nach Diodor. Plutarch erzählt, Philistos sei erst zur Zeit des jüngern Dionysios zurück gekehrt. *Plut. imLeben d. Dion. Vol. V. p. 169. edit. Lond.*

Um sich Geld zu verschaffen, machte er einen Zug gegen die Tyrrhener, unter dem Vorwande, daß sie Seeräuber wären; kam aber bereichert durch einen Tempelraub zurück. Dann reizte er die den Karthagern unterwürfigen Städte zum Abfall. Ein Krieg begann, Dionysios siegte. Magon der karthagische Feldherr ward getödtet. Sein Sohn ward ihm zum Nachfolger ernannt, und erhielt einen großen Sieg,

in welchem tapfer kämpfend Leptines fiel. Dionys
sios mußte Friede machen. Die Karthager erhielten
die Stadt Selinus mit ihrem Gebiet, und einen Theil
des agrigentinischen, bis zum Fluß Halykos (dem
itzigen Fiume Platani). Auch mußte er tausend Talente bezahlen.

Funfzehn Jahre nachher, im ersten Jahr der
103ten Olympiade, 366 Jahr vor Christi Geburt,
fing Dionysios wieder Krieg mit den Karthagern an,
nahm Selinus, Entella und Eryx. Er belagerte Li-
lybdon, mußte aber die Belagerung aufheben. Der
Winter verursachte Waffenstillstand, und der Tyrann
Diobor. starb, nachdem er 38 Jahr regiert hatte. Ihm folgte
B. XV.
Vol. II. sein Sohn Dionysios der Zweete.
p. 60.

Diesen hatte der Vater mit der Doris aus dem
epizephyrischen Lokri gezeuget.

In Syrakus lebte ein Mann, welcher, wiewohl
freimüthig und von strengen Sitten, doch lange Zeit
vom älteren Dionysios hochgeschätzet, und in Geschäften, besonders in Gesandtschaften nach Karthago, war gebraucht worden. Dieser war Dion, Bru-
Ebend. der der Aristomache, des syrakusischen Weibes, wel-
p. 8 und ches Dionysios mit der Doris aus Lokri zugleich ge-
Plut. heirathet hatte.
im Leben
p. Dion.

Zu der Zeit als der ältere Dionysios Liebe zu
den Wissenschaften zeigte, kam Platon nach Syrakus,
vermuthlich, wie verschiedne Alte sagen, um die
Insel, und vorzüglich den Aetna zu besehen. Seines Ruhmes wegen war er dem Tyrannen anfangs willkommen; als er aber sehr frei gegen die
Tyrannei sprach, zürnte jener. Nach Diodor verkaufte er ihn für 20 Minen, und Philosophen lösten

ihn wieder ein. Nach Plutarch gab er einem Spartaner Pollis, welcher aus Syrakus schiffte, den Auf-
trag, ihn in Aegina zu verkaufen, welches dieser auch
soll gethan haben. Gewiß ist, daß er bald wieder
gelöset ward. Des großen Mannes kurzer Aufenthalt in Syrakus war nicht vergeblich gewesen. Der
Same seiner Philosophie hatte im Herzen des Dion
Früchte edler Weisheit hervorgebracht.

Ein solcher Mann mußte den Höflingen eines
jungen Fürsten verhaßt sein. Es schien desto leichter ihn verdächtig zu machen, da er sein großes Ansehen leicht zum Vortheil seiner Neffen, also gegen
Dionysios hätte anwenden können. Aber der Jüngling ehrte den Dion, und kannte die Reinheit seiner
Absichten. Dieser suchte ihn für Gerechtigkeit und
Edelmuth zu entflammen, machte ihn mit Platons
Schriften bekannt, und erfüllte ihn mit heftiger Sehn-
sucht, diesen großen Mann kennen zu lernen. Dion
schrieb viele Briefe und lud Platon ein, auch baten
ihn schriftlich die pythagoräischen Philosophen Italiens, dieser Einladung nicht zu widerstreben. Platon
ließ sich erbitten. Den Höflingen schien es nothwendig, ihm einen Mann entgegen zu setzen, und sie erhielten von Dionysios die Zurückberufung des Philistos, welcher Landes verwiesen war. Dieser Mann
hatte seit vierzig Jahren sich als einen entschloßnen
Freund der Tyrannei gezeigt.

So sehr würkte anfangs Platons Gegenwart,
daß der Jüngling nicht nur ihn bewunderte, sondern
auch, edle Gesinnung annehmend, die Brut der Höflinge schreckte, als nach Gewohnheit der Herold das
Gebet für die ungestörte Dauer der Herrschaft des

Plut im Dion. Tyrannen ausſprach. „Wirſt du,“ rief Dionyſios, „wirſt du nicht aufhören uns zu fluchen?“

Die Höflinge äußerten oft ihren Unwillen, daß ein Sophiſt aus Athen, wie ſie Platon nannten, die Herrſchaft des Fürſten der Syrakuſier ſtürzen würde, deren Stadt der ganzen Macht von Athen getroßet hätte.

Auf einen ſchwachen Menſchen würken ſolche Reden ſtark. Ohne Zweifel erſchütterten ſie den Dionyſios; aber ſtärker würkte ein aufgefangner Brief des Dion an die Häupter von Karthago, in welchem er ſie ermahnte, daß ſie nicht ohne ſeine Vermittlung in Friedensverhandlungen mit Dionyſios treten möchten. Philiſtos wußte dieſen Brief in ein gehäſſiges Licht zu ſetzen. Der Tyrann machte Dion Vorwürfe, hörte ihn nicht an, und ließ ihn ans Ufer Italiens ausſetzen. Platon nahm er aber in ſein Schloß, dem Schein nach ihm Ehre zu erweiſen, in der That ihn zu bewachen. Er bewunderte aufrichtig die Weisheit des großen Mannes, zürnte ihm oft, ſöhnte ſich wieder mit ihm aus, quälte ihn mit tyranniſcher Liebe und mit jugendlicher Eiferſucht. Endlich entließ er ihn, als ein Krieg entſtand. *)

Platon und Dion lebten nun eine Zeit lang zuſammen in Athen. Hier kaufte Dion ein Landhaus und bildete ſeine Seele im Schatten platoniſcher Weisheit, und im ſtillen Genuß ländlicher Ruhe. Er erwarb allgemeine Hochachtung, und die Spar-

---

*) Plutarch ſagt nicht mit welchem Volke. Diodor erzählt: Dionyſios habe gleich bei Antritt der Regierung Friede mit Karthago gemacht; hierinnen weicht Plutarch alſo von ihm ab. Vielleicht meint dieſer einen Krieg mit den Lukanern, welchen Dionyſios noch eine Weile, aber nachläſſig, geführt haben ſoll. S. Diodor. B. XVI,

tauer gaben ihm ihr Bürgerrecht, wiewohl sie verbündet mit Dionysios waren, welcher ihnen neulich
Hülfsvölker gegen Theben gesandt hatte.

Diese dem Dion erzeigte Ehre erbitterte den Tyrannen; sich zu rächen zog er die Einkünfte des Abwesenden ein; auch berief er Philosophen, um in er-
borgter Weisheit zu glänzen. Aber bald war der Vorrath seines Gedächtnisses erschöpft, und er sehnte sich
wieder nach dem Quell, aus welchem er vorher ge-
schöpft hatte. Er flehte daher Platon wieder zu kommen, und bediente sich der Vermittlung des weisen
Archytas in Tarent, und andrer Pythagoräer. Zugleich schrieben die Weiber aus dem fürstlichen Hause,
Dions Gemahlin und Schwester an Dion, daß er
seinen Freund vermögen möchte wieder nach Syrakus S. Pla-
zu kommen. Platon ließ sich, wie er selber sagt, benten
bereden: Brief.

’Οφρ’ ετι την ολην αναμετρησαις χαρυβδιν. *) ’Ομ.
'Οδ. Μ.
428.

Dionysios empfing ihn mit vieler Freude, dem
atheniensischen Weisen ward vorzüglich von den Fürstinnen mit aufrichtiger Ehrerbietung und Freundschaft begegnet, **) alle guten Bürger setzten Hoffnungen auf ihn. Der Tyrann bot ihm große Ge-

---

*) Daß er zurück noch kehrte zur schreckenvollen Charybdis. Voß
**) Unter diesen Fürstinnen war ohne Zweifel Theste, das Odyss.
   Weib des Polyxenos, des ältern Dionysios Schwester. XII.428.
   Als ihr Mann geflohen war, warf Dionysios der Aeltere
   ihr vor, daß sie ihm seine Flucht verholen hätte. Scheine
   ich dir, antwortete sie, ein so nichtswürdiges und feiges
   Weib, daß ich, wofern seine Absicht mir bekannt gewesen,
   ihn nicht sollte begleitet, nicht mehr sollte gewünscht haben, das Weib des flüchtigen Philoxenos, als die Schwester des Tyrannen Dionysios zu heißen? Der Tyrann nahm
   diese Kühnheit wohl auf. S. Plutarch im Dion.

fchenke, und Ariſtippos, der Kyrenäer, ſagte in Gegenwart des Dionyſios: Seine Freigebigkeit koſte ihn
nicht viel, denen, welche viel bedürften, gäbe er
nichts, alles dem Platon, welcher nichts annähme.
Als ein Schüler des Platon eine Sonnenfinſterniß
vorher ſagte, und da ſie erfolgte, von Dionyſios bewundert und beſchenkt ward, ſagte Ariſtippos, im
Kreiſe andrer Philoſophen: Auch ich kann etwas wun-
derbares vorher ſagen, bald werden Dionyſios und
Platon Feinde ſein! Er ſagte wahr, doch bedurfte es
dazu nur des Scharfſinnes eines Höflings. Bald
war Platon dem Tyrannen ſo läſtig, daß er ihn nah
bei den Trabanten wohnen ließ, in der Hoffnung,
daß dieſe, welche ihn als einen Feind der Tyrannei
haßten, ihn tödten möchten.

Als Archytas das hörte, ſchickte er eine Galeere und Geſandten, welche den Platon, deſſen Sicherheit er verbürgt hatte, abfoderten. Dionyſios
ließ ihn ziehen, und gab Dions Weib mit Gewalt
einem andern.

Plat. im
Dion.

Nun beſchloß Dion eine Unternehmung gegen
den Tyrannen. Verſchiedne Philoſophen Griechenlands
waren ihm behülflich; denn zu dieſen Zeiten fanden
auch die mächtigſten Bürger ſich geſchmeichelt durch
den beſcheidnen und ehrenvollen Namen Philoſophen
(Liebhaber oer Weisheit). Der flüchtigen Syrakuſier, deren Zahl ſich auf 1000 belief, nahmen nur
25 Antheil an dieſem Vorhaben.

Die Inſel Zakynthos ward zum Sammelplatz
erleſen. Hier kamen, unter verſchiedner Anführung,
800 in Feldzügen verſuchte Krieger zuſammen, welche
aber nicht wußten, wozu man ſie berufen hätte.

Als Dion seinen Entschluß offenbarte, sank ihnen der Muth; sie hielten die Unternehmung für das wahnsinnige Erkühnen eines Verzweifelnden, und zürnten ihren Anführern. Als aber Dion in einer Rede ihnen vorhielt, wie faul die Stützen der Tyrannei wären, daß er sie nicht als Soldaten, sondern als Hauptleute mitnähme, welchen ganz Sicilien zufallen würde; und als nach ihm Alkimenes redete, welcher durch Geburt und Würde der vornehmste Achäer war, und diesen Feldzug mit Dion gemeinschaftlich unternahm, gaben sie den Griechen Muth. Im Schein des Vollmonds führte Dion die gewaffnete Heerschaar in einen Tempel des Apollon, dem er ein feierliches Opfer brachte; dann gab er ihnen allen ein prächtiges Mahl. Als sie den Reichthum der goldnen und silbernen Trinkgefäße sahen, und die Jahre des Mannes erwogen, welcher sich dem Alter zuneigte, sahen sie ein, daß er nicht als ein Abenteurer, sondern mit vernünftigen Hoffnungen seinen Plan entworfen hätte.

Aber indem sie Trankopfer ausgossen, ward der Mond verfinstert, und neue Schrecken überfielen sie. Da richtete Miltas der Wahrsager, ein Philosoph und Zögling der Akademie, sie mit der Bemerkung auf: daß diese Vorbedeutung nicht sie, sondern den itzt im Glanz der Herrschaft prangenden Tyrannen gölte.

Mit zwei Lastschiffen, welche die Soldaten trugen, einem kleinen Fahrzeuge, und zwei Schiffen, deren jedes dreißig Ruder hatte, schiffte Dion aus, Rüstungen mit sich nehmend, um Freiwillige, auf welche er mit Gewißheit rechnen durfte, waffnen zu können. Nahe vor dem Vorgebürge Pachynos (Cape

passaro) wurden sie von einem Sturm nah an die
Küste von Afrika verschlagen; doch landeten sie nach
einigen Tagen in Sicilien bei Minoa, in der sicilischen Provinz der Karthager, deren Befehlshaber in
dieser Stadt ein Gastfreund des Dion war, bei dem
er Waffen und Gepäck zurück ließ, um solche zu ge-
legner Zeit sich senden zu lassen. Zweihundert Reiter
des agrigentinischen Gebiets und die Geloer fielen
ihm zu.

Timokrates, welchem der Tyrann das Weib
des Dion gegeben hatte, sandte einen Boten an den
abwesenden Dionysios nach Italien. Dieser verlor
den Brief, und wagte nicht sich dem Tyrannen zu zeigen, welcher spät die Anwesenheit des Dion in Sicilien erfuhr. Indessen schlugen sich zu Dion die Kamarinder und viele Syrakuser. Den Timokrates
verließen die Leontiner und Kampaner, welche Epipolä
bewachten. Dion war schon nah bei der Stadt, und
opferte am Ufer des Anaxos, als sich 5000 zu ihm
gesellten, zwar dürftig bewaffnet, aber voll Muths.

Er zog ein in Syrakus. Die Angesehensten
gingen ihm in weißen Gewanden entgegen, das Volk
plünderte die Häuser der Feinde seiner Freiheit, deren
einige mit dem Leben büßten. Timokrates rettete sich
zu Pferde. Dion zog einher zwischen seinem Bruder
Megakles und dem Athenienser Kallippos, welche die
Häupter mit Kränzen umwunden hatten. Durch
Drommetenschall heischte der Herold Stille, dann
rief er aus: Dion und Megakles wären gekommen,
die Syrakuser und alle Sicilier vom Joche zu befreien.
Wie einen Gott empfingen ihn die Syrakuser. Sie
ernannten ihn und Megakles zu bevollmächtigten Strategen, (αὐτοκρατορας Στρατηγυς,) und nur auf

beider ausdrückliches Verlangen gaben sie ihnen zwanzig Gehülfen, deren zehn aus der Zahl der mit Dion zurück gekehrten Flüchtlinge waren.

Sieben Tage nachher kam Dionysios zu Schiff in die feste Burg an, welche auf der kleinen Insel Ortygia (dem itzigen Syrakus) stand. Er schickte Gesandte an Dion, dieser verwies ihn an das freie Volk. Dionysios that Vorschläge zur Güte, welche verhöhnet wurden. Dion deutete ihm an: Kein Vorschlag würde angehört, wofern er nicht der Herrschaft entsagte. Der Tyrann schien nachzugeben; als aber angesehene Männer an ihn gesandt wurden, ließ er sie binden, und sandte halb trunkne Söldner gegen die Befestigung der ihn belagernden Bürger. Dions ausländische Krieger hielten sie zurück, Dion selbst stürzte sich, wiewohl schon etwas schwer vom Alter, mitten in die Feinde. Er ward an der Hand verwundet, die Söldner drangen gegen ihn an, sein Schild und Panzer starrten von Speeren, er ward umgeworfen, und als die Seinigen ihn davon trugen, setzte er Timonides an seine Stelle. Er selbst schwang sich auf ein Roß, ritt umher, hielt die fliehenden Syrakusier zurück, führte frische Schaaren gegen den Feind, und trieb ihn wieder in die Burg.

Nun brachten Herolde Briefe der Fürstinnen an Dion, und einen mit der Ueberschrift: An seinen Vater, von Hipparinos. So hieß Dions Sohn. Dion ließ sie alle öffentlich verlesen, wiewohl anfangs die Syrakusier nicht zugeben wollten, daß der Brief des Sohnes an den Vater sollte laut gelesen werden. Es fand sich, daß dieser von Dionysios an Dion geschrieben war. Sein Inhalt war voll arger List; denn Dionysios, welcher vorher

sehen konnte, daß jener ihn dem Volke mittheilen
würde, rühmte die Thaten, welche Dion für Erhaltung der Tyrannei sollte gethan haben, bräute dem
Leben seiner Frau, seiner Schwester und seines Sohnes, und, was am meisten Dion verdroß, ermahnte
ihn, die Tyrannei lieber selber für sich zu behaupten,
als zu stürzen. Er möchte nicht Menschen, welche
ihm alter Beleidigungen wegen feind wären, die Freiheit geben, sondern selber herrschend, die Ruhe seiner Freunde sichern.

Mehr bedurfte es nicht, um das Volk mit Argwohn gegen seinen Retter zu erfüllen. Die Angehörigen des Dion, welche der Tyrann in seinen Händen hatte, schienen ihnen so viele Geiseln, welche jenem die Hände binden würden. Schon sahen sie sich
nach einer andern Stütze um, und da Herakleides,
der Landesverwiesenen einer, ein erfahrner Krieger,
aber ein unruhiger Kopf, welcher schon im Pelopon-
nesos sich von Dion getrennt hatte, mit zehn Schiffen gegen den Tyrannen ankam, wählten sie ihn zum
Befehlshaber der Flotte. Da dieses Amt mit der
dem Dion verliehenen Würde verknüpft war, trat
Dion auf, und bewog gegen ihren Willen die Syrakusier, diese Ernennung wieder aufzuheben. Darauf
warf er jenem sein Betragen vor, versammelte wieder das Volk, und ließ ihn nun zum Befehlshaber
der Flotte ernennen. *)

*) Ναύαρχον ἀπέδειξε τὸν Ἡρακλείδην. Ἀποδείκνυται
wird oft von demjenigen gebraucht, unter dessen Vorsitz
das Volk jemanden ernennet; Z. B. wenn ein Consul
gestorben war, und der andere das Volk versammelte, um
sich einen neuen Gehülfen ernennen zu lassen.

Nachdem neue Unruhen gegen Dion waren erregt worden, und die Zeit der jährigen Ernennung zu den Würden heran kam, wurden 25 Strategen ernannt, deren Herakleides einer war. Die Syrakusier reizten durch Anbieten des Bürgerrechts die fremden Soldaten des Dion zum Abfall von ihm; diese aber blieben ihm treu, und führten ihn aus der Stadt. Sie verletzten niemand, warfen aber allen ihren Undank vor; das Volk fiel sie an.

Dion mußte nun gegen seine Mitbürger kämpfen, oder sich mit seinen Fremdlingen erschlagen lassen. Vergebens streckte er die Hände aus gegen das Volk, vergebens zeigte er auf die mit Feinden erfüllte Burg, welche sich an diesem Schauspiel weideten. Als aber nichts die Wuth des Pöbels zu lindern vermochte, gebot er den Seinigen sich des Angriffs zu enthalten. Mit bloßem Feldgeschrei und Waffengetöse schreckte das Häufchen die wüthende und feige Menge, welche lange durch die Straßen lief, verfolgt zu sein wähnend, wiewohl Dion die Fremdlinge gleich zurück gerufen hatte. Er zog mit ihnen nach Leontion, dessen Bürger ihn mit großen Ehrenbezeugungen aufnahmen, und seinen Soldaten das Bürgerrecht gaben.

Dionysios erhielt indessen einige Vortheile über die Syrakusier. Plötzlich wandte sich ihr leichter Sinn, sie sandten Männer nach Leontion, welche weinend und fußfällig den Dion anflehten, wieder nach Syrakus zu kommen. Es liefen Leontiner herbei, und viele der Peloponnesier, welche mit Dion nach Sicilien gekommen waren. Er führte sie ins Theater. Als er anfangen wollte zu reden, erstickten Thränen seine Worte; doch faßte er sich wieder, und sprach:

„Männer vom Peloponnes und Bundesgenos-
„sen, ich habe euch hier versammelt, damit ihr für
„euch selbst rathschlagen möget. Mir geziemet es
„nicht meinetwegen um Rath zu fragen, wenn die
„Syrakusier umkommen. Vermag ich nicht sie zu
„retten, so gehe ich, unter des Vaterlandes Schei-
„terhaufen auch mich zu begraben! Wofern ihr uns
„Unbesonnenen und Unseligen noch hülfreich sein
„wollt, so richtet Syrakus auf, weil es noch steht.
„Ueberlaßt ihr zürnend es seinem Schicksal, so mö-
„gen die Götter euch für die Tapferkeit und für den
„Eifer, den ihr mir gezeiget habt, belohnen. Seid
„eingedenk des Dion, welcher vormals euch nicht
„Unrecht that, und itzt seine unglücklichen Mitbürger
„nicht verlassen will.‟

Er hatte nicht ausgesprochen, als die Fremdlinge mit Geschrei aufsprangen, und verlangten, daß
er sie gleich nach Syrakus führen möchte.

Die Angst, welche die in die Stadt gelaufenen
Soldaten des Tyrannen verursacht hatten, war die
Ursache der Reue des Volks gewesen, und der Zurückberufung des Dion. Als aber jene, bei einsin-
kender Nacht, mit einigem, wiewohl geringem Verlust, sich in die Burg zurück zogen, so erwachte das
Gezücht der Demagogen; sie beriefen das Volk, sie
ermahnten es Dion fahren zu lassen, und den Ruhm
der Befreiung lieber sich selbst als ihm und seinen
Fremdlingen zu gönnen. Die Strategen sandten dem
Dion entgegen, um ihn abzuwenden; aber die Ritter
und angesehensten Bürger sandten auch, um seine Ankunft zu beschleunigen. Indessen stürzten wieder Feinde
aus der Burg in die Stadt, mordeten, schossen entflammte Pfeile. Des Pöbels Sinn wandte sich ge-
ängstet wieder zum Vortheil des Dion. Selbst He-

takleibes sandte, und ließ ihn anflehen, daß er eilen
möchte. Er eilte, sandte die leicht gewaffneten gegen
den Feind, ordnete die Syrakufier, ernannte verschiedne Anführer; dann rief er die Götter an, und
als er, gegen den Feind führend, durch die Straßen
zog, erscholl vermischtes Feldgeschrei mit dem Rufen
der Freud' und der Gelübde! Sie nannten den Dion
einen Retter und einen Gott! die Fremblinge Bürger
und Brüder! Niemand gedachte an sich, niemand
war für sein eignes Leben besorgt, alle Gedanken
und Empfindungen begleiteten den Dion, der durch
Blut und Flammen über liegende Todte schritt. Der
Feind mußte weichen. Die ganze Nacht hatte man
zu löschen an der flammenden Stadt. Mit Tages-
anbruch waren die Demagogen geflohen. Herаklei-
des ergab sich in die Hände des Dion. Seine Freunde
wollten, daß er ihn den Soldaten übergeben sollte;
aber Dion erklärte, daß er nicht sowohl durch Macht
und Klugheit, als durch Gerechtigkeit und Milde den
Herakleides besiegen wollte. Er ließ ihn frei. Während der Nacht, als die Bürger ruhten, ließ Dion
durch seine Fremblinge einen Graben um die Burg
ziehen. Freunde und Feinde staunten beim Erwachen.
Herakleides trat auf und schlug vor, daß man Dion
zum Oberfeldherrn zu Lande und zu Wasser ernennen
möchte. Schon waren die bessern Bürger im Begriff
es zu thun, als die Menge der Schiffer und Handwerker Getöse erregte, weil Herakleides, wiewohl
sie ihn nicht achteten, ihnen werth war, als ein Mensch
der dem Volke sich gefällig zeigte. Dion überließ ihm
die Stelle des obersten Befehlshabers der Flotte.

Gleich darauf nützte dieser Herakleides die Un-
zufriedenheit derjenigen, welche durch die von Dion

vorgenommene Vertheilung der Aecker und Häuser
sich verletzet glaubten. Er schiffte nach Messina,
entflammte die, welche mit ihm gezogen waren, gegen
Dion, und ließ sich durch Vermittlung des Sparta-
ners Pharax, (vermuthlich derselbige, den Diodor
Pharakidas nennet) in geheime Unterhandlungen mit
dem Tyrannen ein. Dieser konnte sich nun nicht
mehr länger in der Burg, wo es an Lebensmitteln
fehlte, halten, und erhielt von Dion einen freien
Abzug.

Als Dion in die Burg hinein ging, eilte ihm
seine Schwester, des Dionysios Weib mit seinem
verschämten Weibe, welches der Tyrann mit Gewalt
einem andern gegeben hatte, und mit seinem Sohn'
entgegen. Mit Thränen empfahl ihr Dion seinen
Sohn, und ließ sie in sein Haus führen. Die Burg
übergab er den Syrakusiern.

In dieser Zeit, als Sicilien, Karthago und
Griechenland mit Ehrfurcht seine Augen auf Einen
Mann richteten, blieb er bescheiden in seinem Betragen, einfach in seiner Lebensart, als ob er noch mit
seinem Platon unter den Bäumen der Akademie, sich
vom Schein und vom wahrem Sein der Dinge unter-
hielte. Platon schrieb ihm, daß die ganze Welt nur
auf ihn sähe, ermahnte ihn aber auch etwas von seinem, den leicht gesinnten Syrakusiern mißfälligen,
strengen Ernste nachzulassen. *)

*) Ὅτε τας ἐξ ἁπάσης της οἰκυμενης, δι και νεανικωτε-
ρον ἐςιν ἱπειν, ἱις ἱνα τοπον ἀποβλεπειν, και ἐν τυτῳ
μαλιςα προς σε. „Da die ganze Welt, wie übertrieben
auch der Ausdruck scheinen mag, auf Einen Ort den Blick
richtet, und in diesem hauptsächlich auf dich. Und ferner:

S. Plat.
4. Brief

Herakleides fand Anlaß zu neuen Beschuldigungen, daß Dion die Burg nicht geschleifet, und daß
er Korinthier als Rathgeber, seine Mitbürger verachtend, kommen lassen. In der That hatte er einige
Männer aus Korinth herbei gerufen, weil er hoffte
mit ihnen die Republik besser einrichten zu können.
Er sann darauf, wie er statt der ungemischten Demo-
kratie, von welcher Platon so schön sagt, daß sie
nicht Eine Verfassung, sondern der Jahrmarkt aller
Verfassungen sei, *) eine gemischte Form der Republik einführen könnte. Und da er sah, welche
Schwierigkeiten ihm Herakleides in den Weg legen
würde, so wehrte er denen nicht länger, die ihn schon
lange hatten tödten wollen, und er ward in seinem
Hause ermordet.

Daß der schlechte Mensch den Tod sehr oft verdient hatte, ist ohne Zweifel; aber des Dion reine
Tugend hätte, däucht mich, verdienet, durch Theilnehmung an dieser gewaltsamen Handlung nicht befleckt zu werden.

Ἐνθυμα δε και, ὅτι δοκεις τισιν ἐνδεεστερως τα προση-
κοντος Θεραπευτικος ἐιναι· μη ἀν λανθανετω σε, ὅτι
δια τε ἁρεσκειν τοις ἀνθρωποις, και το πραττειν ἐστιν·
ἠ δ' ἀυθαδεια ἐρημιᾳ ξυνοικος. „Bedenke, daß du eini-
„gen nicht gefällig genug zu sein scheinest. Es müsse dir
„nicht entfallen, daß man den Menschen gefallen müsse,
„wenn man auf sie würken will. Selbstgefälligkeit wohn-
„net bei der Einsamkeit.“

S. Plat.
4. Brief.

*) Ὡς ὁ πολιτειαν, ἀλλα παντοπωλιον ἐσαν πολιτειων,
κατα τον Πλατωνα. Diese Worte sind aus dem achten
Buch der Republik des Platon. Die ganze Stelle ist sehr
merkwürdig und verdient nachgelesen zu werden.

Er war auch von dieser Zeit an oft unruhig und traurig, und wünschte sich den Tod. Diesen empfing er aus den Händen einiger seiner griechischen Soldaten, deren meiste ihm so ergeben waren, und auf Anstiften eines Mannes, dem er desto mehr vertraute, da er großen Antheil an seiner Unternehmung gegen den Tyrannen genommen hatte, des Atheniensers Kallippos. Rasender Ehrgeiz verleitete ihn zu dieser Bosheit. Er ließ Dion ermorden. Dions Weib und Schwester wurden in einen Kerker geworfen. Die erste war schwanger und gebar im Gefängnisse einen Sohn. Kallippos war eine Zeit lang nicht nur angesehen, sondern herrschte in Syrakus, und wagte sich seines Frevels in einem Briefe an die Stadt Athen zu rühmen. Als er aber einen Feldzug, Katana zu erobern, unternahm, verlor er Syrakus, und ward in Rhegion getödtet.

Das Weib und die Schwester des Dion wurden befreit, und eine Weile von Iketes, dem Syrakusier, gepflegt. Dieser ließ sich aber von Dions Feinden bereden sie zu verrathen. Unter dem Vorwande, sie nach Griechenland zu senden, ließ er sie einschiffen, auf der Fahrt tödten, und mit dem Kinde ins Meer werfen.

Plut. im Leben des Timoleon. Nach dem Tode des Dion ward Syrakus von Unruhen zerrissen und so zerrüttet, daß Dionysios sich durch eine Schaar von Söldnern wieder in Besitz der Tyrannei setzte. Sein Unglück hatte ihn erbittert, und vielen stand keine andre Zuflucht offen, als Leontion, wo itzt Iketes herrschte, welcher so treulos gegen Dions Angehörige gehandelt hatte. Zugleich landete in Sicilien eine große Flotte der Karthager. Die griechischen Städte waren nicht im Stande ihnen zu widerstehen, da sie erschöpft durch

Kriege, und erfüllt waren mit Barbaren und gewesenen Söldnern, welche von jeder Veränderung eher etwas hoffen als fürchten konnten. Sie beschlossen daher, sich an Griechenland, und zwar an Korinth zu wenden, dessen Bürger sich vor allen durch Haß gegen die Tyrannei auszeichneten, und nicht um Herrschaft zu gewinnen, sondern für die Behauptung der griechischen Freiheit, große und ruhmvolle Kriege geführet hatten. Iketes durfte nicht unterlassen diesem Entschlusse beizupflichten, wiewohl er heimliche Unterhandlungen mit den Karthagern eingegangen, und ohne Zweifel den einen Theil des Vaterlandes an Barbaren zu verrathen bereit war, um den andern zu beherrschen.

Sobald die Gesandten ihr Anliegen in Korinth angebracht hatten, beschlossen die Bürger, Sicilien Hülfe zu senden. Ihre Kolonien waren ihnen immer werth geblieben, und vorzüglich Syrakus. Zum Anführer der zu sendenden Hülfsvölker ernannten sie den Timoleon.

Dieser war von edler Geburt, Sohn des Timodemos und der Demariste. Er war von sanfter Gemüthsart, haßte nur Tyrannen, und liebte mit Inbrunst sein Vaterland. Er hatte einen ältern Bruder Timophanes von sehr verschiednem Charakter. Vermessen und ungestüm hatte dieser sich früh als ein kühner Jüngling beim Volke beliebt gemacht, und im Umgang mit fremden Söldnern die Bewunderung der Tyrannei eingesogen. Timoleon verbarg gern seines Bruders Fehler, und wußte dessen gute Eigenschaften in ein vortheilhaftes Licht zu setzen.

In einer Schlacht gegen die Argeier stritt Timoleon zu Fuß, Timophanes führte eine Reiterschaar. Sein Pferd ward verwundet und warf ihn unter die

Feinde; erschrocken zerstreuten sich seine Reiter; nur wenige blieben bei ihm, mit Nachtheil kämpfend gegen Uebermacht. Da riß sich hervor Timoleon, deckte den Bruder mit seinem Schilde, rettete ihn, nachdem er die Feinde zurück getrieben hatte.

Die Korinthier warben einen Haufen von 400 Söldnern, und ordneten ihn unter die Befehle des Timophanes. Durch Hülfe dieser Fremdlinge tödtete er viele der ersten Bürger, und schwang sich auf zum Tyrannen. Es schmerzte den Timoleon in der Seele, seinen Bruder mit dem Blute der Bürger und mit der tyrannischen Macht befleckt zu sehen. Umsonst ermahnte, flehte er ihn an, diesen Frevel gut zu machen, und der Herrschaft zu entsagen. Nach einigen Tagen ging er wieder zu ihm mit Aeschylos, dem Schwager des Timophanes, und mit einem Wahrsager, der beider Freund war. Alle drei vereinten ihre Bitten. Anfangs verlachte sie Timophanes, dann ward er heftig. Nun trat Timoleon bei Seite, weinte, verhüllete sein Haupt. Die beiden andern zückten die Schwerter und ermordeten den Tyrannen.

Die angesehensten Bürger bewunderten den Edelmuth des Timoleon, dessen Liebe für seinen Bruder der Vaterlandsliebe und der Gerechtigkeit nachgegeben hatte. Andre, welche heimlich die Tyrannei der Freiheit vorzogen, bezeugten zwar Scheinfreude über den Tod des Timophanes, stellten aber Timoleons That als unnatürlich vor, und als abscheulich. Ihn kränkte das. Als er aber hörte, daß die Mutter ihm zürnte, daß sie heftige Reden, ja Verwünschungen gegen ihn ausgesprochen; als sie, da er hingegangen war um sie zu besänftigen, seinen Anblick floh, und ihm die Thüre schloß; da sank er in so tiefe Schwermuth, daß es der Sorgfalt seiner

Freunde und ihres Flehens bedurfte, ihn vom Entschlusse, sich todt hungern zu lassen, abzubringen. Er
entsagte den Geschäften und der Gesellschaft, floh
die Stadt, und brachte sein Leben mehrentheils auf
einsamen Landgütern zu, irrend und mit Trauer.

Als ihn das Volk, ohngefähr zwanzig Jahre
nach dem Tode des Timophanes, zum Feldherrn nach
Sicilien ernannt hatte, stand Telekleides auf, der
angesehenste Bürger von Korinth, und redete ihn
also an: Zeige dich nun, o Timoleon, als einen
wackern und edeln Mann! Wofern du muthig käm-
pfest, werden wir dafür halten, daß du den Tyrannen, wo nicht, daß du den Bruder getödtet habest.

Indem sich Timoleon zur Unternehmung rüstete,
wurden Briefe von Iketes gebracht, in welchen er
den Korinthiern anzeigte, daß es ihrer Hülfe nicht
bedürfte. Durch ihr Zögern habe er sich genöthiget
gesehen, sich gegen Dionysios mit den Karthagern zu
verbinden, deren zahlreiche Flotte ihren Schiffen die
Landung nicht gestatten würde.

War vorher noch jemand kalt für diesen Feldzug gewesen, so entflammte ihn nun der Unwille gegen Iketes, und mit Eifer ward dem Timoleon dar-
gereichet weß er bedurfte.

Er ging nach Delphos, dem Apollon zu opfern.
Da fiel ihm, als er ins Heiligthum trat, eine Binde,
welche nebst andern Geschenken den Tempel schmückte,
auf das Haupt. Blumen waren auf ihr und Gestalten der Siegsgöttin gestickt, so daß es schien, als
wolle der Gott selber ihn zu seinem Vorhaben krönen.

Timoleon ging in See mit zehn Schiffen. Als
er bei Italiens Küste war, hörte er, daß Iketes den
Dionysios in einem Treffen überwunden, und den
größten Theil von Sprakus in Besitz hätte. Seinen

Feind belagere er in der Infel, (Drtygia, ein Theil der alten Stadt, wo das ganze itzige Syrakus steht) und mit den Karthagern habe er abgeredet, daß sie die korinthischen Schiffe abhalten sollten, auf daß er mit ihnen Sicilien theilen könnte. In Rhegion fand Timoleon zwanzig Galeeren der Karthager, und Gesandte des Iketes an ihn, welche ihm vorstellten, daß seinen Schiffen die Landung nicht würde vergönnet werden; er selber aber würde dem Iketes willkommen sein, Theil haben an allen seinen Berathschlagungen, und am glücklichen Erfolg des Krieges. Timoleon stellte sich geneigt dem Rath des Iketes zu folgen, sagte aber, es schien ihm billig, ihre gegenseitigen Angelegenheiten in Gegenwart der Bürger einer Stadt zu verhandeln, welche mit beiden verbündet, eine sichre Zeugin ihrer Verträge sein könnte. Die treulosen Absichten des Iketes und der Karthager kennend, erlaubte sich Timoleon eine List, zu deren Ausführung ihm die Häupter von Rhegion behülflich waren, welche nichts mehr fürchteten, als die Nachbarschaft der Karthager. Man versammelte das Volk. Indessen, daß die Rheginer mit Fleiß sehr lange Reden hielten, liefen die korinthischen Schiffe aus. Als dem Timoleon heimlich angesagt ward, daß nur seine Galeere noch im Hafen auf ihn wartete, schlich er durch die Menge von dannen. Er landete mit seinen Schiffen in Tauromenion, (dem itzigen Taormina) wo er von Andromachos, dem Fürsten dieser Stadt, freundlich empfangen ward. Die Karthager in Rhegion merkten zu spät, daß sie getäuscht worden, und wurden bitter von den Bürgern verhöhnet, welche sich verwundert zeigten, daß ein Betrug den Karthagern mißfallen könnte.

Diese sandten nun zum Andromachos. Der
Gesandte verlangte, daß er sogleich die Korinthier
von sich lassen sollte: wo nicht, sagte er, indem er
ihm erst den Rücken der Hand, dann ihre Fläche
zeigte, werden wir deine Stadt umkehren, wie ich
diese Hand. Diesem Trotze voll angemessen war die
Antwort des Andromachos. Er gab dem Karthager
seine Dräuung zurück: Mache dich aus dem Staube,
sagte er, sonst werde ich deine Galeere umkehren wie
diese Hand!

Iketes rief noch mehr Schiffe der Karthager zu
Hülfe; die Syrakusier zagten, da sie im Hafen diese
Feinde sahen, und wußten, daß Timoleon mit sei-
nem Häuflein wie eingeschlossen wäre in einer Stadt,
welche nur durch eine schmale Landzunge mit Sicilien
zusammen hing; denn Taormina liegt an der äußer-
sten Spitze des vorlaufenden schmalen Berges Taurus
(Toro). Die andern Städte Siciliens hofften auch
nicht auf Timoleons Hülfe, theils weil er nur 1000
Mann anführte, theils weil sie, vorher betrogen durch
Pharax (Pharakidas) den Lakedämonier, und durch
Kallippos den Athenienser, nicht wußten, ob dem
Korinthier besser zu trauen wäre. Die einzige Stadt
Hadranon berief ihn, doch war sie in zwei Parteien
getheilt, deren eine den Iketes und die Karthager
herbei rief. Es traf sich, daß beide zugleich heran
kamen; aber Iketes mit 5000 Mann, Timoleon nur
mit 1200. Gleichwohl schlug Timoleon den Feind.
Hadranon öffnete ihm die Thore. Mamerkos, Tyrann
von Katana, suchte seine Freundschaft, ja Dionysios
sandte zu ihm, ergab sich den Korinthiern mit der
Burg, und flüchtete ins Lager des Timoleon, welcher
ihn nach Korinth sandte, wo er als Privatmann sein
Leben beschloß.

Indeſſen belagerte Iketes noch immer die Burg, wiewohl nicht mehr den Dionyſios. Auch ſandte er aus Syrakus zween Männer, die den Timoleon tödten ſollten. Sein Anſchlag mißlang. Er ſandte zu Magon, dem Anführer der Karthager, welcher mit 150 Schiffen Beſitz vom Hafen nahm, und 60,000 Mann in Syrakus legte. Timoleon ſandte von Katana aus auf kleinen Fahrzeugen Lebensmittel in die Burg. Magon und Iketes ſchifften aus mit der Blüthe ihrer Macht, um Katana zu nehmen, kehrten aber ſchnell zurück, weil unterdeſſen Leon der Korinthier den Theil von Syrakus, welcher Achradina hieß, und nächſt der kleinen Inſel der feſteſte war, eingenommen hatte. Jene ließen nun eine Beute fahren, und vermochten nicht die ihnen entriſſene wieder zu nehmen.

Timoleon erhielt eine neue Verſtärkung von 2000 Korinthiern zu Fuß und 200 Reitern. Dieſe waren eine Zeit lang durch Hannon, einen Feldherrn der Karthager, der mit einer Flotte die Meerenge bewachte, in Italien aufgehalten worden. Als aber Hannon, eine Kriegsliſt verſuchend, ſeine Schiffleute ſich kränzen ließ auf griechiſche Art, die Schiffe mit griechiſchen Schilden ſchmückte, und durch dieſen Betrug die Burg von Syrakus zu überrumpeln hoffte, ſchifften indeſſen die Korinthier hinüber zu Timoleon. Dieſer nahm Meſſina ein, und rückte mit 4000 Mann gegen Syrakus.

Er ſchlug ſein Lager nahe beim feindlichen Lager auf, deſſen griechiſche Söldner oft zugleich mit Korinthiern Aale aus den Sümpfen bei der Stadt fiſchten, und ſich mit dieſen in Geſpräch einließen. Die Korinthier warfen ihnen oft vor, daß ſie ſich von Barbaren hätten dingen laſſen, um einem Tyrannen dieſe

griechische Stadt zu unterwerfen. Dem Magon ward
bange, seine Söldner möchten ihn verrathen, und er
führte sein Heer zurück nach Afrika, mit panischem
Schrecken Siciliens Eroberung aus den Händen las-
send. Timoleon erhielt einen glänzenden Sieg über
Iketes, und ward Meister von Syrakus.

Er schonte nicht der Burg, wie Dion gethan
hatte, sondern lud das Volk ein dieses Denkmahl der
Tyrannei zu zerstören. Da die Stadt so wüste geworden, daß an vielen Orten die Pferde weideten,
und ihre Hüter im tiefen Grase ruheten, so schrieb
Timoleon mit den Syrakusiern gemeinschaftlich an die
Korinthier, bittend, neue Bewohner aus Griechenland zu senden. Verschiedne andre Städte waren
eine Zuflucht der Hirsche und der wilden Schweine
geworden, und in manchen Vorstädten wurden Jag-
den angestellt. Das Bedürfniß frischer Bewohner
war besto dringender, da die Karthager, welche Ma-
gons Leib, nachdem er sich selbst getödtet, an ein
Kreuz schlagen lassen, sich zu einem neuen Feldzuge
rüsteten.

Als dieser Brief in Korinth verlesen worden,
gaben die Bürger dieser Stadt ein Beispiel der Gerechtigkeit und des Edelmuths, welches die Athenienser und Spartaner tief beschämen mußte, den Korinthiern aber unsterblichen Ruhm gab. Im Besitz der
größesten von allen griechischen Städten, eigneten sie
sich diese Stadt, welche ihnen die Eroberung von
Sicilien hätte versichern können, nicht zu, sondern
ordneten Gesandte ab an alle griechischen öffentlichen
Spiele und an die Versammlungsstädte, erklärend,
daß die Korinthier, nachdem sie den Tyrannen von
Syrakus vertrieben, und die Stadt befreiet hätten,

alle zerstreuten Syrakusier und andre Griechen aus
Sicilien einlüden sie zu bewohnen, und in vollkommener Freiheit nach ihren Gesetzen zu leben. Sie
sandten eben diese Einladung nach Asien und in die
Inseln, wohin die meisten Flüchtlinge sich begeben
hatten, und erklärten, daß sie auf eigne Unkosten
alle, welche Lust zu diesem Anbau hätten, mit Schiffen zur sichern Ueberfahrt, und mit Anführern versehen würden. Von allen Seiten kamen die Eingela-
denen nach Korinth, und um die Zahl von Zehntausend voll zu machen, wurden noch Korinthier und
andre Griechen mit ihnen aufgenommen.

Auch kamen aus Sicilien und Italien viele neue
Anbauer nach Syrakus.

Timoleon ertheilte ihnen das Gebiet. Aus Ar-
muth verkauften die Syrakusier ihre Bildsäulen, doch
nicht ohne vorher über jede Gericht zu halten. Gelons
Bildsäule ward frei gesprochen und erhalten.

Timoleon wollte nun ganz Sicilien befreien.
Er zwang den Iketes, seinem Bunde mit den Karthagern nebst der Herrschaft über die Leontiner zu entsagen, und zu versprechen, daß er seine festen Schlösser
schleifen wollte. Den Leptines, einen Tyrannen von
Apollonia und andern Städtchen, welcher sich ihm ergab, sandte er nach Korinth. Darauf begann er mit
zween Korinthiern, Kephalos und Dionysios, den Syrakusiern eine neue Verfassung zu geben, und sandte
zugleich zwei Befehlshaber ins Gebiet der Karthager,
welche viele Städte befreiten.

Ein Heer von 70,000 Karthagern landete in
Lilybäon, unter Anführung zweener Feldherrn, Hasdrubal und Hamilkar. Sie rückten gegen Syrakus.

Mit 5600 Mann Fußvolks und 1000 Reitern, zog
Timoleon ihnen entgen. Hier wars, wo er, wie ich
in einem der vorigen Briefe erzählt habe, mit bewun-
dernswürdiger Gegenwart des Geistes, eine Vorbedeutung des Todes in eine Verkündigung des Sieges
zu verwandeln wußte, als er sich mit Eppich kränzte.

S. den
1. Brief
aus Gir-
genti, den
89ften d.
Samml.

Er nutzte den Augenblick, da die Feinde durch
den Strom Krimisos gingen; ein dicker Nebel begünstigte das Häuflein der Korinthier, zugleich wehete ein Sturm Platzregen mit Schloßen in die Gesichter der Karthager. Sie wurden besiegt und verloren
über 10,000 Mann, mit dem Lager, worin die Korinthier unsägliche Beute machten.

Plut. im
Leben des
Timol.

Mamerkos, Tyrann von Katana, und Iketes
verbündeten sich mit einander, und zugleich mit den
Karthagern, sie ermahnend, neue Völker zu senden.
Diese sandten Geskon (oder Giskon) mit 76 Schiffen. Er nahm Besitz von Messina, und tödtete 400
Söldner des Timoleon, welche dort in Besatzung
lagen.

Den Iketes, welcher ansehnliche Beute im Gebiet der Syrakuser gemacht hatte, schlug Timoleon
in einem Treffen; bald nachher führte er sein Heer
ins Gebiet der Leontiner, und bekam Iketes gefangen
mit seinem Sohn und dem Anführer seiner Reiterei.
Timoleon ließ sie tödten. Darauf kehrte er zurück
nach Syrakus, dessen Volk das Weib des Iketes und
seine Tochter zum Tode verurtheilte und tödtete. Diese
Ungerechtigkeit wirft einen Flecken auf das sonst so
schöne Leben des Timoleon, wofern er, wie Plutarch meinet, sie durch sein Ansehen hätte verhindern können.

Die Karthäger baten um Frieden. Der Fluß
Halykos ward ihnen wieder zur Gränze gesetzt. *)
Mamerkos ergab sich dem Timoleon, mit der Bedingung, sich vor den Syrakusiern vertheidigen zu dürfen, und ihn nicht zum Ankläger zu haben. Als er
begann vor dem Volke zu reden, offenbarte sich der
Hörenden Unwille. Mamerkos stürzte sich verzweifelnd von der Rednerbühne und zerschmetterte sich
den Kopf. Er athmete noch, und ward wie ein Räuber getödtet.

Nun hatte Timoleon die Insel von Tyrannen
und ausländischen Feinden gereiniget. Sie gewann
ein neues Ansehen. Städte, aus welchen die alten
Einwohner mit Abscheu geflohen waren, wurden nun
nicht allein von diesen, sondern auch von neuen An-
bauern aus Griechenland bewohnet. Zu diesen gehörten Agrigent und Gela. Alle sahen Timoleon als
ihren Stifter an. Es ward kein Friede geschlossen,
kein Gesetz gegeben, keine Pflanzstadt gegründet, keine
Verfassung entworfen, ohne ihn. Seine Meisterhand
ward überall in Sicilien verlangt, um jedes Werk zu
krönen, jedem die Gratie zu geben, welche die Handlungen dieses Helden so bezeichnete, daß man auf sie,
wie Plutarch nach dem Timäos sagt, die Verse des
Sophokles anwenden konnte:

---

*) Im Plutarch steht Lykos. Zwar lesen Cluver und Do-
  cier Halykos; aber auch Diodor nennt diesen Gränzfluß
  Lykos, und alle Exemplare dieses Schriftstellers sollen die-
  selbige Lesart haben. Da indessen der Halykos schon vorher die Gränze gesetzt hatte, und mir kein Lykos unter
  den Flüssen Siciliens bekannt ist, so vermuthe ich, daß der
  Name Lykos nur eine vielleicht zu Diodors Zeiten gewöhnliche Verkürzung des Namens Halykos war. Plutarch
  schrieb den Fluß so, wie er ihn im Diodor geschrieben fand.

„O ihr Götter, welche Venus, welcher Amor
„hat Hand an sie gelegt?“

Auch gegen diesen großen Mann wagten zween
Demagogen zu wüten. Als der eine redete, verhinderte Timoleon den Unwillen des Volkes auszubre-
chen: „Nur darum,“ sagte er, „habe ich so viele
„Gefahren bestanden, damit jeder Syrakusier sagen
„könne, was ihn gelüstet.“ Und nach der Rede des
andern sagte er: „Ich danke den Göttern, daß, wie
„ich oft von ihnen bat, mir vergönnet wird, die
„Syrakusier so frei zu sehen, daß jeder sagen kann
„was er will!“

Timoleon verließ die Syrakusier nicht. Im Alter ward er blind. Dem blinden Greise erzeigte das
Volk tiefe Ehrfurcht. Seine Leiche ward mit außerordentlichen Feierlichkeiten bestattet. Die dankbaren
Bürger errichteten ihm ein Denkmahl, und dabei ein
Gymnasium für die Leibesübungen der Jugend, welches nach ihm das Timoleonteion genannt ward.
Timoleon starb im vierten Jahr der 110ten Olympiade, 335 Jahr vor Christi Geburt.

Nach dem Tode des Timoleon genoß Syrakus
einer zwanzigjährigen Ruhe; wenigstens finden wir
keine Spuren von wütenden Demagogen, deren herr-
schender Einfluß dem verständigen und gerechten Bürger weder minder verhaßt, noch weniger gefährlich
ist, als die Herrschaft eines Tyrannen. Wenn man
den Charakter der Syrakusier erwäget, welche der
wahren Freiheit so wenig fähig, als geneigt waren
ein Joch zu tragen, so gereicht es dem Timoleon zu
nicht geringem Ruhme, daß seine Verfassung zwanzig Jahre nach seinem Tode fortdauern konnte.

S. Dio-
dor B.
XIX.
Vol. II.
pag. 318.
Im vierten Jahr der 115ten Olympiade, 315
Jahre vor Christi Geburt, bemächtigte sich Agatho-
kles der Herrschaft von Syrakus. Er war Sohn
eines Töpfers Karkinos aus Rhegion, welcher sich in
Therma, (izt Sciacca) einer Stadt im sicilischen Gebiet der Karthager, niedergelassen, und ihn dort mit
einem Weibe aus dieser Stadt gezeuget hatte. Zu
Timoleons Zeit erhielt Karkinos das Bürgerrecht von
Syrakus. Agathokles lernte das Handwerk seines
Vaters, welcher arm war, und bald starb. Durch
schändliche Wollust erwarb der Jüngling Reichthum,
Ansehen durch Dreistigkeit, welche oft allein hinlänglich ist, das Glück eines Menschen in Demokratien
zu machen, und nicht leicht ihre Absichten verfehlt,
wenn sie, wie bei ihm der Fall war, von glänzenden Talenten begleitet wird. Gelingt sie doch so oft
auch ohne Talent! In einem Feldzuge gegen die Agrigenter ward er Anführer einer Schaar von tausend
Mann. Damos, ein Feldherr, dessen Vermögen
ihn bereichert hatte, gab ihm dieses kriegerische Amt.
Nach dem Tode dieses Mannes heirathete er die
Witwe, welche Erbin ihres reichen Mannes war.
Darauf folgte er dem Herakleides und dem Sosistratos, welche ein Heer syrakusischer Hülfsvölker den
Krotoniaten gegen die Bruttier zuführten. Beide
werden als schlechte Männer von Diodor genannt.
Sosistratos versagte dem Agathokles Belohnungen,
welche dieser durch Tapferkeit verdient zu haben
glaubte. Er verklagte ihn, ward aber nicht gehört,
und Sosistratos genoß nach seiner Rückkehr eines
herrschenden Ansehens.

Agathokles machte mit seinen Anhängern einen
vergeblichen Versuch, Kroton, welches verbündet
mit Syrakus war, einzunehmen. Von dort ging

er nach Tarent; warb unter die Söldner dieser Res-
publik aufgenommen, und als ein gefährlicher
Mensch wieder verjagt. Er leistete den Rheginern,
welche von Herakleides und Sosistratos belagert wurden, Hülfe. Bald nachher ward Sosistratos verwiesen, und Agathokles kehrte zurück nach Syrakus.
Es entstand ein Krieg zwischen den Flüchtlingen,
welche Sosistratos anführte, und den Bürgern. Den
Flüchtlingen standen die Karthager bey; und Agathokles legte Ehre ein in Gela, wo er sich hinein gewagt hatte, in große Gefahr des Lebens kam, an
sieben Stellen verwundet ward, und sich mit kluger
Kühnheit rettete.

Als er zurück nach Syrakus kam, und dem
Korinthier Akestorides, welcher zum Strategen war
erwählt worden, gefährlich schien, ward ihm von
diesem befohlen die Stadt zu verlassen. Agathokles
vermuthete, daß ihm der Stratege nach dem Leben
stünde. Er sandte daher einen seiner Knechte, welcher mit ihm von gleicher Größe war, mit seinen
Waffen gerüstet, gekleidet in seinem Gewande, und
auf seinem Pferde aus der Stadt, und schlich selber
heraus in Lumpen gehüllet. So entwischte er; der
Knecht ward in der Dunkelheit der Nacht für ihn
gehalten, und getödtet.

Die Syrakusier nahmen Sosistratos mit den
andern Flüchtlingen wieder auf, und machten Friede
mit Karthago. Agathokles hielt sich an der Spitze
eines gewaffneten Haufens in mittelländischen Gegenden der Insel auf. Hier flößte er den Syrakusiern
und Karthagern Angst ein. Jene riefen ihn zurück,
ließen ihn aber schwören im Tempel der Ceres, daß
er nichts gegen die demokratische Verfassung unternehmen würde. Er spielte die Rolle eines eifrigen

Demokraten, und da die meisten Demagogen das
Volk, indem sie es gegen die Edelsten und Besten er-
bittern, zum Raube eines Tyrannen machen, arbei-
tete er für sich selbst mit Demagogenwut, aber nach
einem Plan. Er ward zum Strategen und Wächter
des Friedens ernannt. Seinem Ziele nah sah er nur
den syrakusischen Rath der 600 in seinem Wege.
Dieser bestand aus den angesehensten Bürgern.

Unter dem Vorwande einer kleinen Unternehmung gegen Aufständige versammelte er 3000 Mann
aus der Mitte des Landes, die schon unter seiner
Fahne gefochten hatten. Diesen fügte er Leute aus
dem niedrigsten Pöbel hinzu. Er beschied sie alle mit
Anbruch des Tages ins Timoleonteion. Dann ließ
er Peisarchos und Dekles rufen, welche gegen 40
Freunde zur Begleitung mit sich nahmen.

Agathokles gab vor, daß sie ihn zu morden gekommen wären, ließ sie greifen, und klagte, daß ihn
die Sechshundert wegen seiner Liebe zum Volk tödten
wollten. Das Volk ließ mit Drommetenschall zum
Kriege blasen, und befahl den Soldaten, die Schuldigen zu tödten, die Güter der Sechshundert, und
aller die es mit ihnen hielten, zu plündern.

Die Thore wurden geschlossen. Die Stadt
ward mit Jammer angefüllt, als ob Karthager sie
eingenommen hätten; ja der Schrecken muß viel größer gewesen sein, da er so plötzlich war. Die Wütenden mordeten, brachen Häuser auf, raubten, erlaubten sich jeden Frevel der Wollust und der Grausamkeit. Ueber 4000 Bürger wurden getödtet. Auch
die Tempel gaben keine Zuflucht. Die ganze Geschichte
beweiset die Wahrheit dessen, was unsre Nachbarn
und Feinde itzt in ein fürchterliches Licht setzen, und
was unser Lichtwehr so schön sagt:

Der fürchtet keine Götter,
Der keines Menschen schont.

Ueber 6000 flohen, mehrentheils nach Agrigent. Als das Gemetzel zwei Tage gewähret hatte,
berief Agathokles das Volk, wünschte ihm Glück zur
behaupteten Freiheit, und erklärte, daß er nun nach
so großen Arbeiten geschäftlos als einer aus dem
Volke leben wollte. Nun erhub sich Geschrei, er
sollte für das Wohl des Vaterlandes, für Alle wachen! Die meisten, welche befleckt mit dem Blute
ihrer bessern Mitbürger, oder bereichert mit ihrem
Raube waren, drangen ungestüm in ihn. Er nahm,
wie gezwungen, das Amt eines Strategen wieder an,
aber mit der Bedingung, ohne Gehülfen die Geschäfte
zu verwalten, um, wie er sagte, nicht Gefahr zu
laufen, gesetzmäßige Rechenschaft von Handlungen
ablegen zu müssen, welche Andre gegen die Gesetze
begehen würden. Er ward zum einzigen Strategen
mit Vollmacht erklärt.

Er gewann noch mehr die große Zahl durch Til-
gung der Schulden, und Vertheilung der Aecker,
durch einige Geschenke, viele Versprechungen, und
durch außerordentliche Herablassung. Auch zierte er
sich nicht mit einem Diadem, hielt keine Leibwache,
und gewährte jedem freien Zugang. Er verwaltete
mit Sorgfalt die öffentlichen Einkünfte, ließ Schiffe
bauen und Waffen schmieden, und vermehrte das
Gebiet von Syrakus durch Hinzufügung einiger mit-
telländischer Städte Siciliens.

Zwey Jahre hernach nahm er den Messinesen
ein festes Schloß, foderte 30 Talente Lösung; nahm
das Geld, gab das Schloß nicht wieder, und zog
gegen Messina. Doch machte er Friede, und gab

das Schloß zurück, weil die Karthager zu ihm sandten, und sich über diese Ungerechtigkeit gegen die Messinesen beschwerten. Von da zog er nach Abakänon, einer verbündeten Stadt, und ließ etliche 40 Bürger tödten.

Die flüchtigen Syrakusier, welche sich in Agrigentum aufhielten, ermahnten die Häupter dieser Stadt, lieber gleich, eh Agathokles an Macht zunähme, sich gegen ihn zu erklären, als zu warten, daß er eine Stadt nach der andern unter das Joch brächte. Die Agrigenter fühlten das Gewicht dieser Gründe, erklärten in Gemeinschaft mit den Geloern und Messinern dem Agathokles den Krieg, und sahen sich nach einem Feldherrn um. Sie beschlossen einen Fremden zu wählen, weil sie den ihrigen ehrgeizige Absichten zutrauten, und sandten nach Sparta. Sie fanden Akrotatos, Sohn des Königes Kleomenes, sehr bereit zu dieser Unternehmung. Ohne Zustimmung der Ephoren schiffte er aus mit wenigen Fahrzeugen, ward durch einen Sturm nach Italien verschlagen, nutzte diesen Umstand, und beredete die Tarentiner, an der Befreiung von Syrakus Antheil zu nehmen. Sie verhießen ihm 20 Schiffe.

Unterdessen daß die Tarentiner sich rüsteten, schiffte er nach Agrigent, und verwaltete die Geschäfte als Oberhaupt dieser Republik. Anfangs nährte das Volk große Hoffnungen von ihm; er erfüllte deren aber keine, zeigte sich tyrannisch, schwelgend, und vergeudete die öffentlichen Einkünfte, theils durch schlechte Verwaltung, theils durch Untreue. Auch ließ er durch Meuchelmord den Sosistratos, den er zum Mahl eingeladen hatte, tödten, weil er das Ansehen des Mannes scheute. Sobald diese Unthat ruchtbar ward, liefen die Flüchtlinge zusammen, und

wollten ihn steinigen. Er floh mit Schmach bedeckt
zurück nach Lakonien.

Nun riefen die Tarentiner ihre Schiffe zurück,
die Geloer und Messiner machten Friede mit Agathokles durch Vermittlung des Hamilkars, unter diesen
Bedingungen: daß von den griechischen Städten Heraklea, Selinos und Himera den Karthagern ver-
bleiben, die andern alle, nach eignen Gesetzen lebend,
die Herrschaft von Syrakus anerkennen sollten. *)

Da Agathokles nun Sicilien von fremden Herren verlassen sah, eroberte er viele Städte. Zugleich
vermehrte er seiner Söldner Zahl, weil er voraus
sah, daß die Karthager mit den Bedingungen des
Hamilkar unzufrieden sein, und ihn bald mit Krieg
überziehen würden. Darauf ließ er ein Heer plötzlich ins Gebiet der Messinesen fallen, und viele gefangen nehmen, weil diese die Flüchtlinge, welche
sich alle dahin gewandt, aufgenommen hatten. Den
Messinesen ward bange, sie vertrieben die Flüchtlinge,
und nahmen Agathokles in die Stadt mit seinem Heer
auf, welcher sich sehr glimpflich betrug. Nachher
aber berief er alle Bürger aus Messina und Tauromenion, die ihm zuwider gewesen waren, und ließ

---

*) Von Panormos, Motya und Solus ist nicht die Rede,
weil diese Städte phönicischen Ursprungs waren, und den
Karthagern nicht abgestritten werden konnten. Τας ἄλλας πασας αυτονομας ειναι, την ἡγεμονιαν εχοντων
Συρακοσιων. Ich muß bemerken, daß der von mir ge-
brauchte Ausdruck Herrschaft mit stärker scheine als
der griechische ἡγεμονια. Dem sey wie ihm wolle, die
Geschichte lehret, daß jedesmal, wenn man unter dem Namen
der ἡγεμονια den Städten Athen oder Sparta Autori-
tät über andre Staaten eingeräumet ward, diese bald in
despotische Willkühr ausartete.

fie erwürgen, 600 an der Zahl. Er wollte nun gegen Agrigent ziehen, hörte aber, daß die Karthager in 60 Schiffen gelandet wären, und verwüstete ihre Provinz, wo er einige feste Orte nahm, und andre sich ihm ergaben.

Die Flüchtlinge hatten Deinokrates zu ihrem Anführer gewählt. Dieser flehte die Karthager um Hülfe an, und sandte bei Nacht eine Schaar in die Stadt der Kentoripiner, mit deren einigen er in Unterhandlungen stand. Aber die Besatzung des Agathokles tödtete diese Schaar. Agathokles ließ diejenigen der Kentoripiner, welche es mit den Flüchtlingen gehalten, morden.

Eine Flotte von 50 karthagischen Schiffen segelte in den großen Hafen von Syrakus; sie richteten aber nichts aus, außer daß sie ein Lastschiff aus Athen versenkten, nachdem sie dem Schiffvolk die Hände abgehauen. Bald nachher fielen einige ihrer Schiffe an der Küste von Bruttium (dem untern Kalabrien) den Befehlshabern des Agathokles in die Hände, welche Gleiches mit Gleichem vergalten.

Deinokrates nahm mit 5000 Mann Besitz vom Städtchen Galaria, dessen Bürger ihn gerufen hatten. Ein Anführer des Agathokles nahm diese Stadt wieder ein, und ließ die Häupter der Partei, welche zum Abfall gerathen hatte, tödten.

Agathokles ließ nach und nach Soldaten in Gela einschleichen; endlich kam er selbst, ließ 4000 Bürger erwürgen, und zwang die übrigen, ihm alles geprägte und ungeprägte Gold und Silber zu geben. Dann ließ er eine Besatzung zurück, und zog gegen die Karthager.

Beym Berge Eknomos ward er von Hamilkar in einer großen Schlacht besiegt, in welcher gegen

5000 Karthager, und 7000 vom Heer des Agathokles getödtet wurden. Dieser verbrannte sein Lager,
und zog sich zurück nach Gela. Hamilkar nahm viele
feste Orte in Besitz, und begegnete den Einwohnern
mit Glimpf.

Die Kamarinder, Leontiner, Katander, Tauromeniten, Messinesen und Abakäniner schlugen sich
zu den Karthagern. Agathokles kehrte zurück nach
Syrakus, besserte die Mauern aus, und versah die
Stadt mit Getreide.

Die Karthager waren nach ihrem Siege Herren Dlodos
B. XX,
von fast ganz Sicilien, und es schien nicht, daß Agathokles ihnen widerstehen könnte, als er einen Entschluß faßte, welcher so kühn als weise die späteste
Bewunderung verdient.

Ungewohnt, vor ihren Mauern den Feind zu
sehen, lebend in der Ueppigkeit des Wohlstandes,
umringt von Völkern, die sich von einem harten Joch
gedrückt fühlten, und im Besitz eines Landes, welches reich an jeder Fülle war, schienen ihm die Karthager ein Feind zu sein, den man im Herzen seines
Staates angreifen müßte, wenn man ihn zwingen
wollte, die Insel zu verlassen, welche größtentheils
in seiner Gewalt war.

Er befleckte, seiner Natur nach, die Schönheit dieser Unternehmung mit Arglist und mit Grausamkeit. Seinem Bruder Antandros überließ er die
Verwaltung der Geschäfte in Syrakus, und da er
während seiner Abwesenheit sich nicht sicher glaubte,
nahm er, ohne daß es den Schein hatte, Geiseln
mit, indem er die Geschlechter trennte, einen Bruder oder den Sohn mit sich nahm, den andern Bruder oder den Vater zurück ließ. Er borgte Geld von
den Kaufleuten, ließ sich das Vermögen der Münd-

linge von den Vormündern geben, unter dem Vorwande einer sichrern Verwahrung, nahm den vornehmen Frauen ihr Geschmeide, und aus den Tempeln einige der Kleinode. Da verschiedne der Reich-
sten aus der Stadt zogen, sandte er ihnen Söldner
nach, ließ sie erwürgen, und zog ihre Güter ein.

Schon waren 60 Schiffe gerüstet, und Agathokles erwartete einen günstigen Augenblick, als noch
niemand sein Vorhaben wußte. Einige glaubten, daß
er die sicilische Provinz der Karthager anfeinden
wollte; andre, daß er auf eine Unternehmung gegen
Italien sänne; allen schien sein Beginnen wahnsinnig.
Die Flotte der Karthager verhinderte ihn einige Zeit
auszulaufen. Eine Bewegung der Feinde gegen einige Lastschiffe gab ihm Gelegenheit, mit seiner Flotte
aus dem Hafen zu laufen. Die Karthager glaubten,
daß er diesen Schiffen zu Hülfe eilte, und zogen sich
zurück, um sich zur Schlacht zu rüsten. Als sie aber
sahen, daß er seinen Lauf gerade ins offne Meer gerichtet, und schon einen ansehnlichen Vorsprung gewonnen hätte, verfolgten sie ihn. Sie hätten ihn
erreicht, wofern die Nacht nicht eingebrochen wäre.

Nach einer Schifffahrt von sechs Tagen sahen
die Sicilier mit der Morgenröthe die Flotte des Feindes hinter sich, und vor sich das Ufer von Afrika.
Nun ward mit äußerster Anstrengung gerudert. Erreichten und schlugen die Karthager ihren Feind, so
sahen sie sich im Besitz von Sicilien. Der Sicilier
harrete, wofern sie geschlagen wurden, die harteste
Knechtschaft. Geübter in der Seefahrt ruderten die
Karthager schneller, aber die Griechen waren dem
Gestade näher. Schon trafen die Pfeile der vorder-
sten Karthager die letzten Schiffe des Agathokles.

Dieser erreichte den Strand, und die Karthager warfen Anker, eines Pfeilschusses weit von der Küste.

Agathokles versammelte das Heer, nachdem er
der Ceres und der Proserpina geopfert hatte. Mit
glänzendem Gewande angethan, und die Schläfe mit
einem Kranz umwunden, sagte er: Er habe, als die
Karthager sie verfolgten, den Schutzgöttinnen ihrer
Insel, der Ceres und der Proserpina, die Schiffe ge-
lobet. Die Opfer verkündeten den Sieg. Sie möchten kühn die Flotte verbrennen; bessere Schiffe als
diese würden sie nach dem Siege finden. Indem
brachte man ihm und jedem der Galeerenanführer
eine Fackel. Agathokles stellte sich auf das Hinter-
theil der seinigen, alle folgten seinem Beispiel, Flammen erhuben sich, Drommetenschall ertönte, das Ge-
stad' erscholl von flehenden Gelübden des Heeres für
sichre Heimkunft.

Agathokles erhielt durch diese kühne That zween
Vortheile. Ließ er die Schiffe stehen, so mußte er
sein Heer theilen, wenn jene nicht in die Hände des
Feindes fallen sollten. Theilte er sein Heer, so war
er nicht nur schwächer an Zahl, sondern die Soldaten hätten auch mit getheilten Hoffnungen des Sieges
und der Heimfahrt ihm gefolgt. Nur dem Siege
sollten sie vertrauen!

Der Enthusiasmus der Sicilier mag wohl zugleich mit den sinkenden Flammen erloschen sein.
Sie begannen ihre That zu bereuen. Agathokles ließ
ihnen nicht Zeit; er führte sie in das Gebiet der sogenannten großen Stadt (μεγαλη πολις), deren pu-
nischer Name, wofern ich nicht irre, unbekannt ist.
Hier wurden sie unterhalten durch den Anblick der
lachenden Gefilde, wo ein blühender Wechsel jeder
Fruchtbarkeit dem Auge und den Hoffnungen des Hee-

res schmeichelte. Weingärten, Pflanzungen von Obst,
Aecker, Heerden, gewässerte Auen und Triften, prächtige Landhäuser und die Stadt selbst, boten sich ihnen
als zum Raube dar.

Er führte sie gegen die Stadt, welche erobert
und geplündert sie mit Beute bereicherte, und ihren
Muth erhob. Bald nachher ergab sich eine andre
Stadt, welche Diodor das weiße Tynes nennet. In
beiden ließ er Besatzung.

Dem Schiffheer der Karthager hatte die lodernde
Flotte der Syrakusier ein angenehmes Schauspiel gewährt; sie bedachten aber bald die Folgen, hingen
Felle über ihre Schiffe, um nach ihres Volks Sitte
anzudeuten, daß Gefahr dem Vaterlande dräute, und
schickten Abgeordnete nach Karthago, welche den
Verlauf der ganzen Sache erzählen sollten. Sie nahmen die eisernen Schiffschnäbel der verbrannten
Flotte.

Die Abgeordneten fanden Karthago in der größten Bestürzung, denn Landleute hatten schon die Gegenwart der Feinde gemeldet, und man glaubte, daß
die ganze Heeresmacht in Sicilien müßte umgekommen sein, weil sonst Agathokles diese Unternehmung
nicht würde gewagt haben.

Unzufrieden mit ihren Heerführern, ernannten
die Karthager Hanno und Bomilkar zu Feldherrn;
Männer, welche erblichen Haß gegen einander nährten, von denen man aber hoffte, daß sie eignen Groll
der Vaterlandsliebe aufopfern würden. Diese ließen
sich nicht Zeit, Völker aus dem Lande und aus benachbarten Städten zu berufen, sondern rüsteten
40.000 Bürger, 1000 Reiter, und 2000 Kriegswagen. Agathokles stellte sich ihnen mit einem kleinen Heer von ohngefähr 14,000 Mann entgegen.

Er ließ aus dem Lager zugleich viele Nachteulen, die er in Geheim dazu verwahret hatte, ausfliegen. Diese Vögel, welche durch das Tageslicht betäubt werden, flatterten wie blind umher. Einige setzten sich auf die Schilde, andre auf die Helme seiner Krieger, welche sich der guten Vorbedeutung freuten, daß Pallas selbst durch ihren heiligen Vogel ihnen den Sieg ankündigte. Die Karthager wurden geschlagen, ihr Lager nahm der Sieger ein.

Karthago sandte Befehl an Hamilkar eilend Hülfe zu senden. Zugleich schickte man ihm die eisernen Schiffschnäbel der syrakusischen Flotte. Hamilkar gebot den Gesandten, die Wahrheit zu verschweigen, und verbreitete im Lager das Gerücht, die ganze syrakusische Flotte sey mit dem Heer umgekommen. Dasselbe ließ er den Syrakusiern sagen, deren Stadt er zur Uebergabe auffoderte. Zum Beweise zeigte er die eisernen Schiffschnäbel. Die meisten glaubten an die Erdichtung, doch zweifelten die Häupter der Stadt, und jagten mit den Verwandten auch die Freunde der Flüchtlinge heraus, sammt denenjenigen, welche mit ihrer Verwaltung unzufrieden waren. Die Stadt war voll Wehklagens, sowohl derer, welche den Untergang des Heers beweinten, als der Vertriebnen, die aus einer Stadt gejagt wurden, deren Feind in der Nähe jede Rettung zu nehmen schien. Ihre Zahl belief sich auf 800. Da ihnen keine andre Zuflucht übrig blieb, flohen sie zu den Karthagern, und Hamilkar fügte ihnen kein Leid zu.

Er führte sein Heer gerade gegen Syrakus, um Vortheil zu ziehen vom zerrütteten Zustande der Stadt. Noch einmal forderte er sie durch Gesandte auf, und verhieß dem Antandros mit seinen Angehörigen Sicher-

heit. ~ Dieſer war ſchon geneigt zur Uebergabe; aber
Erymnon der Aetoler, welchen Agathokles ſeinem
Bruder zum Gehülfen gegeben hatte, ſetzte ſeinen
Entſchluß durch, ſich nicht zu ergeben, bis die von
Hamilkar gegebene Nachricht ſich würde beſtäti-
get haben.

Hamilkar ließ Kriegsmaſchinen verfertigen.
Indem kam Nearchos, ein Freund des Agathokles in
einem Fahrzeuge an. Bey Nacht hatte er ſich der
Stadt genahet. Frühe ſchiffte er hinan, ſein Volk
war gekränzet, und ſang den Päan des Sieges. Die
Wachtſchiffe der Karthager wurden ihn gewahr, und
verfolgten; aus der Stadt und aus dem Lager der
Karthager liefen die Menſchen an den Hafen, es
jauchzten die Barbaren; die Syrakuſier, welche den
ihrigen nicht beiſtehen konnten, machten Gelübde.
Schon war ein feindliches Schiff ganz nah, als das
Fahrzeug nun unter den ſchützenden Pfeilen der Syrakuſier gerettet ward. Hamilkar verlor nicht den
Augenblick, in welchem die ganze Aufmerkſamkeit der
Stadt auf den Hafen gerichtet war; er ließ Leitern
an die Mauern ſetzen; ſchon war beinah ein Raum
zwiſchen zween Thürmen erſtiegen, als die gewöhnliche Runde vorbei ging und Lärm machte. Die Karthager wurden zurück geſtoßen. Traurig kehrte Hamilkar von der Stadt zurück, und ſandte 5000 Soldaten nach Afrika.

Agathokles hatte nun Tynes (Tunis) inne,
eroberte viele feſte Schlöſſer und einige Städte, und
gewann eine Schlacht über die Karthager. Hamilkar ward bei einem erneuerten Angriffe gegen Syrakus, wegen einer in ſeinem Heer entſtandnen Verwirrung, geſchlagen, gefangen, und, nachdem die
Syrakuſier ihn auf barbariſche Art verhöhnet und

zepeiniget hatten, getödtet. Sein Haupt sandten sie
dem Agathokles. Das Heer der Belagernden trennte
sich. Die Karthager gehorchten ferner ihren Anführern, die Flüchtlinge und die andern Griechen dem
Deinokrates.

Die Agrigenter glaubten einen glücklichen Zeitpunkt zu sehen, um sich der Oberherrschaft Siciliens
zu versichern, da Karthago mit Agathokles' beschäftiget, Deinokrates mit seinen Flüchtlingen nicht furchtbar, und Syrakus, gedrängt von Mangel an Lebensmitteln, nicht im Stande wäre mit ihnen um den
Vorzug zu streiten. Dabei rechneten sie, nicht ohne
Grund, auf der Städte Haß gegen die Karthager,
und auf ihr Verlangen nach eignen Gesetzen zu leben.
Sie ernannten einen Feldherrn, Xenodokos, und gaben ihm ein ansehnliches Heer. Dieser bemächtigte
sich von Gela. Die Geloer, froh der verlangten
Freiheit, unterstützten die Absicht der Agrigenter.
Hoffnung der Freiheit erfüllte alle Städte; Enna
öffnete den Agrigentern die Thore, und ward frei.
Da die von Agathokles zurück gelassenen Soldaten
das Gebiet von Kamarina und Leontion verheerten,
ging Xenodokos dorthin und stellte die Ruhe her;
auch befreite er verschiedne Orte vom Joch der
Karthager.

Als der Kopf des Hamilkar dem Agathokles
gebracht ward, ritt er so nah ans Lager der Karthager, daß sie ihn hören konnten, zeigte ihnen ihres
Feldherrn Haupt; und erzählte die Niederlage der
ihrigen. Sein Glück schien den Gipfel zu erreichen,
als er in große Gefahr kam. Lyfiskos, seiner tap-
fersten Hauptleute einer, den er eingeladen hatte,
hielt bittre Reden gegen ihn, erhitzt vom Wein. Agathokles, der das Verdienst des Mannes ehrte, nahm

es als Scherz auf, aber sein Sohn Archagathos ward hitzig, und da Lytiskos nun auch ihm schändliche Vorwürfe machte, erstach er ihn. Die Soldaten liefen zusammen, griffen zu den Waffen, foderten Auslieferung des Archagathos, und dräuten dem Agathokles mit dem Tode, wofern er diese abschlüge. Die Karthager erfuhren die Ursache des Auflaufs, und sandten Männer, welche das Heer zum Abfall reizten. Viele der Heerführer versprachen zu ihnen über zu gehen. Agathokles warf den Purpur von sich, sprang als ein gemeiner Mann unter die Soldaten, redete sie an, stellte sich als ob er sich ermorden wollte. Der Sinn des Heers wandte sich, sie sprachen ihn frei, und verlangten, daß er sich wieder als Feldherr kleiden sollte. Die Karthager erwarteten indessen, daß das Heer zu ihnen übergehen würde, und als Agathokles es gegen sie führte, glaubten sie Ueberläufer, nicht Feinde, zu sehen, bis er zum Angriff die Drommete tönen ließ. Viele der Karthager wurden getödtet. Diejenigen im Heer der Sicilier, welche es mit den Feinden gehalten hatten, gingen zu ihnen über, 200 an der Zahl.

Im Lande der Numider, wohin Agathokles mit ohngefähr 9000 Mann den Karthagern folgte, welche dort theils neue Eroberungen zu machen, theils um Abgefallne zu strafen, hingezogen waren, erhielt er wieder einen neuen Sieg über sie.

Da er nichts unversucht ließ, was ihm zu seinem Zweck dienen konnte, sandte er auch zu Ophellas, einem Griechen, der unter Alexander gefochten hatte, und nun Kyrene, eine griechische Kolonie in Afrika, beherrschte. Er lud ihn zum Bündniß ein, und reizte ihn mit der Eroberung von Libyen und von Karthago. Ophellas gab seinen Vorstellungen Ge-

hör, und sandte nach Athen, Hülfe zu dieser Unternehmung erlangend. Viele Athenienser, auch andre
Griechen, ließen sich desto eher reizen, da nach vielen Kriegen ihr Vaterland zerrüttet war. Ophellas
machte sich auf den Weg mit 10,000 Vollgerüsteten,
und eben so vielen minder gut geordneten, welche,
Weiber und Kinder mit sich führend, dem Heere das
Ansehen einer Kolonie gaben. Ausserdem folgten ihm
Wagen und Reiter. Durch die Wüsten Libyens hatten
sie einen sehr beschwerlichen Zug, und erreichten nach
einer Reise von zwey Monaten das Heer des Agathokles. Dieser empfing Ophellas mit Bezeigungen der
Freundschaft und des Dankes, versah sein Heer mit
Lebensmitteln, und bat ihn seine ermüdeten Soldaten
wohl zu pflegen. Nach einigen Tagen, als die meisten von Ophellas Heer auf Fütterung ausgegangen
waren, berief Agathokles seine Soldaten, beschuldigte Ophellas, daß er unter dem Schein des
Bündnisses ihnen nachstellte, erbitterte sie, führte
sie gegen die Kyrender. Ophellas wollte sich wehren, hatte aber wenig Streiter in der Nähe, und
ward ermordet. Sobald dieser gefallen war, hemmte
Agathokles die Schlacht, verhieß große Dinge den
Kyrendern, und gewann nun ihr ganzes Heer, ohne
seine Feldherrnwürde mit einem Bundesgenossen, den
er schändlich verrathen hatte, theilen zu müssen.

Zu eben der Zeit als Agathokles diesen Gräuel
verübte, bemächtigte sich Bomilkar der Tyranney.
Indem jeder seinen Planen nachsann, entgingen ihm
die Rathschlüsse des andern. Hätte der Karthager
gleich das Lager des Siciliers angefallen, als dieser
die Kyrender angriff, und den letztern beigestanden,
so wäre es wahrscheinlich mit Agathokles aus gewesen.

Hätte Agathokles Karthago angegriffen, als es durch
Bomilkars Erkühnen in Zerrüttung und Schrecken
war, so hätte er kaum Widerstand gefunden.

Bomilkar musterte sein Heer in der neuen Stadt,
welche dicht beim alten Karthago war. Er verab-
schiedete viele. Unter 500 Bürgern, welche seiner
Absicht mitkundig waren, und 4000 Söldnern, ernannte er sich zum Tyrannen. Mit fünffach ver-
theiltem Heer zog er in die Stadt, würgend was ihm
entgegen kam. Während des ersten Getümmels
glaubten die Karthager, daß ihre Stadt den Feinden
verrathen worden. Als sie die Wahrheit inne wurden, rüsteten sich die Jünglinge gegen ihn; er aber
ließ auf den Straßen und auf dem öffentlichen Platz
die Bürger würgen. Endlich sandte man Abgeordnete und bot den Aufrührern Verzeihung an. Bomilkar und die Seinigen müssen an glücklichem Erfolg
verzagt haben, denn sie legten die Waffen nieder.
Den andern ward Wort gehalten, aber troß eines
Eides ward Bomilkar auf schmähliche und schmerz-
hafte Art getödtet.

Agathokles lud viele Beute, und diejenigen Kyrenäer, welche ihm zum Kriege nicht tauglich schienen, auf Lastschiffe, und sandte sie gen Syrakus. Ein
Sturm ergriff sie, einige gingen unter, andre wurden an die pithekusischen Inseln (Ischia, Capri und
Procita) geworfen. Wenige kamen nach Syrakus.

Als Agathokles hörte, daß die Nachfolger
Alexanders, Antigonos, Demetrios, Ptolemäos, Se-
leukos, Lysimachos und Kassandros, den königlichen
Titel angenommen hätten, erklärte auch er sich
zum Könige.

Darauf zog er gegen die von Utika, welche von
ihm abgefallen waren. Er nahm vor der Stadt 300

Mann gefangen. Zuerst bot er die Einwohner zur Uebergabe auf, und versprach Vergessenheit des vorigen; als sie aber die Stadt nicht übergeben wollten, ließ er eine große Maschine gegen sie rücken, auf welcher die Gefangnen und zugleich seine Katapulte, Schleuderer und Scharfschützen (ὀξυβελεῖς) standen, und setzte daher die Belagerten in die traurige Nothwendigkeit auch gegen ihre Freunde zu schießen, wenn sie die Freiheit behaupten wollten. Er eroberte die Stadt, und erfüllte sie mit Mord, auch derer die in Tempel geflüchtet waren, nicht schonend. Gleich nachher nahm er Hippuakra ein, und war nun fast im Besitz der ganzen Küste und der mittelländischen Gegend Libyens, die Numider ausgenommen.

So mächtig in Afrika, war er gleichwohl besorgt wegen Sicilien, baute Fahrzeuge, und schiffte hinüber mit 2000 Mann; seinem Sohn ließ er die Anführung des Heers.

Seine Feldherrn hatten neulich den Xenodokos geschlagen, und die Agrigenter hatten dem edeln Vorsatz, die Sicilier zu befreien, entsagt, als er in Selinos ankam. Er eroberte wieder Heraklea, und dann auf der nördlichen Seite der Insel Therma himerá (Termini) und Kephalödion (Cefalu). Darauf zog er gegen Kentoripa, wo er zwar durch Verrath eingelassen, aber mit Verlust von 500 Mann zurück geschlagen ward. Er nahm Apollonia, erwürgte die meisten Bürger, und ließ die Stadt plündern.

Deinokrates, der Flüchtlinge Haupt, übernahm nun die Behauptung der Freiheit Siciliens, welche die Agrigenter aufgegeben hatten. Es sammelten sich daher viele um ihn, und er hatte bald um sich ein Heer von beinah 20,000 Mann Fußvolk, und von 1500 Reitern. Es bestand mehrentheils aus Männern, welche Krieg und Unglück für jede Beschwerde abgehärtet hatten. Agathokles wagte nicht mit viel geringerer Macht Schlacht zu liefern, welche jener ihm anbot, ward auf dem Fuße von ihm verfolgt, und sah von nun an das Glück sich wenden, welches ihm bisher so günstig gewesen.

Anfangs gelang zwar seinem Sohne Archagathos, und vorzüglich dem Unterfeldherrn Eumachos, welcher viele Städte und Landschaften eroberte, jede Unternehmung; als aber die Karthager 30,000 Mann gegen das feindliche Heer sandten, und Archagathos das seinige auch in drei Theile sonderte, so ward Aeschrion, ein syrakusischer Feldherr, von Hannon mit 4000 Mann erschlagen; und von 8000 Mann Fußvolk und 800 Reutern, welche Eumachos anführte, retteten sich aus einer von Himilkon gegen ihn gewonnenen Schlacht, nur 30 Mann des Fußvolks und 40 Reiter. Archagathos zog sich zurück in Tynes (Tunis), wo er eingeschlossen von Himilkon und Atarbas (Adherbal) Mangel zu leiden anfing.

Agathokles hörte den übeln Zustand seiner afrikanischen Angelegenheiten, als er auch von der immer wachsenden Macht des Deinokrates in Sicilien gedränget ward. Er übergab sein Heer der Anführung des Leptines; er selbst lauerte auf einen günstigen Augenblick nach Afrika zu segeln, denn eine Flotte von 30 karthagischen Schiffen stand nahe bei Syrakus. Zu rechter Zeit kamen 18 Schiffe, von den Tyrrhenern gesandt, ihm zu Hülfe, welche bei

Nacht in den Hafen liefen. Agathokles redete mit
den Tyrrhenern eine Kriegslist ab. Er segelte mit
17 Schiffen ins offne Meer. Indeß die Karthager
ihn verfolgten, segelten die Tyrrhener aus. Nun
wandte sich Agathokles gegen die Karthager, welche
sich zwischen zwei feindlichen Flotten fanden. Sie
wurden geschlagen, und fünf ihrer Schiffe mit der
Mannschaft gefangen. Der Feldherr tödtete sich, als
sein Schiff, welches dennoch entrann, in der größten
Gefahr war von den Feinden genommen zu werden.

Auf Befehl des Agathokles zog Leptines gegen
die Agrigenter, und besiegte den Xenodokos. Agathokles hatte nach seinem Siege über die Karthager
die Herrschaft des Meeres, und konnte den Seinigen
Lebensmittel nach Afrika senden.

Eh er selber sich entfernte, opferte er den Göttern für seine Siege, und lud oft die vornehmen Syrakusier zu Gastmahlen ein. Bei solchen Gelegenheiten war er, da er von Natur Witz und Munterkeit
hatte, immer sehr aufgeräumt. Er gewann manche
Gemüther auf diese Art, und erforschte viele, deren
Innerstes ihm der Wein offenbarte. Nachdem er
auf diese Weise die Gesinnungen einer großen Zahl
geprüft hatte, lud er 500 der Angesehensten ein, und
ließ sie alle an seinem Tisch ermorden; dann schiffte
er hinüber nach Afrika.

Hier fand er sein Heer in einer traurigen Lage.
Es schien ihm nothwendig bald eine Schlacht zu liefern, und er ward besiegt mit einem Verluste von
3000 Mann.

In der folgenden Nacht, als die Karthager die
Schönsten der Gefangnen den Göttern opferten, ver-

breitete sich Feuer in ihrem Lager, und mit dem Feuer
Unordnung. Verschiedene wurden von den Flam-
nien verzehrt. Die Verwirrung ward allgemein, als
5000 afrikanische Söldner aus Agathokles Heer,
welche zu den Karthagern übergehen wollten, von
diesen für Feinde angesehen wurden. Ungehrißen,
nicht geordnet, machte sich jeder auf die Flucht. Viele
sahen die Ihrigen für Feinde an, und wurden von
jenen für Feinde gehalten, tödteten sich daher wech-
selsweise. Die Söldner, geschreckt durch Feuer und
Geschrei, wandten sich zurück. Des Agathokles
Heer glaubte von den Karthagern angegriffen zu werden, es entstand ein blindes Gemetzel wie in dem
Heer der Barbaren, und 4000 Mann wurden auf
diese Art getödtet.

Nun fielen alle Afrikaner von Agathokles ab,
welcher ernstlich darauf sann, wie er dieses Land verlassen könnte. Aber theils fehlte es ihm an Schiffen,
theils herrschten die Karthager im Meer, und er
wußte, daß sie nicht Friede mit ihm schließen, sondern
vielmehr durch sein Beispiel andre von einer Unternehmung gegen ihr Land abschrecken wollten. Er
beschloß daher heimlich mit seinem jüngeren Sohne
Herakleides, und mit einer gewählten Schaar hinüber nach Sicilien zu schiffen, den Andragathos aber
mit dem Heere verrätherischer Weise zurück zu lassen.
Hierzu bewog ihn unter andern Gründen auch die
Furcht, daß sein ältester Sohn, welchen er, wie es
scheint, in gerechtem Verdacht des verbotenen Um-
ganges mit seiner Stiefmutter hatte, gegen ihn mit
ihr etwas feindseliges unternehmen möchte. Cicero
erzählt uns, daß der ältere Dionysios sich den Bart
von seinen Töchtern scheren ließ, keinem Scherer

Tuscul.
V. 20.

trauend, ja, daß er auch den Töchtern, als sie heran
wuchsen, das Messer nahm, und sie lehrte ihm den
Bart mit glühenden Wallnußschalen abzufengen.
Agathokles traute weder seinem Weibe, noch seinem
Sohne. Dieser merkte des Vaters Absicht, und offenbarte sie den Feldherrn, die Feldherrn den Soldaten. Der Tyrann ward ergriffen und gebunden.

Diodor.
B. XX.

Indem verbreitete sich ein Gerücht, daß die
Feinde anrückten. Die Soldaten zogen ohne Ordnung aus dem Lager. Die Hüter des Agathokles
gingen auch hervor mit ihrem Gefangenen. Da erregte sein Anblick Mitleiden bei einigen vom Volke,
welche ihn lösten. Bei Nacht bestieg er einen Nachen,
und ließ mit dem Heere beide Söhne zurück. Diese
wurden von den Soldaten ermordet. Man wählte
sechs Anführer, und schloß Friede mit den Karthagern, unter den Bedingungen, daß diese die eroberten Städte wieder bekommen, und 30 Talente den
Siciliern geben sollten, welche nach Solus, in
die sicilische Provinz der Karthager, sollten gebracht
werden, diejenigen ausgenommen, welche Lust haben
würden, Kriegsdienste bei ihnen zu nehmen. Denjenigen welche Wort hielten, wurden diese Bedingungen gehalten. Andre aber, welche Hülfe von
Agathokles erwartend, den Besitz der Städte behaupteten, mußten sich ergeben. Ihr Feldherr ward ge-
kreuziget, sie selbst aber gezwungen, in Fesseln das
Land zu bauen, welches sie verwüstet hatten.

Sobald Agathokles in Sicilien angekommen
war, sammlete er eine Schaar Gewaffneter, und zog
nach Egesta, einer mit ihm verbündeten Stadt. Hier
zwang er die Einwohner ihm den größten Theil ihres
Geldes zu geben. Da hierüber ein großes Murren

entstand, ließ er die ärmsten Bürger aus der Stadt
an den Fluß Skamandros treiben und erwürgen.
Die Reichen und Vornehmen, sowohl Männer als
Weiber, ließ er auf mancherlei Arten, deren einige
von seiner Erfindung waren, martern. Er hatte
eine besondre Freude daran, den schwangern Weibern
mit Ziegeln, die er ihnen auf den Leib legen ließ, die
Frucht hervor zu quetschen. Statt des phalarischen
ehernen Stieres, ersann er ein eisernes Bette, welches in Gestalt eines Menschen ausgehöhlet war.
Jedes Gelenk ward durch ein Schloß eingezwängt;
dann ließ er unter dem Bette Feuer anlegen, in so
fern sinnreicher als Phalaris, da er sich auch an dem
Anblick der Gemarterten weiden konnte.

Als er die Ermordung seiner Söhne erfuhr,
und sich an den Mördern selbst nicht rächen konnte,
sandte er einige seiner Anhänger zu seinem Bruder
Antandros nach Syrakus, mit dem Befehl, alle Angehörigen derer, die den Feldzug nach Afrika gemacht
hatten, zu tödten. Antandros gab diesem Befehl
die äußerste Ausdehnung. Nicht nur die Söhne,
Brüder und Väter, sondern auch die Großväter und
zarte Kinder, welche in den Armen getragen wurden,
die Weiber, alle, welche in irgend einem Grade der
Blutsfreundschaft mit jenen Kriegern verwandt, oder
durch Sippschaft mit ihnen verschwägert waren, wurden am Meer ermordet. Und niemand wagte sie zu
begraben, um nicht den Zorn des Ungeheuers zu reizen.

Indem Agathokles von Stadt zu Stadt zog,
jede befestigend, Geld aus jeder erpressend, fiel sein
Feldherr Pasiphilos von ihm ab, und ging über zu
Deinokrates. Der Tyrann ließ nun den Muth so
sinken, daß er dem Deinokrates Friedensbedingungen

vorschlug. Deinokrates sollte zurück nach Syrakus
kommen, und diese Stadt sollte frei sein. Für sich
verlangte er nichts als Therma (Termini) und Kephalödion, (Cefalu) mit dem Gebiet dieser Städte. *)

So tief ward der Tyrann gedemüthiget, daß
Deinokrates diese Bedingungen ausschlug. Diodor
sagt, er habe nach der Herrschaft von Syrakus ge-
trachtet, und sich stark gefühlt an der Spitze von
20,000 Mann zu Fuß und 3000 Reitern.

Agathokles schloß Friede mit den Karthagern.
Sie erhielten alle ihre Städte wieder, und gaben ihm
300 Talente, und 200,000 Maß Waizen.

Mit 5000 Mann zu Fuß und 800 Reitern
griff er den Deinokrates an, dessen Heer aus 25000
Mann zu Fuß und 3000 Reitern bestand. Da
einige Tausend zu Agathokles im Treffen übergingen,
gewann er die Schlacht.

Als ein Theil des Heers sich auf einen Hügel
zurück gezogen hatte, erhielt es Friede vom Tyrannen, sobald sie aber die Waffen gestreckt hatten, ließ
er sie umzingeln und mit Wurfspießen tödten. Nach
einigen waren ihrer 4000, nach Timäos 7000,

*) Diodor sagt Therma, ohne zu bestimmen welches. Therma
Himerä ist das itzige Termini. Therma Hybäta (die warmen Wasser) ist Sciacca. Dieses war der Geburtsort
des Agathokles. Da aber Termini und Cefalu nur eine
halbe Tagreise aus einander sind, und beider Städte Gebiet an einander gränzt, so bleibt kein Zweifel darüber,
welches Therma Diodor meinet. Vermuthlich wählte Agathokles diese Städte, um das nahe Gebiet der Karthager
anfeinden zu können. Dazu kommt, daß Cefalu durch
seine Lage fest, ja selbst unüberwindlich ist, und einen guten Hafen hat.

welche so umkamen. Die übrigen Flüchtlinge nahm er in sein Heer auf, ja er söhnte sich aus mit Deinokrates, dem er sich bis an seinen Tod, 16 Jahre lang vertraute, indem er ihn bei den wichtigsten Geschäften brauchte. Ein Räthsel, welches die Geschichte nicht auflöst, daß Deinokrates Zutrauen zu diesem Tyrannen fassen konnte, und der mißtrauische Tyrann zu ihm. Pasiphilos, welchen Deinokrates greifen und erwürgen ließ, war das erste Opfer dieser Verbündung.

Agathokles schiffte hinüber zu den Liparischen Inseln, und erpreßte ohne den geringsten Vorwand 50 Talente. Er zwang die Liparder, ihm Geld zu geben, welches in ihrem Prytaneion verwahrt lag, und theils dem Vulkan, theils dem Aeolos gewidmet war. Da man noch, wie zu Homers Zeit, vielleicht seiner Dichtung glaubte, daß Aeolos die Winde beherrschte, so wurden die Völker in diesem Wahne bestärkt, als 11 mit dem geraubten Gelde belastete Schiffe untergingen.

Da mit dem 20sten Buch der Text des Diodors aufhört, und nur von einigen der folgenden Bücher unvollständige Auszüge vorhanden sind, so weiß man wenig von der letzten Hälfte der Regierung des Agathokles. Er war im Begriff, eine zwote Unternehmung gegen Karthago anzufangen, als er beschloß, seinen Sohn Agathokles zum Nachfolger zu ernennen. Er sandte ihn daher in die Gegend des Aetna, mit Briefen an seinen Enkel Archagathos, Sohn des in Afrika erschlagnen Archagathos, welcher das Heer anführte, und befahl jenem dieses und die Flotte zu übergeben.

Archagathos ermordete seinen Oheim, nachdem er ihn trunken gemacht, und schrieb zugleich an ei-

(Randnotiz:) Diodor 'Εκλογαι Vol. II. p. 491. 92.

nen gewiſſen Menon, er möchte ſeinen Großvater tödten. Dieſen Menon hatte Agathokles aus Egeſta mit-
genommen, und ſeiner ſchönen Geſtalt wegen ſehr
hervorgezogen. Er aber verbarg im Herzen tiefen
Groll gegen den Tyrannen, welcher in Egeſta ſo ge-
wütet hatte, und tödtete ihn durch Darreichung
eines vergifteten Zahnſtochers.

So ward Sicilien von dieſem Wütrich befreit,
welcher 72 Jahre gelebt, und 28 Jahr geherrſcht
hatte. Er ſtarb im 4ten Jahr der 122ſten Olympiade, 287 Jahr vor Chriſti Geburt, auf Anſtiften
des Enkels, durch ſeines Lieblings Hand!

Menon tödtete durch Liſt den Archagathos, gewann das Heer, und ſtrebte nach der Herrſchaft.
Die Syrakuſier ſandten gegen ihn ihren gewählten
Strategen Hiketas. Als aber Menon von den Karthagern begünſtigt ward, ſahen die Syrakuſier ſich
gezwungen, Friede zu machen, den Karthagern 400
Geiſeln zu geben, und die Flüchtlinge aufzunehmen.
Gleich nachher erregten die Söldner Tumult, weil
ſie nicht für fähig gehalten wurden, zu den Würden
der Republik ernannt zu werden. Endlich verglich
man ſich dahin, daß die Söldner ihre Güter verkaufen, und aus Sicilien weichen ſollten. Sie wurden
freundſchaftlich von den Meſſineſen aufgenommen, Diodor
tödteten aber in der Nacht die Bürger, bemächtigten Exlo-
ſich der Weiber und der Stadt. Sie waren Kampa- γαι.
Vol. II.
ner und nannten ſich Mamertiner, nach Mars dem p. 493.
Kriegsgotte, der bei ihnen Mamers hieß.

Die Syrakuſier genoſſen keiner ungeſtörten Plut. im
Muße, ſondern wurden von den Karthagern geäng- Leben d.
ſtet. Sie ordneten Geſandte ab an Pyrrhos, den Pyrrhos
Vol.
König der Epirer, welcher den Tarentinern gegen die II. pag.
463 ed.
Lond.

Römer zu Hülfe gekommen war, und nach zween
glänzenden aber blutigen Siegen, denen eine Niederlage gefolgt war, auf den Rückzug dachte, als zugleich zwo verschiedne Aussichten den unternehmenden
Ehrgeiz dieses Eroberers reizten. us Griechenland
erfuhr er, daß Ptolemäos, mit dem Beinamen der
Blitz, in einer Schlacht gegen die Gallier, welche
Makedonien und Jllyrien überschwemmt hatten, gefallen wäre. Ihn schmeichelte die Hoffnung, durch
Siege den Thron seines Vorbildes des großen Alexanders, dem er verwandt war, zu behaupten.

Auf der andern Seite hatte Siciliens Eroberung
ihn schon lange gereizet. Er mochte sich wohl vielleicht gar als einen Erben von Syrakus ansehen, da
er Eidam des Agathokles war, dessen Tochter Lanassa
gleichwohl ihn für Demetrios Poliorketes verlassen
hatte. Schon als er den Feldzug nach Italien anzu-
treten im Begriff war, warnte ihn Kineas, sein weiser Rathgeber und Freund, ihm die Macht der Römer zu Gemüthe führend, welche, selber kriegrisch,
rüstigen Völkerschaften geböten. „Und," sagte er,
„wofern ein Gott uns die Römer zu bekriegen ver-
„liehe, wie sollten wir diesen Sieg nützen?" —
„Wie nützen, Kineas? Keine der barbarischen Städte
„Italiens, keine griechische, würde dann uns wi-
„derstehen können. Wir würden in den Besitz des
„ganzen Italiens kommen." „Und was," sagte
nach kurzem Schweigen Kineas, „was werden wir
„thun, wenn wir Italien erobert haben?" Noch
nicht merkend, wo Kineas mit diesen Fragen hinaus
wollte, erwiederte Pyrrhos: „dann reichet uns Si-
„cilien die Hand zur leichten Eroberung, diese volk-
„reiche, beglückte Insel. Dort ist alles in Zwie-

„ſpalt nach dem Tode des Agathokles, dort waltet
„Anarchie mit dem Aberwitz der Demagogen.‟ — „So
„iſt's,‟ ſagte Kineas, „ſoll denn alſo Sicilien das
„letzte Ziel unſerer Siege ſein?‟ — „Ein Gott
„müſſe uns das Gelingen verleihen! Dieſe Vorkäm-
„pfe öffnen uns eine weite Bahn. Wer wollte ſich
„dann Lybiens und Karthago's, die uns zur Hand
„lägen, enthalten, da Agathokles, heimlich aus Sy-
„rakus entronnen, mit wenigen Schiffen hinüber
„eilend, bei Einem Haar dieſe Länder gewonnen hätte?
„Haben wir ſie erſt erobert, wer wird dann ſagen
„dürfen, daß einer von den Feinden, die nun uns
„trotzen, werde widerſtehen können?‟

„Freilich keiner. Offenbar iſts, daß wir Ma-
„kedonien wieder erobern, *) und geſtärkt durch dieſe
„Macht zum ſichern Beſitz von Griechenland gelan-
„gen werden. Wenn aber alles unſer ſein wird,
„was ſollen wir dann thun?‟

Lachend antwortete Pyrrhos: „dann werden
„wir volle Muße haben, mein lieber Kineas, und
„täglichen Schmaus; dann wollen wir im frohen
„Geſpräch uns ergötzen!‟

„Was hindert uns denn, o König, wenn wir
„Luſt haben zu ſchmauſen und zu feiern, itzt da dieſe
„Muße, wenn wir wollen, unſer iſt, zu welcher
„wir erſt gelangen ſollen nach Vergießung vieles
„Blutes, nach überſtandnen großen Arbeiten und
„Gefahren?‟

Itzt da Pyrrhos im Begriff war, Italien zu
verlaſſen, zog er die Einladung der Syrakuſier der

---

*) Pyrrhos hatte Makedonien erobert gehabt, und wieder
verloren, nachdem er ſchon zum Könige dieſes Landes
ausgerufen worden. S. Plut. im Leben des Pyrrhos.

Wiedereroberung von Makedonien vor. Mit den
Syrakuſiern boten ſich ihm die Agrigenter und die
Leontiner an, wofern er die Inſel von den Karthagern und von den Tyrannen ſäubern würde. Er
legte eine Beſatzung in Tarent, ſchiffte hinüber nach
Sicilien mit 30,000 Mann zu Fuß und 2,500
Reitern. In kurzer Zeit war er in Beſitz von dem
ſiciliſchen Gebiet der Karthager, nachdem ſelbſt das
feſte Eryx, deſſen Mauer er zuerſt beſtieg, von ihm
erobert worden. Den friedebittenden Karthagern
antwortete er: Als Bedingung des Friedens ſetze er
ihnen das Lybiſche Meer zur Gränze. Er demüthigte
die Mamertiner, welche von Meſſina aus die griechiſchen Städte drängten, deren einige ihnen Schoß zahlen mußten. Soſtratos und Thönon, die Häupter
der Syrakuſier, welche ihn nach Sicilien gerufen
hatten, öffneten ihm die Thöre der Stadt, und be-
günſtigten kräftig jede ſeiner Maßregeln. Gleichwohl ward er argwöhniſch gegen ſie, und hatte weder Luſt, ſie mit ſich zu nehmen, noch ſie in Syrakus zu laſſen. Soſtratos merkte ſein Mißtrauen,
und fiel ab von ihm. Den Thönon beſchuldigte
Pyrrhos eines Verſtändniſſes mit jenem, und ließ
ihn tödten. Dadurch ward er den Städten verhaßt;
einige verbündeten ſich mit den Karthagern, andre
riefen die Mamertiner herbei. Sehr willkommen
waren dem Pyrrhos Briefe der Samniter und der
Tarentiner, welche dringend ſeine Hülfe gegen die
Römer heiſchten. Er ergriff dieſen Vorwand, ſchiffte
wieder ein mit den Seinigen, und rief, indem er noch
einen Blick auf die Inſel warf, einigen ſeiner Gefährten zu: Welche Ringbahn überlaſſen wir den Karthagern und den Römern!

In der That kämpften gleich nachher diese beiden Völker in Sicilien um den Besitz dieser Insel, um die Herrschaft der Welt. Die Veranlassung war folgende.

Die kampanischen Söldner, welche sich durch Treulosigkeit und Mord in Besitz von Messina gesetzt, andre Städte zinsbar gemacht, und sowohl die Syrakuser als das sicilische Gebiet der Karthager angefeindet hatten, fanden Bundesgenossen an 4000 römischen Soldaten in Rhegion, die auf Bitte dieser Stadt zur Zeit, da Pyrrhos nach Italien gekommen war, von Rom zur Besatzung gesandt worden. Anfangs hatten sie ihre Pflicht beobachtet, aber gelockt durch die Lage und durch den Wohlstand von Rhegion, auch gereizt durch das Beispiel jener Kampaner, ahmten sie es nach, vertrieben einige der Bürger, mordeten andre, und beherrschten die Stadt. Die Römer waren zu beschäftiget mit ihren Feinden, um diesen Frevel gleich ahnden zu können; sobald sie aber einen Augenblick Muße fanden, sandten sie ein Heer gegen diese Empörer, von denen die meisten, des Schicksals, welches ihrer harrte, kundig, mit dem Schwert in der Faust fielen. Dreihundert wurden gefangen, nach Rom gesandt, mit Ruthen gestrichen, und mit dem Beil enthauptet. Den Bürgern von Rhegion ward die Stadt mit dem Gebiet wieder eingeräumt.

Kurz vor dieser Begebenheit hatte ein Heer von Syrakusiern, welches sich vor Morgention aufhielt, *)

*) Ἁι δυναμεις τῶν Συρακυσιῶν, διενεχϑηϭαι πρὸς τας ἐν τῇ πολει, και διατριβαϭαι περι την Μοργαντινην — So muß man mit Causaubon le en, statt Μοργαϭην, eines Name, den man nirgends in Sicilien findet.

und mit denen, welche ihre Vaterstadt verwalteten, nicht zufrieden war, den Artemidoros und den Hieron zu Häuptern erwählet. Hieron war noch sehr jung, hatte aber schon große Eigenschaften gezeigt, und leitete sein Geschlecht vom großen Gelon ab. Durch Hülfe einiger Freunde gelang es ihm, sich der Stadt Syrakus und seiner Widersacher zu bemächtigen. So sanft und so edelmüthig nutzte Hieron sein Glück, daß die Syrakusier, wie sehr ihnen auch das Erkühnen der Krieger mißfallen hatte, nicht nur deren Wahl billigten, sondern Hieron zum Strategen ernannten.

Den leichten Sinn der Syrakusier kennend, wissend, daß sie Unruhen zu erregen pflegten, so oft die Strategen mit dem Heer im Felde waren, suchte er sein Ansehen durch eine Heirath zu befestigen, und nahm zum Weibe die Tochter des Leptines, eines Mannes, dessen Macht und Gemüthsart ihm Vertrauen gab.

Noch weniger als seinen Mitbürgern traute er dem beweglichen und verderbten Sinn der Söldner. Unter dem Vorwande, gegen die Mamertiner zu ziehen, führte er das Heer aus. Er lagerte sich den Feinden gegenüber bei Kenturipe, einer Stadt am Fuße des Aetna. Als es zum Treffen kam beim Strome Kyamosoros, (nach Cluver die Jaretta) blieb er mit den Syrakusiern zurück, als wollte er von einer andern Seite angreifen, opferte jene Fremdlinge dem Schwert der Mamertiner auf, und führte die Seinigen sicher zurück nach Syrakus. Diese That mag von derjenigen Politik bewundert werden, welche die Idee des Nützlichen von der Idee des Guten zu trennen sich vermißt; ich finde sie einen

unauslöschlichen Fleck im sonst schönen Leben des Hieron. *)

Er führte bald nachher das Heer abermals gegen den Feind, schlug ihn beim Flusse Longanos (Fiume di Castro reale), im Gebiet von Mylä (Milazzo), nahm dessen Anführer gefangen, und ward, sobald er heim nach Syrakus gekehrt war, zum König ernannt.

Nach dem Untergang ihrer Freunde in Rhegion, und nach eignen Niederlagen, waren die Mamertiner nun in der äußersten Noth, und sahen sich um nach fremder Hülfe. Eine Partei berief die Karthager, und übergab ihnen die Burg. Andre flehten um Hülfe bei den Römern, und boten ihnen die Stadt an.

Die Römer, welche so gern einen Schein des Rechts auf ihre Ungerechtigkeiten fallen ließen, sahen sich in einer großen Verlegenheit. Sie fühlten, wie unanständig es sein würde, diese Hülfe zu senden,

*) Sehr schön sagt Cicero: Aliud vtile interdum, aliud honeftum videri folet. Falfo! nam eadem vtilitatis, quae honeftatis eft regula. Qui hoc non peruiderit, ab hoc nulla fraus aberit; nullum facinus. Sic enim cogitans: „Eft iftuc quidem honeftum, verum hoc „expedit:" res a natura copulatas audebit errore divellere, qui fons eft fraudium; maleficiorum; fcelerum omnium. „Das eine scheint zuweilen nützlich, das „andre gerecht. Falsch! Der Begriff des Nützlichen darf „nicht vom Begriff des Rechtschaffnen getrennt werden. „Wer das nicht durchschauet hat, wird keines Trugs sich „enthalten, keines Frevels. Indem er so denket: Zwar „dieses ist rechtschaffen, aber jenes nützlich; wird er sich „erkühnen, Dinge, welche die Natur vereinigte, durch „einen Irrthum zu trennen, einen Irrthum, der die „Quelle aller Trüge ist, aller Uebelthaten, aller Ver- „brechen."

da sie noch eben erst an ihren eignen Mitbürgern in
Rhegion denselben Frevel, dessen die Kampaner in
Messina schuldig geworden, mit Strenge geahndet
hatten. Aber zugleich sahen sie mit Eifersucht, daß
die Karthager viele Völker Spaniens, daß sie Sardinien, Corsica und einen Theil von Sicilien beherrschten. Der Besitz von Messina würde nun gar
ihnen gleichsam zu einer Brücke nach Italien dienen.

Der Senat wog den Vortheil, er wog die
Schmach, und entschied nicht. Ohne Zweifel war
er froh, dem Volk die Entscheidung zu überlassen,
da er vorhersehen konnte, daß dieses mehr auf den
Nutzen als auf Anstand und Recht sehen würde. Einer von den Consuln, Appius Claudius, setzte mit
einem Heer über die Meerenge, nahm Besitz von
Messina, und bald auch von der Burg, wiewohl
diese von Karthagern bewacht ward.

Da er indessen die Obermacht der Feinde zu
Wasser und zu Lande kannte, und eine gefahrvolle
Belagerung fürchten mußte, versuchte er durch Gesand-
schaften an die Karthager und an die Syrakusier, den
Frieden für die Mamertiner zu vermitteln. Als dieses nicht glückte, wagte er erst eine Schlacht gegen
die Syrakusier, dann gegen die Karthager, siegte
beidemal, zwang den Feind, die Belagerung aufzuheben, und verheerte das Land der Syrakusier und
ihrer Bundesgenossen.

Dieser glückliche Erfolg bewog die Römer im
folgenden Jahr beide Consuls, Octacilius und Va-
lerius, mit vier Legionen und den Schaaren ihrer
italischen Bundesgenossen nach Sicilien zu senden.
Die meisten der Städte fielen ab von den Karthagern
und von den Syrakusiern.

Hieron erwog den Schrecken der ficilifchen Griechen, und die Hoffnungen der Römer, welche viel
beffer gegründet schienen, als der Karthager ihre,
beschloß daher mit jenen ein Bündniß zu schließen.
Sehr willkommen war den Römern dieses Anerbieten,
vorzüglich wegen der Lebensmittel, deren Mangel sie
fürchten mußten, da die Karthager auf dem Meere
herrschten. Des Bündnisses Bedingungen waren
folgende: Hieron sollte den Römern die Gefangnen
und hundert Talente Silbers geben, auch fernerhin
im Kriege ihren Bedürfnissen darreichen. Von nun
an, sagt Polybios, beherrschte Hieron die Syrakusier mit Sicherheit. Lüstern war er nach dem Kranze
des Lobes in Griechenland, und ausgezeichnet vor
allen, da er so lange Zeit, für sich sowohl als für
sein Vaterland, sich der Früchte seiner Klugheit zu Kap.16.
erfreuen hatte.

Die Karthager erfahen Agrigentum zu ihrem
Waffenplatz, und diese Stadt ward nach hartnäckli-
ger Gegenwehr von den Consuln eingenommen. Kap.19.

Voll großer Hoffnungen faßten die Römer einen
großen Gedanken, welcher abenteuerlich scheinen
möchte, wenn der Erfolg ihn nicht gekrönet hätte;
und dieser Erfolg war nicht das Werk des Ungefährs,
sondern jener besonnenen Kühnheit, welche die Römer vor allen Völkern dadurch bezeichnet, daß sie
alles unternahmen, was sie durchsetzen konnten, nicht
weniger und nicht mehr, von Muth entflammt und
geleitet von einem politischen Genius, der von Höhe
zu Höhe, oft neben Abgründen, immer sicher sie
führte. Sie, welche der Schifffahrt ganz unkundig
waren, beschlossen den Karthagern die Herrschaft des
Meers zu entreißen, sowohl um ihnen den Vortheil

H 2

zu benehmen, Sicilien und Italien mit ihren Flotten zu dräuen, als auch um Schwert und Flamme hinüber tragen zu können nach dem bisher sichern Afrika. In Fahrzeugen, welche sie von griechischen Städten Italiens gedungen hatten, war ihr Heer über die Meerenge gekommen; nun beschließen sie eine Flotte zu bauen, welche den meerkundigen Karthagern widerstehen, sie besiegen sollte.

Eine gestrandete Galeere der Karthager diente den Römern zum Muster ihrer ersten Flotte. Unterdessen daß die neuen Schiffe gebauet wurden, übte man die junge Mannschaft zum Seedienst. Auf Bänken am Strande sitzend, als säßen sie auf Ruderbänken, und nach der Stimme des Anführers sich mit ganzem Leibe vorbeugend, *) bildeten sie sich zu einer ihnen fremden Kunst.

Ehe sechzig Tage nach Fällung des Bauholzes verflossen waren, stand eine Flotte von hundert und sechzig Schiffen auf den Ankern, so daß, nach dem Ausdruck des Florus, es scheinen möchte, als wären sie nicht durch Kunst erbauet, sondern durch ein Geschenk der Götter aus Bäumen in Schiffe verwandelt worden.

Luc.
Flor.II,
2.

Der Consul Cnejus Cornelius, welcher mit siebzehn Schiffen vorausgegangen war, um für die Bedürfnisse der Flotte zu sorgen, ward von Boodes, einem Befehlshaber der Karthager, im Hafen der Insel Lipari eingeschlossen. Zwar rettete sich das rö-

Polyb.
B.I.2?

Potters
Archäos
logie in
Ram=
bachs
Ueb.Th.
3.S311

*) Προς τα τε κελευτα παραγγελματα. Schon bey den Alten war der Gebrauch, nach der Flöte Ton in Tact zu rudern. Der Flötenspieler einer Galeere hieß Τριηραυλης.

mische Schiffvolk; aber Cornelius ward auf eine treulose Art gefangen, da ihn der Karthager zu einer Unterhandlung geladen hatte.

Flor. II. 2.

Bald nachher fehlte nicht viel, daß Hannibal, der Karthager Oberfeldherr, wäre gefangen worden, als er mit funfzig Schiffen der in Ordnung einherziehenden römischen Flotte bei Italiens südlichem Vorgebürge entgegen kam. Er rettete sich mit Verlust seiner meisten Schiffe.

Polyb, G. I. 21.

Sobald die Hauptleute der römischen Flotte das, den Consul Cornelius betroffene Unglück erfuhren, sandten sie zum andern Consul Cajus Duilius, welcher dem Landheere vorstand. Dieser kam und lieferte den Karthagern eine Seeschlacht vor Mylä, dem itzigen Milazzo, an Siciliens nördlichem Gestade, eine halbe Tagreise weit von Messina. Wohl wissend, daß sie weder an Leichtigkeit der Schiffe, noch an geübtem Seevolk den Karthagern sich vergleichen könnten, hatten die Römer ein Hülfsmittel ersonnen, welches das Entern erleichtern, also den Erfolg der Schlacht mehr der persönlichen Tapferkeit, als der Kunde des Seewesens unterwerfen sollte. Von den Vordertheilen der Schiffe erhuben sich Balken, welche sie mit Haken versehen hatten. Diese Balken konnten plötzlich niedergelassen werden auf ein feindliches Schiff, es fest halten, und das Entern begünstigen. Die Karthager ruderten in hundert und dreißig Schiffen mit verachtendem Unwillen und eilend gegen einen Feind, der ein Fremdling auf dem Meere, sie in ihrem Element anzugreifen sich erkühnete. Hannibal fuhr auf einer Galeere mit sieben Ruderbänken, welche Pyrrhos getragen hatte.

Sobald die Karthager den Römern nahe kamen, befremdete jene zwar der Anblick unbekannter Maschinen; den Feind aber gering achtend, griffen sie freudig an. Bald aber wurden die angreifenden Schiffe wie gefesselt, durch die niedergeschnellten fest haltenden Haken, welche die Karthager ihres Vortheils einer leichteren Bewegung völlig beraubten, den entfernten Römern aber den Vorzug gewährten, welcher im Waffengemeng ihnen eigen war. Dreißig karthagische Schiffe, unter denen die schöne Galeere des Feldherrn war, wurden sammt der Mannschaft gefangen, Hannibal rettete sich in einem Nachen.

Bald nachher entsetzten die Römer das belagerte Egesta. Dagegen nutzte Amilkar die Kundschaft von einem Zwist im römischen Heer, zwischen den Legionen und den Bundesgenossen, und da diese sich von jenen besonders gelagert hatten, fiel er sie unvermuthet an, und tödtete deren beinah viertausend.

Im folgenden Jahre nahmen die Römer Kamarina, Enna und andre Städte ein.

Ich eile manche Begebenheit vorbei, muß aber der Seeschlacht beim Vorgebürge Eknomos (Monte di Licata, bei der Stadt Alicata) erwähnen, in welcher die Consuls M. Atilius Regulus und L. Manlius Vulso über Amilkar und Hannon einen glänzenden Sieg erfochten, vier und sechzig Schiffe der Karthager mit der Mannschaft eroberten, und mehr als dreißig Schiffe versenkten. Der ihrigen ward keins gefangen, aber vier und zwanzig gingen unter. Des Sieges Folge war die Hinübertragung des Krieges nach Afrika. Dieses Land ward der Schauplatz der Siege des großen Regulus, seiner Niederlage, seiner Gefangennehmung, seines freiwilligen Todes.

Ich schränke mich auf Sicilien ein, und werfe nur
Einen Blick auf diesen edeln Mann, welcher fünf
Jahr bei den Karthagern im Kerker lag, dann ihre
Gesandten, als Gefangne, nach Rom begleitete, und
als diese um Auswechslung der Kriegsgefangnen baten, den Senat bewegte diese Bitte zu verweigern,
wiewohl er die Grausamkeit der Karthager erwarten
mußte, welche mit Marter und Tod sich an seiner
Vaterlandsliebe rächten, an seinem strengen Eifer
für die Kriegszucht Roms.

Val.
Maxim.
I 14 und
Cic. off.
I. 13.

Fertur pudicae conjugis osculum,
Parvosque natos, ut capitis minor,
　Ab se removiſſe, et virilem
　Torvus humi poſuiſſe voltum;

　Donec labantes conſilio patres
Firmaret auctor numquam alias dato,
　Interque moerentes amicos
　Egregius properaret exul.

Atqui sciebat quae ſibi barbarus
Tortor pararet; non aliter tamen
　Dimovit obſtantes propinquos,
　Et populum reditus morantem,

Quam ſi clientum longa negotia
Dijudicata lite relinqueret,
　Tendens Venafranos in agros,
　Aut Lacedaemonium Tarentum. *)

Hor.
III. V.
41-56.

*) Zur Zeit des ersten punischen Krieges hatte noch kein Rö-
mer entfernte Landgüter, weder in Venafrum, welches
in Campanien lag, noch im Gebiet des damals freien Ta-
rents. Zu Horazens Zeit liebten ſie diese anmuthigen Gegenden, und um seinen Gedanken anschaulicher zu machen,
scheint sich der Dichter einen Anachronismus erlaubt zu
haben.

Polyb.
bios. B.
I. Xantippos, ein Lakedämonier, welcher als Heerführer der Karthager den Sieg über den Regulus erfochten hatte, begab sich zurück nach Sparta, ohne
Zweifel, um sich dem Neide zu entziehen, welcher einem Fremdling nach großen Thaten nur zu oft folget.

Mit wechselndem Glück ward der Krieg fort-
geführt. Die Römer, welche nie größer waren als
nach Niederlagen, rüsteten gleich eine Flotte aus,
wurden aber von einem Sturm in der Gegend von
Kap.37. Kamarina so fürchterlich heimgesucht, daß sie von
dreihundert vier und sechzig Schiffen nur achtzig be-
hielten. Binnen drei Monaten erbauten sie wieder
Kap.38 zweihundert und zwanzig neue Schiffe, segelten mit
einer Flotte von dreihundert Schiffen nach Panormos
(Palermo), und nahmen diese Stadt, den Hauptsitz
der Karthager in Sicilien ein.

Im folgenden Jahre verloren sie wieder durch
einen Sturm, oder wahrscheinlich durch Unkunde der
Seefahrt, hundert und funfzig Schiffe, und entsag-
ten eine Zeit lang den Unternehmungen auf dem Meer,
sich auf Lastschiffe zur Versorgung des Landheers ein-
schränkend, dessen Waffen sie mit größerm Recht
vertrauten.

Der Proconsul Cäcilius Metellus erhielt einen
wichtigen Sieg über Asdrubal (oder Hasdrubal)
den Karthager, im Gebiet der Panormiten. Der Römer Siegsfreude war desto größer, da sie Elephan-
Kap.40,
41. ten gefangen nahmen, welche ihnen noch var kurzem
großen Schrecken eingejagt hatten.

Im vierzehnten Jahre dieses Krieges, als die
Römer schon im Besitz des ganzen karthagischen Ge-
biets in Sicilien waren, ausgenommen Lilybäon und
Drepanon (Marsalla und Trapani) begannen sie die
Belagerung der erst genannten Stadt, welche mit

gleichem Eifer von ihnen angegriffen und von den
Karthagern vertheidiget ward, weil beide Völker den
Besitz von Sicilien als eine Folge der Behauptung
von Lilybäon ansahen. Außer den Bürgern ward
die ohnehin feste Stadt von zehntausend Söldnern,
und unter Himilkons Anführung mit Muth und
Kriegskunde vertheidiget. Hannibal, ein anderer
Feldherr der Karthager, führte den Belagerten in
funfzig Schiffen noch zehntausend Mann zu Hülfe,
ohne daß die römische Flotte (denn die Römer waren Kap. 44.
ihrer Entsagung auf die Seefahrt nicht treu geblieben) es gewagt hätte, sich ihm, als er in den Hafen
einlief, zu widersetzen. Hannibal lief bald wieder
aus bei Nacht, ohne daß die Römer es merkten, und
schiffte nach Drepanon, an dessen Erhaltung alles
gelegen war.

Da die Karthager sehr neugierig waren, Nachrichten von Lilybäon zu erhalten, so unternahm es
ein Rhodier, welcher den punischen Namen Hannibal angenommen hatte, trotz der römischen Flotte in
den Hafen ein und wieder heraus zu segeln. Der
Erfolg bewies, daß er sich nicht ohne Grund auf seines Fahrzeugs Leichtigkeit, und auf die Unkunde der
Römer im Seewesen verlassen hatte. Er wieder-
holte mehrmals ungestraft diese kühne That, bis er Kap. 46,
endlich von den Römern gefangen ward. 47.

Die Belagerten nutzten bald nachher einen
Sturm, welcher die Werke der Römer erschüttert und
verletzet hatte, um während der Zeit, da der Wind
noch wehete, Feuer daran zu legen. Die Kriegsmaschinen verbrannten größtentheils, und die Römer
sahen sich gezwungen, den Gedanken, die Stadt mit
Gewalt einzunehmen, fahren zu lassen, und allein

auf die Zeit zu hoffen, indem sie die Zufuhr der Le-
Kap.48. bensmittel verhinderten.

Unter Anführung des Consuls Publius Clodius
sandten die Römer eine Flotte mit zehntausend Mann
nach Sicilien. Clodius griff den Atarbas (Adher-
Kap.49- bal) bei Drepanon an, ward aber geschlagen, und
51, verlor drei und neunzig Schiffe.

Atarbas sandte nach dem Siege den Karthalon
mit hundert Schiffen nach Lilybäon, daß er die Flotte
der Römer vernichten sollte. Indem dieser sein Vorhaben auszuführen begann, fiel Himilkon mit den
Belagerten die Römer an, deren Zerrüttung groß
ward. Karthalon verbrannte gleichwohl nur einige
Schiffe, nahm nur einige gefangen, und eilte von
bannen, vernehmend, daß eine neue Flotte der Rö-
Kap.53. mer unter Segel wäre, welche anzugreifen er ent-
schlossen war.

Diese stand unter den Befehlen des Consuls
Junius, welcher sich eine Zeit in Syrakus aufgehalten, nun aber schon das pachynische Vorgebürge
(Capo Passaro) umsegelt hatte, als der überlegne
Feind ihm entgegen kam. Junius sah sich gezwungen, zwischen Klippen der südlichen Küste Siciliens
mit der größten Gefahr sich zu begeben, wohin ihm
der Feind nicht folgte.

Karthalon warf die Anker aus bei einem Vorgebürge, sowohl diese Flotte der Römer als eine andre beobachtend, welche in der Mündung eines Stromes lag. Zwischen beiden stand seine Flotte. Vorzeichen verkündeten einen nahen Sturm. Die Karthager umsegelten das pachynische Vorgebürge, um
das offne Meer zu gewinnen. Beide Flotten der
Römer wurden vom Sturm ergriffen und alle Schiffe
Kap.54. gänzlich zernichtet.

Dem Conful Junius, welcher, so viel in seinen
Kräften stand, diesen großen Verlust durch irgend
einen Vortheil zu ersetzen strebte, gelang es vom
Berge Eryr und der Stadt gleiches Namens, durch
Verrath der Besatzung, Besitz zu nehmen. Kap.55.

Im 18ten Jahre dieses Krieges ernannten die
Karthager zum Feldherrn den Amilkar (oder Hamilkar) vom Geschlechte Barkas, des großen Hannibals großen Vater. Amilkar war noch jung als er
zu dieser Würde erhoben ward;*) desto mehr gereichet diese Wahl dem Senate von Karthago zur Ehre.
Er suchte zuerst die südliche Küste von Italien heim,
landete dann mit der Flotte an das Gebiet der Panormiten, und nahm Besitz vom Berge Eirkte (Monte
pellegrino bei Palermo). Jäh von allen Seiten,
groß, reich, unbelästigt von giftigen Thieren, oben
eben, daher den Anbau begünstigend, beut er sowohl
von Seiten des Meers als des Landes, mit dem er
durch eine schmale Erdzunge verbunden ist, nur engen, leicht abzuwehrenden Zugang an. Er scheint
von der Natur zur Festung bestimmt zu sein, und
zur Warte, von welcher weit umher das Land und
das Meer überschauet werden. Am Fuße dieses
Berges bot eine Bucht den Schiffen der Karthager
einen bequemen Hafen an.

Auf diesem Berge schlug Amilkar sein Lager auf.
Von dort aus, umgeben von Feinden, sich nicht der
Hülfe irgend einer verbündeten Stadt erfreuend,

---

*) Hamilcar primo Poenico bello, sed temporibus extre- Corn.
mis, admodum adolescentulus in Sicilia praeesse coepit Nep. in
exercitui. Doch ward Hannibal, sein Sohn, im folgen- Hamil-
den Jahr geboren, der Ausbruck, admodum adolescentu- care.
lus ist offenbar zu stark.

feindete er zu Waſſer und zu Lande die Römer an,
als ſie die ganze Inſel in Beſitz hatten. Er wagte,
aus ſeinem feſten Sitze, mit ſeinen Schiffen ſich ſo
weit, daß er die Küſte von Kuma verheerte, und
lieferte beinah drei Jahre lang dem römiſchen Heere,
welches von Panormos nur fünf Stadien (dreitauſend Fuß) entfernt war, manche große Schlacht. Auch
nahm er die Stadt Eryx ein, wiewohl Römer unten
am Berge Eryx gelagert waren, und andre den Gipfel behaupteten. Gleichſam belagernd und belagert,
zeigte ſich auch hier Amilkar als ein Feldherr von der
erſten Größe, mit ſeinem Häufchen ſich gegen zwei
Heere, zwei Jahr lang, bis zum Ende des Krieges
haltend, und ſelber oft die Beſchwerden des Man-
Kap.58. gels erduldend, welche er den über ihm gelagerten
Feind ertragen ließ.

Die Römer beſchloſſen nun, während dieſes
Krieges zum drittenmal, die Ausrüſtung einer Flotte.
Des erſchöpften Schatzes Abgang ward durch frei-
willigen Vorſchuß der angeſehenſten Bürger erſetzt.
Nach dem Muſter jenes Fahrzeuges, in welchem der
Rhodier ihre Unkunde des Schiffbaus und der See-
fahrt bei Lilybäon gehöhnet hatte, bauten ſie zwei-
Kap.59. hundert Galeeren mit fünf Ruderbänken.

Ihnen zuvorzukommen, ſandten die Karthager
den Hannon mit einer Flotte, welcher am Eryx landen, die ihrigen daſelbſt mit Lebensmitteln verſehen,
den Amilkar aber mit den beſten Streitern zu ſich nehmen, und den Römern Schlacht bieten ſollte.

Der Conſul Lutatius, welcher die neue Flotte
der Römer anführte, eilte dem Hannon entgegen, damit er weder mit den ſchon erleichterten Schiffen der

Karthager, noch mit mehr erfahrnen Kriegern des Amilkar, noch auch, was ihm das fürchterlichste scheinen mußte, mit Amilkarn selbst zu kämpfen hätte. Es kam zur Schlacht. Mit bessern Schiffen als sie bisher gehabt, kämpften die Römer gegen die noch beladnen Schiffe der Karthager, deren Schiffvolk diesesmal aus schnell zusammengeraften unerfahrnen Leuten bestand. So verdienten auch diese Soldaten der Karthager nicht mit den kriegsgeübten Römern verglichen zu werden. Der erste Angriff war entscheidend. Die Römer versenkten der feindlichen Schiffe funfzig, und nahmen siebzig sammt der Mannschaft gefangen.

Nach dieser Niederlage gaben die Karthager dem Amilkar Vollmacht des Kriegs und des Friedens. Dieser so weise als kühne Held, welcher kein Mittel des Sieges unversucht, keinen Vortheil erfochtner Siege unbenutzt gelassen, wich der Nothwendigkeit mit edler Mäßigung, und ordnete Gesandte, Friedensvorschläge zu thun, an den Consul ab.

Der Friede ward geschlossen, und mit einigen Zusätzen vom römischen Volke genehmiget. Die Karthager mußten sich zur Räumung von Sicilien und den Liparischen Inseln bequemen, auch sich verpflichten, weder die Syrakusier noch deren Bundesgenossen zu belästigen. Außerdem ward ihnen eine Geldbuße aufgelegt. Kap. 60-63.

So endigte der erste punische Krieg, 240 Jahr vor Christi Geburt, im dritten der 134sten Olympiade, 512 Jahr nach Erbauung Roms. Er hatte 24 Jahre gedauert.

Die Römer machten einen entscheidenden Schritt zur Weltbeherrschung, indem sie den größten Theil Siciliens, die erste ihrer Provinzen außer Italien, in Besitz nahmen. *)

Hieron lebte noch 25 Jahr nach dem Ende des ersten punischen Krieges. Durch seine Verdienste hatte er den Thron eines Volkes erstiegen, welches so eifersüchtig auf seine Freiheit, als unfähig war, solche zu ertragen. Ohne Blut zu vergießen, ohne einen der Bürger Landes zu verweisen, erhielt er die Herrschaft. Mit gleichen Tugenden wußte er sie zu behaupten. Er blieb der Verbündung mit den Römern aufrichtig treu. Er besuchte Rom während der säcularischen Spiele, im Jahr der Stadt 515. Nach Hannibals Sieg über die Römer beim Thrasymener See ordnete Hieron Gesandte nach Rom ab, welche seinen Schmerz bezeigten; sandte ihnen Bogenschützen, Schleuderer, Getreide, eine schwere goldene Victoria, und fügte den Rath hinzu: die Römer möchten ihren Prätor in Sicilien mit einer Flotte nach Afrika senden, um die Karthäger zu verhindern, dem Hannibal Hülfe zu schicken.

Roms Senat bezeigte in ehrenvollen Ausdrükken seine Dankbarkeit, nahm die Geschenke des Königs an, und ließ die Victoria im Tempel des capitolnischen Jupiters aufstellen.

Plinius nennet den Hieron unter den Königen welche den Ackerbau blühen machten.

Durch eine Einrichtung, welche die öffentlichen Einkünfte sicherte, ohne den Landmann zu drücken,

Marginalien:

Polyb. Auszüge von Tugenden und Lastern B. VII.

Eutrop. III. I.

Tit.Liv. XXII. 37.

Plin. Nat. hist. XVIII. 4.

---

*) Vier Jahre nachher zwangen die Römer unter nichtigem Vorwande die Karthager, ihnen Sardinien abzutreten.

hob er jährlich den Zehnten vom Getreide. „So-
„wohl wenn das Getreide noch auf dem Felde in Gar-
„ben stand, als in der Tenne und im Speicher,
„konnte, weder durch Umsetzung, noch durch Fort-
„schaffung, der Landmann ohne schwere Strafe den
„Hebungsbedienten um Ein Korn täuschen. So ge-
„nau war die Verordnung abgefasset, daß aus ihr
„erhellete, wie Hieron nur diese Abgabe hatte; *)
„scharfsinnig als von einem Sicilier; streng, als
„wäre er ein Tyrann gewesen. Doch ermunterte
„eben diese Verfügung den Ackerbau. Denn so ab-
„gemessen war des Hebungsbedienten Macht, daß
„er dem Landmann nicht mehr als den Zehnten ab-
„nehmen konnte.“

Cic. in Verrem or. frum.

Dieser Zehnte ward immer verkauft; eine Einrichtung, welche auch von der Zeit an, da der bis-
herige syrakusische Antheil von Sicilien unter römische Herrschaft kam, aus Achtung für Hieron, und
weil sie dem Volke der Provinz so werth war, weislich von den Römern beibehalten ward, bis der raub-
süchtige Prätor Verres, dem nichts heilig war, sie
aufhub.

Cic. in Verrem

Hierons Freigebigkeit beschenkte nicht nur die
Römer, seine Bundesgenossen; sondern er und sein
Sohn Gelon sandten auch den Rhodiern, als ein
Erdbeben ihre Stadt erschüttert, und den berühmten
Koloß gestürzt hatte, ansehnliche Geschenke an Geld
sowohl als an silbernem Geschirr, auch funfzig Kata-

---

*) Man wird gleich aus einem Beispiel sehen, daß Hieron
auch vom Handel Abgaben erhob. Wenn Cicero den
Zehnten die einzige Abgabe nennet, so redet er von Abgaben, die der Landmann von seinen Feldern entrichtet.
Eine in einem so fruchtreichen Lande sehr leidliche, und
dem Staat gleichwohl sehr ergiebige Abgabe.

pulte (Mauerbrecher), ließen in Rhodos eine Statue aufrichten, welche diese Stadt vorstellte, die von Syrakus gekränzet ward, und befreiten die Syrakusier, welche nach Rhodos handelten, von den gewöhnlichen Abgaben.

In Athenäos finden wir eine weitläuftige, aber interessante Beschreibung einer prächtigen und ungeheuren Galeere mit zwanzig Ruderbänken, welche nicht nur eine außerordentliche Zahl von Personen faßte, und mit furchtbarer Rüstung versehen war, sondern auch mit allem, was zum Vergnügen des Geistes und der Sinne dienen konnte. In ihr fand man Bäder von Erz und von Tauromenitischem Marmor (von Taormina); Ställe; ein Gymnasium; Gärtchen, welche mit mancherlei Bäumen bepflanzet waren, und durch Röhren gewässert wurden; Lauben von Reben und von Epheu; eine Bibliothek und oben eine Sonnenuhr. Das Schiff hatte drei Stockwerk, deren mittelstes, mit bunter mosaischer Arbeit eingelegt, die ganze Geschichte von Homers Ilias enthielt. Für die Bedürfnisse der Nachtruhe und der Gastmahle war mit königlicher Ueppigkeit gesorgt worden. Aus den Waldungen des Aetna hatte man so viel Bauholz auf diese Galeere verwandt, als zu 60 andern Galeeren erfordert ward. Sie hatte drei Maste. Gleich einer Burg hatte sie rund umher auf dem obersten Verdeck eine Mauer, und acht Thürme. Auf jedem der Thürme standen vier vollgerüstete Streiter und zween Bogenschützen. Inwendig enthielten die Thürme Geschoß und Steine. Auf der Mauer stand ein Geschütz, welches Archimedes erfunden hatte. Es warf drei Centner schwere Steine, und einen zwölf Ellen langen Speer, beide in der Entfernung eines Stadiums (600 Fuß). Jede Seite der Mauer war mit

ſechzig voll gerüſteten Jünglingen beſetzt. Selbſt in
den Maſtkörbenwaren Schütz en. Rund um des
Schiffes Bord war ein eiſerner Rand, und auf dieſem
ſtanden Maſchinen, welche, gegen feindliche Schiffe
losgeſchnellet, ſie feſt halten, und an die Galeere hinan
bringen konnten. Lange ſuchte man umſonſt nach einem Baum, welcher zum größten Maſte dienen könnte,
bis ein Sauhirt einen in Brettia (Bruttium, itzt das
ſüdliche Kalabrien) fand. *) Der untere Schiffraum
konnte durch Einen Menſchen ausgeſchöpft werden,
mittelſt einer Maſchine, welche die Griechen ein
Schneckchen nannten (Κοχλιον), wir nennen ſie noch,
nach ihrem Erfinder, die archimediſche Schraube.

Als dieſes Wunderwerk vollendet war, fand man,
daß unter den Häfen des Hieron einige es nicht faſſen
könnten, andre nicht ſicher wären. Hieron ſandte daher die Galeere **) dem Könige Ptolemäos (vermuthlich dem Ptolemäos Philadelphos) zum Geſchenk Athen.
nach Alexandrien. Man verzeihe mir dieſe dem Athe- B. V.
näos entbergte, aber verkürzte Beſchreibung. Sie Kap. 10
ſchien mir nicht nur an ſich intereſſant, ſondern beſon- und 11.
ders nützlich für diejenigen, welche von der Mechanik
der Alten keine würdigen Begriffe haben. Solchen

*) Statt Βρεττιας las man ſonſt Βρεττανας, und holte
  den Maſtbaum der Galeere des Hierons aus England! Caſaubon entdeckte den Irrthum, und ſtellte die
  wahre Lesart her.

**) Offenbar muß man mit Caſaubon leſen: Επει ταιτας
  τας λιμενας ηχυε τας μει ως η δυνατοι αει την ναυν
  διχεϑαι, τας δε και επικινδυνων υπαρχαι. —
  Da indeſſen der Hafen von Syrakus einer der größten und
  ſicherſten in der Welt iſt, vermuthe ich, daß Hieron nicht
  Luſt hatte den Eingang, dieſes Schiffes wegen, zu erwei-
  tern.

empfehle ich das Kapitel im Athenäos, welches dieser
Beschreibung vorhergeht, indem er andre, noch viel
größere Schiffe, der Ptolemäer beschreibt, deren eines,
welches Ptolemäos Philopator bauen ließ, an Rude-
rern und Kriegsleuten siebentausend Mann zu tragen
vermochte.

Der große Archimedes war ein Verwandter und
Freund des Hieron. Jener Weise beschäftigte seinen
Geist mit höherer Mathematik. Tief eindringend in
das Wesentliche dieser ernsten Wissenschaft, achtete er
es lange nicht werth durch Anwendung derselben auf
die Körperwelt bei solchen zu glänzen, welche ihm in
seinen abgezogenen Betrachtungen zu folgen nicht vermochten. Als er einst sich in Hierons Gegenwart ver-
lauten laffen, daß er jeden Körper, ja selbst die Erde,
wofern ihm außer ihr ein Standpunkt gegeben werden
könnte, aus seiner Stelle zu rücken vermögen würde,
und der König in ihn drang, diese Aufgabe durch ein
sinnliches Beispiel zu lösen, kaufte Archimedes eine
veraltete Galeere, ließ sie beladen, und mit Mannschaft besetzen, und zog fern von ihr sitzend, durch
leichte Bewegung einer Maschine, sonder Mühe über
die Erde sie zu sich, als glitte sie auf Meeresfläche dahin. Es staunte der König, und erhielt durch Bitten
von ihm, daß er jene berühmten Kriegsmaschinen
machte, deren einige noch itzt, da doch die Wissen-
Plut.im
Leb. des
Marcell. schaft so große Fortschritte gewonnen, bewundert,
aber nicht erreichet worden.

Vol. II.
p. 258,
59. ed.
Lond. Der Dichter Theokritos, ein Syrakusier, blühete
zur Zeit des Hieron.

Livius erzählt uns, daß Gelon, Hierons ältester
Sohn, nach der Schlacht bei Cannä, des Vaters Alter verachtend, zu den Karthagern abgefallen wäre,

und' den Zustand Siciliens würde verändert haben, wofern nicht, so sehr zur rechten Zeit (indem er schon das Volk gewaffnet, und die Bundesgenossen erreget) der Tod ihn überfallen hätte, daß sein Vater mit einigem Verdachte befleckt worden.

Tit. Liv.
XXIII.
30.

Hieron verdient, daß wir uns eines so schnöden Verdachts gegen ihn erwehren; auch verliert solcher sein Gewicht durch des Polybios Zeugniß, welcher ausdrücklich sagt: daß Gelon, der über funfzig Jahr alt geworden, sich zum schönsten Ziel des Lebens gesetzt hätte, seinem Vater zu gehorchen, und weder Reichthümer noch der Herrschaft Glanz so hoch zu achten, als die Beobachtung der Treue und der Liebe, die er seinen Aeltern schuldig war. Polybios lebte nur Ein Geschlecht, Livius aber zweihundert Jahre nach Hieron. Seine Geschichte der Begebenheiten dieser Zeit, verdienet also weniger Glauben als das Zeugniß des griechischen Erzählers.

Polyb.
in den
Auszüg.
von Tug.
u. Laster.

Hieron starb im ersten Jahr der 141sten Olympiade, 538 Jahr nach Roms Erbauung, im 214ten vor Christi Geburt. Er war über 90 Jahr alt, und hatte 54 Jahre regiert. Er hatte oft die Herrschaft ablegen, und den Freistaat wieder herstellen wollen; aber das Volk hatte ihn, nach Polybios Zeugniß, gebeten, jene zu behalten. Livius sagt: er habe im hohen Alter seiner Würde entsagen wollen, auf daß sie

B. VII.
*)

*) Von den Schriften des Polybios sind uns nur Ueberbleibsel seiner Geschichte geblieben. Diese bestand aus 40 Büchern. Die fünf ersten haben sich vollständig erhalten, außer diesen große Fragmente der zwölf folgenden Bücher, und Auszüge seiner Geschichte, welche der griechische Kaiser Konstantinos Porphyrogenetes machen ließ. Der eine heißt: Ueber Tugend und Laster, der andre: Ueber Gesandtschaften.

J 2

Vergleiche Pol. im 7. B. der Auszüge von Tugend und Laster, mit Tit. Liv. XXIV, 4.

nicht durch seinen Enkel Hieronymos befleckt würde, sei aber von seinen beiden Töchtern und deren Männern, Andranodoros und Zoippos, welche unter dem Namen des jungen Königes zu regieren hofften, davon abgehalten worden, da er, als neunzigjähriger Greis, ihren anhaltenden Liebkosungen nicht widerstehen können.

Kap. 4 und 5.

Sterbend ermahnte Hieron den jungen Hieronymos, den Grundsätzen seiner Erziehung, und dem funfzigjährigen Bunde mit den Römern treu zu bleiben; ernannte ihm auch funfzehn Vormünder, welche den Staatsrath ausmachen sollten. Nach dem Tode des alten Königes aber gelang es bald dem Andranodoros seine vierzehn Gehülfen zu entfernen, indem er selber, dem Scheine nach, der Vormundschaft über den funfzehnjährigen König, den er als einen volljährigen Jüngling anzusehen vorgab, entsagte; in der That aber das Ansehen an sich riß, und es mit Zoippos theilte. Doch hörte der junge König auch einen gewissen Thrason, den einzigen, der ihn ermahnte, Freundschaft mit den Römern zu halten.

Durch einen Troßbuben, welcher gleiches Alters mit dem Hieronymos, und vertraut mit ihm umzugehen gewohnt war, ward eine Verschwörung gegen das Leben des jungen Königes entdeckt; doch vermochte jener keinen Verschwornen, außer den Theodotos zu nennen, welcher ihn, Antheil an seinem Vorhaben zu nehmen, eingeladen hatte. Theodotos ward ergriffen, bekannte sich auch gleich schuldig, aber keine Folter vermochte die Namen der Mitschuldigen von ihm zu erzwingen. Zuletzt, gleich als müßte er der Pein nachgeben, nannte er verschiedne Freunde des Königs, unter andern auch den Thrason, um den Verdacht

von seinen Genossen, auf solche, die keinen Antheil an
der Verschwörung gehabt, abzuleiten. Alsbald wurden diese getödtet. Der Mitverschwornen, deren keiner ehtdeckt ward, hatte nicht Einer die Stadt verlassen, nicht Einer sich verborgen. So verließen sie sich auf die Standhaftigkeit eines Mannes, welcher sich in der That dieses Vertrauens in Absicht auf sie würdig zeigte, wiewohl er sich eine frevelhafte Verläumbung der unschuldigen erlaubt hatte.

Kap. 5.

Mit Thrasons Leben ward das letzte Band der Freundschaft mit Rom zerrissen. Man ordnete Gesandte an Hannibal ab. Dieser sandte dagegen einen jungen karthagischen Edelmann, Hannibal, auch zugleich Hippokrates und Epikydes, zween Brüder, deren Großvater ein syrakusischer Flüchtling gewesen. Sie selbst waren in Karthago geboren, von einer karthagischen Mutter.

Des römischen Gebiets Prätor, Appius Claudius, schickte gleichfalls Gesandte an Hieronymos; sie wurden aber von ihm gehöhnet, und nach näheren Umständen der bei Cannä erlittenen Niederlage befragt. Die Römer warnten ihn ernsthaft gegen Abfall, und verließen ihn. Hieronymos sandte Abgeordnete gen Karthago. Dieses Bündniß ward geschlossen: „Sobald die Römer aus Sicilien würden seyn „vertrieben worden, sollte der Fluß Himeras das syr „rakusische Gebiet vom karthagischen scheiden.‟ *)

*) Daß die Alten sowohl den Fiume grande, der am nördlichen, als den Fiume salso, der am südlichen Gestade Siciliens sich ins Meer ergeußt, Himeras nannten, und beide aus Einer Quelle herleiteten, auch wahrscheinlich nicht ohne Grund, habe ich schon im sechs und achtzigsten Briefe angemerkt.

Balb' nachher schickte er eine andre Gesandtschaft, den Schmeicheleien dererjenigen Gehör gebend, welche ihn daran erinnerten, daß er nicht nur Hierons, sondern auch durch seine Mutter des Pyrrhus-Enkel wäre. Daburch aufgeblasen verlangte er nun ganz Sicilien zu beherrschen, den Karthagern Italien überlassend. Diese lächelten über den Wahnsinn einer Foberung, mit welcher sie ihn nicht geradezu abwiesen, auf daß sie ihn den Römern abwendig behalten möchten.

Kap. 6.

Im Schwindel seines Ehrgeizes führte Hieron ein Heer von funfzehntausend Mann nach Leontion, mit welchem er die Städte des römischen Gebiets angreifen wollte, als die gegen ihn Verschwornen eine Gelegenheit ersahen, die ihnen günstig war. In einem engen Wege warb der König erstochen.

Kap. 7.

Er hatte dreizehn Monate regiert.

Anfangs stürmte das erzürnte Heer, Stimmen erschollen: Man müsse dem erschlagnen Könige das Blut der Mörder zum Opfer bringen! Aber bald schmeichelte die Gemüther der so oft täuschende Name einer wieder behaupteten Freiheit, und die Hoffnung den Schatz des Erschlagnen zu theilen, dessen Grausamkeit und Lüste nun ohne Zweifel mit Uebertreibung geschildert wurden. So schnell warb die Menge umgestimmt, daß der noch eben mit Jammer und Durst nach Rache vermißte König, unbegraben liegen blieb. *)

Indessen daß die andern Verschwornen beim Heere blieben, sich dessen zu bemächtigen, sprengten

Polyb. im 7. B. der Auszüge von Tugend und Laster.

*) Polybios, dieser Kenner des Verdienstes und Unwerths, giebt zu, daß Hieronymos vermessen und ungerecht (ἄδικος καὶ παράνομος) gewesen, läugnet aber, daß er, wie von einigen Schriftstellern geschehen, den berüchtigtsten Tyrannen dürfe verglichen werden.

Theodotos und Sosis auf königlichen Rossen nach Syrakus.   Doch war ein Bote ihnen zuvor gekommen.
Schon hatte Andranodoros die Insel, die Burg, und
andre Plätze mit Wachen versehen.   Durch das Thor
Hexapylon ritten Theodotos und Sosis in den Theil
der Stadt ein, welcher Tyche hieß, und von dort nach
Achradina.   Ueberall zeigten sie des Königs blutiges
Gewand.   Sie beriefen das Volk nach Achradina (oder
Akradina),   so, hieß der große Theil von Syrakus,
welcher die Insel Ortygia, den festesten Theil der Stadt,
von Tyche, und von der neuen Stadt (Neapolis) Kap. 21
trennte.   Am folgenden Morgen hielt der Vornehmsten einer, Polyänos, eine Rede, welche Freiheit und
Mäßigung athmete.   Er erinnerte die Syrakusier:
„Daß sie, die Schmach der Knechtschaft kennend, dage-
„gen als gegen ein erfahrnes Uebel eiferten; daß aber
„auch die Zwietracht ihren Jammer habe, wüßten sie
„nur durch Erzählungen von ihren Vätern.   Er lobe
„sie, daß sie die Waffen ergriffen; mehr würde er sie
„loben, wenn sie solche nur im äußersten Nothfall
„brauchten.   Man möchte dem Andranodoros Abge-
„ordnete senden, welche ihm beföhlen, sich dem Senat
„und dem Volk zu unterwerfen, die Thore zu öffnen,
„die Wachen aus einander gehen zu lassen.   Wollte
„Andranodoros die Herrschaft behaupten, so müsse
„man, seiner Meinung nach, mit mehr Strenge noch
„von ihm als vom Hieronymos die Freiheit abfodern.‟

Der Senat ward versammelt, welcher zu Hierons
Zeit über öffentliche Angelegenheiten war befragt,
während des Hieronymos Regierung aber nicht berufen worden.

Den Andranodoros schreckten der Bürger Ein-
muth, und die von ihnen besetzten Theile der Stadt,

deren festester Theil, die Insel, nicht mehr von den
Seinigen bewacht ward. Aber aus der Unterredung
mit den Gesandten ließ ihn sein Weib Demarata rufen, des Hierons Tochter: sie entflammte ihn mit ihrer Herrschsucht, ihm rathend, das Heer von Leontion
kommen zu lassen, und durch Verheißung des königlichen Schatzes solches zu gewinnen. Gleichwohl sah
er ein, daß er in diesem Augenblick nachgeben müßte,
und verhieß den Abgeordneten, sich dem Senat und
dem Volk zu unterwerfen.

Früh am andern Tage ließ er die Thore der Insel
öffnen, und erschien auf dem öffentlichen Platz in
Achradina. Dort hielt er eine Rede, und entschuldigte seinen Verzug damit, daß er nicht gewußt hätte,
ob nicht das Volk vielleicht gegen alle, die mit dem Hieronymos verwandt wären, zürnete. Itzt, da er sähe,
daß diejenigen, welche das Vaterland befreiet hätten,
solches auch frei erhalten wollten, trüge er kein Bedenken, sich, alles Seinige, und was ihm anvertraut
gewesen, dem Vaterlande zu übergeben. Darauf
wandte er sich an die Verschwornen, und redete Theodotos und Sosis namentlich an: „Ihr habt eine
„merkwürdige That vollbracht, aber glaubet mir, euer
„Ruhm begann, er ist nicht vollendet. Noch drohet
„eine große Gefahr, daß, wofern ihr Fried und Ein-
„tracht nicht wieder herstellet, die freie Republik wie
Kap. 22. „eine Leiche bestattet werde."

Nach dieser Rede legte er die Schlüssel der Thore
und des königlichen Schatzes zu ihren Füßen. Froh
ging die Versammlung aus einander. Männer erfüll-
ten die Tempel der Götter, sammt Weibern und Kindern, Gelübde bringend für das Heil der Republik.
Tages darauf wurden Strategen ernannt. Unter die-

sen war Anbranodoros. Die meisten der andern waren aus der Verschwornen Zahl.

Hippokrates und Epikydes sahen sich von den Soldaten verlassen, gingen nach Syrakus, und verlangten ein gewaffnetes Geleite, um nach Lokri in Italien zu Hannibal zurück zu kehren, da ganz Sicilien erfüllt mit Römern wäre. Gern sah man ihre Abreise, säumte gleichwohl zur Unzeit, und diese beiden Jünglinge schwärzten unterdessen, beim Volke, bei den Soldaten und Ueberläufern, deren meiste von den italischen mit den Römern verbündeten, das heißt abhängigen Völkern waren, den Senat und die Edlen an, sie beschuldigend, daß sie damit umgingen, Syrakus den Römern in die Hände zu spielen, um unter deren Schutz ihr Ansehen zu sichern. *Kap. 23.*

Das Volk hörte, glaubte also auch die Beschuldigungen gegen seine Häupter. Nicht nur Epikydes, auch Anbranodoros schöpfte neue Hoffnungen. Ihn entflammte sein Weib. Mit dem Themistos, welcher Gelons Tochter, des Hieronymos Schwester, also seines Weibes Nichte zur Ehe hatte, entwarf er den Plan der Herrschaft, und theilte solchen dem Ariston, einem Schauspieler, mit. Dieser gab beide bei den Strategen an, beide wurden im Senat getödtet. Die That erregte Lärm. Als aber die Strategen den Ariston in die Versammlung des Senats führten, als dieser erzählte, die Verschwörung sei entstanden bei der Hochzeit der Harmonia, Tochter des Gelon, mit dem Themistos; die Absicht sei gewesen, durch afrikanische und spanische Soldaten die Strategen sammt den Vornehmsten der Stadt zu ermorden, und deren Güter den Mördern zu geben; die Schaar der Söldner, gewohnt dem Anbranodoros zu gehorchen, sei schon bereit gewesen, sich der Insel (Ortygia) wieder zu bemächtigen, so schienen dem Senate die beiden Erschlagnen mit eben so vielem Recht, als Hieronymos gebüßt zu haben.

Vor dem Hause dieser Versammlung erschollen vermischte Stimmen eines ungewissen und dräuenden Pöbels. Man schreckte ihn mit dem Anblick von den Körpern der Erschlagnen. Schweigend folgte er nun dem ganzen Volk in die allgemeine Versammlung, vor welcher der Stratege Sopatros, einer von denen, die sich gegen Hieronymos verschworen hatten, auf Geheiß seiner Genossen und des Senats eine heftige Rede hielt. Er entflammte die leicht zu entzündenden Syrakusier, vorzüglich gegen die Gemahlinnen der Ermordeten, welche beide königliche Fürstinnen ihren Männern königlichen Ehrgeiz eingehauchet hätten.

Cap. 24.

Nun erhob sich allgemeines, wildes Geschrei. Der Fürstinnen solle keine leben! Leben nicht jemand vom königlichen Geblüt! „So ist," sagt Livius, „so „ist die Gemüthsart der Menge! Knechtisch dienet sie, „oder sie herrschet mit Uebermuth! weiß der Freiheit, „die in der Mitte liegt, weder bescheiden zu entbehren „noch zu gebrauchen; und nicht leicht fehlet es an „nachgebenden Dienern ihrer Wuth, welche die gieri-„gen und ungestümen Gemüther des Volks zum Blut „anreizen und zum Morde." *)

So ging es auch nun. Kaum hatten die Strategen den Vorschlag geäußert, daß der ganze königliche

*) Haec natura multitudinis est; aut servit humiliter, aut superbe dominatur; libertatem, quae media est, nec spernere modice, nec habere sciunt: et non ferme desunt irarum indulgentes ministri, qui avidos atque intemperantes plebeiorum animos ad sanguinem et caedes irritent.

Stamm ermordet werden sollte, als er angenommen, bekannt gemacht, und hingesandt ward, um die Demarata und Harmonia zu tödten.

Das Weib des Zoippos, Heraklea, lebte einsam mit ihren beiden Töchtern; denn ihr Gemahl, von Hieronymos zum Könige der Aegyptier gesandt, hatte den dortigen Aufenthalt seinem unruhigen Vaterlande vorgezogen. Als sie erfuhr, daß auch nach ihr wäre gesandt worden, floh sie ins innerste Heiligthum zu ihren Hausgöttern, mit den Töchtern. In Trauer gehüllet, und mit fliegenden Haaren erwarteten die Jungfrauen bebend ihren Tod. Umsonst flehete Heraklea, bald bei Hierons, bald bei Gelons Andenken die Mörder beschwörend, nicht sie, die schuldlos wäre, in die Sache des Hieronymos zu verwickeln. „Wenn „jemand,“ sagte sie, „wenn jemand itzt meinem Ge„mahl den Tod des Hieronymos meldete, und daß „Syrakus befreiet sei, wie würde er eilen ein Schiff „zu besteigen, und zurück zu kehren zum Vaterlande! „Wie täuschend sind die Hoffnungen der Menschen! „Im befreieten Syrakus schwebet nun sein Weib, „schweben seine Töchter in Todesgefahr! Was fürch„tet ihr von einem Weibe, die als Wittwe lebt? was „von verwaiseten Jungfrauen? Ist euch der ganze kö„nigliche Stamm so verhaßt, o so sendet uns nach „Alexandrien, das Weib zum Gatten, zum Vater die „Töchter!“

Da die Wütriche ihres Bittens nicht achtend schon das Schwert zückten, flehte sie, ihrer selbst uneingedenk, für die Jungfrauen, deren Alter ja auch Feinden erbarmenswerth scheinen müßte! flehte: sie möchten nicht die Grausamkeiten der Tyrannen nachahmen, indem sie solche bestrafen wollten.

Sie schleppten die Jammernde aus dem Heiligthum, und ermordeten sie. Dann stürzten sie gegen
die Jungfrauen, welche, besprützet mit dem Blute der
Mutter, wie wahnsinnig von Trauer und von Schrek-
ken, sich hervor rissen; oft von starken Fäusten ergriffen sich verwundet loswanden, endlich, nachdem sie jeden Ort, den sie betraten, mit Blut befleckt hatten,
entseelt hinstürzten, als: schonen solle man ihrer! ein
zu später Bote verkündigte.

Des Volkes Wuth verwandelte sich in Mitleiden
gegen die ermordeten Fürstinnen; dieses Mitleiden in
neue Wuth gegen die Anstifter und schnellen Vollzieher
des mördrischen Befehls. Man braußte auf, man
verlangte die Wahl neuer Strategen statt der getödteten Andranodorps und Themistus. Die regierenden
Strategen sahen wohl, daß die bevorstehende Wahl
Kap.26. nicht nach ihrem Wunsch ausfallen würde.

Als das Volk zur Wahl versammelt war, nannte
einer aus dem niedrigsten Pöbel den Epikydes, ein
andrer den Hippokrates. Viele Stimmen unterstützten diese Wahl, und lenkten desto leichter die Mehrheit, da die Versammlung großentheils aus Soldaten
und Flüchtlingen bestand, denen jede Neuerung willkommen war. Vergebens suchten die Strategen der
Wahl Bestätigung aufzuhalten; überwunden durch
die Menge, Aufruhr fürchtend, mußten sie die neu ernannten als Genossen ihrer Würde anerkennen.

Ganz den Karthagern ergeben, sahen Epikydes
und Hippokrates ungern, daß man Gesandte an Appius Claudius, den Prätor der römischen Provinz abgeordnet hatte. Appius hatte den Consul Claudius
Marcellus, welcher in Sicilien erwartet ward, hievon
benachrichtiget, und dieser sandte Abgeordnete nach

Syrakus. Ihrer Ankunft Augenblick war nicht gün=
ftig. Erschollen war die Nachricht von der Gegenwart
einer karthagischen Flotte auf der Höhe des Vorgebür=
ges Pachynos (Capo passaro). Hippokrates und Epi=
kydes entlarvten nun ihre Absichten, und beschuldigten
ihre Genoffen bei den Söldnern und römischen Ueber=
läufern, daß sie Syrakus den Römern verrathen woll=
ten. Dieses Vorgeben erhielt einen Anstrich von Wahr=
scheinlichkeit, durch einige Schiffe, welche Appius, den
Muth der Römischgesinnten zu erhöhen, in die Mün=
dung des Hafens gesandt hatte. Schon stürzte der
Pöbel dorthin, um, wofern sie etwa landen wollten,
die Römer abzuwehren. **Kap. 27.**

Man berief das Volk. Groß war, einen Aufruhr
dräuend, die Verwirrung. Da hielt Apollonides, der
Vornehmsten einer, eine dem Bedürfniß des Augen=
blicks angemessene Rede. Er ermahnte zur Eintracht,
zeigte die Nothwendigkeit sich mit ungetheiltem einmü=
thigen Entschluß für die Römer, oder für die Kartha=
ger zu erklären. Minder wichtig schien ihm die Frage,
für wen von beiden? Doch rieth er aus politischen
und moralischen Gründen zum Bunde mit den Rö=
mern, deren Freundschaft sie länger als funfzig Jahr
erfahren hätten; stellte auch das Beispiel des Hierons
ihnen vor, und die entgegen gesetzten Maßregeln des
Hieronymos, und schloß mit der Betrachtung: daß
man mit den Karthagern, auch wenn man ihnen den
Krieg ankündigte, nicht gleich kriegen müßte; mit den
Römern aber würde der Krieg, wenn man gegen sie
entschiede, von diesem Augenblick an, müffen geführt
werden.

Des Apollonides gemäßigte Rede würkte. Man
überzeugte sich auch bald, daß man den Krieg mit den

Römern zu führen nicht vermögend wäre, und schickte
Gesandte an sie, um den Frieden zu bestätigen.

Nach einigen Tagen kamen Abgeordnete von Leon=
tion, welche um Beschützung ihres Gebiets baten.
Sehr willkommen schien den Häuptern von Syrakus
die Gelegenheit, ihre Stadt von unruhigem Pöbel und
gefährlichen Anführern zu reinigen. Man befahl dem
Strategen Hippokrates, die Ueberläufer dorthin zu
führen. Söldner gesellten sich zu ihm. In allem
folgten ihm 4000 Menschen. Denen zu dieser Unter=
nehmung Gesendeten, war sie so angenehm, als den
Sendenden. Jenen war jeder Anlaß zu Neuerungen
erwünscht. Hippokrates begann mit verstohlner Ver=
heerung des römischen Gebiets; und als Appius den
Verbündeten Schaaren zur Hülfe sandte, griff Hippo=
krates solche mit seinem ganzen Haufen an, und töd=
tete viele. Sobald Marcellus das erfuhr, sandte er
nach Syrakus, beschwerte sich über Verletzung des
Friedens, und verlangte die Verbannung des Hippo=
krates und Epikydes, nicht nur aus Syrakus, son=
dern aus ganz Sicilien. Epikydes begab sich gleich
nach Leontion, fand dort die Bürger den Römern un=
geneigt, und wandte sie, ihrer alten Freiheitsliebe
schmeichelnd, auch ab von den Syrakusiern, die er der
Herrschaft beschuldigte. Gesandten von Syrakus,
welche sich über die an den Römern ausgeübte Feind=
seligkeit beschwerten, ward mit Trotz geantwortet:
Die Leontiner hätten weder den Syrakusiern aufgetra=
gen, für sie mit den Römern Frieden zu schließen, noch
auch hielten sie sich durch fremde Bündnisse verpflichtet.

Die Syrakusier theilten diese Antwort den Rö=
mern mit, und erklärten: Da die Leontiner sich ihrer
Gewalt entzogen, könnten die Römer, ohne Verletzung

des Bundes, mit ihnen Krieg führen; ja sie selbst
würden sich diesem Kriege nicht entziehen, auf daß sie
sich jene wieder unterwürfen, wie man ja im Friedens-
schlusse übereingekommen wäre, daß Leontion zum Gebiet der Syrakuser gehören sollte.　　　　Kap.29.

Marcellus zog mit seinem ganzen Heer wider Leontion, und befahl dem Appius, es zugleich mit ihm anzugreifen. Im ersten Anlauf ward die Stadt von den
zürnenden Römern erobert. Hippokrates und Epikydes flüchteten in die feste Burg; von dannen nach
Herbessos.

Achttausend aus Syrakus gegen Leontion ziehen-
den Kriegern begegnete ein Bote mit der Nachricht
von der Einnahme dieser Stadt. Er erzählte zugleich
Grausamkeiten der Römer, welche ihnen angedichtet
worden: Allgemeiner Mord habe Leontions Bürger
mit den Kriegern vermischet; er glaube nicht, daß Ein
Erwachsner übrig geblieben; geplündert habe man die
Stadt, verschenkt die Güter der Reichen.

Damaliger Kriegsgebrauch machte die Erzählung
wahrscheinlich, desto mehr, da die Leontiner die Römer
so leichtsinnig beleidigt hatten. Gleichwohl hatte Marcellus nur gegen 2000 Ueberläufer geißeln und köpfen,
der Leontiner nicht Einen, weder am Leibe noch an den
Habe verletzen lassen.

Die Verläumdung würkte kräftig auf das Heer.
Es weigerte sich, weiter nach Leontion zu gehen, weigerte sich fernere Botschaft zu erwarten. Die Anführer Sosis und Deinomenes führten es gen Megara.
Mit einer kleinen Reiterschaar eilen sie selber nach
Herbessos, in der Hoffnung, diese Stadt durch Verrath zu gewinnen. Nach mißglücktem Versuch zogen
sie an der Spitze des in Megara gelassenen Heeres gegen jene Stadt.

An ihrer Rettung verzweifelnd, beschlossen Hippokrates und Epikydes sich dem anrückenden Heer in die
Arme zu werfen, da sie mit den meisten Soldaten bekannt waren, und erfahren hatten, welchen Eindruck
die falsche Botschaft auf sie gemacht hätte. Der Vor-
trab bestand aus 600 Kretern, welche neulich mit ihnen beiden unter Hieronymos gedient, zugleich auch
dem Hannibal ergeben waren, der sie nach dem Siege
beim Thrasymener See gefangen und entlassen. Diesen reichten Hippokrates und Epikydes, nach Art der
Flehenden bei den Alten, Oelzweige, durch welche
Wolle gewunden war, bittend, daß sie nicht den Syrakusiern möchten ausgeliefert werden, welche bald sie
Kap. 30. selbst den Römern zur Ermordung überliefern würden.

Alsbald erhub sich der Kreter Geschrei: Gutes
Muthes möchten beide seyn, jedes Schicksal mit ihnen
zu theilen, wären sie bereit! Das Heer stand still, eh
die Feldherrn des Verzugs Ursache wußten. Als aber
durchs Heer das Gemurmel: Gegenwärtig seien Hippokrates und Epikydes, sich verbreitet hatte, sprengten hin zu den vorbersten Fahnen die Strategen, und
fragten die Kreter: Weß sie sich vermessen, Gespräch zu
halten mit Feinden? Feinde, sonder Genehmigung der
Feldherrn, ins Heer aufzunehmen? Drauf befahlen sie
den Hippokrates zu fesseln. Aber so wild schrieen die
Kreter, so laut erscholl die Zustimmung der andern,
daß den Strategen bange ward. Sie führten das
Heer wieder nach Megara, und sandten nach Syrakus
Nachricht von diesem Vorfall. Seiner Vermessenheit
fügte Hippokrates noch Trug hinzu, indem er erdich-
tete Briefe der Strategen in Syrakus an Marcellus,
von denen er vorgab, daß sie aufgefangen worden,
vorlas; Briefe, welche nicht nur die vorgegebne

Ermordung der Leontiner billigten, sondern Beschuldigungen gegen alle Söldner, nebst dem Wunsche,
Sicilien von ihnen befreit zu sehen, ja das Ansuchen
enthielten, sich des Heers vor Megara zu bemächtigen, und durch Hinrichtung dieser Menschen Syrakus von ihnen zu befreien.

Des Briefes Vorlesung erregte tobendes Geschrei und Zusammenlauf der Soldaten. Sie ergriffen die Waffen. Zagend entwischten die Strategen
nach Syrakus. Was von Syrakusiern im Haufen
war, ward angegriffen, und keiner von ihnen wäre
dem Tode entronnen, wofern nicht Hippokrates und
Epikydes der Wuth gesteuert hätten. Sie thaten
es nicht aus Menschlichkeit, sondern um auf allen
Fall sie als Geiseln brauchen zu können.

Durch Erfahrung belehrt, wie leicht der Pöbel
zu bewegen sei, stifteten sie einen Soldaten an, der
aus Leontion gekommen war, daß er den Syrakusiern
eben die falsche Nachricht von der Metzelung der
Leontiner hinterbrachte, welche schon aufs Heer so
stark gewürket.   Kap. 31.

Nicht nur die Menge, auch der Senat dieses
entzündbaren Volkes, maß dem Menschen Glauben
bei. Man wünschte sich fast Glück, den Geiz der
Römer und ihre Grausamkeit entdeckt zu haben, ehe
sie schändlicher in Syrakus zu wüthen Gelegenheit
gefunden.

Einmüthig beschlössen alle, die Thore zu schließen;
aus Furcht vor den Römern die meisten, einige aus
gerechterer Besorgniß wegen des Hippokrates und des
Epikydes. Und schon waren diese vor dem Thor
von Tyche, welches Hexapylon hieß (Thor mit sechs

Pforten), schon murmelte das Volk, man solle ihnen öffnen, schon ließ man sie mit ihrem Heer hinein. Umsonst befahlen, dräuten die Strategen, erniedrigten umsonst ihre Würde, indem sie zum Flehen sich herabließen. Taub war das Volk, eingelaffen ward das Heer, auch Achrabina eingenommen; die Strategen wurden ermordet, bis auf einige, welche sich im Getümmel retteten. Die Nacht steuerte dem Gemetzel. Folgenden Tages wurden die Knechte frei gelaffen, die Gefängniffe geöffnet; eine tumultuarische Versammlung dieses vermischten Pöbels ernannte *Kap.32.* den Hippokrates und den Epikydes zu Strategen.

Als die Römer in Leontion den veränderten Zustand von Syrakus erfuhren, eilten sie dorthin. Gesandte von Appius entflohen mit Mühe, ihre Galeere ward im Hafen genommen. So wurden nicht nur die Rechte des Friedens, auch des Krieges Gesetze wurden verletzt. Funfzehnhundert Schritt von der Stadt lagerten die Römer bei Olympion, (dem Tempel des olympischen Zeus, nach welchem ein Flecken gleiches Namens hieß.) Von dannen sandten sie Abgeordnete, denen, auf daß sie nicht in die Stadt kämen, Hippokrates und Epikydes, nicht unbegleitet, entgegen gingen. Einer von den Römern erklärte: „Sie kämen nicht als Feinde, son-„dern als Befreier, sowohl derjenigen, die zu ihnen „geflüchtet, als der andern, welche schmähliche „Knechtschaft dulden müßten; kämen als Rächer „treulos ermordeter Bundesgenoffen. Würde den „zu den Römern geflüchteten freie Rückkehr gewährt, „würden ausgeliefert die Urheber des Mordes, wür-„den Freiheit und Gesetze wieder hergestellt; so be-„dürfe es keiner Waffen."

Epikydes beschloß eine trotzende Antwort, mit
den Worten: „Die Römer, wofern sie angriffen,
„würden bald inne werden, welch ein Unterschied es
„sei, Leontion zu belagern, oder Syrakus." *Kap. 33.*

Nun begannen die Römer zu Wasser und zu
Lande die Belagerung des aus vier vereinigten Städten bestehenden Syrakus.

Die Schiffe führte Marcellus an, Appius das
Landheer. Indem beide mit ungeheuern Maschinen
die Stadt bestürmten, indem Ballisten und Katapul-
ten (Wurfmaschinen und Mauerbrecher) spielten,
schossen und schleuderten Leichtbewaffnete aus dazu
bestimmten Schiffen gegen die Mauer von Achrábina,
und duldeten kaum, daß die Syrakusier ungestraft
sich zeigen durften.

Solcher Anfeindung hätte Syrakus nicht lange
widerstanden, wäre nicht Ein Greis in der Stadt gewesen, ein Greis, der, vertraut mit den Gestirnen des
Himmels, und mit verborgner Kunde beschaulicher
Wissenschaften, sich nur aus Freundschaft für Hieron zu Erfindung kriegerischer Maschinen herabgelassen
hatte. Itzt, da das Vaterland in Gefahr war, fügte
der große Mann neue Erfindungen den vorigen hinzu.

Marcellus versprach sich große Würkung von
ungeheuern Sturmleitern, welche nach einem musikalischen Instrument von den Griechen Sambyke genannt wurden. Sie ruhten auf zwo Galeeren, welche
an einander befestiget wurden, indem man der einen
die Ruder an der rechten Seite nahm, der andern die
Ruder an der linken. Es waren lange, vier Schritt
breite, mit Geländern versehene Leitern, deren vor-
derstes hoch empor gewundnes Ende einer Zugbrücke

Vergleiche Tit. Liv. B. XXIV. 53: mit Polyb. VIII. 5-8 und mit Plut. im Leben des Marcellus.

K 2

gleich auf die Mauer niederfiel. In Verbindung
mit den Galeeren auf denen sie ruhten, hatte man
sie dem musikalischen Instrument ähnlich gefunden.
Wurfmaschinen des Archimedes vereitelten die Würkung dieser Sambyken. Einige jener Maschinen
schossen bleierne Kugeln, andre ungeheure zehn Zent-
ner schwere Steine, welche die Sambyken und die
Galeeren zertrümmerten.

Polyb. VIII. Tit. Liv. XXIV. u. Plut. im Marcell. Die Mauern ließ Archimedes an vielen Stellen
so durchlöchern, daß auswendig die Oeffnungen klein,
inwendig von der Größe eines Mannes waren. Aus
diesen schossen die Syrakuser ohne Gefahr mit kleine-
rem Geschütz und mit Pfeilen.

Mit mannigfaltiger Kunst schleuderte und regie-
nete Archimedes Werkzeuge der Zerstörung auf den
entfernten Feind wie auf den nahen. Wenn die Römer sich durch ihre Nähe gegen die Gefahr fern wür-
fender großer Maschinen gesichert glaubten, so hagel-
ten desto dichter Stein und Pfeile aus verborgnem
nahen Hinterhalt auf sie herab. Gegen richtig abge-
zielte Balken und Steine von ungeheurer Größe,
halfen die über sie gespannten Flechten (γεῤῥα, cra-
tes, plutei) den Belagerern nichts.

Hinter den Mauern hatte Archimedes große
Maschinen aufgerichtet, welche bald plötzlich die Galeeren der Römer versenkten, indem sie Balken los-
schnellten, an deren Ende ein ungeheures Gewicht
befestiget war; bald mit schnell niedergesenkten Balken, welche ihrer Haken wegen eiserne Hände hießen,
die Galeeren faßten, empor huben, in der Luft umher wirbelten, die Mannschaft heraus schüttelten,
zuletzt das schwebende Schiff gegen die Mauer zer-
schellten.

Ein solcher Schrecken hatte sich der Römer be-Tit. Liv.
mächtiget, daß, wenn sie nur einen von der Mauer XXIV.
herunter hangenden Strick, oder eine vorstehende
Latte sahen, sie schleunige Flucht ergriffen, schreiend:
Archimedes richte neue Maschinen gegen sie.

Marcellus sah sich gezwungen, die Belagerung
in eine Berennung zu verwandeln, und sowohl zu
Wasser als zu Lande die Zufuhr der Lebensmittel ab-
zuschneiden.

Im zweeten Feldzuge ließ er den Appius an der
Spitze der Belagerer, und zog gegen andre Städte
Siciliens, welche die Partei der Karthager ergriffen
hatten. Heloros und Herbessos ergaben sich. Megara ward mit Sturm erobert, und geplündert, zum
Schrecken der andern Städte, besonders von Syrakus. Ohngefähr zu gleicher Zeit landete Himilkon in
Minoa mit 25,000 Mann Fußvolk, 3000 Reitern
und 12 Elephanten.

Hippokrates schlich, von den Belagerern nicht
bemerkt, mit 10,000 Mann Fußvolk und 500 Reitern, nächtlich aus Syrakus, und lagerte sich bei
Akrilla, dessen Lage man ohngefähr eine halbe Tag- Kap. 35.
reise nördlich über Capo Passaro setzen muß. Mar- S. Cluv.
cellus kam eben von Agrigentum, wo er nichts aus- Charte v.
richten können, weil Himilkon es eingenommen. Er Sicilien.
griff unversehens den Hippokrates an, schlug ihn,
hielt durch diesen Vortheil verschiedne Städte vom
Abfall ab, und kehrte zurück zum Lager der Römer
vor Syrakus.

Himilkon nahm Morgantion ein, und lockte Kap. 36.
wieder verschiedne Städte, daß sie den Karthagern
zufielen. Pinarius, römischer Befehlshaber in Enna,

merkte, daß die Einwohner mit Himilkon in Verständ=
niß wären. Die Häupter der Stadt, gleich als ob sie
durch unverdientes Mißtrauen sich beleidigt fühlten,
foderten ihm die Schlüssel der Thore erst bittend, dann
dringend ab, zuletzt dräuend, unterstützet durch des
Volkes ungestümen Ruf. Pinarius hatte seine Sol=
daten gewarnt, ausgestellt, gewaffnet. Auf gegeb=
nes Zeichen stürzten sie mit dem Schwert unter die
Einwohner, die sich dessen nicht versahen, wüthen
morden, erhalten auf diese Art den Römern mitten
in Sicilien eine feste Stadt, welche durch Gewalt
nicht erobert werden könnte. Marcellus billigte
diese That, und ließ den Soldaten die Beute des ge=
plünderten Enna.

Kap. 37,
88, 39.

Marcellus ließ Appius, welcher das Consulat
suchte, nach Rom reisen, und setzte an dessen Stelle
T. Quinctius Crispinus. Er selbst hielt Winterquar=
tier in einem Ort, der Leon hieß, fünftausend Schritt
von Syrakus.

Kap. 39.

Im Frühlinge (des dritten Jahres) war Mar=
cellus zweifelhaft, ob er gegen Himilkon und Hippo=
krates sich wenden, und Agrigent zu erobern suchen,
oder Syrakus ferner belagern sollte, welches seiner
Macht trotzte, und einer fast ungehinderten Zufuhr
der Lebensmittel aus Karthago genoß. Er beschloß
einen Versuch der List, durch Flüchtlinge von Syra=
kus, die sich bei ihm aufhielten. Dieser ward aber
vereitelt. Epikydes ließ die Mitkundigen der Ver=
schwörung in der Stadt mit Marter tödten.

Bald nachher ward Damippos, ein Lakedämo=
nier, welchen die Syrakusier zu Philippos, dem Kö=
nige der Makedonier sandten, von den Römern ge=
fangen. Epikydes wünschte ihn zu lösen, auch war

Marcellus nicht abgeneigt, weil schon damals die Römer anfingen, den Aetolern, deren Bundesgenossen die Lakedämonier waren, sich willfährig zu bezeigen. Die Verhandlung veranlaßte verschiedne Zusammenkünfte bei einem syrakusischen Hafen, welcher, um ihn von den beiden andern zu unterscheiden, nach einem Flecken der trogilische Hafen genannt ward.

In dieser Gegend bemaß ein Römer mit den Augen die Höhe der Mauer, zählte die über einander liegenden Steine, und fand, daß nach dieser Schätzung die Höhe nicht so ansehnlich wäre als man glaubte. Er ging zu Marcellus, dem die Angabe des Soldaten nicht zu verachten schien; nur wartete er auf günstige Gelegenheit jene zu nützen. Ein dreitägiges Fest der Diana gewährte sie ihm bald. Je mehr es an Leckereien in der belagerten Stadt gebrach, desto freigebiger spendete Epikydes zu dieser Feier den vorhandnen Wein. Bei Nacht wurden Leitern angesetzet. Auserlesene erstiegen zuerst die Mauer, gestärkt durch das Beispiel folgten andre nach. Sie schlichen auf der Mauer bis zum Thor Hexapylon, wenig Widerstand findend, den wenigen mit dem Schwert erstickend. Nun begannen sie eine der sechs Pforten des Thores Hexapylon zu erbrechen; zugleich erschollen von der Mauer alle Drommeten der Römer, deren einige schon bis Epipolä vorgedrungen waren. Gegen Morgen war das Thor erbrochen, Marcellus zog mit dem ganzen Heer in die Stadt ein. Epikydes glaubte den gegenwärtigen Feind nicht so stark, eilte aus der Insel hin nach der Gegend von Epipolä, zog aber nach vergeblichem Angriff sich mit dem Heer zurück nach Achradina, weniger aus Furcht vor den Römern, als weil er Verrath besorgte, und daß er das

Tit. Liv. XXV. Kap. 23.

Thor, welches die Insel mit Achrabina verband, wofern er länger säumte, gesperrt finden möchte.

Als Marcellus von der höhern Gegend der
Stadt sie übersah, sollen ihm Thränen in die Augen
gekommen sein, theils aus Freude, sagt Livius, über
selben Erfolg, theils beim Gedanken des alten Ruhmes dieser Stadt. Ihm schwebten vor dem Sinn die
versenkten Flotten der Athenienser, und ihre zwei
großen, mit zween berühmten Feldherrn vertilgten
Heere; die vielen gefahrvollen Kriege, welche Syrakus mit den Karthagern geführt hatte; die mächtigen Tyrannen und Könige dieser Stadt, vor allen
Hieron der Zweete, dessen frisches Andenken, verbunden mit der Betrachtung seines Glücks und seiner
Tugend, dem Römer desto werther war, da dieser
König, Roms so standhafter als ausgezeichneter
Freund, es durch Wohlthaten verpflichtet hatte. Als
alles dieses ihm, und zugleich die Vorstellung gegenwärtig ward, daß diese ganze herrliche Stadt vielleicht
binnen Einer Stunde in Flammen stehen sollte, sandte
er, eh er die Fahnen gegen Achrabina vorrücken ließ,
der Syrakusier die bei ihm waren einige, auf daß sie
mit glimpflichem Antrag ihre Mitbürger zur freiwilli-
Kap. 24. gen Uebergabe bewegen möchten.

Achrabina's Mauern und Thore wurden von
Ueberläufern gehütet, welche, keine Verzeihung erwartend, den Abgeordneten des Marcellus jeden Zugang sperrten, und Gehör versagten. Marcellus
schlug sein Lager zwischen Tyche und Neapolis auf,
(zween Theile von Syrakus) nachdem er einen vergeblichen Versuch gemacht, Philodemos, den Befehlshaber des hohen Schlosses Euryelos, zur Uebergabe zu bewegen. Er wählte zum Lager einen nicht
häufig bewohnten Ort, um desto leichter die Solda-

ten vom Raube abhalten zu können.   Hier kamen
Abgeordnete von Tyche und Neapolis zu ihm, mit
Oelzweigen in den Händen, flehend, daß er des Mor-
dens und Brennens sich enthalten möchte.   Er gewährte, nach gehaltnem Kriegsrath, den Freien Un-
verletzbarkeit.   Alles andre gab er den Soldaten zur
Beute.   Unermeßlich war der Raub einer Stadt,
welche so lang geblühet.   Nun übergab auch Philodemos die Burg Euryelos, nachdem er für sich und
seine Schaar freien Abzug zum Epikydes erhalten.

Während einer stürmischen Nacht entschlich Bomilkar, der karthagische Admiral, dem Hafen von
Syrakus mit fünf und dreißig Schiffen, ließ fünf
und funfzig zurück, eilte nach Karthago, und kam
bald wieder mit hundert Schiffen.   Kap. 25.

Unerwartet kamen Hippokrates und Himilkon
mit einem Heer.   Diese griffen, zugleich mit der Besatzung von Achrabina und mit Epikydes, die Römer
an, indem die karthagische Flotte sich so legte, daß
sie alle Gemeinschaft zwischen Marcellus und Crispinus hemmte.   Aber dieser stieß den Hippokrates zurück, jener den Epikydes.

Der Jammer des Krieges ward durch eine Pest
vermehrt, welche, durch örtliche Luft und durch Jahrszeit veranlaßt, wegen Menge der Kranken immer an-
steckender um sich griff, vorzüglich in den Lagern außer-
halb der Stadt, welche von dem Schatten der Häuser
etwas gekühlt ward.   Bei Tag und bei Nacht erscholl
die Todtenklage, bis, zum Uebel gewöhnt, die Gemüther erst gleichgültig wurden, bald so verwilderten,
daß sie nicht nur thränenlos beim Anblick ihrer Ster-
benden waren, sondern auch deren Bestattung ver-
säumten, und die Luft dadurch noch tödtlicher machten.   Die Karthager, welche weder wie ihre sicili-

schen Kriegsgenossen in ihre Städte flüchten konnten, noch auch wie die Römer Zeit gehabt, die Luft von Syrakus zu gewohnen, starben alle, mit ihren beiden Feldherrn Hippokrates und Himilkon.

Von den Römern wurden viele das Opfer der Seuche.

Kap. 26.

Da auf solche Weise das Landheer der Karthager vertilgt worden, schiffte Bomilkar abermals mit einer Flotte nach Karthago, und wieder von dannen mit hundert und dreißig Kriegsgaleeren und siebenhundert Lastschiffen. Widrige Winde wehrten ihm die Fahrt um das Vorgebürge Pachynos.

Epikydes, besorgt, daß diese Winde anhalten und den Bomilkar bewegen möchten, zurück nach Afrika zu schiffen, überließ die Hut von Achradina den Anführern seiner Söldner, und begab sich auf Bomilkars Flotte, um ihn zu vermögen, daß er eine Schlacht wagen möchte.

Auch Marcellus hatte Lust zu schlagen, eh Bomilkar sich mit seinen Bundesgenossen vereinigen und ihn zu Wasser und zu Lande umzingeln möchte; denn er sah, daß aus ganz Sicilien sich Feinde gegen die Römer rüsteten. Er zog daher dem Bomilkar entgegen.

Schon standen beide Flotten in der Nachbarschaft von Pachynos. Der Ostwind begann zu sinken, und Bomilkar lichtete die Anker zuerst, dem Anschein nach das Freie zu gewinnen, um das Vorgebürge zu umsegeln. Als er aber die römische Flotte gewahr ward, ergriffen ihn plötzliche Schrecken, wiewohl er an Macht dem Marcellus überlegen war. Er floh Sicilien vorbei nach Tarent, und sandte den Lastschiffen, welche vor Minoa lagen, Befehl zur Heimkehr nach Afrika.

Mit getäuschter Hoffnung begab Epikydes sich
nach Agrigent, mehr in der Absicht dort den Ausgang
der Dinge zu erwarten, als von dannen etwas zu
unternehmen.

Kap. 27.

Als seine Entfernung, und der Karthager Flucht
im Lager der Sicilier ruchtbar geworden, schickten sie
Abgeordnete an Marcellus, und kamen bald über
Friedensbedingungen überein, daß Rom in die Rechte
der Könige von Syrakus treten, und allen Siciliern
vergönnt werden sollte nach eignen Gesetzen zu leben.

Die Sicilier theilten den Belagerten diese
Vorschläge mit, stellten ihnen vor, daß sie freund-
schaftlich ihr Schicksal mit dem von Syrakus verbunden hätten, und ermahnten sie zur Uebergabe.
Drei Hauptleute des Epikydes wurden ermordet,
man war geneigt den Römern Gehör zu geben, doch
wählte man vorher neue Strategen.

Von Seiten der Römer fanden sich keine Schwierigkeiten; desto größere in der Stadt von Seiten der
Ueberläufer, denen es gelang, auch die Söldner zu
bethören, gleiches Schicksal mit ihnen zu fürchten
und Antheil an einem Aufstand zu nehmen, in welchem die Strategen und viele Bürger ermordet, und
Häuser geplündert wurden. Drauf ernannten sie
drei Anführer in Achradina und drei in der Insel.
Doch wurden bald die Söldner ihres Irrthums gewahr, und durch Gesandte von Marcellus vollkommen beruhiget.

Unter den drei neu ernannten Anführern in
Achradina war ein Spanier, mit Namen Mericus.
An diesen sandte Marcellus einen Landsmann von sei-
nen spanischen Hülfsvölkern, welcher ihn zur heim-
lichen Unterhandlung mit Marcellus bewegte. Die
Frucht dieser Unterhandlung war, daß Mericus den

Römern ein Thor der Insel bei der Quelle Arethusa öffnete. Zugleich griff Marcellus mit ganzem Heer Achradina an. Die Römer kamen nun auch in Besitz dieser beiden Theile, waren also Meister von der ganzen Stadt.

Marcellus sandte einen Quästor, um den königlichen Schatz in Empfang zu nehmen, stellte Wachen aus vor den Häusern der Bürger, welche im römischen Lager gewesen, und ließ die Stadt plündern. Nach Livius Meinung würde selbst Karthago, wär' es zu dieser Zeit in der Römer Hände gefallen, keine größere Beute gewährt haben.

Kap. 28-31. Den Ueberläufern hatte man Zeit und Gelegenheit zur Flucht verstattet.

Indem Geiz und Grausamkeit bei der Plünderung wütheten, indem das Getöse der eroberten und geplünderten Stadt erscholl, war Archimedes mit allen Sinnen und mit dem Geiste versunken in mathematischen Betrachtungen, und beschrieb Linien im Sande, als plötzlich ein Römer vor ihm stand, und wild befahl, zum Marcellus ihm zu folgen. Archimedes blickte auf, und bat ihn, zu erwarten, daß er seine Aufgabe gelöset habe. Ungeduldig über den Verzug stieß ihm der Soldat das Schwert ins Herz. Kap. 31. u. Plut. im Leben d. Marc. Dieser Mord schmerzte den Marcellus sehr, er ließ den großen Mann ehrenvoll begraben, und ehrte dessen Andenken in seinen nachgelassenen Verwandten.

Aus einer Rede des Cicero gegen Verres, sehen wir, daß Marcellus der Bildsäulen der Götter schonte, auch überhaupt Syrakus nicht ganz ausplündern ließ, und nichts für sich nahm, indem er Rom mit dem Raube dieser Stadt schmückte. „Er

hielt dafür," sagt der weise Cicero, „daß sein Haus
„die Stadt zieren würde, wofern er die Zierde der
„Stadt nicht in sein Haus brächte." *)

Syrakus ward erobert im 51 ten Jahre nach
seiner zwoten Gründung von Archias dem Korinthier,
540 Jahr nach Erbauung Roms, im dritten der
141sten Olympiade, 212 Jahr vor Christi Geburt.

Von dieser Zeit an ward ganz Sicilien eine römische Provinz; wurde aber von diesem stolzen Volke
mit ausgezeichnetem Glimpfe schonend behandelt, bis
der römische Prätor Verres, ohngefähr hundert und
vierzig Jahr nachdem Sicilien eine Provinz der Römer geworden, Schandthaten der Wollust, der Raubsucht und der Grausamkeit übte, welche Cicero mit
dem Feuer seiner Beredsamkeit in einer Reihe von
Reden gegen dieses Ungeheuer gerüget und ver-
ewiget hat.

Zu den vielen unsterblichen Thaten jenes großen
und edeln Mannes, welcher einmal sein Vaterland
rettete, und dann dem Kampfe gegen dessen Unter-
drücker ruhmvoll erlag, zu diesen Thaten rechne man
vorzüglich die Anklage des Verres in einer Reihe von
Reden, deren jede ihm den Beifall der Guten erwarben, aber den Haß vieler Männer zuziehen mußte,
welche entweder vom Raube der Provinzen reich geworden, oder künftig durch solchen Raub sich zu bereichern hofften.

Kein Gräuel läßt sich denken, den Verres nicht
begangen. Er bestahl die öffentlichen Einkünfte,
plünderte ganze Städte und Provinzen aus, beraubte
die Tempel, bot das Recht feil, gab die Insel den

*) Putavit, si urbis ornamenta domui suam non contu-
lisset, domum suam ornamento urbi futuram.
Cic. in Verrem.

Seeräubern Preis, indem er das Geld zu hinlänglicher Unterhaltung der Kriegsgaleeren unterschlug;
er erpreßte neue Abgaben, und raubte mit Gewalt
jeder begüterten Privatperson ihr Eigenthum. Er
warf Unschuldige ins Gefängniß, und trieb, auf eine
bisher unerhörte Art, Wucher mit dem Elende dieser
Unglücklichen. Von ihren jammernden Aeltern ließ
er sich so viel bieten für die Erlaubniß sie zu sehen,
so viel für die Erlaubniß ihnen Speise zu bringen,
so viel für die Begünstigung sie nicht martern zu lassen
vor dem Tode! Und wenn lange Gefangenschaft, ja
selbst die Todesart dieser Opfer seiner Grausamkeit
ihn bereichert hatte, warf er, den Aeltern auch den
letzten Trost mißgönnend, die Leichen den wilden
Thieren vor!

Selbst die Menge seiner Frevel gab dem Verres
Zuversicht; denn er hatte durch sie so viel erpreßt,
daß er seine Sicherheit zu erkaufen hoffte. Und seine
Hoffnung war nicht grundlos. Es bedurfte der
Standhaftigkeit der außerordentlichen Gaben und
des Feuers eines Ciceeo, um zu erhalten, daß er
endlich zur Rechenschaft gezogen und bestraft würde.
Und wie bestraft? Mit einer mäßigen Geldbuße, welcher er selbst freiwillige Landesverweisung hinzu fügte.
Der Wachsamkeit seines großen Anklägers war es
gelungen zu erspähen, daß eine Genossenschaft in Rom
schon mit Verres in Unterhandlung stand, indem sie
die Erkaufung der Richter für eine noch zu bestim-
mende Summe, wie eine Handlungsspekulation, übernehmen wollte. Cicero vereitelte den schändlichen
Plan, indem er Gebrauch von dem Rechte machte,
nach welchem der Kläger sowohl als der Beklagte
eine gewisse Zahl der Richter entfernen durfte. Indem er diesen Kunstgriff bekannt machte, legte er

auch vielleicht den bleibenden Richtern einen nöthigen Zwang an. Cic. in
Verrem

Die in Cicero's Reden enthüllte Prätur des
Verres läßt uns einen Blick in die Verfassung des
römischen Reichs werfen, bei welchem wir erschau-
bern müssen. Zu oft lassen wir uns blenden von der
Vorstellung römischer Freiheit, da doch in den letzten
Jahrhunderten der Republik, besonders von der Zeit
der Gracchen an, Zwietracht und Feilheit in Rom
und in Italien, Unterdrückung und Raub in der
römischen Welt herrschte; aber solcher Raub, solche
Unterdrückung, solches Elend, daß ohne Zweifel
selbst unter den meist wüthenden Kaisern die Provinzen minder grausam behandelt wurden, als zu
den Zeiten der gerühmten Republik.

Von der Zeit an, da ganz Sicilien eine römische Provinz geworden, theilte Syrakus die Schicksale der Insel.

Im Kriege des Augustus mit Sextus Pompe-
jus hatte diese Stadt durch den letzteren sehr vieles
erlitten. Augustus, dem sie günstig gewesen, stellte
sie zum Theil wieder her, und sandte eine Kolonie
hin; doch ließ er nur die Gegend, welche an die Insel Ortygia stößt, wieder aufbauen, das heißt Strab.
B. VI.
Achradind.

Zur Zeit des griechischen Kaisers Basilios ward
Syrakus nach tapferer Gegenwehr, an welcher mit
glühendem Eifer jedes Alter, jedes Geschlecht Antheil
nahm, von den Saracenen erobert, geplündert, mit Fazello
6. und
Amico.
vielem Morde der Einwohner zerstört. Von dieser
Zeit an wird nur die Insel bewohnt. Im Jahr
1086 eroberte Roger der Normann, Graf von Sicilien, Syrakus von den Saracenen. Nach Rogers Fazello
7.
Tode fiel sie dessen Neffen Tancredo zu, welcher auch

Graf von Syrakus genannt ward. Während der
Minderjährigkeit Kaisers Friedrich des Zweeten, im
Anfang des dreizehnten Jahrhunderts, bemächtigten
sich die Pisaner der Stadt. Die Genueser versenkten jener Schiffe im Hafen, nahmen Syrakus ein,
und mordeten alle Pisaner. Der Genueser Anführer, Alemanno Costa, welcher sich von Gottes und
der Republik Genua Gnaden Grafen von Syrakus
nannte, fiel gegen die Venezianer, und nun kehrte
Syrakus wieder zurück unter die Herrschaft der Kaiser aus dem schwäbischen Hause, welche Könige von
Sicilien waren.

Amico,
Lex. to-
pogr.
Sici

Im Jahr 1348 ward die Stadt von einer
schweren Pest heimgesucht, und nachher von inneren
Zwisten beunruhiget.

Der folgende Brief wird Nachrichten von den
Trümmern dieser einst so herrlichen Stadt, und von
ihrem itzigen Zustande enthalten, da die großen aus
vier Städten bestehenden Syrakusen (μεγαλοπολιες
Συρακοσαι) auf die kleine Insel eingeschränket, ein
rührendes Denkmahl vom Wechsel menschlicher Schicksale, von der Nichtigkeit irdischer Größe sind.

Pind.

Ἐπαμεροι· τι δε τις; τι δ᾽ ατις;

Σκιας οναρ ανθρωποι. Ἀλλ ὁταν αιγλα

Διοσδοτος ἐλθη,

Λαμπρον ἐπεστι φεγγος ανδρων,

Και μειλιχος αιων.

Pind.
πυθ. H.
Ἐπωδ.ε.

„Ephemeren — was ist jemand? was ist nie-
„mand? — Traum vom Schatten sind die Menschen.
„Aber umwallet sie ein Glanz von Zeus gesandt, so
„umfahet sie ein helles Licht und sanftes Leben!"

Pindar
to.

Zwei und neunzigster Brief.

Die berühmtesten der alten Schriftsteller stimmen mit einander überein in der Beschreibung, welche sie uns von der Macht und Herrlichkeit des alten Syrakus geben.

Die Stadt hatte zur Zeit ihrer Blüte hundert und achtzig Stadien, das ist, zwei und zwanzig und eine halbe Miglie (über sechstehalb geographische, beinahe vier gemeine deutsche Meilen) im Umfang.

Folgende Stelle aus einer Rede des Cicero gegen Verres zeigt, was Syrakus noch lange nach dem Verlust seiner Freiheit war:

„Daß Syrakus die größte und schönste aller „griechischen Städte sei, habt ihr oft gehöret, und „so ist es in der That. Seine befestigte Lage ist von „jeder Seite, des Landes und des Meeres, herrlich „anzuschauen. Seine Hafen sind noch in den Bau „der Stadt mit eingeschlossen, und werden von ihr „übersehen. Verschiedene Zugänge habend, vereini- „gen sie sich beim Ausgang, und fließen zusammen. „Bei beider Vereinigung wird der Theil von Syra- „kus, welcher die Insel heißet, durch einen schma- „len Strich Meeres abgesondert, durch eine Brücke „aber mit der übrigen Stadt wieder verbunden. So „groß ist diese Stadt, daß man zu sagen pflegt, sie „bestehe aus vier Städten. Unter diesen ist die In- „sel eine, welche, gegürtet von zween Hafen, in bei- „der Mündungen sich hervorstreckt. In ihr ist das

„Haus, welches die Burg des Hieron war, und itzt
„den Prätoren zur Wohnung dient.   In ihr sind
„viele Tempel, unter denen zween vor allen herrlich
„sind, der Diana Tempel und der Minerva.   Auf
„der Insel äußersten Seite ist eine süße Quelle, mit
„Namen Arethusa, von unglaublicher Größe, und
„an Fischen reich.   Sie würde ganz von den Flu-
„ten bedeckt werden, hätte man sie nicht durch einen
„steinernen Damm vom Meer getrennet.   Die andre
„Stadt in Syrakus heißt Akradina.   In ihr ist das
„größte Forum, schöne Säulengänge, das geschmückte
„Prytaneion, *)   ein großes Rathhaus, und des
„olympischen Jupiters herrlicher Tempel.   Die übri-
„gen Theile dieser Stadt bestehen aus einer langen
„Straße und vielen Quergassen, welche die Woh-
„nungen der Bürger enthalten.   Die dritte Stadt
„heißet Tyche, weil in ihr ein alter Tempel der For-
„tuna stand.   Sie hat ein weitläuftiges Gymnasium
„und viele heilige Gebäude.   Dieser Theil von Sy-
„rakus ist sehr bewohnt.   Die vierte Stadt, welche
„zuletzt erbauet worden, heißt Neapolis.   Wo sie
„am höchsten ist, steht ein großes Theater, zween
„vortrefliche Tempel, deren einer der Ceres, der an-

---

*) In Athen hieß der Saal so, in welchem die Vorsitzer des
Senats sich zuweilen besonders versammelten; diese Vorsitzer waren selber aus der Zahl der fünfhundert Senatoren,
deren zwölfter Theil immer einen Monat des Jahrs dieses
Vorrechts genoß.   Im Prytaneion wurden öffentliche Gastmahle gegeben.   Auch wurden in ihm solche, die sich um
das Vaterland wohl verdient gemacht hatten, ja deren Verwandten nach jener Tode, öffentlich gespeiset.   S. Potters
Archäologie, Rambachs Ueb. I. Th. S. 202 u. 282. In
Syrakus hatte es mit dem Prytaneion wohl eben diese Be-
wandtniß.

„bte der Libera gewidmet ift *), und die große herr-
„liche Bildſäule des Apollon, mit dem Zunahmen
„Temenites."

Daß Cicero nur vier Städte oder Theile von
Syrakus nennet, da doch andre Schriftſteller, Griechen und Römer, ihre Zahl auf fünf ſetzen, kommt,
nach Cluvers richtiger Bemerkung, ohne Zweifel daher, daß Epipolä, wie aus Livius zu erhellen ſcheinet, nicht von Bürgern bewohnet, ſondern in Kriegs- Tit.
zeiten mit Soldaten zur Vertheidigung beſetzet ward. Liv.
XXV.
Pindar redet im Anfang ſeines zweeten pythi- 24.
ſchen Siegshymnus, welcher an Hieron den erſten,
Bruder des großen Gelon gerichtet iſt, dieſe Stadt
mit einem für ſie erfundnen Beinamen an:

Μεγαλοπολιες ω Συρα-

κοσαι, Βαθυπολεμε

Τεμενος Αρεος, ανδρων

Ιππων τε σιδαροχαρμαν

Δαιμονιαι τροφοι. **)

Amico ſchätzet die Zahl der ehemaligen Bewohner von Syrakus auf eine Million, und Riedeſel auf
zwölfmal hundert tauſend Menſchen. Ich weiß nicht,
worauf beide neuere Schriftſteller dieſe Schätzungen

L 2

*) Libera war ein Name der Proferpina. Vetus eſt haec
opinio — inſulam Siciliam totam eſſe Cereri et Proſer-
pinae conſecratam — Raptam eſſe Liberam quam eam-
dem Proſerpinam vocant, ex Ennenſium nemore. Cicero in Verrem.

**) „O großſtädtige Sorakuſen, Heiligthum des kriegri-
„ſchen Ures (Mars), göttliche Ammen der Männer und
„der Roſſe, die des Eiſens ſich freuen!"

gründen, übertrieben scheinen sie mir nicht, da Dio-
genes Laertios die Zahl der Einwohner des alten
Agrigentum auf achtmal hundert tausend Menschen
angiebt. Uebrigens muß man nicht vergessen, daß
gewöhnlich auf einen freien Menschen vier Sklaven
gerechnet wurden. Die Zahl der freien Menschen im
alten Syrakus mag sich also wohl auf 300,000 Menschen belaufen haben. In einer Stadt von vier gewöhnlichen deutschen Meilen im Umfang, können wohl
eine Million Menschen Platz gefunden haben, und
desto eher, da vier Fünftel dieser Zahl aus Sklaven
bestanden, welche sehr eng bei einander wohnten.

Am 26sten Juny des Vormittags gingen wir
zum Malteserritter Saverio Landolina Nava, einem
Manne, welchem zu ihrem Glück die Fremden mehrentheils empfohlen werden. Er verbindet die Kennt-
niß des itzigen Landes mit des Alterthums Kunde, ist
ein feiner Leser der Griechen, ein gefälliger und rechtschaffner Mann. Einzelne Winke zeigen schon den
Scharfsinn, mit welchem er manches, was bisher in
alten Schriftstellern dunkel geblieben, aufklären wird.
Sehr freundlich erbot er sich, uns mit den Alterthü-
mern dieser Stadt bekannt zu machen; ein Anerbieten, welches von einem Manne, der mit richtigem
Urtheil so viele Kenntnisse verbindet, großen Werth
für uns hatte. Mit wahrer Herzensgüte schenkte er
uns während der sechs Tage unsers hiesigen Aufent-
halts seine ganze Zeit; wofür ich ihm desto dankbarer
bin, da dieser trefliche Mann seine Zeit so wohl an-
zuwenden weiß.

Er führte uns gleich in die Kathedral-Kirche,
in welcher noch an der einen Seite 12 oder 13 alt-
dorische Säulen stehen. Sie gehörten, wie man

vermuthet, zum Säulengang des Minerventempels, deffen Cicero in der angeführten Stelle erwähnet. Itzt stehen sie nur halb hervor, da man sie, als der Tempel in eine Kirche verwandelt ward, vermauert hat. Der Tempel muß ohngefähr so groß gewesen sein, als der in Egesta.

Vor der Façade dieser Kathedral-Kirche stehen die Bildsäulen der Apostel Petrus und Paulus. Unter der von Petrus steht:

> Apostolorum principi, fundatori suo, Ecclesia Syracusana p.

(Die Gemeine von Syrakus errichtete diese Bildsäule dem vornehmsten der Apostel, ihrem Stifter).

Die Syrakusier behaupten, Petrus habe ihnen ihren ersten Bischof gesandt.

Sehr edel scheint mir die Inschrift der Bildsäule von Paulus, welcher auf seiner Reise von Jerusalem nach Rom, durch einen Sturm nach Malta verschlagen, drei Tage in Syrakus zubrachte. *Apostel Gesch. XXVIII, 12.*

> Apostolo gentium, hospiti suo, Ecclesia Syracusana p.

(Dem Apostel der Heiden, ihrem Gaste, errichtete die Gemeine von Syrakus diese Bildsäule).

Daß, wie die Sage geht, Archimedes in diesem Tempel die Mittagslinie gezogen habe, ist wahrscheinlich. Sehr ungereimt aber ist das Mährchen, welches von Unwissenden erzählt wird, daß der Mittagsstrahl durch Oeffnungen des Tempels vom olympischen Jupiter in diesen Tempel gefallen sei! Ein Mittagsstrahl, welcher durch zwei verschiedene Gebäude fällt! Durch Gebäude, deren eins in der Insel, das andre

außer der Stadt, jenseit des Hafens lag! Und dazu
ein hoher, fast senkrecht fallender sicilischer Mittagsstrahl!

Im Seminarium sahen wir einen Stein, welcher erst vor kurzem gefunden worden. Seine Inschrift scheint zu beweisen, daß entweder ein Tempel,
der allen Göttern gewidmet war (ein Pantheon),
oder ein allen Göttern gewidmeter Altar in Syrakus stand:

$$\text{ΒΑΣΙΛΕοΣ ΑΓΕΜοΝοΣ}$$
$$\text{ΙΕΡοΝοΣ ΙΕΡοΚΛΕοΣ}$$
$$\text{ΣΤΡΑΚοΣΙοΙ ΘΕοΙΣ ΓΑΣΙ}$$

„Unter Anführung des Königes Hieron, des Soh-
„nes Hierokles, widmeten es die Syrakusier allen
„Göttern." *)

Im Seminarium ist eine Bibliothek, welche immer zunimmt, aber die einzige in Syrakus. Es besitzet auch eine Sammlung alter Münzen.

Die Hitze war nicht außerordentlich stark, als
wir in das Seminarium hinein gingen. Als wir nach
etwa drei Viertelstunden es verließen, wehete uns ein
heißer Wind an, wie aus einem glühenden Ofen. Gegen diesen schützte kein Schatten im Freien. Einige
von uns empfanden gleich im ersten Augenblick heftige Schmerzen in der Brust, welche so lange als dieser Wind wehete, etwa drei Stunden, anhielten.
Landolina rieth uns, als wir zu Hause kamen, nicht
nur die Fenster, sondern auch die Fensterladen so
weit zuzumachen, daß wir noch eben lesen oder schrei-

*) Wir sehen hieraus, daß Hieron des zweeten Vater Hiero-
kles hieß, wie Hierons Enkel, der ihm nachfolgte.

ben könnten, und Waffer in den Zimmern fprengen zu laffen.

Durch diefe Mittel erhielten wir im Haufe eine erträgliche Luft. In einem engen, fonft fehr kühlen Hofe ftieg der Thermometer von 22 auf 31 Grad Reaumur. *)

Diefer heiße Wind wehet mit folcher Glut nur ohngefähr alle drei oder vier Jahr, und faft nie einen ganzen Tag. Er kommt von Weften, und ift daher diefer öftlichen Küfte, was der Scirocco der Gegend von Palermo ift, beladen mit afrikanifchen heißen Dünften. Am Nachmittage wagten wir noch nicht auszugehen. Wir kühlten uns mit Gefrornem, und ftärkten uns mit edlem fyrakufifchem Wein. Ich fpürte nicht die Trägheit, mit welcher ich beim Scirocco erfchlaffte; dagegen hat mir der Scirocco nie folche Schmerzen in der Bruft gemacht. **)

*) Im folgenden Sommer 1793 ift in England die Hitze auch auf 31 Grad geftiegen. Man fand Menfchen tobt auf der Erde liegen. So wahr ifts, daß der gleiche Grad von Hitze in Italien und Sicilien lange nicht fo befchwerlich ift, als wenn er Länder beimfucht, deren Luft nicht fo rein ift. Cicero rühmet von Syrakus, daß im ganzen Jahr kein Tag fo umwölket fei, daß die Sonne nicht Einmal fcheinen follte.

**) Der Gebrauch des Gefrornen wird in Italien und Sicilien als unentbehrlich zur Erfrifchung angefehen, und als ein kräftiges Mittel in vielen Krankheiten. Die Aerzte diefer Länder geben nicht viel Arznei, verordnen aber oft ftrenge Diät, und nehmen mancher Krankheit dadurch früh ihre Kraft, daß fie den Kranken verfchiedne Tage nur mit Waffer, welches an Eis gekühlet worden, mit füßen Pomeranzen und mit Gefrornem von Früchten nähren. Dem äußern und innern Gebrauch des Waffers fchreiben fie, und ich glaube mit Recht, viele Wirkung zu. — Das Gefrorne

Am Abend führte mich Landolina zu einer Wöchnerin, welche nach der Taufe ihres Kindes Besuche
annahm. Hier sah ich den ganzen Adel von Syrakus, der für eine Stadt von achtzehn tausend Men-

von Milch, von Früchten, von Chocoläde ꝛc. findet man
fast in allen Städten. Es wird dazu nicht wie bei uns Eis
genommen, sondern Schnee. Nicht nur ist es leichter den
Schnee aufzubewahren als das Eis (welches dadurch augen-
scheinlich, daß wir in warmen Sommern oft Mangel an
diesem in unsern Eiskellern haben, da es den Südländern
in ihren heißen Sommern nie an Schnee gebricht), sondern sie halten auch den Gebrauch des Schnees für gesün-
der. Sie verwahren ihn theils in natürlichen Bergklüften,
theils in Löchern, welche sie auf hohen Gegenden in die
Berge gegen Norden eingraben. In diesen wird der Schnee
fest zusammen gestampft, und um ihm dauernde Festigkeit
zu geben, mit Stroh, Sand, oder in volkanischen Gegenden mit Asche vermischt. Der Städte Magistrate sorgen
für den hinlänglichen Vorrath des Schnees, und würden
Gefahr laufen, den Zorn des Volks zu empfinden, wenn
es einmal an diesem Bedürfniß Mangel haben sollte. Für
die Stadt Neapel hat die Regierung selber diese Sorge auf
sich genommen, und einem Manne das Privilegium ihre
400,000 Einwohner mit Schnee zu versehen, verpachtet.
Er wird verwahrt in Klüften und Gruben des Berges San
Angelo, zwischen Castell-a Mare und Sorenta. Alle Nacht
bringen Esel den Schnee ans Ufer, und Böte werden damit beladen, welche Vorrath für den folgenden Tag nach
der Hauptstadt bringen. Sollte der Schnee Einen Tag aus-
bleiben, so würden die Neapolitaner lauter murren, als
unsre Soldaten, wenn es im Lager an Branntwein fehlet,
oder an Rauchtabak. Im Pachtcontract hat sich der Pächter daher einer Geldbuße von zweihundert Ducaten unterwerfen müssen für jeden Tag, an welchem nicht Schnee genug nach der Hauptstadt gebracht werden sollte.

Auf den Gebrauch des Schnees bei den Alten hat mich
Landolina aufmerksam gemacht.

schen, in welcher kein Hof lebet, sehr zahlreich ist. Die Lebhaftigkeit der Weiber erinnerte mich an die Syrakuserinnen, welche Theokrit uns in einer seiner Jdyllen nach dem Leben schildert.

Athenäos führt im dritten Buche viele Stellen von Schriftstellern an, welche davon reden. Ein alter Dichter Alexis sagt:

Και χιονα μεν πινειν παρασκευαζομεν.

(Auch sorgen wir für Schnee zu unserm Trank).

Und ein andrer Dichter, Euthykles:

Πρωτον μεν, αδερ ἡ χιων δε᾽ ενια.

(Ob feil der Schnee, erforschet er zuerst).

Athenäos führt eine Stelle aus Chares an, der eine Ge-schichte Alexanders des Großen geschrieben hatte, aus wel-cher wir sehen, daß Alexander den Schnee ohngefähr so ver-wahren ließ, wie er noch itzt in Italien und Sicilien ver-wahret wird. Er ließ bei Belagerung einer indischen Stadt dreißig Gräben dicht an einander machen, sie mit Schnee füllen, und diesen mit Eichenzweigen bedecken, weil auf diese Weise, sagt Chares, der Schnee sich lange hält.

Ein gewisser Dichter Stratis sagt:

Ὄινον γαρ πιειν ἀκ ἀν ἑις
Δεξαιτο θερμον, ἀλλα πολυ τουναντιον,
Ψυχομενον ἐν τω φρεατι, χιονι μεμιγμενον.

(„Keiner würde gern warmen Wein trinken, sondern viel „mehr solchen, der im Brunnen abgekühlt, und mit Schnee „vermischet ward.")

Auch ein Epigramm des Simonides führt Athenäos an, in welchem der Dichter vom Schnee sagt:

Την ῥα ποτ᾽ Οὐλυμποιο περι πλευρας ἐκαλυψεν
Ὠκος ἀπο Θρηκης ὀρνυμενος Βορεης,
Ἀνδρων δ᾽ ἀχλαινων ἐδακε φρενας, αὐταρ ἐκαμφθη
Ζωη πιεριην γην ἐπιεσσαμενη,

Die junge Wöchnerin war vor fünf Tagen ent-
bunden worden, sah vollkommen wohl aus, und
schien nur des Wohlstandes wegen im Bette zu liegen.
Sie war sehr munter. Ihrer Mutter würde nie-
mand angesehen haben, daß sie vierzehn lebendige
Kinder geboren, und zwölf Mißwochen gehabt.
Wenn heiße Länder, wie von einigen behauptet wird,
der Fruchtbarkeit nicht zuträglich sind; wenn sie das
Alter der Weiber beschleunigen, so machen Italien
und Sicilien hiervon eine Ausnahme. Die weibliche
Blüte hat hier einen langen Frühling, und ihre
Frucht gedeihet noch im Nachsommer später Jahre.

Man sieht hier, wie in Calabrien, viele blonde
Weiber mit frischen Farben. Im westlichen Sicilien
sind sie beinah so braun wie die Apulerinnen. So
unterscheiden sich von den andern Apulerinnen die ta-
rentinischen Weiber, deren ich einige sah, welche man
für Deutsche oder Engländerinnen hätte halten mögen.

Freundlich und naif fand ich die meisten Weiber
in beiden Königreichen.

Ἔν τις ἐμοὶ γαύτης χαστῷ μέρος. ἀν γὰρ ἔοικα
Θερμὴν Βασάρειν ἀνδρὶ φίλῳ προποσιν.

(Eilend daherrauschend von Thrazien, streuete der Boreas
„diesen Schnee auf die Seiten des Olympos. Mantellose
„Männer durchdrang er mit kältendem Schmerz, aber
„milde ward er, als man ihn lebendig mit pierischer Erde
„bestattete. Es reiche mir jemand davon, denn es geziemt
„mir sich nicht, einem Freunde warmes Wasser zum ersten
„Trunk beim Gastmahl zu bieten.")

Casaubon sagt: γῆν ἐπιεσσάσθαι dicuntur mortui
quando sunt sepulti, ac terra ceu veste amicti. Man
hatte diesen Schnee in Gruben frisch erhalten, wie noch itzt
geschieht. Simonides war ein Zeitgenosse des Xerxes.

Ich habe in einer der neuesten deutschen Reise-
beschreibungen gelesen, daß die sicilischen Frauen nur
mit Einer Brust säugen sollen. Die andre, heißt es,
lassen sie austrocknen, und wähnen, daß die Milch
hierdurch an Güte gewinne.

Man sollte seiner Sache sehr gewiß sein, ehe
man eine ganze Nation einer so albernen Sitte zeihen
dürfte. Ich habe mich des Gegentheils versichert,
da ich mich in Messina, in Trapani und hier darnach
erkundigte. Niemand hatte je etwas von einem solchen Gebrauch gehöret.

Am 27sten fuhren wir mit Landolina in einem
Nachen durch den großen Hafen, welcher fünf Miglien (eine kleine deutsche Meile) im Umfang hat, hinein in den Fluß Anapo, den Anapos der Alten. Jemand erzählet, Karl der fünfte hätte diesen Hafen,
aus Furcht vor Seeräubern, verschütten lassen.
Karl der fünfte war nicht kleinmüthig, und würde
einer solchen Furcht wegen einen der besten Hafen seines Reiches, ja Europens, nicht haben verschütten
wollen. So wenig ward er verschüttet, daß noch
in diesem Jahrhundert, nach dem Successionskriege,
die englische, spanische und französische Flotten zugleich drinnen gelegen haben. Und während des vor
zwei Jahren geendigten Krieges der Russen mit den
Türken hatte die russische Kaiserin schon vom Könige
die Erlaubniß erhalten, eine Flotte, die aus Kron-
stadt auslaufen sollte, in diesen Hafen einlaufen zu
lassen. Der unerwartete, mit plötzlichem Ueberfall
begleitete Friedensbruch des Königs von Schweden,
war Ursache, daß jene Flotte in der Ostsee blieb.

Dieser Hafen ist es, in welchem gegen Syrakus
die Macht von Athen scheiterte! Nach vorhergegang-

nen Schlachten sah Ein Tag sechzig athenienfische Galeeren in der entscheidenden Schlacht sinken. Wir sahen das Feld, wo das Heer der Athenienser gelagert war, und die Sümpfe, deren böser Aushauch ihnen die Pest gab.

Aus dem großen Hafen fuhren wir durch die Mündung des Anapo diesen Strom hinauf. Du weißt, wie groß in der Griechen und Römer Beschreibungen ihre Ströme werden. Theokrit nennet diesen μεγαν ῾ροον (den großen Strom). Er hat wirklich den Ruhm, der einzige schiffbare Strom Siciliens zu sein, ist aber nur für einen Nachen schiffbar, und theilet diesen Ruhm mit der Quelle Ciane. Seine Ufer sind angenehm, dicht beschattet von hohem Schilfrohr, welches wohl die Höhe von zehn Ellen erreicht, von Pappeln, wilden Feigenbäumen und wilden Reben. Wir hörten viele Nachtigallen. Wo die Ciane (Κυανη) sich in den Strom ergießt, fuhren wir ihr nach bis in ihre Quelle. Dicht vor der Quelle bildet sie zween Arme, welche von Dichtern zu Armen der Kyane gemacht wurden, weil diese Nymphe hier, indem sie sich Proserpinens Entführung widersetzte, vom zürnenden Pluton soll sein in die Quelle verwandelt worden. Sehr schön beschreibt Ovid diese Verwandlung. Diodor hat uns eine andre Sage aufbewahrt. Pluton soll die in Enna's Gefilden geraubte Proserpina hierher gebracht, hier die Erde aufgerissen haben, hier mit der Geraubten hinunter gestürzet sein ins Schattenreich. Indem er hinab stürzte, ließ er die Quelle aufsprudeln. Herkules soll, als er mit den Rindern des Geryon, aus Spanien nach Griechenland ziehend, durch Sicilien kam, der Proserpina zu opfern die Sikuler gelehrt,

Marginal notes:

Ovid.
Met. V.
411-37.

Diodor
B V.
Vol. I.
pag.333.
ad Wesfel.

und den schönsten seiner Stiere in diese Quelle gestürzet haben.

Dioдоr B. IV. u. V.

Die Syrakuser feierten jährlich ein Fest, und stürzten nach Herkules Beispiel Stiere in die Quelle. Gleich den Gefilden von Enna war auch die Ciane der Proserpina besonders gewidmet.

Diodor B. V. Vol. I. pag. 333

Diese Quelle ist sehr groß, daher einige der Alten sie einen See nennen. Sie ist lauter, und hat Felsengrund. Die Steine des Grundes sind blau, auch ihre Fische haben eine schöne blaue Farbe, wie ich sie nie an Fischen sah, und einen Glanz wie Goldfische. Ich vermuthe, daß sie daher ihren Namen hatte, denn kúáneos bezeichnet auf griechisch die Farbe eines dunkeln Blau.

An den Ufern der Ciane wächst häufig die Papyrospflanze. Ist steht sie in Blüte. Sie treibt im ganzen Jahr beständig neue Sprossen. Ihre Wurzel ist wohlriechend. Sie ist eine Art von Cyperus, und erreichet eine Höhe von 7, 8, ja wohl bis 10 Ellen. Landolina ist den Alten, welche ihr Papier aus dieser Pflanze machten, auf die Spur gekommen. Unter seiner Aufsicht wird Papier, wie die Alten es hatten, verfertiget. Es ist stark, dünn, ziemlich weiß, läßt sich aber nicht falten wie das unsrige, welches in jeder Absicht weit vorzuziehen ist.

Die Fahrt auf dem Anapo und die Ciane muß im Winter sehr anmuthig sein. Im Sommer ist die Luft dieser Gewässer bösartig. Die meisten von uns kamen mit Kopfweh zurück.

Auf der Hinfahrt sahen wir links vom Anapo zwo Säulen des Tempels vom olympischen Zeus. In diesem Tempel stand die Statue des Gottes mit einem gülbenen Mantel, den ihm der ältere Dionyſios, ſpottend nach ſeiner Art, raubte.

Der goldene Mantel tauge nicht; im Sommer ſei er heiß, und kalt im Winter.

So nahm er auch dem Aeſſulap ſeinen goldenen Bart. Es gezieme ſich nicht, ſagte er, daß der Sohn bärtig ſei, da der Vater, Apollon, ein glattes Kinn habe.

Um den Tempel des olympiſchen Zeus ſtand ein Städtchen, welches den Namen des Tempels führte, Olympeion.

In einem Hauſe von Syrakus ſtehen noch zwo altdoriſche Säulen des Dianentempels, deſſen Cicero erwähnet. Man behauptet, daß es die größten in Sicilien ſein ſollen. Mir ſchienen die Säulen, welche ich unter den Trümmern des Tempels vom olympiſchen Zeus in Girgenti ſah, viel größer. Ich glaube, daß dieſe ſyrakuſiſchen von einem höhern Alterthum ſein mögen, aus einer Zeit, da die Verhältniſſe des Schönen in der Baukunſt noch nicht entdeckt waren. Sie ſtehen ſo nah bei einander, daß, wiewohl ſie nach altdoriſcher Art in ſehr ſtarker Verjüngung oben zu laufen, dennoch ihre Knäufe ſich oben berühren.

Den mittlern Theil dieſer Säulen ſieht man in einem Stall, der untere wird bedeckt vom Schutt. Sie müſſen ſich unten beinah berühren.

Unter der Kirche des heiligen Philippus iſt ein alter Brunnen, zu dem man auf hundert ſechs und funfzig Stufen hinunter ſteigt. Es fehlt ihm nie an Waſſer. Es ſoll mit dem Monde abnehmen, mit ihm zunehmen. Vermuthlich ſtand ein heidniſcher Tempel hier, und die Prieſter ſchöpften aus dem Brunnen das Weihwaſſer.

Auf der Insel Spitze steht die Citadell, und ein *Ouid.*
altes Kasteel, welches die Saracenen errichtet haben. *Met. V.*
Nicht weit davon ist die besungne Quelle der Arethusa. *574-641*

Die Alten fabelten, es habe eine arkadische
Jungfrau mit Namen Arethusa, eine Liebhaberin der
Jagd, die Liebe des Jägers Alpheus verschmähet,
und sei, ihn zu vermeiden, hinüber geflüchtet in diese
Insel Ortygia. Dort sei sie in eine Quelle, und der
trauernde Liebhaber in einen Strom verwandelt worden. Die Liebe sei nicht vom Strom gewichen, durch
das Meer habe er die Geliebte verfolget, ohne salzig *Pausa-*
zu werden, und habe hier seine Wellen mit der jung- *nias B.*
fräulichen Quelle vermischet. *V. Kap. 7.*

Nahe bei dieser entquillet wirklich dem Boden
des Meeres ein süßer Quell, welcher ohne Zweifel
zu dieser Dichtung Anlaß gab. Auch ging die Sage,
es hätten die Götter der Diana die Insel Ortygia ge-
schenkt, und für sie hätten Nymphen die schöne Quelle
Arethusa aufsprudeln lassen. Die Fische dieser Quelle
waren berühmt wegen ihrer Größe und Menge. Menschen durften sie nicht fangen. Man erzählte, es sei
wohl zu Kriegszeiten geschehen, aber nie ohne nach-
folgende Strafe der Götter.

Da Daphnis in Sicilien das Hirtengedicht er- *Diodor*
funden hat, da Theokrit, der größte Idyllendichter, *B. V.*
ein Syrakusier war, da diese Stadt auch den Idyl- *Vol. I.*
lendichter Moschos hervorgebracht, und Bion, wie- *p. 332.*
wohl aus Smyrna gebürtig, in Sicilien gelebt hatte,
so redet Virgil die Nymphe Arethusa als Muse des
Hirtenliedes an. Wer kennt nicht die schönen Verse,
mit denen er die zehnte Idylle beginnt, welche die
unglückliche Liebe seines Freundes, Cornelius Gallus

des Dichters, und die Sprödigkeit der Lycoris be-
finget?

Extremum hunc Arethusa mihi concede laborem,
Pauca meo Gallo, sed quae legat ipsa Lycoris
Carmina sunt dicenda, negat quis carmina Gallo?
Sic tibi, cum fluctus subterlabêre Sicanos,
Doris amara suam non intermisceat undam. *)

Virg.
Ecl. X.
1 - 5.

Die letzte Gabe, welche Virgil von der Arethusa
verlangte, war ein Gesang für seinen Freund. Itzt
gewähret die Nymphe den Wäscherinnen der Stadt
eine Quelle, in welche die bittre Doris (die Nymphe
des Meers), noch als ich jene besuchte, und ein starker Wind das Meer erhub, ihre Welle mischte. Wiewohl wasserreich, ist doch die itzige Quelle nur ein Theil
von der alten Arethusa, welche verschüttet worden;
nährt auch daher keine Fische mehr. Aber fast überall, wo man nur in der Stadt aufgräbt, sprudelt
Wasser der verborgnen Arethusa empor.

Am 29sten fuhren wir durch das ehmalige Afra-
dina hin zu dem Theile der Stadt, welcher Tyche
hieß. Diese beiden Städte, (die großen Syrakusen
bestanden ja aus vier Städten) sind itzt theils mit
Aeckern, theils mit schönen Fruchtbäumen bedeckt.
Wir sahen zuerst das Amphitheater, der Römer
Werk. Der ganze Umfang ist deutlich zu sehen; es
haben sich auch viele der Sitze, einige Gänge und
Ausgänge erhalten.

*) Dieses letzte Geschäft vergönne mir noch, Arethusa.
 Wenig begehrt mein Gallus, doch was selbst lese Lykoris,
 Wenig des Liebes von uns. Wer versagt wohl Lieder dem
  Gallus?
Voß.
Ueb.
 O daß, während du unter Sikaniens Fluten daher rinnst,
 Nicht die bittre Doris dir einmisch' ihres Gewoges.

Weit mehr als dieses Denkmahl eines blutdürsti-
gen Vergnügens der Römer, interessirte mich das
alte griechische Theater, dessen in den Felsen einge-
hauene Sitze sehr wohl erhalten sind.

Von der Scene ist nichts mehr zu sehen. Desto
mehr vom schönen eigentlichen Theater. Auf einem
seiner Sitze stehet eingehauen Βασιλισσας Φιλισιδος
(der Königin Philistis). Diese Königin macht den
Forschern der Geschichte viel zu schaffen. Einige halten sie für die Gemahlin des Gelon, durch deren Vermittlung die Karthager von diesem Helden den Frieden erhielten. Die Karthager beschenkten sie mit einer goldenen Krone, welche hundert Talente werth
war, und sie ließ Münzen prägen, welche nach ihr
Demaretion genannt wurden. Sie hieß also Dema-
reta, und nicht Philistis. Noch mehr. Die Münzen der Königin Philistis sind nicht aus Einem Zeit-
punkte. Sie muß lange regiert haben. Auf einigen
ist sie jung vorgestellt, auf andern alt; doch erkennet
man die Züge desselbigen Gesichts; auch führen sie
gleiche Ueberschrift des Namens. Auf der andern
Seite pflegt ein vierspänniger Wagen zu stehen. Es
ist ein feiner griechischer Gedanke, daß auf den Münzen, wo sie jung erscheinet, die Rosse feurig und in
vollem Laufe vorgestellet wurden; der schon alten Philistis gaben sie einen Wagen, vor dem die Rosse langsam gehen.

Wollte man die Hypothese so weit treiben, zu
vermuthen, daß Gelon, seiner Gemahlin zu Liebe,
zu verschiednen Zeiten Münzen mit ihrem Bildniß und
ihres Namens Unterschrift habe prägen lassen, so
würde man nicht bedenken, daß Gelon nur sieben
Jahr regiert habe.

Diodor
B. XI
Vol. I.
p. 424.

Stolb. Reis. IV. Bd.   M

Einige wollen aus der Inschrift des Steines beweisen, daß diese Königin das Theater erbauet habe; und sie schließen weiter, daß dieses sehr alt sein müsse, da nach Gelons Zeit eine Königin, die in Syrakus geherrschet hätte, uns nicht unbekannt sein könnte. Daß Philistis vor Gelons Zeit müsse regiert haben, ist außer allem Zweifel. Aber auch ohne Zweifel ist es, daß weder sie noch Gelon das Theater könne erbauet haben. Der Dichter Aeschylos lebte zu Gelons Zeit. Er focht selber gegen Xerxes in der Schlacht bei Salamin, welche er in einem auf uns gekommenen Schauspiel so schön besang. Als Dichter ward er später bekannt. Er war der erste, welcher dem Trauerspiel eine Gestalt gab. Er nahm die bisher auf dem Karren umher irrende Melpomene freundlich auf, und führte sie auf eine mäßige hölzerne Bühne.

Hor. art poet.

     — — modicis instrauit pulpita tignis.

Ich vermuthe, daß dieses herrliche Theater entweder während der 60 Jahre sei gebauet worden, welche zwischen der Vertreibung des Thrasybulos und der Syrakuster Unterjochung unter Dionysios verstrichen, oder von Dionysios, oder vielleicht erst von Hieron dem zweeten.

Beim Theater endiget eine durch Felsen geführte Wasserleitung, welche vierzehn Miglien lang sein soll. Sie ist reich an gutem Wasser. In dieser Gegend sind viele Gräber in Felsen gehauen, und eine Straße zwischen ihnen, in welcher die Fußstapfen der Pferde und tiefe Wagengleise deutlich in die Augen fallen. Hier war es, wo Cicero unter Dornsträuchen, die es verbargen, das von den Syrakusern versäumte, und ihnen nicht mehr bekannte Grabmahl des Archimedes fand. Eine Sphäre und ein Cylinder, die

Cic.
Tuscul.
quaest.
V. 23.

auf einer kleinen Säule stunden, bezeichneten die
Ruhestätte des großen Mannes, zum Andenken des
von ihm gefundnen Verhältnisses des Cylinders zur
Sphäre.

Fein und schön ist Rollins Anmerkung, daß
diese Bezeichnung des archimedischen Grabes ganz
im Sinne des großen Mannes war, der einer ma- Rollin
thematischen Demonstration mehr Werth beilegte, als histoire
den fürchterlichen Maschinen, vor welchen Roms livie
Heere zitterten.   XX.art
                                                    III. §.h.

Das sogenannte Ohr des Dionysios ist eine der
Latomien (Steingruben), deren es mehrere in Syrakus gab. Du kennst und verlachst mit mir die
lächerliche Sage, es habe Dionysios diesem Gefängniß die Gestalt eines Ohrs gegeben, und es so akustisch angelegt, daß er ungesehen sich an den Wehkla-
gen und Seufzern der Gefangnen habe weiden, oder
ihre Unterredungen belauschen können. Daß diese
Latomien, deren erster Zweck nur war, gehauene
Steine zu haben, gleich den andern Latomien von
Syrakus, zu einem Gefängniß gebraucht worden, ist
außer allem Zweifel. Auch sieht man Löcher in die
Steine gehauen, durch welche vermuthlich Ringe liefen, an denen die Gefangnen mit Ketten befestiget
waren. Dem Eingang dieser Latomie kann die Phantasie leicht die Gestalt eines umgewendeten Ohres geben, dessen Ohrläppchen nach oben zu gerichtet wäre.
Daher vermuthlich erst der Name, später die falsche
Erklärung. Das Werk ist erstaunenswerth. Es
hat verschiedne Abtheilungen, in einigen schließt sich
oben die Wölbung, in andern stürzte sie ein, und
Felsenmassen, die ihr zu Pfeilern dienten, starren in
die nun freie Luft empor. Die erste Abtheilung ist

oben ganz vom Felfen gewölbet. Hier ist ein lautes
Echo. Wir ließen eine Flinte abfeuern, deren Knall
sich langsam donnernd umherwälzte. In dieser Latomie ist ein Wasserbehälter, dessen Wölbung auf
Pfeilern ruhet. Unter Trümmern sieht man eine gestürzte Treppe, welche Landolina gefunden hat. Er
hält sie für diejenige, auf welcher (ich weiß nicht
nach welchem Schriftsteller) Dionysios vornehme
Personen führen ließ, deren Verhaftnehmung er ver-
heimlichen wollte.

In der Stadt hat man vor einigen Jahren ein
Bad entdeckt. Es ist 45 Stufen tief. Neben dem
Bade ist ein runder Brunnen. Dieses Wasser wird
mit Nutzen gegen Krankheiten der Haut gebraucht.
Das ganze Bad ist in einen Felsen gehauen. Durch
eine besondre Oeffnung konnte man von oben das
Wasser nach gebrauchtem Bade abschöpfen.

Am 30sten fuhren wir auf Speronaren hinein
in den kleinen Hafen, welcher bei den Alten Lakkios
genannt ward. Man sieht noch Spuren der Schiffwerfte, die der ältere Dionysios bauen, und mit der
Mauer seiner Burg zugleich umfassen ließ. Wir stiegen in Akradina (auch Achradina) aus den Schiffen, und gingen zuerst in ein Franziskaner-Kloster,
wo eine schöne liegende Statue der heiligen Lucia gezeigt wird. Sie ist das Werk von Vanini. Die
Heilige wird als Leiche vorgestellt; ihr Tod ist einem
Schlummer ähnlich. In der einen Hand liegt ihr,
als hätte sie noch mit den letzten Kräften darnach ge-
griffen, ein Crucifix; bei der andern Hand liegt die Pal-
me, welche sie durch Märtyrertod gewann. Die
Syrakusier verehren sie als ihre Schutzheilige.

Jn diesem Kloster hat vor einigen Jahren ein
Hund eine That gethan, die ich nicht mit Stillschwei=
gen übergehen mag, weil sie Vorbedacht, Edelmuth
und Kühnheit zeigt. Die Gegend ward von einem
Wolfe heimgesucht, dessen Bekämpfung über seine
Kräfte ging. Einige Tage nach einander verscharrte
er einen Vorrath von Fleisch und Knochen, führte
dann andre Hunde herbei, gab ihnen einen Schmaus,
führte sie dann auf die Jagd, zerriß mit ihnen
den Wolf.

Nahe bei den Franciskanern stehet das Kloster
der Kapuciner, in deren Garten die große Latomie
ist, welche eigentlich aus zwo Latomieen besteht. Sie
übertrift sehr weit an Größe das sogenannte Ohr
des Dionnsios, und ist ohne Zweifel diejenige, in wel=
cher die gefangnen Athenienser verwahrt, und sehr
übel behandelt wurden.

Thukyd.
im letzten
Kap. des
7. Buchs
p. 504. s.
ed. Duk.
u. Diodor
B. XIII.
Vol. I. p.
567. ed.
Wessel.

Es sind zwar verschiedne Steingruben in Sy=
rakus, (man zählt deren bis 9) aber diese ist die
größte, und von ihr spricht Cicero *) in einer Rede
gegen Verres, wo er ihre Größe rühmt. Man stau=

*) Opus est ingens, magnificum, regum ac tyrannorum.
Totum est ex saxo in mirandam altitudinem depresso,
et multorum operis penitus exciso. Nihil tam clau-
sum ad exitus, nihil tam septum undique, nihil tam
tutum ad custodias nec fieri nec cogitari potest. Car-
cer ille est a crudelissimo tyranno Dionysio factus.

Cicero sagt nicht, daß Dionysios diese Latomie habe
machen, sondern nur, daß er sie zum sichersten, verschlossen=
sten Gefängniß habe einrichten lassen. Er sagt ja auch in
eben dieser Stelle, daß sie das Werk vieler Könige und Ty=
rannen gewesen sei.

net über die Kunst, über den Umfang und über die
Kühnheit dieser Arbeit. In unglaubliche Tiefe hinab sind die Felsen, welche zum Theil sich oben in einer
Wölbung schließen, ausgehauen. Zum Theil stürzten Wölbungen ein. Sowohl die noch vollkommnen
als die eingestürzten Wölbungen, die Pfeiler, die
vorstehenden Massen, die Höhlungen mit ihren per-
spectivischen Oeffnungen, bilden ein Ganzes, welches
einzig in seiner Art ist In dieser Tiefe haben die
Kapuciner einen großen anmuthigen Garten, dessen
herrliche Fruchtbäume, gegen den Wind gesichert,
mit außerordentlicher Freudigkeit des Wuchses dem
Auge schmeicheln, wenn es, geschreckt von den kühnen Felsen und grausen Höhlen, dieser Erquickung
bedarf. Einige dieser Bäume sprossen aus Felsen
empor. Wo sie in schmalen Ritzen zuerst keimten,
da erweiterten sie den Riß durch langsamen aber unnachlassenden Wuchs, den Lauf der Spalte verfolgend und ausdehnend, bis eine lange und breite
Kluft entstand. Oelbäume winden sich schlängelnd
mit dickem Stamme, je nachdem die vorhandne Fels-
ritze ihren Wuchs leitete, oder die Weichheit des
Steines solchem in verschiednen Richtungen nachgab.
Nach überwundner Schwierigkeit ragen diese Bäume
eben mit belaubten Kronen empor. Hoch vom Fel-
senrande hangen Epheu und wilder Wein hinab in
die Tiefe, wo kühle Lüfte mit ihren schwebenden
Ranken spielen. Die zahme Rebe windet sich die ungeheuern Steinmassen, zwischen Feigen- und Gra-
natbäumen, die aus Felsen sprossen, hinan.

Die Kapuciner bauen für ihren Gebrauch einen
gelblichen sehr wohlriechenden Schnupftabak.

Das Kloster ist arm, und erhält sich von den Geschenken an Gelde, welche den Mönchen für die treflichen Früchte des Gartens gegeben werden.

In dieser Steingrube findet man einige alte Gräber.

Im ehmaligen Akrabina sind die Katakomben. Dabei steht die älteste Kirche von Syrakus, in wel-cher der erste Bischof Marcianus, von dem gesagt wird, daß der Apostel Petrus ihn gesandt habe, soll begraben sein.

Auf einer Stufe dieser Kirche steht folgende, vermuthlich heidnische, lateinische Inschrift: Me-moria Dominici Macedonis Lege et recede. Amici nolite tristari, quia omnes mortales su-mus. *) Trauriger Trost!

Die Katakomben, von denen ich nur einen Theil sah, sollen sich unter dem größten Theil der alten Stadt erstrecken. Doch zweifle ich, daß sie größer seien als die von Neapel. So tief sind sie wenig-stens nicht, übertreffen sie aber an graunvoller Pracht. Es sind wahre Labyrinthe, wo man mit Fackeln zwi-schen Gräbern irret, und ohne Leitung eines Kundi-gen sich unfehlbar verirren müßte. Breite Gänge führen immer auf runde gewölbte Todtenkammern, welche auf vier Seiten Ausgänge haben, deren jeder wieder auf eine Todtenkammer führt. An den Sei-ten der Gänge sind Gräber hinter Gräbern, deren

---

*) Andenken des Dominicus Macedo. Ließ und gehe zurück. Freunde, w llet nicht traurig sein, denn wir sind alle sterblich, oder, wofern in verderbtem Latein quia statt quoa gebraucht wird; daß wir alle sterblich sind.

zuweilen zwanzig, wie Fächer eines Kastens, hinter
einander sind. Die letzten Fächer wurden also zuerst
mit Leichen angefüllt, denn, um zu ihnen zu gelangen, mußten die Träger durch alle die andern, und
über ihre Abtheilungen, steigen. Wir sahen griechische und lateinische Inschriften. Einige, welche
ich nicht sah, sollen christlichen Inhalts sein. An
vielen ist noch die rothe Tünche sichtbar, welche die
Alten so liebten. Sie bekommt, wenn man sie etwas
netzet, ihren alten Glanz. Vielleicht war diese auch
in Judäa gebräuchlich, und unser Heiland spielte
wohl auf sie an, als er die gleißende Heuchelei der
Matth. Pharisäer mit getünchten Gräbern verglich. Daß
XXIII. in diesen Felsen gegraben worden, eh man an die
27. nähere Bestimmung der Gräber dachte, beweisen Spuren einer Wasserleitung, und einige Brunnen.

Heute ritten wir durch Akradina nach Tyche,
dann nach Neapolis, und von da nach Epipolä, dem
westlichsten Theil der alten Stadt. Hier sind zwo
Latomieen, deren eine Cluver für diejenige hielt, in
welcher die athenienfischen Gefangnen eingesperrt wurden. Aber dazu ist sie nicht groß genug. Die Mauer
von Epipolä hat sich zum Theil sehr wohl erhalten.
Sie ist von einer erstaunlichen Höhe und Breite, aus
großen Bruchsteinen erbauet. Wiewohl sie dreißig
Stadien lang war, (eine geographische Meile) vollendete Dionysios der ältere, bei bevorstehendem
Kriege gegen die Karthager, sie in zwanzig Tagen.
Bei der Arbeit waren sechzigtausend Menschen, lauter Freie, beschäftiget, außer denen, welche Steine
hieben, und sechstausend Ochsen. Dionysios er-
Diodor. munterte die Arbeiter durch Belohnungen und durch
B. XIV.
p. 614. Beispiel.

Von dieser Mauer übersahen wir den ganzen Umfang der alten Stadt, die beiden Hafen bei der Insel, den dritten nördlichen, welcher der trogilische genannt ward, nach dem Flecken Trogilos, die Halbinsel Tapsos, den Aetna und die beiden Sümpfe Lysimeleia und Syraka. Nach dem letzten hatte wohl Syrakus seinen Namen.

Die Höhe von Epipola heißet itzt wegen ihrer weiten Aussicht Belvedere.

Landolina ist der Meinung, daß die befestigte Höhe, welche Cluver für Labdalon hielt, der Hügel des Euryelos sei. Seine Gründe scheinen mir überzeugend, denn Labdalon ward von den Atheniensern erbauet, um während der Belagerung einen festen Ort zu haben, zur Aufbewahrung des Zeuges und des Geldes; dazu war dieser Hügel hinreichend. Euryelos Hügel hingegen scheint groß gewesen zu sein, da Marcellus, eh er sich davon in Besitz gesetzt hatte, einen Ueberfall von der Besatzung befürchtete. Ferner ist wahrscheinlich, daß die Athenienser lieber ihre Festung in einiger Entfernung, als unmittelbar an den Mauern angeleget haben. Füge hinzu, daß ein noch itzt vorhandner unterirdischer Gang von diesem breiten Hügel unter der Mauer fortläuft, und endlich, daß das Labdalon im Livius nicht erwähnet werde; vermuthlich ward dieses Werk der Athenienser nach dem atheniensischen Kriege zerstört.

Thuk. B. VI.

Tit. Liv. XXV. 26.

Von dieser Seite zog Marcellus in die Stadt ein.

Ich habe schon mehr als Einmal erinnert, daß die itzige Stadt nur einen kleinen Theil der alten einnehme. Sie bedeckt die kleine Insel, welche bei den Alten Ortygia hieß.

Diodor, ein Sicilier, behauptete mit seinen Landsleuten, daß Diana in dieser Insel geboren wäre.

Andre Griechen laſſen ſie in der Inſel Rhenda geboren werden, welche nach Strabons Zeugniß ehmals
Strab.
im 10.
Buch. Ortygia genannt ward. Dieſe Inſel liegt ſo nah
bei der Inſel Delos, daß der Tyrann von Samos,
Polykrates, jene beide durch eine Kette vereinigte.
Thuk B.
III. cap.
104. Von dieſer morgenländiſchen Ortygia bei Delos
möchte wohl Homer im Hymnus an Apollon reden,
wenn er ſagt:

Χαιρε μακαιρ᾽ ω Λητοι, ἱνα τεκες αγλαα τεκνα,

Vers
14:16. Ἀπολλωνα τ᾽ ανακτα, και Ἀρτεμιν ιοχεαιραν,

Την μεν ἐν Ὁρτυγιη, τον δε κραναη ἐνι Δηλῳ. *)

Aber eben dieſer Homer ſcheint im fünften Buch
der Odyſſee von der ſyrakuſiſchen Ortygia zu reden,
wenn er die Kalypſo ſagen läßt, die Götter hätten
der Eos (Aurora) den Umgang mit Orion beneidet,
und endlich habe Artemis ihn in Ortygia getödtet;
denn im funfzehnten Geſang der Odyſſee ſagt Eumäos
an Odyſſeus, es wäre eine Inſel Syria, jenſeit der
Inſel Ortygia, wo die Sonne ſich umwende. Sollte
nicht dieſe Inſel Syria ein Theil von Sicilien? ſollte
nicht ihres Namens Spur noch im Namen Syrakus
zu ſuchen ſein? Die Sonne wendet ſich dort, weil
die Alten zu Homers Zeit glaubten, daß man jenſeits
der Säulen des Herkules hinter den Gang der Sonne
käme. Auch ſagt Eumäos, daß phöniziſche Schiffer
dorthin gekommen. Die Phönizer haben ſehr früh
Handlung in Sicilien getrieben. **)

Meines
Brud.
Gedich-
te a. d.
Griech.
überſ. *) Heil dir, Mutter berühmter Kinder, ſelige Läto!
Föbos gebahrſt du und Artemis, welche der Pfeile ſich
freuet;
In Ortygia ſie, und ihn in der felſigen Dälos.

**) Ich fand, ſeitdem ich dieſes geſchrieben, folgende Anmer-
kung in Voſſens Odyſſee (1781) „Sûria, vielleicht die

Die Insel, oder das itzige Syrakus, hanget mit dem festen Lande durch einen Damm zusammen, welcher von vier Kanälen durchschnitten wird, so daß man über vier Brücken gehen muß. Wo ich nicht irre, ist die Ausbesserung des Dammes, dessen vierfache Durchschneidung und Anlegung der Brücken, das Werk Kaiser Karls des Fünften.

Ich will diesen Brief nicht beschließen, eh ich dir von einer alten Sitte erzähle, die sich zwei und zwanzig Jahrhunderte in Syrakus erhalten hat.

Nach dem Siege über die Athenienser wurden Waffen auf einem Baum umher getragen, eine Trophäe (Τροπαιον). Dieß geschah jährlich wieder, zum Andenken der großen Begebenheit. Die Zünfte begleiteten diesen Zug. Der feierliche Umgang hat aufgehört, aber ein Baum wird noch am ersten Mai vor dem Rathhause aufgepflanzt, und während des ganzen Monats darf niemand wegen Schulden eingesetzet werden. Noch vor wenig Jahren wurden auch die wegen Schulden gefangen sitzenden Bürger losgelassen, damit auch sie an der öffentlichen Freude Theil nehmen und streben könnten ihren Gläubigern zu genügen. Eine so menschenfreundliche und weise Sitte, welche nicht hätte sollen aufgehoben werden!

„Landzunge worauf Sürakus steht, die damals eine In-
„sel oder Halbinsel war, oder von Homer, der diese Ge-
„gend nur dunkel kannte, dafür gehalten ward. Die
„Insel Ortygia war durch Artemis Geburt unter den
„Griechen berühmt. Hier hatten die Jönier vielleicht
„einen Sonnenweiser, der durch den Schatten einer
„Säule die Sonnenwenden und Tagegleichen bemerkte.“

Beilage zum zwei und neunzigsten
Briefe.

Erst heute am 27sten Januar 1794 erhalte ich einen
Brief von meinem Freunde dem Ritter Landolina in
Syrakus. Folgende Beschreibung eines Phänome-
nes der Arethusa wird ohne Zweifel vielen meiner
Leser interessant sein.

Il giorno 17 del corrente Luglio l'Acqua
dell' Aretusa alle ore sei della sera incomminciò
a scorrere torbida in tutte le diverse sorgenti
che scorrono dentro il gran porto; ed anche la
sorgente che é in mezzo del mare sgorgava torbida dal letto del mare. Il colore che dava era
rossiccio oscuro; ma d ntro il bicchiere sem-
brava acqua torbida, e lasciava nel sedimento
una polvere sottilissima cenericcia. Il sapore
dell' acqua che prima era salmastro, divenne
dolce perfettamente. Notai che per tutta la
città le acque sorgive che sono incavate nella
pietra, e che servono di pozzi alle case delli
singoli, non erano alterate nel colore, e nel
sapore erano piu raddolcite di prima. Durò
tre giorni questa torbidezza, che mancava di
giorno in giorno, e lasciava fra le pietre per
le quali scorreva, un sedimento cenericcio. Il
giorno 21 al tramontar del sole seccò totalmente la fonte di Aretusa con tutte le altre acque che scorrono vicino alla medesima dalle diverse sorgenti che mettono la loro foce nel
gran porto; e si ridusse totalmente secco il letto
delle acque, tantochè vi concorse molta gente,
e a piedi asciutti entrarono dentro la grotta

per dove fotterraneamente fcorre l'acqua. La
ritrovarono incavata dall'arte, e che era diftante
dell luogbo dove fi vede a cielo aperto circa
quaranta palmi. Nel fine di quefta grotta era
una feffura nella pietra, per la quale fgorgava
l'acqua. Per tutta la lunghezza della grotta
furono prefe moltiffime anguille, che reftarono
nel letto. Dopo fette minuti ritornò l'acqua
a puoco a puoco, e la mattina del giorno 2»
era abondante come prima. Ma è reftata an-
cora dolce.

„Am 17ten diefes (July 1793) Abends um
„fechs Uhr, begann das Waffer der Arethufa fich
„trübe zu ergießen in alle Quellen, welche ihren
„Ausfluß in den großen Hafen haben." (Man erinnere fich, daß diefe Nebenquellen durch Verfchüt-
tung der itzt viel kleinern Arethufa entftanden find,
und mit ihr unterirdifche Gemeinfchaft haben.)
„Auch die Quelle, welche im Meere felber ift" (der
alte Quell Alpheus) „fprudelte trüb aus den Mee-
„reswogen auf. An Farbe war fie dunkelroth, im
„Gläfe ließ das Waffer einen Bodenfatz von fehr
„feiner Afche. Der vorher falzige Gefchmack des
„Waffers ward vollkommen füß. Ich bemerkte,
„daß in der ganzen Stadt das Quellwaffer, welches
„in eingehäuenen Behältniffen des Felfenbodens den
„Bürgern zum Gebrauch dienet, an Farbe unverän-
„dert, aber an Gefchmack füßer war als vorher.
„Diefe Trübung dauerte drei Tage, nahm aber von
„Tag zu Tag' ab, und ließ zwifchen den Steinen,
„durch welches das Waffer feinen Lauf hat, einen
„afchenartigen Bodenfatz. Am 21ften bei Sonnen-
„untergang vertrocknete die Quelle Arethufa gänz-

„lich mit allen andern Waſſern, welche nah bei ihr
„aus verſchiednen Quellen ſich in den großen Hafen
„ergleßen. Das Bette dieſer Gewäſſer ward ganz
„trocken, ſo daß viele Leute mit unbenetzten Füßen
„in die große Grotte gingen, durch welche das Waſ-
„ſer aus unterirdiſchen Gängen hervor fließt. Dieſe
„Grotte fanden ſie ausgehöhlet durch Kunſt, und
„vierzig Palmen weit entfernt vom Orte, wo man
„ſie unter freiem Himmel ſieht. Am Ende der
„Grotte war eine Spalte im Felſen, durch dieſe
„ſprudelt das Waſſer. In der ganzen Grotte wur-
„den ſehr viele Aale gefangen, die im Bette zurück
„geblieben waren. Nach ſieben Minuten kehrte
„nach und nach das Waſſer zurück, und war in
„Ueberfluß wieder da, am Morgen des 22ſten.
„Aber es iſt ſüß geblieben.“

Landolina merket noch an, daß ähnliche Phä-
nomena, ohne Zweifel, ſowohl zum Wahn der abergläubiſchen Alten, als ob das Waſſer der Arethuſa
ſei in Blut verwandelt worden, als auch zum Phi-
loſophema ſolcher den Urſprung gegeben haben,
welche ernſthaft behaupteten, es färbe das Waſſer
ſich roth vom Blute der bei Olympia geopferten
Thiere. Solche Ausleger wollten Scharfſinn mit
dem Aberglauben an unterirdiſche Gemeinſchaft des
peloponneſiſchen Fluſſes mit der ſiciliſchen Quelle
vereinigen. „In unſerm Jahrhundert,“ ſo fährt
Landolina in ſeinem Briefe fort, „in welchem nach
„verbannetem Aberglauben der Urſprung ſolcher Er-
„ſcheinungen in der Natur geſucht wird, ſcheint es
„mir vernünftig, den Grund hierzu in den vulkani-
„ſchen Materien zu finden, welche in Gährung ge-
„rathen, Strudel ſich öffnen, alte Gänge verſchlu-

„gen, Höhlen verstopfen, und in den Eingeweiden
„der Erde, der Gewässer Lauf verändern."

In questo secolo però in cui sbandita la
superstizione si ricerca nella natura l'origine di
tali fenomeni, mi conviene ridurne la cagione
alle vulcaniche materie, che fermentando
aprono voragini, chiudono meati, riempiscono
caverne, e fanno cambiare il corso delle acque
dentro le viscere della terra.

Drei und neunzigster Brief.

Catania den 5. July 1792.

Am zweeten July des Mittags bestiegen wir kleine
Fahrzeuge von Syrakus, in der Hoffnung, mit gutem
Winde Catania in vier Stunden zu erreichen. Der
Wind aber nahm ab, ward auch veränderlich. Nachts
um halb eilf Uhr kamen wir hier an. Während der
Fahrt sahen wir beständig den Aetna gerade vor uns,
und in den dunkeln Stunden ergoß sich vor unsern Au-
gen der rothe Glutstrom.

Catania, welches zur Zeit der Alten Katana hieß,
Ist eine der ältesten griechischen Kolonien. Es ward
von eben den Chalcidensern gegründet, welche kurz
vorher, im ersten Jahr der dreizehnten Olympiade,
726 Jahr vor Christi Geburt, eine Kolonie in Leontion gestiftet hatten. Ein Theil von ihnen ließ sich
hier nieder, unter Anführung ihres gewählten Haup-
tes Euarchos.

Thuk.
B. VI.
Kap. 3.
P. 379.
ed. Du-
keri.

Charondas, dieser berühmte Gesetzgeber, war ein
Katander, ein Schüler des Pythagoras. Die Universität von Catania rühmet sich mit Recht einer der
ältesten Sitze der Wissenschaften zu seln. *)

*) Siehe Wesselings Anmerkungen zum Diodor (Vol. I. pag.
485.), wo er beweiset, daß Charondas nicht nur Gesetzgeber der Thurier war, sondern auch seiner Vaterstadt Katana, und der andern chalcidensischen Städte in Italien
und Sicilien. Diese waren: in Italien, Rhegion; in
Sicilien, Zankla, Naxos, Leontion, Katana, Euböa,
Mylä, Himera und Kallipolis. Von Charondas sagt Aristoteles, daß er, außer seinem Gesetze gegen die falschen
Zeugen, nichts eigenthümliches gehabt habe; daß aber an
Bestimmtheit, und an eleganter Klarheit des Ausdrucks,
ihm kein Gesetzgeber von seiner (des Aristoteles) Zeit gleich

Zweihundert neun und vierzig Jahr nach Gründung dieser Stadt, versetzte Hieron der Erste, Gelons
Bruder, die Einwohner von Naxos und von Katana
nach Leontion. Beide leere Städte bevölkerte er theils
mit Peloponnesiern, theils mit Syrakusiern. Dem
mit 10000 neuen Einwohnern bevölkerten Katana gab
er den Namen Aetna, nach dem Berge, an dessen Fuß
es steht. Er räumte ihnen nicht nur das alte Gebiet
der Katanäer ein, sondern auch noch neues von den
angränzenden Ländern.   Das that er, theils um
Krieger, auf die er sich verlassen könnte, an ihnen zu
haben, theils um nach dem Tode von ihnen als Heros
(ein nach dem Tode vergötterter) verehrt zu werden.

Diodor.
B XI.
Vol. I.
p. 440.
41.

Er starb in dieser Stadt, und ward auch wirklich als Heros in ihr verehrt, weil ihn die Bürger als
den zweeten Gründer der Stadt ansahen.

Im vierten Jahr der 79sten Olympiade, 459
Jahr vor Christi Geburt, ergriff Duketios, Anführer
der Sikuler, die Waffen gegen diese Stadt, deren
Bürger jene eines Theils ihres Gebiets beraubt hatten.   Zugleich fielen die Syrakusier sie an, alte An-
sprüche geltend zu machen.   Nach verschiednen Niederlagen mußten die Aetnäer aus ihrer Stadt weichen.
Sie zogen nach Inessa, *) welcher Stadt sie nun den
Namen Aetna gaben.   Die vorigen Besitzer erhielten

komme. Χαρωνδα δ' ιδιον μεν ουδεν εσι, πλην αι δικαι
των ψευδομαρτυρων. πρωτος γαρ εποιησε την επισκεψιν. τη
δ' ακριβεια των νομων εσι γλαφυρωτερος και των νυν νομοθε-
των. Aristoteles Polit. B. II. Kap. 12.

*) Cluver und Wesseling beweisen, daß man im Diodor statt
Εννσιον lesen müsse Ιννσαν. Es ist dieses nach Cluver
der Ort, wo itzt, 12 Miglien von Catania, das Kloster des
heiligen Nikolaus steht, am Abhang des Aetna.

jene Stadt wieder, und nannten sie wieder mit ihrem
alten Namen Katana.

Diod.B.
XIV.
Vol. I.
p. 651.
Im zweiten Jahr der 94sten Olympiade, 403 Jahr
vor Christi Geburt, nahm Dionysios der ältere Ka-
tana, verkaufte die Einwohner, und räumte die Stadt
Kampanern ein.

In Katana war ein Geschlecht, welches εὐσεβεῖς
(die Frommen) genannt ward. Als einst der Aetna
die Stadt feuerspeiend heimsuchte, waren zween allein
darauf bedacht, ihre Aeltern zu retten. Der eine trug
seinen Vater, seine Mutter der andre. Der Feuerstrom erreichte sie, theilte sich aber dicht hinter ihnen
in zween Ströme, und ließ sie unverletzt. Es geschah
vor Alexanders Zeit, und noch zur Zeit des Pausa-
Pausan.
B. X. K.
28. nias, der unter Augustus Regierung lebte, ward dieses Geschlecht geehrt.

Zu Augustus Zeit ward eine römische Kolonie
hergeführt. In Catania sind große Ueberbleibsel aus
dem Alterthume. Die Thermen (warmen Bäder) haben sich zum Theil wohl erhalten, und man würde
vielleicht mehr davon sehen, wäre nicht die Domkirche
drüber gebauet worden. Ein unterirdischer achtecki-
ger Saal schien mir noch unbeschädigt. Wasserleitungen, welche die Bäder versahen, sind zum Theil noch
im Stand, und treiben Mühlen. Das Gymnasium
stieß an die Thermen. Es muß sehr groß gewesen
sein; denn wiewohl es großentheils von der Lava des
Jahres 1669 überschüttet ward, stehen doch noch an
beiden Seiten einer großen Straße viele Arkaden, welche dazu gehörten. Nahe beim Gymnasium sind des
Theaters große Ruinen. Von den Sitzen der Zuschauer hat sich nicht viel erhalten; da man aber von
einem Stück des halben Bogens auf dessen Umfang

schließen kann, auch noch sieht, wo das Postscenium
aufhört, so verbindet man leicht im Geiste die Vorstellung von der ehmaligen Breite des Ganzen mit der
sichtbaren Länge. Die Gänge haben sich zum Theil
sehr wohl erhalten, auch die Treppen der drei verschiednen Ordnungen, und viele der Vomitorien. Der
selige Prinz Biscari hat es auf seine Unkosten vom
Schutte, unter dem es lag, befreien lassen. Die Ca-
tanesen behaupten, in diesem Theater habe Alkibiades
die Rede gehalten, durch welche er die Aufmerksamkeit
der Bürger fesselte, indessen athenienstsche Krieger in
die Stadt schlichen. Thukydides und Diodor erwähnen dieser List, aber nicht des Theaters.

An das große Theater stößt ein kleineres bedeck-
tes, welches Odeum genannt wird. Man ist nicht
einig über die Bestimmung der Odeum. Der Name
scheint anzuzeigen, daß sie dem Gesang gewidmet waren. Eben dieser Bestimmung wegen waren sie wohl
mit einem Dach versehen. Von dem Odeum in Kata-
nia sieht man nur den äußern Umfang. Gleich dem
Theater des Marcellus in Rom, ist es großentheils
in Wohnungen armer Familien verwandelt worden.

Wie man von gewissen Thieren sagt, daß, sobald
sie Blut gekostet haben, sie des Bluts sich nicht enthalten können, so konnten auch die Römer, nachdem
sie Geschmack an blutigen Kämpfen wilder Thiere
oder der Menschen bekommen hatten, dieses abscheuli-
chen Schauspiels nicht entbehren. In Catania stehen
große Ueberbleibsel eines römischen Amphitheaters.

Der untere Theil (denn es bestand aus drei Ordnungen) ist in Schutt vergraben. Von der zwoten
Ordnung ist vieles übrig, weniges von der dritten,
da zur Zeit des gothischen Königes Theodorich Steine

davon genommen, und zur Erbauung der Stadt gebraucht worden.

Catania ward mehrmal mit Feuerströmen des
Aetna, und mit Erdbeben heimgesucht.   Im Frühlinge des dritten Jahrs der 88sten Olympiade, 424
Jahr vor Christi Geburt, ergoß sich der Glutstrom
aus dem Berge, und verheerte das Gebiet der Katander.

Thuk.
B. III.

Am fürchterlichsten ward Catania bedräuet vom
schrecklichen Erguß des Aetna im Jahre 1669.   Die
Lava floß wie ein breiter und tiefer Strom gegen die
Stadt an. Je nachdem sie sich mehr vom Feuerschlund
entfernte, floß sie langsamer, und war minder flüssig.
Statt, wie man erwartete, die Mauer zu stürzen,
staute sie vor derselben, erhub sich, und floß über sie
hinweg.   Sie machte zwo seltsame Erscheinungen, deren Spuren nicht untergehen werden,
es müßten denn neue Ergüsse, oder Erdbeben
sie tilgen.   An der westlichen Seite der Stadt stand
schon das alte Benedictinerkloster, welches itzt einen
kleinen Theil des Klosters ausmacht.   Die Lava floß
mit hohem Strom gegen die Mauer des Klosters an,
umgab es von mehreren Seiten, und blieb, ohne sie
zu berühren, dicht vor der Mauer stehen.   Es ist ein
sonderbarer Anblick, wie die erhärtete Masse starrend
da steht.

Ein andrer Strom der Lava bedeckte denjenigen
Arm des Flusses Giudicello, welcher canale del Duca
genannt wird.   Da sein Wasser sehr geschätzt wird,
machten die Bürger eine tiefe Oeffnung durch die ver-
härtete Lava, bis zum reich quillenden Strom, welcher itzt mit lauterm Gewässer aus der Lava gewölb-
ten Hallen, wie aus Felsengrotten sich ergeußt.   Der

Fluß Giubicello ist derjenige, den die Alten Amenas
und Amenanos nannten. Pindar erwähnt des Amenas in seinem ersten pythischen Hymnus. Er ent-
springt dem Aetna. Oft wird sein Hauptstrom unsichtbar, und vertheilet sich in viele unterirdische Arme.
Oft strömet er in seinem Bette sichtbar durch die
Stadt. Daher sagt Ovid von ihm:

 — Sicanias volvens Amenanus arenas
 Nunc fluit, interdum suppressis fontibus aret.

Ovid.
Met. XV.
279–80.

Jtzt ist er unsichtbar. Er versah der alten Stadt
zahlreiche Wasserleitungen, deren verschiedne noch
übrig sind.

f. Lex.
topogr.
Sicul.

Fürchterlich war das Erdbeben des Jahres 1169,
durch welches, nach Amico, die Stadt 14000 Menschen verlor. Zugleich verheerte des Aetna Feuerstrom
das Gefilde.

Diese beiden Schrecken der Natur suchten Catania
wieder zugleich heim im vorigen Jahrhundert, da die
Stadt durch ein Erdbeben beinah in einen Steinhau-
fen verwandelt ward, im Jahr 1693.

Catania erhub sich bald mit neuer Schönheit aus
dem Schutt empor. Diese Stadt hat schnur gerade
breite Straßen, und ist schön gebauet. Da sie ansehnliche Handlung treibt, und in einer der fruchtbarsten
Gegenden des fruchtbarsten Landes von Europa liegt,
genießen die Bürger eines glänzenden Wohlstandes.
Als im Jahr 1783 ein großer Theil von Messina durch
das Erdbeben einstürzte, nahm Catania zu, auf Unkosten jener Stadt. An Bevölkerung ist sie die zwote
in Sicilien. Die Zahl ihrer Einwohner wächset immer; keine Mauern setzen ihr ein Ziel.

Einige schätzen die Menschenzahl in Catania auf
achtzig tausend. Man muß sich hüten, den sangui-

nischen Angaben der Italiäner und Sicilier zu trauen, wenn sie die Volksmenge ihrer Städte bestimmen. Zur Zeit als Amico sein schätzbares Lexicon topographicum Siculum schrieb, vor etlichen und 30 Jahren, zählte man 25,848 Einwohner. Diese Zahl mag wohl bis auf 40,000 Menschen gestiegen seyn.

Das Benedictinerkloster ist ein prächtiges Gebäude. Ehmals wohnten diese Ordensgeistliche am Hang des Aetna, in San Nicolao de la Rena, wo noch einige ihrer Laienbrüder Reisende aufnehmen. Im Jahr 1558 wurden jene in die Stadt versetzt. Nur einige Wochen der heißen Jahrszeit, und die Zeit der Weinlese, bringen sie alle in ihrem vorigen Aufenthalte zu, den sie der Erdbeben und des zu nahen Aetna wegen verlassen haben.

Das Kloster in der Stadt hat eine schöne Kirche, deren Orgel berühmt ist, ein großes Museum, in welchem Naturkundige die Ordnung vermissen, eine Bibliothek, und zween Gärten, die nach Landessitte keinen Schatten geben.

Die Verdienste des verstorbnen Prinzen Biscari um diese Stadt sind bekannt. Er that viel für die Erweiterung der Naturkunde, viel für die Enthüllung der Alterthümer. Er war ein Wohlthäter seiner Mitbürger, ein Freund der Musen, und der Fremdlinge Gastfreund. Seine Söhne kommen, gleich ihm, den Fremden mit Freundlichkeit, und mit wahrer Gefälligkeit zuvor. Sie setzen auch die Sammlung seines großen Museums fort. Ich bin zu sehr ein Laie in der Naturkunde, als daß ich diesem schönen Naturalienkabinet volle Gerechtigkeit könnte widerfahren lassen. Die Sammlung der Antiken ist auch sehr groß. Als der selige Biscari das Theater von seinem Schutte

befreite, fand er viele Säulen und Statuen, welche
itzt sein Museum zieren. Ein großer Torso (Rumpf
ohne Kopf, Hände und Beine) ist sehr schön. Ich
wage nicht eine Meinung darüber zu äußern, viel weniger zu entscheiden, welchen Gott des Alterthums
diese Statue vorstellte. Wenn Winkelmann aus den
Muskeln des Rückens vom berühmten Torso in Rom,
die ganze Vorstellung der Statue, wie auf dem Dreifuß der Pythia wahrsagend, zu sehen glaubte, so mag
man wohl lächeln bei der Trunkenheit des gefühlvol-
len Mannes, der ein so großer Kenner war. Des
Unkundigen und Nüchternen angestellte Trunkenheit ist
ekelhaft. Riedesel, ein bescheidner Beurtheiler und
feiner Kenner, hält diesen Torso für einen Bacchus.
Mir scheint er nichts von der weiblichen Schönheit zu
haben, welche des Bacchus antike Statuen charakterisirt. Denenjenigen aber, welche ihn für einen Jupiter halten, antwortet man: Daß auf der Brust der
untere Theil des Bartes sichtbar seyn müßte.

Ein eherner Kopf des Antinous gehört zu den
schönsten, die ich jemals sah.

Die Sammlung ist reich an ehernen und irdenen
ägyptischen und griechischen Idolen (kleine Götzenbil-
derchen), an Thränenflaschen, Lampen ꝛc.

Griechische Vasen sammlete der selige Biscari mit
desto besserm Erfolg, da die Ueberbleibsel des alten
Kamarina, einer der großen griechischen Städte Siciliens, zu seinem Lehn gehören, und nirgends schönere
Vasen gefunden werden.

Ein kleines blaues Vase, welches ohngefähr wie
Porcellan aussieht, wird für eine vorzügliche Zierde
dieser Sammlung gehalten, weil man glaubt, daß es

ein vas murrhinum sei, welche von den Alten sehr
hoch geschätzet wurden. *)

Das Stück eines Obeliskes von ägyptischen Gra-
nit, gehörte vermuthlich zu einem Gegenstück deßjeni-
gen Obeliskes, der, auf dem Rücken eines Elephanten
von Lava ruhend, auf dem großen Platze der Stadt
stehet. Beide Obelisken dienten wahrscheinlich zu Zie-
len der Rennbahn des Circus, den die Römer angelegt hatten. Sie sind ägyptische Arbeit, wie aus den
Hieroglyphen erhellet.

Auf einem Steine der in Agirone, dem alten Agy-
rion, des Geschichtschreibers Dioboros Vaterstadt,
gefunden worden, steht die Inschrift: ΔΙΟΔΩΡΟΣ
ΑΠΟΛΛΩΝΙΟΥ (Dioboros, Sohn des Apollo-
nios). Vielleicht bedeckte dieser Stein die Asche des
Schriftstellers, dem wir so viel Licht in der alten Geschichte, und vorzüglich in der Geschichte dieser seiner
vaterländischen Insel verdanken.

Die Sammlung von Gemmen, Cameen und In-
taglios, ist schön, und das Kabinet alter Münzen
vielleicht das vollständigste in Sicilien.

---

*) Man weiß nicht bestimmt, was für eine Materie die
murra oder murrha der Alten war. Plinius sagt: Sie
komme aus dem Morgenlande, und man halte sie für eine
Feuchtigkeit, welche in der Erde durch die Hitze verdickt
worden. Man rühmte an den Gefäßen, welche aus ihr
gemacht wurden, das Farbenspiel, einen gewissen matten
Glanz (Splendor his sine viribus, nitorque verius quam
splendor), und den Wohlgeruch. Die ganze Beschreibung
im Plinius ist meisterhaft.
Als Augustus Alexandrien eingenommen hatte, behielt
er von den Kostbarkeiten des königlichen Geräths nichts
als einen Becher von Murrha. Der Prinz Biscari hat eine
Abhandlung über Vasen von Murrha geschrieben, unter
dem Titel: Ragionamento de vasi murrini.

f. Nat.
Hist. B.
XXXVII
8.

f. Suet.
in Octav.
71.

Der selige Biscari legte eine große Villa auf dem breiten Rücken der Lava an, welche sich im Jahr 1669 aus dem Aetna ins Meer ergoß. Dieser forschende Mann wollte untersuchen, oder vielmehr, er wollte die Nachwelt in Stand setzen, zu untersuchen, wie bald durch menschlichen Fleiß die Lava urbar gemacht werden könnte. Mit ungeheuern Unkosten ließ er breite Wege zum Fahren auf der höckrichten, durch ihn geebneten Lava machen. Zu beiden Seiten ließ er Erde legen zwischen den Erhöhungen und Vertiefungen. Die Erde ließ er mit Bäumen bepflanzen. Das modernde Laub wird mit der Zeit die harte Materie desto eher sänftigen, da diese von zarten Wurzeln erst umwunden, dann durchschlungen, dem unnachlassenden, wiewohl langsamen Fortschritt der Vegetation, gleich den Felsen, wird nachgeben müssen. An einigen Stellen schien mir, daß die schöne Kapernpflanze, und die indianische Feige, nicht in aufgeführter Erde, sondern in schon ermürbender Lava wurzelten. Die großen, rauhen Massen sind noch felsenhart; nur einige, welche tiefer liegend Feuchtigkeit sammeln, fangen an sich mit grauem Moose, dem Erstling beginnender Vegetation, zu kleiden. Der Lava Natur ist sehr verschieden, wie ich deutlich sah bei Vergleichung der dreißigjährigen bei Pompeji, und der fünfhundertjährigen beim Lago del Re in der Insel Ischia. Beide sind ungefähr in gleichem Zustande kümmerlich beginnender Vegetation. Auch desselben Vulkans verschiedne Laven sind oft von sehr ungleicher Art. Die Annalen der Natur sind sehr ehrwürdig, wurden, gleich jenen Gesetztafeln, geschrieben von Gottes Hand; wer sich aber zu ihrem Geschichtschreiber gebohren glaubt, der erkühne sich nicht, ihrer Zeitrechnung eine genaue Bestimmung zu geben.

Man kann sehr oft auf sie die Inschrift im Tempel des delphischen Apollon anwenden:

'Ου λεγω, ὐδε κρυπτα, ἀλλα σημαινει.

(Er sagt nicht, er verbirgt nicht, er deutet an).

Der Lavastrom vom Jahre 1669, auf welchem diese biscarische Villa angelegt worden, verschlang auch hier einen Arm des Giudicello, und verwandelte seine Mündung in einen stehenden See, der Eine Quelle behalten hat. Da er dann und wann austretend die Luft ungesund macht, ließ der Prinz einen andern daneben graben, durch welchen jener seine übrigen Gewässer in das Meer gießt. Beide sind fischreich, mit Bäumen umpflanzet, und in den Garten mit eingeschlossen. Aus dem Garten sahen wir gegen Norden im Meer die drei kegelformigen Klippen, welche bei den Alten Klippen oder Kyklopen hießen. Ihr itziger Name ist Gli farigliari.

Einem andern Privatmanne, welcher früher als Biscari lebte, aus dem Geschlecht der Cutelli, verdankt diese Stadt ihr Collegio nobile, oder ihre Ritterakademie, welche seine Stiftung ist, eingerichtet zur Wohnung und zum Unterricht für 24 junge Edelleute. Alle die aus dem Geschlecht der Cutelli, oder mit ihm verwandt sind, genießen dieser Wohlthat umsonst.

Das Gebäude, und dessen äußere Einrichtung sind schön. Ob der intellectuelle und moralische Theil des Instituts dem Aeußern? ob der Unterricht und die Bildung der Jünglinge des Stifters Absicht entspreche? darüber vermochte ich keine Nachrichten einzuziehen.

Die jungen Leute werden in der Religion, in den Sprachen, in den Wissenschaften, im Reiten, Fechten und Tanzen unterrichtet.

Die Universität ist die vornehmste, ja in gewisser Absicht die einzige in der Insel, da die Juristen und Mediciner, welche in Palermo studirt haben, hier ihren Lauf der Studien vollenden müssen, wofern sie befördert zu werden wünschen.

Don Giuseppe Gioeni, dessen Geschlecht von dem in Sicilien zu berühmten französischen Hause Anjou abstammet, ist Majordomo der Königinn, Kammerherr und Professor der Naturkunde bei der hiesigen Universität. Man sieht mit Verlangen seiner Beschreibung und Geschichte des Aetna entgegen, von welcher viel erwartet wird. Er hat ein großes, sehr sauber geordnetes Naturalienkabinet.

Der Lector in der Botanik, ein vernünftiger und freundlicher Mann, hat durch Anlegung eines eignen botanischen Gartens dem öffentlichen Mangel, in so fern ein in seinen Mitteln eingeschränkter Privatmann das thun kann, abgeholfen. Sein Sohn wird einst den Vater ersetzen können! Unter vielen Pflanzen mancher Länder sahen wir hier, als fremde Gewächse, den Buchwaizen, den Johannisbeerstrauch, und die Maiblume. Auch Hinbeeren und Stachelbeeren wachsen nicht in Sicilien. Die Maiblume (oder Maililie) soll in einigen Gegenden mitten in der Insel wild blühen, wie bei uns, und zwar im April. Sie kann also nicht die Lilie seyn, von welcher der Kyklope Polyphemos der Nymphe Galatea sagt, daß sie im Winter blühe. Denn vom Mohn, welcher im Sommer blühet, kann er das nicht sagen.

'Ω μοι ὅτ' ὐκ ἔτικεν μ' ἁ μάτηρ βράγχι' ἔχοντα,

'Ως κατεδυν ἐπιτιν, καὶ ται χέρα τευ ἐφίλασα,

Αἰ μη τὸ σόμα λης· ἔφερον δέ τοι ἡ κρίνα λευκα,

'Η μακων' ἁπαλαν, ἐρυθρα πλαταγων' ἐχοισαν.

'Αλλα τα μεν θερεος, τα δε γινεται ἐν χειμων'.

'Ωτ' ὐκ αι τοι ταυτα φερειν ἁμα παντ' ἐδυναθην. *)

Θεοκρ.
εἰδ. Ια.
54--59.

Ich habe nicht erfahren können, welche weiße Blume hier Theokrit unter dem Namen der Lilie verstehen könne. Die Maiblume blühet hier im April, die große Lilie im Sommer. Man hat mir eine dritte Art von mitlerer Größe genannt, aber auch diese soll im Frühling blühen.

Sehr angenehm ist mir die Bekanntschaft des Herrn Francesco Ferrara, Lehrers der Naturkunde, dem ich einen Brief vom großen Spalanzani brachte. Es ist ein interessanter und freundlicher junger Geistlicher, der uns desto bessern Unterricht zu unsrer bevorstehenden Reise auf den Aetna geben kann, da er gebürtig ist aus dem Städtchen Trekastagne, am Fuß des Aetna.

Die Bürger von Catania legen itzt einen neuen Molo, oder Steindamm am Meere an, ihren Hafen zu sichern. Um einen dauerhaften Kütt zu die-

*) Hätte mich doch als Fisch mit Flossen die Mutter gebohren, daß ich könnte das Meer durchschwimmen, dann wollt' ich die Hand dir küssen, wenn du versagtest den Mund; dann wollt' ich dir bringen rothe krause Köpfe des Mohns, und glänzende Lilien; aber jene blühen im Sommer, die andern im Winter, und ich vermag sie nicht alle zugleich auf der Wiese zu pflücken.

f. meines Brud. Gedichte aus dem Gr. übersetzt

fem Werk zu haben, laſſen ſie Poʒʒolana (volkaniſche
Erde) vom Veſuv kommen, die ſie nach Art der Alten,
welche Poʒʒolana brauchten, eh ſie wußten, was ſie
wäre, mit dem Kalk vermiſchen. Die veſuviſche
Vermiſchung der Erde mit der Aſche muß alſo ſehr
verſchieden ſein von der ätnaiſchen, da man jene bis
an den Fuß des Aetna hinbringen läßt.

Catania handelt vorzüglich mit Getreide und mit
Potaſche.

Vier und neunzigster Brief.

Vorgestern Nachmittags um vier Uhr machten wir uns auf, und sahen vor uns das größte und letzte Ziel unsrer Reise, den dampfenden Aetna.

Er ward uns mehr als einmal durch Wolken umhüllet, ja es begann einmal zu regnen, und schon ward uns sehr bange, daß trübes Wetter uns den interessantesten Augenblick unsrer Wallfahrt verderben möchte. Aber bald ward der Himmel wieder heiter, die weiße Rauchsäule stieg wieder vor uns auf am blauen Horizon.

Gleich vor Catania empfing uns der Anblick von der Lava des Jahres 1669. So traurig ist der Eingang in das Val Demone, welches doch reich an den größten Naturschönheiten, und nach meiner Empfindung das schönste Land ist, so ich je gesehen. Es faßt den Aetna in sich, das Gestade der Meerenge, und das nördliche Gestade Siciliens bis zum Fiume grande, welcher zwischen Cefalu und Termini strömet. Mit Catania hört das Val die Noto auf. Doch rechnete man zu Fazello's Zeit Catania mit zum Val Demone.

Die Weingärten dieser Stadt werden noch itzt zu dieser Provinz gerechnet. Sie grünen zwischen der schwarzen starrenden Lava, die oft von rankenden Reben umschlungen wird.

Hier beginnet die unterste Gegend des Aetna (Regione piemontana). Gleich dem Vesuv verbreitet der Aetna, durch den Einfluß seiner volkanischen Luft und

Aſche, eine außerordentliche Fruchtbarkeit um ſich her, und erſetzet dadurch ſiebenfältig den Schaden, welchen ſeine Verheerungen anrichten.

Einige der Alten hielten es für die höchſte Glückſeligkeit, ſeinen Feinden allen möglichen Schaden zufügen, und ſeine Freunde mit Fülle der Wohlthaten überhäufen zu können. Solchen wäre der Aetna ein vollkommnes Bild der Größe geweſen, nach welcher ſie ſtrebten.

Bald nachdem wir die Stadt verlaſſen hatten, ſahen wir die beiden Monti groſſi, in deren Nachbarſchaft das Kloſter San Nicolo della Rena (der heilige Nicolaus zum Sande) ſteht, zwölf Miglien von Catania. Die ganze Gegend beſteht aus volkaniſcher Materie. Man erſtaunet ihrem ſchwarzen Rücken den freudigſten Wuchs des Oeles, des Weines, des Obſtes entgrünen zu ſehen. Dieſer Landſtrich iſt daher ſehr bewohnt, das Völkchen ſcheint fleißig zu ſein, und eines verdienten Wohlſtandes zu genießen. Die Häuſer der Landleute ſind mehrentheils aus Lava, ohne Verbindung eines Küttes, erbauet, und erſcheinen als ſchwarze Flecken mitten in dieſer glänzenden Vegetation.

Dicht hinter einander folgen ſich die Dörfer Gravina, Maſcaluccia, Mazzanunciata und Nicoloſi. Hinter Mazzanunciata grünet links ein Eichenwäldchen, rechts wachſen Piſtazienſtauden. Gleich nachher verbreitet ſich eine Wüſte von Lava, zwiſchen deren hohen zackigen Maſſen ein ſchmaler Pfad läuft. Das Dörfchen Nicoloſi liegt nah an den Monti groſſi. Dieſe zween Berge erheben ſich halb rund wie Weiberbrüſte; unten ſind ſie mit einander verbunden, ähnlich den beiden Hügeln am Fuße des Veſuvius, aus

welchen im Jahr 1767 die Lava strömte, welche noch
bei den Ruinen von Pompeji ins Meer floß. Aber
die ätnaischen Monti grosst sind viel höher. Beim
Aetna mißt die Natur mit ganz anderm Maaßstabe
als beim Vesuvius. Gleich jenen Hügeln entstanden
sie durch einen Feuerausbruch. Es war der schreckliche vom Jahre 1669. Die Lava umher fängt an
dünnes Gras zu tragen, an den meisten Stellen ist
sie noch bedeckt mit grauem Moose.

Trauriger vielleicht als selbst diese Lava ist die
schwarze Asche zwischen dem kleinen Dorfe Nicolosi
und dem Kloster San Nicolo della Rena. Sie ist
wohl beinah eine Miglie breit. Desto erfrischender
ist der Anblick von den Reben, Obstbäumen, Pinien,
Silberpappeln und Kastanien, welche San Nicolo
della Rena umgeben. Um 8 Uhr Abends erreichten
wir dieses Kloster, in welchem nur Ein Laienbruder
des großen Benedictinerklosters von Catania sich auf-
hält, zur Bequemlichkeit der Reisenden. Dieses alte
Kloster ward gegründet im Jahr 1156, und von den
Mönchen bewohnt bis ins Jahr 1558, da sie nach
Catania versetzt wurden. Nach wahrscheinlicher Ver-
muthung steht es da wo das alte Inessa stand.

Als wir uns und unsre Thiere ein wenig er-
frischt hatten, ritten wir Nachts um 10 Uhr weiter.
Eine Stunde lang sahen wir im Mondschein nichts
als Lava; dann erreichten wir die mittlere Gegend
des Aetna, welche auch die waldige genannt wird.

Auf dieser Seite ist sie bedeckt mit Eichen und
einigen Buchen, deren Anblick mich desto mehr er-
freute, da dieser schöne Baum in Italien und in Sicilien selten ist. Weder sein Stamm noch sein Laub

erreichen in diesen Ländern die Schönheit unsrer vaterländischen Buchen.

Ehmals wuchsen in des Aetna waldiger Gegend viele Pinien und Tannen. Der ältere Dionysios holte die Hälfte seines Schiffbauholzes dorther, Diodor
aber vor Diodors Zeit muß der Wuchs dieser Bäume Vol. I.
aufgehört haben, da dieser Schriftsteller ausdrücklich p. 676.
bemerkt, daß sie zu jenen Zeiten häufig hier gestanden
hätten. Auch noch zu Hieron des zweeten Zeit war
der Aetna reich an Nadelholz, denn dieser König ließ
zum Bau seiner ungeheuren Galeere so viel Holz aus Athe-
diesen Waldungen hauen, als zur Verfertigung von näos.B
sechzig Galeeren erforderlich gewesen. Pindar, ein V.
Zeitgenosse Gelons und Hierons des ersten, spricht Pindas
ros im
von den schwarzblättrigen Höhen des Aetna. ersten
Pythi-
schen
Wechselnde Höhen und Thäler, der Wald, der Hymnos
Vollmond zu unsrer Linken, und rechts die entflammte Wolke des Rauches, welche sich über des
itzigen Ausbruchs Glutstrom, den ein Gipfel des
Gebürges uns verbarg, einer Feuersäule gleich, in
gewundnen Kreisen erhub, gaben dieser Nacht Schönheiten, welche so vereiniget, nur auf diesem Berge,
und selbst auf ihm nur selten zu sehen, dennoch nicht
seltner als erhaben sind. Nie sah ich den Mond, nie
die Sterne so hell, als in dieser hohen und reinen
Luft. Am Ende des Waldes ist die sogenannte Zie-
genhöle. Es ist eine tiefe Wölbung überhangender
Lava. Als ich am folgenden Tage, auf unsrer Rückkehr vom Gipfel des Aetna, bei dieser Höhle Ziegen
und Schafe von einem Hirten weiden sah, fiel mir
der theokritische Ziegenhirte ein, der im vollen Gefühl seiner Glückseligkeit ausruft:

Georg.
uid. I.
25 + 17.

Ἄιτνα μάτερ ἐμα· Κηγὼ κάλον ἄντρον ἔνοικα,
Κοίλαις ἐν πέτρησιν· ἔχω δε τοι ὄσσ' ἐν ὀνείρῳ
Φαίνονται, πολλὰς μὲν ὄϊς, πολλὰς δε χιμαίρας. *)

Bald begann nun die hohe unfruchtbare Gegend, und die Luft war sehr kalt. Wir stiegen um
1 Uhr des Nachts von unsern Maulthieren ab, um
unsre erfrornen Glieder des Schutzes einer zwoten
Lavahöle genießen zu laffen. Unter der Wölbung
dieser starren Lava lagen wir in schwarzer Asche, zwischen scharfzackigen Schlacken. Dieses Lager würde
uns dennoch auf einige Stunden willkommen gewesen
sein, wenn wir Zeit zur Ruhe gehabt hätten.

Wir empfanden die Kälte desto lebhafter, als
wir nach etwa einer Viertelstunde uns wieder auf
den Weg machten.

Da die letzten Winter sehr gelinde, und der
vorige Sommer sehr heiß gewesen, wird es der milderen Sonne dieses Sommers leicht, fast allen
Schnee auf dem Rücken des Aetna zu schmelzen. Sogar derjenige, den man in Gruben und Klüften ver-
wahret, fest gestampft, und mit Asche bedeckt hat,
wird vielleicht nicht bis zur Zeit des neuen Schnees,
wiewohl dieser auf dem Aetna schon im September
zu fallen anfängt, ausdauern, da man in früher Er-
manglung des hoch liegenden Schnees diesen zuberei-
teten Vorrath früh hat angreifen müssen. Jede der
benachbarten Städte hat ihren besondern Vorrath.
Der Mann, welcher den Schnee nach Catania zu
bringen pflegt, war unser Wegweiser.

S. d. 9te
Idylle
Theo-
kritsi. m.
Grub.
Uebers.a.
d. Grie-
chisch.

*) Aetna meine Mutter! ich wohn' in deinen Gewölben,
   Schön ist meine Behausung, und alles welches in Träumen
   Uns erscheinet ist mein! So Schaf' als Ziegen die Fülle!

Der Kyklope Polyphemos ladet seine geliebte, aber ihn nicht liebende Nymphe Galatea ein auf das frische Wasser der Bäche, die aus dem Schnee des Aetna sich ergießen. Erst lockt er sie mit seines ländlichen Reichthums Beschreibung, dann fährt er fort:

Ἐστι ψυχρὸν ὕδωρ, τό μοι ἁ πολυδένδρεος Ἀιτνα
Λευκας ἐκ χιόνος, ποτὸν ἀμβρόσιον προΐητι.
Τίς κεν τῶνδε θαλάσσαν ἔχειν ἢ κυμαθ᾽ ἕλοιτο; *)

Θεοκρ.
εἰδ - ια
47ɪ 49ɪ

Wir sahen nun bald den Monte Rosso, einen gewaltigen Berg des Aetnagebürges. Er ist der höchste nach dem Gipfel des Aetna. Einige Reisende haben diesen Monte Rosso, welcher drei Miglien weit vom Gipfel des Aetna ist, mit den zween Monti grossi, welche achtzehn Miglien vom Gipfel entfernt sind, verwechselt.

Folgendes sagt von ihm Don Giuseppe Gioeni in einem Büchelchen, dessen Titel dieser ist: Relazione della eruzione dell' Etna nel mese di Luglio M. DCC. LXXXVII. scritta D. C. G. G. (dal Cavaliere G. Gioeni. Catania, 1787. **)

„Ein merkwürdiger Feuerausbruch des Jahres „1751 bildete diesen Berg, welcher nach der Farbe „seines Stoffes der rothe genannt wird. Er erhebt „sich über einem andern älteren Berge, mit dem er „Einen Rücken bildet. Sein Feuer ist noch nicht er-

D 2

---

*) Klare Bäche rieseln dort, die zum kühlenden Trunke
Mir aus Schnee bereitet der Wäldernährende Aetna.
Sage, wie kannst du wählen das Meer? —

S. die elfte Jdylle Theokrits in mein. Bruch. Ueberf. a. dem Griech.

**) „Beschreibung vom Ausbruch des Aetna in Monate Ju- „lius des Jahrs 1787, verfasset vom Ritter Joseph „Gioeni. Catania, 1787.“

„loſchen, und ſendet oft aus vielen Dampflöchern
„Rauch auf, welchen jene Bergbewohner für Anzei-
„chen böſer Witterung oder einer neuen Aufbrauſung
„im Aetna halten."

Dieſer Monte Roſſo hat vor 25 Jahren einen
fürchterlichen Ausbruch gehabt. Beim täuſchenden
Mondſchein hielten wir ihn für den Gipfel des
Aetna, deſſen Haupt mit Nebeln der Nacht und mit
eignem Rauch verhüllet war.

Aber bald ſahen wir ihn wieder. In grauer
Dämmrung ſtiegen wir ab von unſern Mauleſeln, am
Fuße des Gipfels, welcher nicht ſowohl der Gipfel
eines Berges iſt, als der höchſte Berg des Aetnagebürges. Wir erwarteten, daß unſer Wegweiſer uns
gleich auf die oberſte Höhe bringen würde, er führte
uns aber an den öſtlichen Fuß des Gipfels. Anfangs waren wir unwillig, ſahen aber bald, daß
wir vor Sonnenaufgang die Höhe nicht erreichen,
und wofern das auch möglich wäre, wegen des Rauches und Schwefeldampfes, die dem Schlund entſtie-
gen, und vom Weſtwinde nach Oſten getragen wurden, auf der öſtlichen Seite des Gipfels nicht würden ſtehen können.

Auf der Höhe, wo wir ſtanden, war es ſo kalt,
daß der Thermometer auf anderthalb Grad Reaumür
unter dem Eispunkte ſtand. Landolina's älteſter
Sohn, ein Jüngling von etlichen und zwanzig Jahren, *) welcher uns von Syrakus aus begleitet
hatte, ward im erſten Augenblick, da wir von den
Mauleſeln abgeſtiegen waren, wie betäubt von der

*) Landolina der Vater iſt Malteſerritter, aber Cavaliere di
divozione. Dieſe dürfen heirathen.

Kälte, raffte sich zwar bald wieder auf, erholte sich
doch aber erst vollkommen nach einigen Stunden.

Rund um uns her sahen wir beim tagenden
Lichte Gefilde der Verwüstung, wild durch einander
geworfne, starrende Massen von Lava, Schlacken,
aus dem Schlunde des Aetna zu verschiednen Zeiten
hervorgeschleuberte Felsen, dazwischen Schnee und
schwarze Asche; links den dampfenden Krater. Vor
uns lagen, in ferner Tiefe, der Toro und andre
Berge, und ein langes schwellendes Wolkenbette,
dessen äußerste sich verlierende Seiten der Blick weder
von den Bergen, noch vom Meer rein absondern
konnte, bis flammend die Sonne sich erhub, und die
ganze Gegend ordnete. Es war wie eine neue Schei-
bung des Lichts von der Finsterniß, des Trocknen
und der Gewässer. Ein Chaos entwickelte sich, kein
vierfüßiges Thier, kein Vogel unterbrach die feierliche Stille dieser Oede,

Wo sie keinen Todten begruben und keiner
erstehn wird,

wie Klopstock vom umeiseten Nordpol sagt.   Meff. 1.
Gesang.

Auf den grauen Dunst des westlichen Lufthim-
mels warf der Aetna seinen schwarzen Schatten.
Rund um den Aetna stehen seine Söhne, tief unter
ihm volkanische Berge, sechs und dreißig Vesuve.
Das nordliche, östliche und südliche Sicilien lag unter uns, mit seinen Bergen, Strömen, Seen und
Städten. Tief unter uns erhuben sich Wolken,
welche die Sonne mit Gold umsäumte, die Schatten
der Wolken flogen unter ihnen vor dem Westwinde
über die weite Landschaft hin.

Nachdem wir staunend und ergötzet dieses
Schauspiel genossen hatten, machten wir uns auf,

um den höchsten Gipfel des Berges zu ersteigen. Vorher mußten wir eine große Strecke über Schlackenklumpen gehen, wo es der äußersten Vorsicht bedarf, um nicht auf starrende Zacken zu fallen, wo auch diese Vorsicht nicht mit Gewißheit gegen Arm- oder Beinbruch schützet, da viele der Schlacken, hohl liegend, oft unter dem Tritte wanken, manchesmal umkippen. Als diese Beschwerde überwunden war, blieb uns die Ersteigung des Gipfels übrig. Er ist sehr steil, an einigen Orten so glatt, daß man mit Mühe fußen kann, doch nicht so jäh, daß ein Fall leicht gefährlich werden könnte. Hie und da athmen Oeffnungen so kräftigen Schwefeldampf auf, daß man schnell sich von ihnen wenden muß.

Da wir oft ausruhen mußten, um den erschöpften Odem wieder zu gewinnen, brachten wir ohngefähr zwo Stunden darauf zu, eh wir die Höh' erklommen. Gleichwohl hatten wir uns die Beschwerde, weil sie von einigen Reisebeschreibern übertrieben worden, größer vorgestellt als wir sie fanden.

Nun standen wir am großen, runden, unabsehlichen Schlunde. Er hat die Gestalt eines Trichters, doch ist seine Rundung nicht regelmäßig; seine spitze Vertiefung entziehet sich dem Auge bald. Rund umher steigen dünne Rauchwölkchen aus kleinen Dampflöchern, wie aus Schornsteinen auf; dem Schlunde selbst entstürmen mit wirbelnder Bewegung gewundne Kreise schwarzen und weißen Rauches. Es wäre nicht möglich, Einen Augenblick vor dem Winde zu verweilen, oder rund um den Krater zu gehen. Selbst hinter dem Winde, wo man gegen den Rauch des Schlundes gesichert ist, wird man beschwert und betäubt von den kleinen Schwefeldämpfen, die dem Rücken des Gipfels entsteigen.

Wie in der Solfatara bei Pozzuoli findet man auch auf des Aetna Höhe an des Kraters Rand gediegnen Schwefel, nur in kleinern Stücken. Auch findet man dessen bei den kleinen Dampflöchern.

Den Umfang des Schlundes (oder Kraters) schätzet man auf drei bis viertausend Schritte. Inwendig ist er, so weit man sehen kann, mit Schwefel überkleidet.

Nur durch eine dünne Scheidewand einer schweflichten Kruste von diesem alten Krater abgesondert ist der nördliche neue Schlund, welcher sich durch Einstürzung des Gipfels dieses Jahr im Maimond bildete. Auch er ist rund, trichterförmig, unabsehlich. Von seinem Rande sahen wir den ganzen westlichen Theil der Insel, den uns diese Höhe vor einigen Stunden verborgen hatte, wir sahen der Insel äußerste Spitze, den hohen Monte di Trapani (Eryx, und das jenseitige Meer. Unser Führer wollte uns rechts die Liparischen Inseln zeigen, aber der Gegend minder kundig als er, vermochten wir nicht, sie von blauen Wolken am Horizont zu unterscheiden.

Wir warfen Steine in diesen Schlund. Dumpf donnernd rolleten sie, bis sie endlich mit lautem Getöse in untre Wasser stürzten. Vom Wurf an zählte ich acht und vierzig Pulsschläge, eh ich die Wasser rauschen hörte. Diese Erfahrung scheint mir die Meinung derjenigen zu bestärken, welche glauben, daß die Schlünde der Volkane bis auf die Meerestiefe ausgehöhlet sein.

Auf einmal begann die Tiefe fürchterlich zu brausen. Wir hörten ein Geräusch wie von siedenden Wassern in diesem ungeheuern Kessel. Unser Führer gebot schnelle Flucht.

Als dieſer Schlund ſich vor etwa acht Wochen öffnete, entſtrömte ihm Lava 17 Tage lang. Sie hatte aufgehört zu fließen, als ſich die itzt ſtrömende Lava aus einem Berge, der mit dem Monte Roſſo zuſammen hanget, am erſten Juny zu ergießen anfing.

Zwar minder beſchwerlich als das Steigen war das Herabgehen, doch aber auch ſehr unbequem, und nachher mußten wir wieder über die lange Strecke der Schlacken gehen.

Es wunderte mich, am Schlunde des Aetna, überall auf und an dem Gipfel, an den Schlacken, ſelbſt auf dem Schnee und dem Eiſe, den ſchönen, kleinen rothen Käfer mit ſchwarzen Flecken zu finden, welcher auch bei uns häufig iſt, und ſich von Gras, vom Laube der Büſche oder von Saaten zu nähren pflegt, da er hier in dieſer Oede, wo, ſo weit das Auge reichet, ſelbſt des Mooſes Vegetation aufhört, von alle dem nichts finden kann. Und doch ſah ich ihn nirgends lebhafter, nirgends in ſolcher Menge.

Vorzüglich waren die Schwefelklumpen bedeckt mit dieſen kleinen Thierchen. Ohne Zweifel nähren ſie ſich von den Dünſten des Schwefels, deſſen Wärme ihre Menge und ihre Lebhaftigkeit verurſacht.

Ehe wir wieder unſre Mauleſel beſtiegen, gingen wir auf einen Aſchenhügel, auf dem noch vor einigen Jahren große Ueberbleibſel des Gebäudes ſollen geſtanden haben, welches la torre del filoſofo (Thurm des Philoſophen) genannt ward. Man hat behauptet, daß Empedokles hier die Erſcheinungen des Aetna beobachtet habe. Daß dieſer große ſiciliſche Naturkündiger dem Aetna ſeine vorzügliche Aufmerkſamkeit möge gewidmet haben, iſt ſehr wahr-

ſcheinlich. Die Nachricht von dieſem Gebäude aber
iſt wohl eben ſo fabelhaft als das Mährchen, welches du aus dem Horaz kenneſt, daß er, um für ei- Hor. de
nen Gott gehalten zu werden, ſich in den Schlund arte poet.
dieſes Vulkans geſtürzet habe, auf daß man wähnen 464.65.
möchte, er wäre verſchwunden.

Horaz glaubte ſchwerlich an dieſe Sage, er
brauchte ſie als ein Gleichniß. Des Ammenhiſtör-
chens, als habe der Aetna den Philoſophen dadurch,
daß er einen ſeiner ehernen Pantoffel wieder ausge-
worfen, verrathen, erwähnet der Dichter nicht.

Auf dem Aetna ſtand ehmals ein Tempel des
Vulkans. Cluver hielt den ſogenannten Thurm des
Philoſophen für eine Trümmer dieſes Tempels. Aber
dieſer muß in einer tiefern Region geſtanden haben;
denn bei ihm war ein Hain, im Tempel ſelbſt ward
ein ewiges Feuer unterhalten, und Hunde wurden
drinnen ernährt. Jener Thurm aber muß alle Winter ſein halb in Schnee vergraben worden, weder
Menſch noch Hund hätte drinnen hauſen, kein Baum
hätte dabei wachſen können. Itzt ſind ſehr wenig
Spuren des Gebäudes übrig; die wenigen ſcheinen
zu beweiſen, daß es aus ſpäterer Zeit ſei. Griechen
würden ohne Kalk, aus gehauenen Steinen, oder
hier aus Lavaſtücken gebauet haben.

Wir ritten den vorigen Weg nach Nicolo della
Rena zurück, wo wir um zwei Uhr Nachmittag,
ermüdet und erhitzet, aber herzlich froh über unſre
geglückte Unternehmung ankamen.

Früh, eine Stunde nach Mitternacht, machten
wir uns heute wieder auf, um die itzt ſtrömende
Lava noch bei Nacht zu ſehen. Wir ritten einige

Stunden längst derjenigen, die sich im Jahr 1682
aus dem ätnaischen Volkan salto del cane (Hunds-
sprung) ergoß.

Unser schmäler Weg lief in mancherlei Krümm-
inungen, wir sahen bald vor uns, bald hinter uns,
bald seitwärts den itzt glühenden Strom, und wo er
sich unserm Blick entzog, da bezeichnete der rothe
Feuerdampf seinen Pfad. Ehe wir ihn erreichten,
sahen wir links Lava des Monte Rosso vom Jahre
1767, und ritten, der strömenden Gluth uns na-
hend, zwischen schwarzen Massen voriger Ergüsse.

Der itzige stürzet hoch aus dem Solificio, einem
Seitenberge des Monte Rosso, wie ein Wasserfall
herab, bis er an der Stelle, wo wir standen, in
mählicher Neige, aber beschleuniget durch höherer
Gluten Drang, seinen Lauf vierzehn Miglien (über
zwo deutsche Meilen) weit fortsetzet. Man sieht
wenig von der eigentlichen Lava, das heißt von der
geschmolznen Erd- und Felsenmasse; glühende Schlak-
ken bedecken sie. Der Strom hat sich, a worthy
pioneer! (ein wackrer Schanzgräber) wie Hamlet
vom Geiste seines Vaters sagt, ein tiefes Bette zwischen Ufern seiner schon abgeglüheten Schlacken gegraben. Wo er von oben herab stürzt, sammeln sich
die schwärzeren Theile in der Mitte, und bilden, mit
sich entsprechenden schwarzen Seitenlinien, ohngefähr die Gestalt eines Fisches, dessen Fleisch feuer-
farben, dessen Rückrad und Gräten schwarz wären.
Da die vom Strom getragnen Schlacken zu beiden
Seiten sich an den schwarzen Schlacken des Ufers
reiben, so werden sie aufgehalten, und die mittelsten
fließen schneller. Unter den etwas gehöhlten Schlak-
kenufern sieht man die helle flammenfarbne Lavaglut.

Shake-
spear's
Hamlet.

Ihre sich fortwälzende, oder eigentlicher sich fort-
schiebende Masse ist hart. Wirft man Steine darauf, so geben sie einen klappenden, nicht nachtönen-
den Laut, wie auf Eisenschlacken, und werden auf
der Oberfläche mit fortgetragen. Jede brennbare
Materie entzündet sich im Augenblick. Der Wiederschein giebt den Uferschlacken an der innern Seite
eine dunkle Purpurfarbe. So auch dem Rauch, bis
er sich erhebend immer heller, und zuletzt morgen-
röthlich aufsteigt. Als der Morgen anbrach, schwam-
men in des Rauches Wallungen sich spiegelnd, die
Gegenstände des Meers und der Erde dahin. Wir
gingen dicht an das Ufer des Lavastroms; kletterten
an die Schlackenwand hinan, und sahen hinein in
die Glut, konnten aber nur Augenblicke da verweilen.

Von unaussprechlicher Schönheit war der Anblick des ganzen Feuerstromes, wie er von oben herab
stürzte, dann sich in die Tiefe ergoß, in mäandrische
Ströme sich theilte, Inseln bildete. Selbst als der
Tag anbrach, ja da die Sonne schon am Himmel
stand, schien die Glut, wiewohl minder feurig, doch
noch roth in der Nähe. In der Ferne sieht sie bei
Tage schwarz aus. Wir gingen etwas hinab, ihren
Lauf verfolgend, wir sahen, wie sie weiter unten
Weingärten und Haine mit versengenden Armen um-
schlang, als plötzlich mit lautem Krachen, das jenseit stehende hohe Schlackenufer an verschiednen Orten
einstürzte. Auch am diesseitigen sahen wir durch
Oeffnungen rothe Lava schimmern, und an einigen
Orten vorbringen. Inne wurden wir nun, wie
leicht unter uns die Schlackenwand, als wir an sie
hinan geklettert waren, hätte einstürzen können.

Wo Nebenströme durch diese Wände durchbrechen, verlieren sie vieles von ihrer Flammenglut und von ihrer Schnelligkeit. Wir sahen einen, dessen zäher, feuriger Schleim sich langsam loswand, und mit trägem Gang, aber unaufhaltsam sich fortschob.

Diese Lava fließet nach Nordosten dem Meere zu. Sie hat unten schon manche fruchtbare Gefilde und Gärten verwüstet. Ungewiß, welchen Lauf sie nehmen werde, steht das bange Volk, es starret Tages auf den Rauch hin, Nachts auf die Flamme.

Als wir diese Feuergefilde verließen, sahen wir Anfangs öde Gegenden verheerter Natur. Nach und nach ward sie belebter. Die Abhänge der Berge waren mit Kastanienwäldern beschattet. Wenn ich in Italien und in Sicilien von Kastanienbäumen rede, so meine ich den schönen ächten Kastanienbaum, dessen eßbare Frucht bei uns selten, und auf kleinen Bäumen reifet. Unsre gemeine Roßkastanie, ob sie gleich, wo ich nicht irre, im 15ten Jahrhundert aus Asien über Italien zu uns gebracht ward, ist in diesen Ländern sehr selten, und wächset nur in Gärten hie und da. Bald sahen wir um uns Weingärten und Fruchthaine auf Hügeln und in Thälern. Vor uns verbreitete sich, jenseits blühender Gefilde, das Meer, der lange Berg Toro, Calabriens hohes Gestade. Wir sahen das Vorgebürge Spartivento, Italiens südlichste, den Schiffern berüchtigte Spitze. Nach den fürchterlichen Schönheiten eines volkanischen Schauplatzes, lachte diese paradiesische Gegend mit neuem Reiz, den der schwarze Lavastrom des Jahres 1682 mehr zu erhöhen als zu stören schien. Bei Ferreri, wo wir den Mittag blieben, sahen wir

in einem Weingarten funfzehn hohe, gerade aufwach-
sende Kastanienbäume, welche, alle der Wurzel Eines
abgehauenen Baumes entsprossen, die schönste Laube
bilden, die ich jemals sah. Jeder hatte mehr als
gewöhnliche Leibesdicke eines Mannes.

Heute Nachmittag ritten wir zum Kastanien-
walde, der auf der nördlichen Seite des Aetna steht.
Dieser Baum gedeihet vorzüglich in der Nachbarschaft
der Volkane, am Vesuv, bei der Solfatara, am
Epomeo in Ischia; nirgends so wie am Aetna, dem
Haupte der Volkane. Rund um uns her grünten in
der Fülle schwellender Vegetation die schönsten Gefilde, von dem Abhang des Aetna an, bis an die
Fläche des fruchtbaren Meergestades, welches beschattet wird von Obstbäumen mancher Art. Die
Bäume des ätnaischen Kastanienwaldes bestehen zum
Theil aus schlanken Wurzelsprößlingen, welche gleich
jenen, die ich eben beschrieb; natürliche Lauben bilden, theils aus Stämmen, welche vielleicht nicht
auf der Erde, gewiß nicht in Europa, ihres Gleichen
finden. *) Gleich Anfangs sahen wir einige, welche
dicker waren als die ungeheure Eiche bei Bomte im
Stift Osnabrück; aber wie schwanden selbst diese

*) Selbst die berühmte afrikanische Baumart, welche Bar-
bab heißet von Prosper Alpinus, Clusius und zuletzt von
Adanson, einem französischen Botanisten beschrieben, worden, nachdem man sie auch Adansonia nennet, reichet,
was den Umfang des Stammes betrift, nicht an diese Rie-
sen des Aetnawaldes. Adanson fand Bäume, deren Durch-
messer beinah fünf und zwanzig Schuh betrug. Der
größte Kastanienbaum des Aetna's ist mehr als noch einmal
so dick. Ueber die Adansonie siehe Linne's Pflanzensystem
nach der 13ten Ausgabe übersetzt. Nürnberg 2ter Theil
1777. S. 151-160.

gegen ben Baum ber hunbert Pferbe (dei cento ca-
valli) wie bie Sicilier ihn nennen. Dieser Baum,
welcher seit Jahrhunderten hohl ist, besteht itzt aus
fünf gewaltigen Bäumen, deren inwendige, viel flachere Seiten, bie Zeit zwar mit einer Art von Barke
überrinbet hat, denen man aber sehr beutlich ansieht,
baß sie nur Einen großen Baum ausmachten, und
nur nach Moberung verschiebner Theile burch große
Lücken getrennt wurden. Sie stehen in Einem Kreise,
und ein großes, unten ganz zusammenhangenbes
Bogenstück, beweiset bie natürliche Rünbung bieses
Baumes, welche nur burch eine Reihe von Jahrhun-
berten unterbrochen warb. Ja, Swinburne, ein
sehr wahrhafter und vernünftiger Reisenber, erzählet, baß er selbst Anfangs bie fünf Fragmente bes
Baumes für Wurzelsprossen Eines Stammes gehalten, nachbem er aber ben Stamm umgraben lassen,
gefunden habe, baß, sehr bicht unter ber Oberfläche
bes Bobens, biese fünf Bäume Einen gemeinschaftlichen Stamm ausmachten.

Wir maßen bes Baumes äußeren Umfang. Er
beträgt 25 Canne und 6 Palmi, ober 162 französische Fuß, (pieds de Roi) welche etwas größer
sind als bie Rheinländischen. (Die Canna enthält 8
Palmi, ber Palmo eine Spanne mit hinzugefügtem
erstem Gliebe bes Daumens.)

Wir und unsre Maulthiere fanben weit mehr
als überflüssigen Raum in biesem Baume, und wur-
ben nicht eingeschränkt burch Ueberbleibsel eines steinernen Hauses und eines Backofens, welche in ihm
angeleget worben. Auch siehst bu an seinem Umfang,
baß der ihm gegebne Name keine Uebertreibung ent-
halte. Große Aeste verbreiten sich aus ben Haupt-

ſtämmen nach allen Seiten, und die freudige Vegetation des grünenden Alters vermehrt die Bewunderung beim Anblick eines Baumes, der ſo viel
von der Gewalt der Zeit erlitten, und deſſen ehrwür-
dige Trümmern eher einen Hain als einen Baum ausmachen. Von allen Seiten und von innen iſt ſein
Anſehen ſo ſchön als einzig.

Ein andrer, welcher la nave (das Schiff) nach
der Bildung ſeiner Aeſte heißt, hat auch, nach durch-
lebten Jahrhunderten oder Jahrtauſenden viel gelitten. Er iſt hohl wie jener, und nur ſeine Hälfte
ſteht noch. Auch er ſchattet mit weitausgeſtreckten
Aeſten. Sein Umfang iſt itzt von 8 Canne und einem
Palmo, oder von 49 franzöſiſchen Fuß. In dieſem
Walde hörten wir noch heute am ſiebenten Julius die
Nachtigall.

Durch eben ſo ſchöne Gegenden als diejenigen
waren, welche wir auf dem Hinwege zu dieſem Walde
geſehen hatten, ritten wir Abends zwiſchen dem
Aetna und dem Meer zum Flecken Giarre.

Die Einwohner ſind in großer Furcht geweſen,
als im Mai dieſes Jahres ſich die Lava aus dem Krater des Aetna ergoß, und ſie bedrohete. Während
der drei erſten Tage bebte die Erde bei jedem Ge-
brülle des Berges; wo Fenſterſcheiben in den Häuſern waren, da ſprangen ſie.

Aus unſerm Wirthshauſe ſahen wir itzt Fackeln
eines feierlichen Umgangs, welcher auf dem Abhang
des Aetna gehalten wird, um Abwendung des itzigen
Lavaſtromes zu erflehen. Wär' es nicht gewöhnliche
Sitte, bei nächtlichen Umgängen Fackeln zu tragen,
ſo würde ich dieſe für die Spur eines heidniſchen

Gebrauches halten. Die Alten fabelten, es habe Ceres Fackeln am Aetna angezündet, um ihre von Pluton entführte Tochter Proserpina in verschiednen Weltgegenden zu suchen. Zum Andenken dieser Nachsuchung ward ein Lauf mit Fackeln gehalten. Agathokles spielte auf diese Sitte an, als er dem Heere rieth, seine der Ceres und der Proserpina gelobeten Schiffe in Fackeln zu verwandeln. (λαμπαδευειν ἁπασας τὰς ναῦς) Und was ist wahrscheinlicher, als daß die Sicilier feierliche Umgänge der Ceres, besonders alsdann mögen gehalten haben, wenn ihre Saaten von des Aetna Glut bedräuet wurden?

[Marginalie:] Diodor. B. V. Vol. I. p. 333. verglichen mit B. XX. Vol. II. p. 410. u. Wesselings Anm.

Fünf und neunzigster Brief.

Messina, den 10ten. Julius 1793.

Vorgestern früh öffnete sich vor uns, so bald wir Giarre verließen, eine herrliche Ausssicht. Links sa= hen wir den Aetna, welcher sich von dieser Seite, wenn es erlaubt ist, die erhabensten Naturgrößen mit dem kleinlichen Tande menschlicher Kunst zu ver= gleichen, wie ein griechisches Theater zeigt. Ueber der fruchtbaren Ebne heben sich seine waldigen Stu= fen, und erstrecken sich in Einer Kette von Bergen bis zum Monte Toro, der von Südwesten gegen Nordwesten mit zackigen Gipfeln empor starrt, und seinen Felsenfuß ins Meer setzt. Rechts zeigt sich das Meer und Kalabriens südliches Gestade, welches sich von fern an den Toro anzuschließen scheinet.

Wir ritten zweimal durch den Fiume frebbo; den Asines der Alten. Er verdient seinen neuen Na= men, denn seine Wässer sind sehr kalt; dabei lauter und süß. Seiner Kälte unerachtet mag er vermuth= lich zum Baden oder Trinken sehr gesund sein, und deswegen von den Griechen ἄσινης (unschädlich) genannt worden. Zwischen seinen beiden Armen fan= den wir einen Hain von großen Maulbeerbäumen, und erfrischten uns mit der lieblichen Frucht. Ich weiß nicht, ob die Art Maulbeerbäume, welche weiße Frucht trägt, dem Winter besser widerstehe, als jene edlere Art mit der schwarzen, oder eigentlicher dunkelrothen Frucht, und deswegen in Deutschland zum Seidenbau vorgezogen werde? In Italien sah ich viele Bäume von beiden Arten; in Sicilien aber

zieht man die Bäume mit der dunkelrothen Frucht
vor, und hat daher einen solchen Ueberfluß an diesen
schönen Beeren, daß jeder davon nach Belieben pflük-
ken darf. Du weißt, daß man sich beim Pflücken
dieser Frucht Hände und Gesicht zu beflecken pflegt.
Ein Sicilier lehrte mich eine leichte Art sich von diesen purpurnen Flecken zu befreien. Man braucht
nur einige unreife, noch fleischfarbne Beeren zu zer-
quetschen, und die befleckte Stelle mit ihrem Safte
zu reiben.

An dem linken Ufer des Flusses Asines stand die
Stadt Naxos, welche wohl niemand mit einer gleich-
nahmigen Insel des Archipelagos verwechseln wird.
Chalcidenser aus Euböa stifteten jene Kolonie unter
Anführung des Theokles, ein Jahr ehe Syrakus von
Griechen bewohnet ward, im dritten der elften Olym-
piade, 732 Jahr vor Christi Geburt. Sie setzten
Apollon dem Urführer (Ἀπόλλωνι ἀρχηγετη) einen
Altar, weil dieses Gottes Orakel zu Delphos die
Auswanderung griechischer Kolonien nach Sicilien
geheißen hatte. Unter diesen vom Orakel angerathe-
nen Kolonien war Naxos die erste, Syrakus
die zwote.

Im zweiten Jahr der 94sten Olympiade, 401
Jahr vor Christi Geburt, als diese Stadt 330 Jahr
gestanden hatte, ward sie durch Verrätherei eines
Naxiers, Prokles, vom ältern Dionysios erobert.
Dieser verkaufte die Einwohner, nur der Verwandten des Verräthers schonend. Der Naxier Habe
überließ er den Soldaten, und ließ sowohl die Häuser als die Mauern schleifen. Das Gebiet räumte
er benachbarten Sikulern ein.

Sieben und dreißig Jahre nachher sammelte
Andromachos, des Geschichtschreibers Timäos Va-

Marginal notes:
Thuf. B. VI. p. 379. ed. Duk.

Diodor. B. XIV Vol. I. p. 651.

ker, die noch übrigen Flüchtlinge von Naxos, gründete Tauromenion, auf dem Berge Tauros, (Toro) und ließ sich dort mit ihnen nieder. Nach dem Namen des Berges und dem Worte μενειν, bleiben, erhielt die Stadt ihre Benennung. Jtzt heißt sie Taormina.

Durch den Friedensschluß der Römer mit Hiero dem Zweeten, ward Tauromenion dem letztern zugesprochen.

Die Tauromeniten stürzten eine Statue, welche sie selbst dem räuberischen Verres errichtet hatten, ließen aber das Fußgestell stehen, um der Umstürzung Schmach zu verewigen.

Als Augustus seine Soldaten, die ihm zu Unterjochung der römischen Welt behülflich gewesen, belohnen wollte, und fast alle Landgüter Italiens ihnen einräumen ließ, die alten Besitzer theils versetzend, theils ohne Entschädigung von ihrem Heerde treibend, sandte er auch eine Kolonie nach Tauromenion.

Die Saracenen waren schon fast von ganz Sicilien Meister, eh es ihnen gelang, diese Stadt zu erobern. Ihrer Grausamkeit Andenken hat sich bis auf diesen Tag erhalten. Graf Roger der Normann eroberte Taormina wieder, durch Abschneidung der Lebensmittel die Feinde zur Uebergabe zwingend.

Taormina liegt hoch auf dem Berge Toro, welcher beschwerlich zu ersteigen ist. Auf einem noch höheren Gipfel liegt das Städtchen Mola. Die Gefilde unter Taormina sind fruchtbar, baumreich, gewässert und sehr anmuthig. Ich sah sehr große Citronbäume in einem Dorfe am Fuße der Stadt.

Einige Miglien vor der Stadt strömet der Cantara, den die Griechen Onobalos, die Römer Tau-
romenius nannten. Sein Bette zeigt, daß er im
Winter sehr breit sei, im Sommer versiegt er größtentheils. Doch rauschen seine Wogen mit Gewalt
in einer Vertiefung, welche nie austrocknet. Als
wir hindurch ritten, trieb er die Pferde und Maulthiere etwas seitwärts. Ohne Zweifel erhielt er von
dieser Gewalt seinen griechischen Namen Onobalos
(der Eselstürzer).

Nicht weit von dem Ort, wo wir ihn durch-
ritten, steht eine Brücke, welche die Teufelsbrücke
genannt wird. Das abergläubische Landvolk erzählt: Gott habe dem Teufel gesagt: wofern er eine
Brücke hinbauen wollte, sollte der erste, welcher drüber gehen würde, ihm gehören; flugs habe der Teufel sich ans Werk gemacht. Als die Brücke fertig
geworden, sei ein Hund zuerst drüber gelaufen. Wü-
tend habe der Teufel mit dem Fuß gestampft, ein
Stein sei herunter gefallen, und das Loch könne nie
gefüllt werden, ohne daß der neue Stein einstürze.
Uebrigens sei die Brücke gesegnet worden. Sie wird
noch immer gebraucht. Wir hielten es nicht der
Mühe werth, ihretwegen in der Hitze einen Umweg
zu machen, und ließen sie ungesehen.

Zwischen dem Cantara und Taormina steht die
Trümmer eines alten Thurmes und eine Wasserleitung. Der Thurm heißet Castello Schisone. Einige
glauben, daß Naxos hier gelegen habe. Mit Recht
wendet Cluver dagegen ein, daß Naxos, nach Zeug-
nissen der Alten, am Flusse Asines erbauet ward.
Der Thurm und die Wasserleitung sind auf Lava des
Aetna gegründet, deren Erguß in frühen Zeiten muß

geschehen sein. Sie erstreckt sich bis ins Meer. Ich
glaube nicht, daß irgend eine andre so weit geflossen.

Bei Taormina sieht man Ueberbleibsel von Was-
serbehältern des alten Tauromenion. Die Wölbung
der größten dieser Cisternen erklärt die von vielen be-
zweifelte Bestimmung des viel größern Wasserbehäl-
ters bei Bajä, welcher unter dem Namen piscina
mirabilis bekannt ist. Die Wölbung der Cisterne
bei Taormina wird, gleich der Wölbung jener piscina
mirabilis, von Pilastern gestützt. Man sieht noch
Spuren des Aquedukts, der die Cisterne mit Wasser
versah. Unter den vier andern Cisternen bei Taormina ist die eine besonders groß gewesen. Sie diente
dazu, einen gepflasterten Platz, welcher ummauert
war, mit Wasser zu füllen, um dem Volke das Schauspiel eines Seegefechts geben zu können. An der einen
Seite dieser Naumachie *) stehen noch die Hallen, in,
welchen Bildsäulen aufgestellt, und über denen die
Sitze der Zuschauer waren. Auch von diesen Sitzen
sind Ueberbleibsel vorhanden.

Ich vermuthe, daß dieses Werk aus den Zeiten
der Römer war, theils, weil es aus Ziegelsteinen erbauet ist, theils auch, weil dieses Volk zu den Zeiten
der Kaiser, welche seinen Begierden aus Staatsklug-
heit schmeichelten, an thörichtem Luxus ein besonde-
res Wohlgefallen hatte. Ich zweifle, daß die Griechen, deren Gefühl für das Wahre in den Dingen
viel feiner war, den Gedanken einer Naumachie auf

---

*) Naumachie ($\mathrm{N\alpha\nu\mu\alpha\chi\iota\alpha}$) heißt eine Seeschlacht, ein
Treffen auf dem Meer. Wo ich nicht irre, gaben Römer
zuerst diesen Namen ausgegrabnen Zeichen, in welchen
Seeschlachten vorgestellt wurden.

einem Felsen der am Meere liegt, hätten ausstehen
können. Jeden Vortheil der Lage überhaupt, und,
wenn ich so sagen darf, jede Handhabe der Natur zu
ergreifen, war den Griechen eigen. Diese Eigenschaft gehört dem Genie. Ueberwindung der Schwierigkeiten, welche doch nur zum Verdienst wird, wenn
man ihnen nicht ausweichen kann; sichtbare Anstrengung, welche in allen Dingen die Grazie tödtet; Liebe
zum Ungeheuern, welches so viel leichter erreicht wird
als edle Größe, charakterisirt den Geist der Nachahmung, und war den Römern desto natürlicher, da
sie mit diesem Geiste der Nachahmung immer zugleich
den alten Charakter siegender Stärke verbinden
wollten.

Ueber der itzigen Stadt, welche, da sie nur von
fünftausend Menschen bewohnt wird, nur einen kleinen Theil der alten, von den Saracenen verwüsteten
Stadt einnimmt, stehn die großen Ruinen des Theaters, von dem man mehr erhaltne Theile beisammen
findet, als von irgend einem andern alten Theater.
Die Sitze der Zuschauer waren zum Theil in Felsen
eingehauen. Hinter ihnen steht noch die mit Nischen
für Statuen gezierte Mauer, auf welcher vermuthlich, wie in den römischen Theatern und Amphithea-
tern, die Sitze der Weiber waren. Hinter diesen
erhuben sich auf hohen Hallen die Sitze des gemeinen Volks.

Ich bin der Baukunst viel zu unkundig, um dir
einen deutlichen Begriff von den Ueberbleibseln derjenigen Theile geben zu können, deren Erhaltung dieses Theater vorzüglich merkwürdig macht. Man
sieht noch das Podium, das heißt die vorderen, den
Vornehmen bestimmten Sitze. In Rom saßen die

Senatoren und die Vestalen auf dem Podium. Das
Orchester, das Pulpitum, das Proscenium, die
Scene und das Postscenium, sind noch sehr wohl zu
unterscheiden. Ich halte dieses Theater für ein römisches Werk, weil es aus Ziegelsteinen gebauet ist.
Ohne Zweifel war es mit Marmor aus dem Berge,
auf dem es stehet, in welchen es zum Theil hinein
gehauen ist, überkleidet. Des Tauros Marmor-
brüche waren bei den Alten berühmt. Hieron der
Zweete schmückte seine ungeheure und prächtige Galeere mit Bödern von tauromenitischem Marmor. *Athena. op B. V.*

Der Kunst des Baumeisters gereicht es zu großer Ehre, daß selbst itzt, da so viele Theile dieses
Theaters zerstört sind, der Schall von der Scene
her so deutlich zu den Sitzen herüber kommt. Der
Cicerone, welcher uns umher führte, deklamirte eine
Scene her, welche wir auf den obersten Sitzen vollkommen verstehen konnten. Wie oft haben unsre
Schaubühnen, wie oft unsre Kirchen den Fehler,
daß sie nicht akustisch gebauet sind, indem entweder
der Schall sich in Winkeln verliert, oder durch einen
Wiederhall gestört wird! Und wie schwer war es
doch, die ungeheuern Theater jener Zeiten akustisch zu
bauen, wo von der Scene her, unter freiem Himmel, die Schauspieler von vielen Tausenden deutlich
mußten verstanden werden!

Weit mehr als das Theater interessirte mich
seine Lage. Es ist gegen das Meer und den Aetna
gerichtet, den man hier in seiner ganzen Herrlichkeit
vor sich sieht. Die Gebäude der Scene nahmen wohl
den meisten Zuschauern diese Aussicht, aber man genoß ihrer von den Sitzen der Weiber und von der
obern Gallerie.

Hinter den Sitzen sieht man gegen Norden den
Faro und die beiden Küsten. Stellt man sich gerade
gegen das von arragonischen Königen erbaute alte
Kastell, so übersieht man auf der einen Seite den
Aetna, die östliche Küste von Sicilien und das sicilische Meer; auf der andern den ganzen Faro zwischen
seinen herrlichen Gestaden, den Capo Spartivento
und den Eingang des adriatischen Meers.

Ich habe weitere Aussichten als diese gesehen,
aber keine schönere. Das eine Meer entzieht sich dem
Auge, das andre dränget sich zwischen den schönsten
Ländern Europens, Kalabrien und Sicilien! Und
welcher Berg ist dem Aetna gleich?

Wir wohnen im Kapucinerkloster, wo wir von
den guten Mönchen freundlich aufgenommen wurden.
Sie haben einen großen Garten, in welchem nebst
andern Obste Agrumi vieler Art und von großer
Schönheit wachsen. Ich sah eine Art Citronen,
welche zweimal des Jahrs an denselben Bäumen reifet, das erstemal im April und Mai, das zweitemal
im August und September.

Gestern am neunten hatten wir längst dem Meer
einen sehr angenehmen Weg, bei kühlem, wiewohl
hellem Wetter. Wir hörten noch die Nachtigall im
Gebüsch einer quellenreichen Gegend bei Taormina.

Den Morgen ritten wir über einige steile Höhen. Beim Capo di San Alessio erhebt sich fast senkrecht ein Felsen und setzet seinen Fuß ins Meer. Auf
ihm steht ein altes Kastell. Links sahen wir fast beständig Felsen oder Berge, welche einen schönen Anblick geben, doch aber nicht so anmuthig sind, als
das nördliche Gestade des Val Demone zwischen Mes-

fina und Cefalu, deffen Berge mit Wäldern, Saaten, Reben und Fruchtbäumen bedeckt find. Rechts fahen wir den untern Theil von Kalabrien und Siciliens öftliche Küfte von Meffina's Gegend bis hin nach Syrakus.

Zwifchen Taormina und Meffina, unfern eines Gefundbrunnens am Meer, in welchem gebadet wird, find Gold- und Silberbergwerke, die einem Principe di Cefaro gehören. Sie werden nicht verarbeitet, fo wenig als die königlichen Bergwerke. Es fehlt nicht an Tadlern diefer Unterlaffung. Ich meine fie haben Unrecht. In einem Lande, wo der Waizen zwanzig- dreißig- und vierzigfältige Frucht trägt, in einem Lande, das reicher als irgend eins an vielfältigen Gaben der Natur ift, welche theils freiwillig fich darbieten, theils mit geringer Mühe erworben werden, in einem folchen Lande muß man nicht nach Gold oder Silber im Schooß der Berge graben; man muß durch fleißigen Landbau und durch vernünftige Beförderung des Handels andrer Länder Gold und Silber hinein leiten. Wohl angebauet, wohl verwaltet, würden Sicilien und Neapolis bald das Herz von Europa werden, in welches durch große Adern und durch feines Geäder die Metalle fremder Länder zufammen flöffen.

Ungefähr eine kleine deutfche Meile vor Meffina läuft in gerader Linie eine Straße von Häufern, welche durch große, angenehme Gärten unterbrochen werden. Man fieht fie als eine Vorftadt von Meffina an, unter deffen Gerichtsbarkeit fie ftehen. Diefe Straße nennet man il dromo, ohne Zweifel nach dem griechifchen Worte δρομος, ein Lauf, eine Laufbahn. Vermuthlich war in griechifchen Zeiten hier ein Stadion für Wettläufer.

Wir kamen noch bei Tage in Messina an, und beschlossen so unsern Ritt um Sicilien in einer Jahrszeit, von welcher wir Deutsche geneigt sind zu glauben, daß sie in dieser Insel unerträglich sei. Wir lachen oft über der Südländer Begriffe von der Kälte nordischer Gegenden. Unsrer Landsleute Begriffe von der Hitze dieser südlichen Gegenden sind nicht minder abenteuerlich. Freilich ist in beiden Sicilien die Hitze viel größer als bei uns. Sie ist an einigen Tagen, wenn der Scirocco wehet, in Palermo, wenn der Ponente hauchet in Syrakus und in Catania fast unerträglich. Eine entzündete Luft, wie diejenige war, welche wir am 26sten Junius in Syrakus einhauchten, ist Fremblingen fürchterlich; aber solche Erscheinungen sind selten. Die ganze Stadt redete davon als von einer Seltenheit. Die gewöhnliche Sommerwärme dieser Länder muß so wenig wie die gewöhnliche Winterkälte Rußlands allein nach dem Thermometer beurtheilt werden. Ich ging mit Vergnügen im December des Jahres 1785 in der Gegend von Petersburg spazieren, und fror nicht, wiewohl der Thermometer auf 20 Grad Reaumür unter dem Eispunkte stand. Ich empfand die Wohlthat einer reinen Luft, eines hellen Sonnenscheins, einer tiefen Windstille. Als wir in Deutschland im außerordentlich kalten Winter 1788 — 89 eben diesen Grad der Kälte hatten, war sie uns allen unerträglich. Eben so unerträglich ist uns in Deutschland die Hitze, wenn der Thermometer zwischen 22 und 28 Grad Reaumür über dem Eispunkte steht. In solcher Luft ritten wir mit Vergnügen in Sicilien.

Unter diesem reinen Himmel klagt man nicht über schwüle Luft, welche uns im Sommer manchesmal heimsucht. Vormittags gegen neun Uhr erreicht die Hitze dieser Länder mehrentheils ihren höchsten Grad. Dann erheben sich kühlende Lüftchen vom Meer her und erfrischen die Luft. Das Meer, die Berge, die Ströme, zahllose Quellen mäßigen die Wärme.

Die Provinz Val Demone, welche mir ein irdisches Paradies scheinet, wird vorzüglich von waldigen Gebürgen und vom Aetna gekühlt. Ihr nördliches Gestade von Messina bis Cefalu würde noch weit schöner als ihr östliches Ufer von Catania bis Messina sein, wenn nicht der Aetna sein entscheidendes Gewicht in die östliche Schale legte. So wie seine Gipfel und die Volkane seines Gebürges rund umher mit allen Schrecken der Natur gerüstet sind, schmükken seine unteren Gegenden sich mit allen ihren Reizen, und mit jeder Fruchtbarkeit. Sie genießen eines sanften Himmels, unter dessen mildem Strahl alle Früchte reifen und kein Gräschen versenget wird. Und welches Labsal geben diese Früchte des Aetna! Welches Labsal giebt das Aroma seiner Kräuter! Bekannt mit den Tugenden mannigfaltiger Pflanzen, an welchen diese Gegend vorzüglich reich ist, weiß das gesunde freundliche Aetnavölkchen der Aerzte zu entbehren.

Wie reich sind überhaupt Italien und Sicilien an Früchten verschiedner Art! Es ist wahr, daß bei vernachlässigter Pflege weder die Kirschen, deren Baum sehr groß in diesen Ländern wird, noch die Pflaumen, Aprikosen und Pfirschen den Grad der Vollkommenheit erreichen, welchen unsrer Gärtner Kunst ihnen zu geben weiß. Aber wird nicht der bei uns seltnen Aprikosen und Pfirschen Vollkommen-

heit durch die Fülle ersetzt, in welcher sie hier wachsen? mehr als ersetzt, wenn wir gerecht genug sein
wollen, weniger auf das Vergnügen einer geringen
Anzahl von Menschen, als auf den allgemeinen Genuß zu sehen. Und wer darf unsre Feigen mit den
vielfältigen Arten dieser saftigen und süßen Frucht
vergleichen, welche hier und im südlichen Italien,
zweimal des Jahres an hochstämmigen, sich weit
verbreitenden Bäumen gedeihen? Melonen und Was-
sermelonen werden wie bei uns die Gurken gezogen.
Die eßbaren Sorben (sorbus esculenta), welche
kleinen Aepfeln ähnlich sind, auch solche, nur etwas
flachere Kerne haben, und beinah traubenförmig an
Einem Zweiglein hangen, wachsen auf großen Bäumen, deren einziger Unterschied mit unserm Vogel-
beerbaume (sorbus aucuparia) nur in der Frucht
bestehet. Der säuerlichen Azerrolen feiner Geschmack
(crataegus oxyacantha), deren es weiße und rothe
giebt, und die Frucht des Erdbeerbaumes (arbutus),
die einer Erdbeere ähnlich ist, aber an einem Stengel, wie die Kirsche, auf hohen schlanken Stämmen
wächst, sind uns so unbekannt, wie den Italienern und
Siciliern unsre Johannis-Stachel- und Hinbeeren.
Ich weiß nicht, ob man in hiesigen Wäldern die Hei-
delbeere kenne. Der Ueberfluß an Maulbeeren ersetzet
gewiß den Mangel mancher andern Frucht. Sind
diese Länder minder reich an Aepfeln und Birnen, so
würden uns ganz die Citronen, die bittern und süßen
Pomeranzen fehlen, wenn wir sie nicht aus dem
Süden holten. Unreif, ja noch grün gepflückt, im
Kasten nachreifend, erreichen sie nicht den Saft, noch
den Geschmack, noch das Aroma derjenigen, welche
hier fast im ganzen Jahre reif von den Bäumen gepflückt werden. Und wie wenige Geschlechte kennen

wie von der zahlreichen Nazion dieser Agrumi? Es
gelinget der Kunst unsrer Gärtner die Granatblüthe
hervor zu bringen, aber hier erreichet dieser schöne
Baum einen ansehnlichen Wuchs, seine rothe Blume
glühet im Frühling und im Sommer zwischen dem
grünen Glanze des Laubes, und erfrischet noch
das Auge hie und da, wenn der erquickende Granat-
apfel die fruchtbaren Zweige beugt.

Schon in der Mitte des Julius beginnen bei Syrakus die Trauben zu reifen. Sie schwellen von
mannigfaltigem Nektar. Wer hat nicht von Siciliens Weinen gehört, die bei sorgloser Pflege dennoch
so edel sind? Wenige Arten von Wein können verglichen werden mit dem feurigen und duftenden Castelve-
trano, mit dem aromatischen Amarenaforte, mit dem
rothen und weißen Muskat von Syrakus, welche
Nachbaren des Amarenaforte sind. Jene beiden
Muskatarten sind nicht nur bei uns, sondern auch
in Kalabrien und in Sicilien unter dem Namen ka-
labrische Weine bekannt, weil noch vor Gelons Zeit
Pollis aus Argos, ein Beherrscher von Syrakus,
Reben aus Italien dorthin verpflanzte, welche früher aus Thrazien nach Italien gebracht worden. *)

*) Der Ritter Landolina, dem ich so manchen sehr interes-
santen Wink verdanke, hat mich mit folgender Stelle des
Athendos bekannt gemacht. Ἱππια ὁ Ῥηγινος την ειλεον
καλαμενην ἀμπελον βιβλινην φησι καλεισθαι, ἡν Πολλις
τον Ἀργειον, ὁς ἐβασιλευσε Συρακοσιων, πρωτον εις
Συρακουσας κομισαι ἐξ Ιταλιας. Ἐιη ἀν ἀν ὁ παρα Σικε-
λιωτας γλυκυς καλεμενος πολλιος, ὁ βιβλινος οινος.
,, Hippias von Rhegion sagt, daß die sogenannte gewundne
,, Rebe, welche Pollis der Argeier, der die Syrakuser be-
,, herrschte, zuerst aus Italien nach Syrakus brächte, die

Die Weinlese dieses Muskatgewächses fängt gewöhnlich schon den 24sten August an. Nach 14 Tagen werden andre nachreifende Trauben gelesen, und abermals nach 14 Tagen wieder andre.

Landolina hat mich auch belehrt, daß bei dieser Weinlese in der Gegend bei Syrakus nach eben den Regeln verfahren werde, welche Hesiodos schon vorschrieb.

Der Dichter sagt:

Εὖτ' ἂν δ' Ὠρίων καὶ Σείριος ἐς μέσον ἔλθῃ
Οὐρανὸν, Ἀρκτοῦρον δ' ἐσίδῃ ῥοδοδάκτυλος Ἠώς,
Ὦ Πέρση, τότε πάντας ἀπόδρεπε οἴκαδε βότρυς.
Δεῖξαι δ' ἠελίῳ δέκα τ' ἤματα καὶ δέκα νύκτας.
Πέντε δὲ συσκιάσαι, ἕκτῳ δ' εἰς ἄγγε' ἀφύσσαι
Δῶρα Διωνύσου πολυγηθέος. *)

Ἡσιοδ.
Ἔργα
καὶ
ἡμέρ.
609,614.

„biblinische sei genannt worden. Der süße, von den Sicilieren genannte pollische Wein, wäre also biblinischer." Den Muskatwein nannten die Alten biblinischen Wein, nach der thrazischen Gegend Biblia, wo trefflicher Wein wuchs. Auch Hesiodes erwähnet dieses biblinischen Weines. Pollis aus Argos muß vor Gelons Zeit herüber gekommen sein; in späterer Zeit hätte kein Beherrscher der Syrakuser so unbekannt in der Geschichte bleiben können.

*) Wenn Orion hinan mit Sirius steigt zu des Himmels Mitte, wenn den Arktur anschaut die rosige Eos,
lies dann alle Trauben, o Perses, und bring sie zu Hause.
Zeige sie drauf zehn Tage mit ihren Nächten der Sonne,
Lege sie auch fünf Tag' in Schatten, und geuß an dem sechsten
In Geschirre die Gaben des Freudeschenkenden Bacchos.
(Eos die Morgenröthe, die Göttin Aurora). Ich begehre nicht die Uebereilung des alten Griechen zu entschuldigen, wenn er sagt, daß man die Trauben zehn Tage und zehn Nächte der Sonne zeigen soll. Man versteht ihn. Sie sollen dem freien Himmel ausgesetzt sein,

Die Ausleger haben nicht begriffen, was Hesiodos wollte. Einer hat gemeint, es müsse Perses einen kleinen Weinberg gehabt haben, da er alle Trauben zu Hause erst in die Sonne, dann in den Schät-
ten legen und ausbreiten sollen. Aber so ist es nicht
gemeint. Die Art, wie man noch ist in Syrakus
verfährt, erklärt den Dichter. Man pflückt die Trauben wenn sie reif sind, aber auch die Reife genüget
dem Winzer nicht, wenn er diesen Muskatwein aus
den Beeren pressen will. Er legt die Trauben, ohne
doch eine bestimmte Zahl von Tagen zu beobachten,
sondern sich nach dem Wetter richtend, in die freie
Luft, damit die Sonne die noch wäßrigen Theile aus
ihnen ziehe. Dann legt er sie in den Kelter, wo er
sie einige Tage ungestampft liegen läßt, weil sie nach
der Besonnung zu trocken sein würden, um, ohne
vorhergegangne Gährung, Wein geben zu können.
Das nennt der Dichter beschatten.

Ἐις ἄγγε' ἀφυσσαι, in Geschirre gießen, heißt
ganz simpel was es allein heißen kann, den gestampf-
ten Most aus dem Kelter in die Fässer laufen lassen.
Was bedurfte der Dichter des allbekannten Stam-
pfens zu gedenken? Er handelt nicht die Materie der
Weinlese didaktisch ab, sondern er lehrt den Perses
eine besondre Art, recht edlen Wein zu machen. Es
ist ein seltsames Mißverständniß, wenn man, um
ja das Stampfen der Trauben in diese Verse hinein
zu zwingen, die ἄγγεα (Geschirre) zum Kelter
macht. Das Wort ἄγγος bezeichnet gewöhnlich ein
Geschirr, in welchem flüssige Dinge aufbewahret werden, nicht einen Kelter; und ἀφύσσειν (schöpfen,
gießen) kann nicht von Trauben gebraucht werden,

sondern vom Weine. Die Italiener und Sicilier
nennen diese Handlung, wenn sie den Most aus dem
Kelter in die Fässer laufen lassen, svinare. *)

Unsre Weingärten heißen Weinberge. Der
sicilische Winzer bepflanzt zwar auch Hügel, aber die
Fläche zieht er vor. Sucht der Deutsche sonnige
Höhen, so pflanzt der Sicilier schattende Maulbeer-
und Feigenbäume zwischen den Reben. Weder er
noch der Kalabrer ziehen diese an Bäumen. Auch
nicht der Pugliese. In Püglien, wie ich schon bemerkt habe, sind die Reben oft nicht höher als bei
uns die Pflanze der Kartoffel oder des Flachses. In
Sicilien und Kalabrien erreichen sie ohngefähr, doch
kaum, Mannshöhe. Nirgends schmeicheln die Reben dem Auge so sehr, als an den Ufern des Meerbusens von Neapel, wo sie die höchsten Stämme um-
schlingen, rankend von Baum zu Baum.

Nach dem Waizen macht des Weines Ausfuhr
den wichtigsten Artikel der Handlung Siciliens.

*) Man berechnet die Größe der Felder und Weingärten in
Sicilien nach Salmen Eine Salma Aussaat, d. h. ein
Raum, auf welchen man eine Salma Waizen säen könnte,
hält 6666 Quadrate Cannen. Die Canne 8 Palmi. Der
Palmo ist eine Spanne, mit hinzugefügtem ersten Glied
des Daumens. Tausend Reben geben bei Syrakus 4 bis 7
Salmen. Die Salma hält 80 Flaschen. Der Preis des
weißen Syrakusischen Muskatweins ist die Salma 4 bis 5
Uncien. Die Uncia hält 3 Reichsth. 9 gute Groschen, den
alten Louisd'or oder den Friedrichsd'or zu 5 Reichsth. berechnet. Des rothen syrakusischen Muskatweines gilt die
Salma 5 bis 7 Uncien In der Gegend zwischen Terranova und Lentini (den berühmten campis Gelois) sollen
1000 Reben 60 bis 100 Salmen geben.

Landolina hatte bemerkt, daß am Ende des No‑
vembers, etwa 8 Tage nachdem das welke Weinlaub
abfällt, schon der Saft wieder in die Reben steige.
Er urtheilte daher, daß es besser sein müßte, sie
dann schon zu beschneiden, als nach gewöhnlicher
Sitte im Januar, weil auf diese Art so viel vom
Safte verloren gehet, welcher ganz in die zu erhal‑
tenden Reben steigen würde, wenn man die unnützen
früh abschnitte. Er vermochte aber keine Arbeiter zu
finden, welche sich zu einer Neuerung wollten brau‑
chen lassen, die ihnen thöricht schien. Um durch
Beispiel zu lehren, befahl er seinem Verwalter, mit
einem kleinen Weingarten selber den Versuch zu ma‑
chen. Nach einigen Tagen ging er hin, um zu se‑
hen, wie es mit den Reben stünde. Der Verwalter
hatte nur einige beschnitten. Er entschuldigte sich,
die Nachbarn hätten ihn so verhöhnet, daß es ihm
unerträglich geworden, mit der Arbeit fortzufahren.

Unbegreiflich ist eine ungereimte Gewohnheit
der Landleute von Syrakus, von welcher weder die
auffallende Thorheit, noch das bessere Beispiel andrer
Sicilier sie abbringt.

Sie schlagen die Oliven, ehe sie vollkommen ge‑
reifet, mit Stangen von den Bäumen. Die Zweige
werden verletzet, das Oel wird grün und herbe aus
den unreifen Beeren gepreßt. Zum Brennen ist es
vortrefflich, aber nur ein schlechter Haushalter wird
Brennöl machen wollen, wenn er Tischöl pressen
könnte. Das Oel aus der Gegend von Girgenti,
welches häufig nach Karthago verführt ward, be‑
hauptet noch immer seinen alten Ruhm. Sicilien er‑
wirbt viel mit dem Oelbau.

Der größte Handlungszweig dieser gesegneten Insel ist der Waizen. Ich vermag nicht dir alle Arten zu nennen; folgende sind die vornehmsten.

Der Cicirello würde allen andern Arten seiner Fruchtbarkeit wegen vorgezogen werden, hätte nicht sein Korn, ja auch das Mehl dieses Kornes, den Fehler, daß es sich nicht lange aufbewahren läßt. Er soll manchesmal 60fältig tragen.

Ventina und Trentina haben diese Namen, weil die erste Art zwanzigfältig zu tragen pflegt, die andre dreißigfältig.

Triminia heißet so nach dem griechischen Worte Τρίμηνος (drei Monate dauernd), weil dieser Waizen am Ende des Aprils gesäet, und im dritten Monat manchesmal, wie man mir gesagt hat, vierzig Tage nach der Saat geerntet wird. Diese Art soll vortrefflich sein. Man säet den Triminia in Aecker, auf welchen man im Februar noch grüne, im November gesäete Gerste zum Futter gemähet hat. *)

Man schätzet auch hoch eine Art Waizen, welche von ihren schwarzen bärtigen Aehren den Namen barba nera bekommen hat.

Unsre glatte Art Winterwaizen wird Majorka genannt. Vermuthlich ward er aus der spanischen Insel hierher gebracht.

*) Triminia von Τρίμηνος. Die Sicilier waren auch zur Zeit der Alten nicht als Puristen in Absicht auf die Sprache bekannt, wiewohl einige herrliche Schriftsteller eine Ausnahme machten. Die itzigen beweisen so wenig wie die neuen Griechen, daß das η als ein ι ausgesprochen ward. Sonst würden die Sicilier und Napolitaner auch beweisen, daß man das italiänische e als i aussprechen müsse.

Türkisches Korn, welches wir auch türkischen Waizen oder Mais nennen, wird an vielen Orten gebauet. Hier und in Italien heißt diese Kornart grano d'india (Korn von Indien), und granone (großes Korn).

Selten ist hier der Rocken. Man nennet ihn wie im andern Königreiche, grano germano (deutsches Korn).

Den Haber bauen die Sicilier gar nicht. Nach Gebrauch der Alten füttert man in beiden Königreichen die Pferde mit Gerste.

Diodor sagt uns, auf Glauben andrer Schriftsteller, Sicilien habe das erste Korn hervorgebracht; das Land solle im Leontinischen Gebiet und an vielen andern Orten wilden Waizen tragen.

Diodor Vol I. Th. V. pag. 331.

Homer sagt ausdrücklich von Sicilien:.

'Αλλα ταγ' ασπαρτα και ανηρότα παντα φυονται,

Πυροι, και κριθαι, ηδ' αμπελοι, αιτε φερουσιν

Οινον εριςαφυλον, και σφιν Διος ομβρος αεξει. *)

'Ομ. οδ. 109·111.

Eine Pflanze, welche häufig in Sicilien wild wächset, mag wohl zu dieser Sage Anlaß gegeben haben. Sie trägt eine Art von Aehre, wächst aber sehr niedrig, und ist eine Grasart. Ihr botanischer Name heißet aegilops ovata (eyrunder Walch).

Ich erinnere mich in Büffons Histoire naturelle gelesen zu haben, daß dieser Schriftsteller der

D 2

*) Ohne des Pflanzers Sorg' und der Ackerer steigt das Ge-
                            wächs auf,

Alles, Waizen und Gerst' und edele Reben, belastet
Mit großtraubigtem Wein, und Kronions Regen gnährt
ihn.

Vos Ueb. der Od. Ges. IX. 109·111.

Meinung ift, alle Arten von Getreide wären ur-
fprünglich Grasarten, die der Menfchen Fleiß ver-
edelt hätte. Wäre das der Fall, fo würden diefe
Pflanzen gleich denen durch Kultur gefüllten Blumen
entweder keinen, oder feltnen Samen tragen; oder
führen fie fort fruchtbar zu fein, auch wenn der
Menfch fich nicht um fie bekümmerte, fo würden fie
bald wieder in ihren wilden Zuftand zurück arten.
Auch würde diefe Veredlung durch Kultur nur unter
glücklichen Himmelsftrichen Statt finden.

Von alle dem fehen wir das Gegentheil. Der
ausgefallne Same bringt das folgende Jahr einige
feltne Aehren hervor, und diefe reifen fo felten, daß
ich mich nicht erinnere, jemals im zweiten Jahr nach
der letzten Ernte freiwillig fproffende Aehren gefe-
hen zu haben. Sie entarten nicht, fie gehen aus,
da doch viel zartere Pflanzen, welche der Kunft des
Gärtners, um nicht zu entarten, erfodern, ohne
folche viele Jahre lang, allmählich entartend, fich
erhalten.

Die Erhaltung des Menfchengefchlechts ward
mit der Erhaltung diefer Getraidepflanzen verbunden
doch fo, daß wir ihnen noch unentbehrlicher find,
als fie uns. Ohne menfchliche Kultur können fie
nicht beftehen. Ohne fie ift unfre Erhaltung mißlich
aber nicht unmöglich, unfre Kultur hanget großentheils von ihnen ab. Denn dem Ackerbau verdanken
wir Eigenthum, bürgerliche Verfaffung, Sitten-
milde, Wiffenfchaft und Kunft.

Ich kann diefe Körner nicht anders als ein un-
mittelbares Gefchenk Gottes anfehen. Ueberlieferte
Nachricht von diefer Schenkung gab wohl Anlaß zur
griechifchen Sage, daß Ceres felbft die Menfchen den

Ackerbau gelehret habe. Unſre heiligen Urkunden
lehren uns, daß der erſtgeborne Sohn unſrer allgemeinen Mutter das Feld bauete. Vieles ward der
Entwicklung menſchlicher Kräfte überlaſſen; mit der
göttlichen Gabe der Sprache, mit dem minder erha-
benen aber nöthigen Geſchenk des Kornes ward das
junge Menſchengeſchlecht vom Schöpfer und Erhalter
unmittelbar verſehen. Ohne jene hätte der Menſch
mit unentwickelten Fähigkeiten ſich in dieſem Leben
nicht über das Thier erhoben; ohne dieſes wäre er
ein wilder, nicht fabelhafter Kyklope geworden. Als
der erſte Menſch verurtheilt ward, im Schweiße ſeines Angeſichts ſein Brod zu eſſen, gab ihm vielleicht
der väterliche Richter, der ihn kurz vorher gelehret
hatte ſeine Blöße zu bedecken, dieſe Körner mit auf
die Flucht. Eine Pflanze des Paradieſes, gedeihet
ſie nicht ohne menſchliche Pflege im rauhern Boden,
ſie wird vom Menſchen erhalten, wie ſie ihn erhält.

Die Kühe weiden das ganze Jahr: im Gebürge des Sommers, des Winters auf der Ebne.
Alle Rinder ſind in Sicilien ohne Ausnahme roth.
Die Ochſen haben gleich den puglieſiſchen und denen
bei Rom, welche urſprünglich puglieſiſcher Art ſind,
gewaltige Hörner. Die Art iſt vortreflich, nicht ſo
hochbeinig, wie die Rinder in der Terra di Lavoro,
nicht ſo rieſenmäßig groß, aber von edler Natur,
gedrungen und ſtark. Virgil würde ſeine Freude
daran haben; ſie entſprechen ſeiner Beſchreibung von
treflichen Rindern.

Siciliens Pferde hatten von jeher einen edlen
Ruf. Sophokles ſpricht irgendwo von einem ätnaiſchen Roſſe, Pindar rühmet die ſiciliſchen Pferde
mehr als Einmal, und Virgil die Pferde von Agri-

gentum. Ich sah in den Städten schöne und feurige
Rosse. Auf dem Lande sind sie selten, da zum Reiten, der Berge wegen, die Maulthiere vorgezogen
werden. Diese sind in Sicilien stark, und scheinen
mir den kalabresischen vorzuziehen. Hingegen gefielen die Pferde Kalabriens mir besser als die sicilischen.
Doch sollen mitten in der Insel edle Gestüte sein. In
den Städten sieht man Kutschen. Ich erinnere mich
nur einige Bauerwagen, und diese am nördlichen
Ufer des Faro gesehen zu haben. Sie hatten zwei
Räder, und wurden von Stieren gezogen.

Schafe und Ziegen sind von guter Art; doch
sah ich sie schöner in verschiednen Gegenden von
Italien.

Die Schweine sind in Sicilien schwarz, wie in
Italien.

Ich weiß nicht, ob Hirsche, Damhirsche und
Rehe in dieser Insel sein mögen. Auf dem Aetna sollen Gemse sein. Ich sah keine.

Zu den sonderbaren Begriffen der Nordländer
von diesen Gegenden gehören auch die Vorstellungen
von giftigen und von stechenden Thieren.

In den Wäldern sollen hie und da Schlangen
von ungeheurer Größe sein; aber wo ich nicht irre,
sind sie nicht giftig. Die gewöhnliche auch bei uns
gemeine Art ist hier so wenig giftig als bei uns. Andre Arten sind gefährlich. Die Natter, deren Biß
auch bei uns gefürchtet wird, hat hier mehr Gift.
Des Skorpions Hieb kann in der Gegend von Syrakus zuweilen tödtlich sein, wenn man die Mittel dagegen versäumt, oder zu spät anwendet. Bisher
habe ich keinen andern Skorpion als den am Him-

mel hier gesehen, welcher bei uns nur zum Theile sichtbar ist. *)

Ich sah nicht mehr Wespen, Bremsen und dergleichen als bei uns, aber einige uns unbekannte Arten. Der Mückenstich ist etwas giftiger als bei uns.

Die harmlosen Eidechse sind sehr schön in Italien, schöner noch und lebhafter in Sicilien. Sie sind größer als die unsrigen, und glänzend grün. Einige haben blaue Köpfe. In beiden Ländern laufen sie die Bäume hinan bis auf die Zweige der Wipfel. Sie erinnerten mich an eine schöne Stelle im Horaz, wo er ein schüchternes Mädchen mit einem jungen Reh vergleicht, das sich von der Mutter verlaufen hat, und an allen Gliedern zittert, wenn grüne Eidechse durch den Brombeerstrauch schlüpfen. Hor. libr. I. od. 23.

In beiden Ländern vermißt man die Menge der Vögel, welche unsre Wälder beleben, weil fast jeder Bauer mit der Vogelflinte geht, und sie sogar oft bei der Feldarbeit neben sich stehen hat.

Die meisten Bauern sind Pächter, dem Edelmanne gehört der Grund. Nach einer alten Sitte pflegt dieser dem Bauern, wenn die Zeit der Bestellung anfängt, Korn zur Aussat, Stiere zum Pflügen, Ackergeräth rc. zum Gebrauch zu leihen. Nach

---

*) Ich fand einen Scorpion etwa einen Monat nachher in meinem Zimmer im Piano di Sorento. Eine ganz kleine Art, von der Größe einer Spinne, sah ich nachher in Ischia. Diese kleine Art ist nicht giftig, und grau von Farbe. Sie verhält sich ohngefähr zum rechten Scorpion, welcher schwarz ist, wie die kleine Meerkrabbe zum Krebs. Jene, welche auch Granate an der Mündung der Weser genannt wird, ist viel kleiner wie der Krebs, und grau. Hat auch keine Scheren.

der Bestellzeit bringt der Bauer alles dieses, welches la Colonna genannt wird, wieder zurück. Für eine Salma Korn zur Aussat pflegt der Bauer fünf Salme Korn wieder zu geben. Eine Salma enthält 16 Tumuli, der Tumulo 20 bis 22 Rotoli, das Rotolo 2½ Libre. Acht und ⅞ Salme machen eine Last von Amsterdam aus. Die Last von Amsterdam ist um ein Dreizehntel größer als die Hamburger Last. Der Werth einer Salma Waizen ist 3 bis 5 Uncien.

Caraccyoli, der vorige Vicekönig von Sicilien, nahm den Gutsherrn das Recht, die Bauern, wenn sie die bestimmten Salmen Korn nicht geben, oder die Colonna nicht erstatten, in Verhaft zu nehmen. Man behauptet, es fehle daher itzt den Eigenthümern des Grundes an Sicherheit des Ertrags; und sie ließen oft lieber den Boden ungenutzt, als daß sie ihn in ungewisser Erwartung verpachten, und die Ausgabe der Colonna wagen wollten. Wie leicht wäre es, diesem Uebel abzuhelfen! Wie kann es dem Edelmann an Sicherheit fehlen, wenn der Landmann eben sein Korn eingeerntet hat? Die Verhaftnehmung des Schuldners, der mit seinem Arm sich und die Seinigen erhalten muß, ist immer eine barbarische Maßregel.

Für ihre Wohnung bezahlen die Bauern Grundzins, und pflegen solche, gleich als wären sie Erbpächter, von Geschlecht zu Geschlecht zu behalten. Wollte man ihnen ihre Häuser mit dem Acker, den sie pachten, in Erbpacht übergeben, so würden sie, es würde der Edelmann, es würde die ganze Insel unendlich dabei gewinnen; nur müßten sie entweder in natura ihre Abgaben entrichten, oder die Geldabgaben müßten, wo nicht alle Jahr, doch zu bestimmten Zeiten, nach dem Preis des Waizens festgesetzt werden.

Der Handel ist sehr eingeschränkt. In England giebt man Prämien für die Ausfuhr, in Sicilien bezahlt jede ausgehende Waare einen stärkern Zoll. Indessen scheint mir das Uebel nicht hauptsächlich hierin zu bestehen, und diese Einrichtung hat doch auch wieder ihre Vorzüge. Das Volk findet sich minder gedrückt, wenn es denkt, daß der Fremde die Abgabe allein bezahle. Der Landmann bedenkt nicht, daß jener, wenn die Abgabe nicht Statt fände, ihm das Korn theurer bezahlen würde. Man muß so sehr als möglich nicht nur jeden Druck vermeiden, man muß auch das Gefühl des Drucks schonen. Denn weder lebt der Mensch vom Brode allein, noch auch drückt ihn das w a h r e Gewicht der Last allein. Die Vorstellung drückt oft viel schwerer. Ferner fällt freilich die Beschwerde des Zolles eigentlich auf den inländischen Verkäufer; aber sie fällt auf ihn im günstigsten Augenblick, da er eben Geld aus seinem Korne löset.

Das wahre Uebel scheint mir darin zu liegen, daß nicht der Landmann dem fremden Schiffer sein Korn verkaufen darf, daß nur der Edelmann dieses Recht habe, und daß auch dieser nicht auf den Verkauf sicher rechnen kann, da die Kornausfuhr oft plötzlich gesperrt wird. Man sagt, daß oft Unterbediente, durch falsche Vorspieglungen, die Eröffnung oder die Sperrung dieses Handels auszuwürken, und zum Vortheil einiger, die mit ihnen theilen, diesen schändlichen Gewinn auf Unkosten der Landeigenthümer und der Bauern zu erwerben wissen.

Das Gesetz spricht den Bauer von allen Frohnen frei; aber die Verwalter, welche mehrentheils zugleich Pächter sind, bitten dann und wann die Bauern, ihnen mit ihrer Arbeit behülflich zu sein, und des Verwalters Bitten schlägt auch hier der Bauer nicht gern ab.

Ueber die Person des Bauern hat der Edelmann keine Gewalt, weder ihn in Verhaft zu nehmen, noch auch ihn am Leibe zu strafen. Gleichwohl ist jener in so fern leibeigen, als er das Gut nicht nach Willkühr verlassen darf.

Die Kalipflanze wird so häufig gebauet, daß jährlich zweimal hunderttausend Cantari Potasche aus dem Lande geführt werden. Ein Cantaro hält hundert Rotoli, oder hundert und sechzig Pfund von Amsterdam.

Ein angesehener Kaufmann hier in Messina, der ein Fremder ist, sagte mir, die wichtigsten Waaren, welche aus dem Lande geführt würden, beliefen sich auf ein und achtzig Artikel. Nächst den genannten, sind rohe und verarbeitete Seide, Citronen und Pomeranzen, Manna und Safran, ansehnliche Artikel.

Nicht nur einschränkende Verfügungen, auch Furcht vor den Seeräubern legt der Handlung Fesseln an. Die Regierung hebt große Summen, um das Meer von den Seeräubern frei zu halten. Diese Absicht würde wohl besser erfüllt werden, wenn man fürs erste der Idee, eine Flotte von Linienschiffen zu haben, entsagte, und sich begnügen wollte, mit Fregatten, Schebecken, Brigantinen und Galeeren den Handel gegen die afrikanischen Seeräuber zu schützen.

Erſt muß der Handel blühen und Matroſen bilden, ehe man an Errichtung einer Seemacht denken darf. Als ich das erſtemal in Meſſina war, erzählte man mir, es ſei ein barbariſches Raubſchiff, einer in Reggio liegenden königlichen Galeere zum Trotz, durch den Faro geſegelt. Zwiſchen Palermo und Neapel ſo gar haben Seeräuber zwo Felukken genommen. Bis an den Hafen von Trapani haben andre ein Schiff verfolgt, und ein mit Wein beladnes Fahrzeug zwiſchen Girgenti und Marſalla genommen.

Da die Schiffe, welche ein afrikaniſches Raubſchiff gefangen nahmen, einer ſtrengen Quarantäne unterworfen waren, ließen viele Kapitäne die Seeräuber entwiſchen. Dem Uebel abzuhelfen, hat die Regierung allen königlichen Kapitänen Befehl gegeben, jedes Raubſchiff, auch wenn deſſen Volk ſich ergeben will, in Grund zu bohren; eine Maßregel, welche die erſten Grundſätze des allgemeinen, natürlichen Völkerrechts, das allen Nationen heilig ſein muß, auf eine ſchreckliche Art verletzet.

In vorigen Jahren hielten die Venezianer, welche einen ſiebenjährigen Krieg mit den Tuneſen geführt haben, von dieſen das Meer rein. Kaum hatten ſie in dieſem Frühjahr Friede mit ihnen geſchloſſen, als zwo und vierzig Raubſchiffe aus dem Hafen von Tunis liefen. Man ſandte ihnen aus Neapel Schiffe entgegen; aber weder in hinlänglicher Anzahl, noch zur rechten Zeit.

Ganz anders verhält ſich die portugieſiſche Regierung. Ihr verdanket ſeit einigen Jahren das atlantiſche Meer ſeine Sicherheit. Ein aus einigen Kriegsſchiffen und Fregatten beſtehendes Geſchwader kreuzet jenseits der Straße von Gibraltar. Die Säulen des Herkules setzen dem Seeraube der Barbaresken ein Ziel.

Eine große Ursache der Schwäche des Landes liegt wohl darinnen, daß der dritte Stand zu wenig Rechte hat. Wiewohl die königlichen Städte Repräsentanten zum Parlamente schicken, wird dieses Standes Interesse nicht hinlänglich wahrgenommen, da diese Repräsentanten aus dem kleinen Adel genommen werden. Da indessen in manchen Städten dieser kleine Adel auch Handlung treibt, und also ein gemeinschaftliches Interesse mit den Kaufleuten aus der Bürgerschaft vertheidiget, wird dieser Fehler der Verfassung etwas gemildert.

Wo der Adel Antheil am Handel nimmt, ist die Scheidewand zwischen ihm und dem dritten Stande minder sichtbar als bei uns, wo die Ritterschaft, und ich meine zu ihrer Ehre, wie zum Besten des Landes, jede Art des Erwerbes den andern Ständen gern überläßt.

Der Adel Siciliens besteht aus vier Ordnungen. Die ersten sind die Baroni des Reichs. Ihrem Ursprung nach sollten sie ohngefähr das sein, was die Peers in Großbritannien sind, was Frankreichs Pairs in mittlern Zeiten waren. Diese Baroni haben gleiche Rechte, ungleichen Rang, sind Fürsten, Herzoge, Markgrafen, Grafen, Burggrafen (Visconti) und Freiherren. Ihr Sitz im Parlament ist erblich, wie im Oberhause von England.

Die Ritterschaft macht die zwote Ordnung aus. Sie besteht zum Theil aus sehr altem Adel. Zu ihr werden die Geschlechte gerechnet, denen die Könige zwar erbliche Titel von Fürsten, Herzogen ꝛc. aber keine erblichen Rechte geben könnten, Noblesse titrée, wie die Franzosen sagen, welche auch bei uns eigentlich nicht zum hohen Adel gerechnet wird, der nur aus reichsständischen Häusern besteht.

Eine dritte Ordnung besteht aus solchen Geschlechten, welche, nach einem alten Rechte, die Ritterschaft unter sich aufgenommen, um ausgestorbne Familien zu ersetzen.

Die vierte Ordnung hätte beinah das Land mit neuem Adel überschwemmet. Gewisse Aemter geben auch den Nachkommen den Adel. Man sah die Folgen ein, und giebt diese Aemter mehrentheils Männern aus dem Adel.

Das alte, ehmals demokratische Syrakus, hat allein in seinem Rath zwei Mitglieder aus dem Bürgerstande.

Adliche Unterthanen des hohen Adels, welcher ganze Städte besitzet, empfinden ihre Abhängigkeit, und klagen oft darüber. Gleichwohl vermögen sie nicht zu läugnen, daß die Baronialstädte eines bessern Schicksals genießen als die königlichen. Die Klage gegen einen mächtigen, daher von der Regierung scheel angesehenen Barone, findet leichter Gehör als die Beschwerde über den königlichen Gobernatore.

Das Parlament wird vom Vicekönige, zu unbestimmten Zeiten, in irgend eine der königlichen Städte berufen. Das letzte ward in Cefalù gehalten. Es besteht aus dem geistlichen Arm, (il braccio ecclesiastico) Erzbischöfen, Bischöfen, Aebten und Prioren; aus dem kriegerischen Arm, (il

braccio militare) den Baroni des Reichs; und
endlich aus den Deputirten der Städte (il braccio
demaniale).

Die Rechte des Parlaments sind groß, wiewohl sie durch Mißbrauch selten würksam werden,
weil sich die mächtigsten Mitglieder auf mancherlei Art
vom Hofe abhängig machen lassen. Keine außerordentliche Abgabe kann ohne Bewilligung des Parlaments aufgelegt werden.

Die Pfründen der Geistlichkeit sind zum Theil
sehr groß. Aber Sicilien hat nur zween Erzbischöfe
und sieben Bischöfe, da hingegen im Königreiche
Neapel ein und zwanzig Erzbischöfe und hundert und
zehn Bischöfe gezählt werden.

Die Canonici haben ansehnliche Einkünfte. Man
findet viele unter ihnen, welche durch vernünftigen
Betrieb des Landbaus ihren Mitbürgern ein nützli-
ches Beispiel geben. Einige widmen sich den Wissenschaften. Sie pflegen sehr gastfrei zu sein. Diese
Tugend der Gastfreiheit wird auch von den Ordens-
geistlichen in den meisten Klöstern geübet.

Solche Reisende, welche dafür halten, daß die
Hauptbestimmung des Menschen sei, den Umlauf des
Geldes durch thätigen Erwerb zu befördern, sollten,
für die freundliche Art, mit welcher sie von den Mönchen aufgenommen werden, diesen wenigstens die Gerechtigkeit widerfahren lassen, daß viele Laien durch
die Klöster ernähret werden.

Man ist ihnen aber durchaus die Gerechtigkeit
schuldig, sie nach den Grundsätzen ihrer Kirche zu
beurtheilen. Und dann — sage dieser oder jener
was er wolle — das Leben eines wahren Ordens-

Geistlichen ist ein hartes Leben. Wer, um sich zu
veredeln, wer, um Gottes willen, Selbstverläugnung übet; wer, um das Unsichtbare zu ergreifen, den süßesten Freuden des Lebens entsagt; wer,
bei Beobachtung strenger Vorschriften und Uebungen,
demüthig vor Gott, und freundlich gegen Nebenmen-
schen bleibt, der verdienet unsre Hochachtung, unsre
Ehrerbietung; er ist über jeden Spott des Leichtsinns
so sehr wie über den Unglimpf des Reisenden erhoben, der sich freundlich in Klöstern bewirthen läßt,
und ohne Unterschied, hinter dem Rücken, einige
hundert Meilen von ihnen entfernt, sich und seichte
oder bittre Leser über ihre Bewohner lustig macht,
sich nicht entblödet, sie mit dem gehässigen Namen
Pfaffen zu schelten, da er doch vielleicht mit littera-
rischer Hochachtung von den verstümmelten Pfaffen
der Cybele, oder von andern Götzendienern der Alten, wie von ehrwürdigen Priestern reden würde.

Fern sei es von mir zu läugnen, daß viele
Mönche und Priester den Namen Pfaffen verdienen.
Jeder unwürdige Geistliche, — sei er Katholik oder
Protestant — der sich von der Kirche nährt und gegen ihre Grundsätze lebt und redet, ist ein Pfaff.
Jeder der dem Geiste seiner Kirche und seinem Gewissen treu, anerkannten Pflichten nachlebt, ist ein
Mann, den wir ehren müssen, desto mehr ehren,
wenn er mit wahrer Selbstverläugnung, um Gottes
willen, ein mühseliges Leben, geduldig in Hoffnung lebt.

Urtheile jeder wie er will, nur halte sich keiner
für einen freien Denker, wenn er sein Urtheil nach
der Modegesinnung eines leichtsinnigen, kurzsichti-
gen, hochfahrenden Jahrhunderts oder Jahrzehends
stimmet.

Ueber den Charakter der Bewohner eines Landes wird ein bescheidner Reisender, wenn er nicht Jahre mit ihnen gelebt hat, nicht gern ein Urtheil, am mindesten ein ungünstiges Urtheil fällen wollen. Lange, fortgesetzte Beobachtungen, besondre Gelegenheiten und verschiedne Umstände müssen zusammen treffen, um einen Frembling in Stand zu setzen, etwas Gründliches über die Denkungs- und Empfindungsart der Nation, die er besucht hat, sagen zu können.

Die Sicilier rühmen sich eines offnen, freien Charakters. Die Napolitaner werfen ihnen entgegen gesetzte Fehler vor, und eignen den Ruhm der Freimüthigkeit sich selber zu. Ich fand beide Nationen freundlich, zuvorkommend, nicht nur mit Höflichkeit, auch mit Wohlwollen, ja mit Vertrauen. Mir scheinen die Napolitaner sanguinischer und froher; ernster, feuriger die Sicilier. Beide sehr reizbar, aber nach Verschiedenheit des Charakters. Brausender ist der Napolitaner, und auffahrend sein Zorn. Unbemerkt fällt ein Wort, als Same des Grolls, in die Tiefe des sicilischen Herzens; crescit occulto velut arbor aevo das Gefühl der Beleidigung, und plötzlich enthüllet sich aus platzender Schale die Frucht der blutigen Rache. Groß ist indessen der Unterschied des Charakters in verschiednen Städten. Den Trapanesen wirft man am meisten die Rachsucht vor.

Liebe zur Freiheit ist den Einwohnern beider Königreiche gemein. Zum Ruhme gereicht es den Napolitanern, daß sie sich beständig der Einführung des schrecklichen Tribunals der Inquisition widersetzten. In Sicilien ward es erst durch diesen König aufgehoben.

Bei den Siciliern, wie bei den Napolitanern, und bei den Italiänern überhaupt, haben die Fehler eines heißen Himmelsstrichs desto freieres Spiel, da der öffentliche und der häusliche Unterricht der Jugend auf eine nicht zu verantwortende Weise vernachläßiget wird. Wie unter diesem Himmel der fruchtbare Boden reich an mannigfaltigen Früchten ist, und an vielartigen Disteln von ungemeiner Größe, so ranken auch Fehler und Laster mit üppigem Wuchs aus dem Nationalcharakter dieser Völker, deren Anlagen und Fähigkeiten sehr groß sind. Wollust, Zorn, Rache glühen mit des feurigen Temperaments ungekühlter Hitze. Ungereizt scheinen sie mir wohlwollend.

Daher die freundliche und edle Gastfreiheit der Bewohner beider Königreiche. Daher die Sicherheit der Fremden in Rom, wo doch jährlich fünfhundert Ermordete gezählet werden, welche nicht als ein Opfer der Raubsucht fallen, sondern der Eifersucht, des Jähzorns, der Rache.

Schon ihre zarten Kinder zeigen heftigen Zorn, ihr Weinen ist begleitet mit Zeichen des Eigensinns und der Heftigkeit. Etwas von diesen Fehlern gehört vielleicht auf die Rechnung der geerbten Anlage und des heißen Bluts; aber wohl wenigstens eben so viel auf der Eltern Unvernunft und Heftigkeit im Betragen gegen die Kinder. Gewohnt mit Steinen zum Spiel zu werfen, wird der Knabe von jäher Wuth mit dieser fürchterlichen Waffe gerüstet. Wirft jemand einen Stein nach einem Hunde, so werfen alle Knaben dem unglücklichen Thiere nach, und die Erwachsenen billigen diese böse Unart wenigstens durch Stillschweigen, ermuntern sie wohl gar durch Beifall. Ihre

Behandlung der Thiere überhaupt beweiset rohes Gefühl.

In einem Lande, wo die Natur so freigebig, ist der Müßiggang natürlich. Der Nordländer arbeitet im Schweiße seines Angesichts, weil er starker Nahrung, wärmer Kleidung, theurer Feuerung bedarf, und gebranntes Getränkes nicht entbehren will. Der mäßige Italiäner und der Sicilier genießen einer leichten Nahrung, sie sind leicht gekleidet. Wiewohl ihre feurigen Weine in manchen Gegenden so wohlfeil sind wie bei uns das gemeine Bier, ist doch die Trunkenheit hier ein sehr seltnes Laster. Ich sah in Italien einen oder zween betrunkne Menschen, in Sicilien keinen. Unter mildem Himmel bedürfen sie weder einer dichten noch geräumigen Wohnung; selbst die Handwerker arbeiten mehrentheils auf der Straße. Ruh und Schatten sind ihre natürlichsten Bedürfnisse, daher der Müßiggang. Aber so sehr auch dieser Entschuldigung verdienet, so fürchterlich sind doch seine Folgen.

Eine von diesen ist der Bettler Menge. Sie sind oft unverschämt, scheinen aber dem Reisenden noch mehr so als sie es würklich sind; man vergißt zu oft, daß die Lebhaftigkeit der Nation sich auch dem Bettler mittheilen müsse. Man wirft den Italiänern und Siciliern Eigennutz vor; etwas von diesem Vorwurf mag gegründet sein, aber ich habe in allen Ständen Menschen von Edelmuth unter ihnen gefunden. Nicht selten ist es mir und meinen Reisegenossen begegnet, daß gemeine Leute, für erzeigte Gefälligkeit oder übernommene Mühe, durchaus keine Belohnung annehmen wollten. Nach solchen Leuten, welche hauptsächlich von den Fremden leben, muß

man nicht die Nation beurtheilen. Wie würde man
sich irren, wenn man von dem Eigennuß mancher
Wirthe und Fuhrleute in der deutschen Schweiz, auf
den Charakter der deutschen Schweizer, des edelsten
Volkes auf Gottes Erdboden, schlösse!

In Ländern, wo die Natur vieles freiwillig,
vieles für geringe Arbeit hervorbringt, müßten durch
Eröffnung neuer Bahnen der Indústrie die Menschen
zur Arbeit gelockt werden. Hier wird die Ermun-
terung der Indústrie oft durch Saumseligkeit der
Regierung vernachlässiget, oft auch — und das ist
noch schlimmer — durch widersinnige Sorgfalt
gehemmt.

Lebhafte Phantasie, mißleitet durch schlechten
Unterricht in der Religion, gebiert den Uberglauben.
Dieser setzet leichte Uebungen an die Stelle gewissen-
hafter Erfüllung der Pflichten; sinnloses Gewäsch
an die Stelle der Herzensreinheit und der Liebe. So
befördert er die Unsittlichkeit, und oft den Un-
glauben.

Die Freigebigkeit der Natur, und die Ver-
nachlässigung der Erziehung, zeigen sich im Gespräch der Italiäner, auf ihren schön gezeichneten
durch heftige Affekten aber verzognen Gesichtern; an
ihrer zu lauten, das Ohr verletzenden, wiewohl
rein tönenden Stimme; endlich an Vergleichung der
Kinder mit den Erwachßnen.

Nirgends sah ich unter dem Volke mehr schöne,
mehr geistreiche Kinder, als in diesen Ländern. Schnell
sind ihre ersten Fortschritte, bald aber werden sie gehemmt. Nirgends sah ich so wenig Bucklige, so wenig
von der Geburt an mißgestaltete Menschen; nirgends
aber so viel durch Verwahrlosung mißgebildete Kinder; nirgends so viel Einäugige, Blinde, Lahme,

R 2

so viele Menschen mit verdorreten Händen, so viele Krüppel jeder Art, als in Italien und Sicilien; doch mehr in Italien. Wie oft begegnet man auf der Insel sowohl, wie im festen Lande, unglücklichen Männern und Weibern, denen das Gesicht, sei es vom Krebs oder vom Aussatz halb zerfressen ist. Man erschrickt, schaudernd zweifelt man, ob sie eigne Jugendsünden büßen, oder ob die Sünden ihrer Aeltern sie bezeichnen. Man wendet, mit unwillkührlichem, unüberlegtem Abscheu, der sich bald in Mitleiden verwandelt, den Blick von ihnen ab.

Einer eigenthümlichen Sitte Siciliens muß ich noch gedenken. Hier gilt ein Vorkaufsrecht von sonderbarer Art. Wenn jemand ein Grundstück, sei es Haus, Acker, Weingarten ꝛc. gekauft hat, so kann während eines ganzen Jahres nach dem Verkauf, der Nachbar den Käufer durch Erlegung des Kaufpreises aus dem Besitz stoßen. Umsonst würde der frühere Käufer dem ersten Besitzer mehr nachbieten wollen. Dieses seltsame Gesetz wird mehrentheils durch eine Lüge vereitelt. Der Kaufpreis wird im Kaufbriefe höher angegeben als er unter vier Augen verabredet ward.

Nicht minder auffallend ist ein andres sicilisches Gesetz, nach welchem jeder seinen Nachbar, durch Erlegung des dreifachen Werthes, ihm sein Haus zu verkaufen zwingen kann. Diese Gesetze haben der Städte Verschönerung zur Absicht. Man will Besitzer großer Häuser begünstigen; will sie ermuntern, die unansehnlichen kleinen Wohnungen aufzukaufen.

Sechs und neunzigſter Brief.

San Jorio bei Neapel, den 18ten Julius 1792.

Am zehnten, Abends um 7 Uhr, beſtiegen wir im
Hafen von Meſſina kleine Fahrzeuge, welche man
Speronari nennet. Sie ſind lang und ſchmal, ba-
her leicht in ihren Bewegungen, haben ſieben Rude-
rer und viele Segel. Die Malthefer ſind Erfinder
und beinah einzige Beſitzer ſolcher Schiffchen. Nur
die Syrakuſier haben es ihnen nachgethan. Unſre
Speronari waren aus Syrakus. Wir hatten ſie
nach Meſſina hinbeſtellt, weil bei itziger Unſicherheit
dieſer Meere ſolche Fahrzeuge faſt immer den Seeräubern entrinnen. Größere Schiffe werden, wofern
ſie nicht zur Vertheidigung gerüſtet ſind, wenn ſie
Seeräubern begegnen, faſt immer ihre Beute. Denn
da dieſe ihre Fahrzeuge nicht zum Transport von
Waaren, ſondern zum Raube bauen, ſo haben ſie
über andre Schiffe großen Vortheil. So ſchnell
auch die Speronari ſegeln, vertrauen ihre Führer,
wenn Barbaresken ſie verfolgen, ihrem Segel nicht,
ſondern rudern gerade gegen den Wind an, worin-
nen die Afrikaner ihnen nicht gleich kommen. Man
ſoll kein Beiſpiel haben, daß ein Speronaro, wofern
es nicht mit Waaren beladen geweſen, in der Seeräuber Hände gefallen wäre.

Vor Sonnenaufgang ſahen wir am elften faſt alle
liparischen Inſeln, theils uns zur Linken, theils gerade vor uns. Man zählt deren bald 7, bald 10,
bald 12, je nachdem man die weſtlichen beiden, Ali-
cudi und Felicudi, oder einige kleinere, welche eigent-

lich nur Klippen sind, mitrechnet oder nicht. Gleich den Alten lieben die Italiäner und Sicilier große Zahlen, und machen gern aus Klippen Inseln, aus Bächen Ströme.

Lipari ist die größeste und eines Bischofs Sitz. Alte und Neuere halten sie für Homers äolische Insel, in welcher Aeolos, der unsterblichen Götter Freund, welchem Zeus der Winde Aufsicht anvertrauet hatte, den Odysseus bewirthete, und ihm alle Winde in einem Schlauche gab, den Westwind ausgenommen, weil der ihm günstig in die Segel wehen sollte. Odysseus trauete keinem der Genossen das Steuer an, und sah am zehnten Tage schon das liebe Ithaka, als ein süßer Schlummer sich seiner bemächtigte. Seine thörichten Gefährten, welche glaubten, daß Schätze im Schlauche wären, öffneten ihn; alsbald brachen ungestüm die Winde hervor, warfen das Schiff weit ins Meer, und brachten es endlich wieder zurück zum Aeolos.

S. den Anfang d. 10. Ges.d. Odyß.

Da diese Inseln, welche sich als Berge hoch aus dem Meer, mit jähen Gestaden erheben, sehr weit gesehen werden, und, je nachdem man sich gegen sie richtet, gleich den homerischen sogenannten irrenden Klippen vor der Skylla, immer eine verschiedne Lage zu haben scheinen, so nutzte der große Dichter diesen Umstand, und nannte die äolische Insel auch die schwimmende.

Lipari ist hoch, wie ihre Gespielen, und hat gleich ihnen jäh abschüssige Ufer. Diese sind eisenfarbig, wenigstens von fern, wie wir sie sahen. Daher dichtete Homer, es sei des Aeolos Insel mit einer ehernen Mauer umringet gewesen. Ich verdanke

diese Bemerkung dem guten Padre Minasi, einem Or-
densgeistlichen nach der Regel des heiligen Dominicus, in Neapel.   Ehmals war Lipari feuerspeiend.
Diodor giebt uns von diesen Inseln folgende Nachrichten:

„Winde brechen hervor mit großem Geräusch,
„aus den Klüften der Strongyle, (Stromboli) und
„der Hiera Hephästa.“ (der dem Vulkan heiligen,
itzt heißt sie Volcano.)   „Sie werfen Sand auf und
„glühende Steine.   Einige glauben, daß sie durch
„unterirdische Gänge mit dem Aetna zusammen han-
„gen,   und abwechselnd mit diesem Feuer ergießen.
„Liparos,   Sohn des italischen Königes Auson, von
„seinem Bruder vertrieben,   soll die äolischen Inseln
„zuerst bevölkert und angebauet haben.   Nach ihm
„erhielt Lipara (Lipari) ihren Namen.   Aeolos,
„Sohn des Hippotas,   kam hin,   und heirathete des
„Liparos Tochter, Kyane.   Er ward König von
„Lipara,   und verhalf seinem Schwiegervater,   der
„sich nach Italien sehnte,   zur Eroberung von So-
„rento.   Zu diesem Aeolos kam Odysseus.   Aeolos
„war ein gerechter Mann,   und ward Freund der
„Götter genannt.   Ihm schrieb man die Erfindung
„der Segel zu.   Aus der Beobachtung von den Vor-
„zeichen des Feuers“ (des aufsteigenden Rauches,
welcher bei Nacht feurig ist) „soll er den Einwoh-
„nern die Winde vorhergesagt haben,   weswegen
„auch die Fabel ihn zum Vorsteher der Winde ge-
„macht.   Aeolos hatte sechs Söhne.   Einer herrschte
„in der Gegend von Rhegion (Reggio in Kalabrien)
„die fünf andern in Sicilien.   Sowohl wegen des
„väterlichen Ruhmes,   als auch wegen ihrer eignen
„sanften und gerechten Gesinnung,   gehorchten ihnen
„Sikaner und Sikuler, welche doch vordem immer

„uneins gewesen. Lange herrschte ihr Geschlecht,
„bis es ausstarb. Nachher wählten die Sikuler
„ihre Fürsten; die Eikaner führten bürgerliche
„Kriege." — —

„Gedrückt vom Joch der persischen Könige, be-
„schlossen einige Karer aus der Stadt Knidos, (Gni-
„dus.) und einige Rhodier, zur Zeit der 50sten
„Olympiade (578 — 75 Jahr vor Christi Geburt)
„ein andres Vaterland zu suchen. Nach verunglück-
„tem Versuch in Sicilien, schon auf dem Rückwege,
„wurden sie freundlich in Lipara aufgenommen, wo
„nur noch fünfhundert von den Abkömmlingen der
„alten Einwohner übrig waren, und vereinigten sich
„mit ihnen. Gegen tyrrhenische Seeräuber rüsteten
„sie eine Flotte. In Gemeinschaft besaßen alle das
„Land und des Seekriegs Beute. Zuletzt vertheil-
„ten sie nach dem Loose das Land aller dieser Inseln,
„und so, daß alle zwanzig Jahr von neuem geloset
„ward. Sie besiegten die Tyrrhener in vielen See-
„schlachten, und sandten große Geschenke vom Raube
„nach Delphos. Lipara ward wohlhabend und be-
„rühmt durch seine natürlichen schönen Hafen, und
„wegen der warmen Quellen, welche auszeichnende
„Eigenschaften, sowohl durch ihre, bei besondern
„Krankheiten nützliche, als auch sehr angenehme Bä-
„der, hatten. Auch brachten ihre Alaungruben den
„Einwohnern unglaublich viel Geld ein. Diese kleine
„Insel war wohl mit Feldfrüchten versehen, und
„mit allem, was zur Nahrung dient, besonders mit
„dem feinsten Baumobst, und mit Fischen jeder Art."

Diodor.
Vol. I.
B. V.
P. 335-
38.

Diese Beschreibung soll noch fast ganz auf Lipari
passen. Mich wundert, daß Diodor des Weines nicht

erwähnt. Der itzige Muskatwein dieser Insel ist vortrefflich.

Die Dichtung, als habe Aeolos die Winde beherrschet, und die Erzählung, daß er aus den Vorzeichen des Feuers die Veränderung der Winde vorhergesagt habe, sind darauf gegründet, daß würklich, weil sich der Wind in der hohen Region früher ändert als in der unteren, die Schiffer bis auf diesen Tag, aus dem Rauch der aus den volkanischen Inseln steigt, und aus den Dünsten die aus den andern sich erheben, die Winde vorhersehen.

Im Kriege der Syrakusier mit den Atheniensern, hielten die Liparäer es mit den erstern. Folgendes erzählet uns Thukydides:

„Im Winter“ (des zweiten Jahres der 88sten Olympiade, 426 Jahr vor Christi Geburt, im 5ten des peloponnesischen Krieges) „schifften gemeinschaft„lich mit den Rheginern die Athenienser gegen die „sogenannten Inseln des Aeolos. Im Sommer „wäre es nicht möglich gewesen, einen Feldzug dort„hin zu thun, weil es diesen Inseln an Wasser feh„let. *) Die Liparäer, Abkömmlinge der Knidier, „besitzen diese Inseln. Sie wohnen in einer von „ihnen, Lipara, welche nicht groß ist. Die andern „benutzen sie zum Feldbau, aus Lipara hinüber fah„rend. **) Diese heißen Didyme, Strongyle und

---

*) Das gilt nicht von allen. In Stromboll fand ich gutes Wasser.

**) Neue Geographen irren, wenn sie behaupten, daß das noch der Fall sei. Die größten der liparischen Inseln werden bewohnt. Nur auf den kleineren wird der Boden von den Nachbarn gebauet.

„Hiera. Die Menschen dort glauben, daß Hephåstos
„(Vulkan) in Hiera schmiede, weil man bei Nacht
„viel Feuer aus ihr aufsteigen sieht, und des Tages
„Rauch. Da sie es mit den Syrakusiern hielten,
„verheerten die Athenienser ihre Felder. Die Lipa=
„råer blieben aber ihrer Verbündung treu, und jene
„kehrten zurück nach Rhegion."

Thuk.
B. III.
p. 221,
22. ed.
Duk.

Agathokles schiffte hinüber und erpreßte funf=
zig Talente, welche zum Theil dem Vulkan, zum
Theil dem Aeolos gewidmet waren. Die Völker
wurden in dem Wahn, daß Aeolos die Winde be=
herrsche, gestärkt, als elf mit diesem Gelde belastete
Schiffe untergingen.

Diod.
B. XX.

Die Liparoten hielten es noch mit dem Hause
Anjou, nachdem die Franzosen schon in Sicilien wa=
ren ausgerottet worden. Erst im Jahr 1363 ward
durch endlichen Frieden das arragonische Haus in
Besitz dieser Inseln gesetzt.

Amico
Lexic
topogr.
Sic.

Die Inseln Volcano, Volcanello und Strom=
boli speien Feuer. Volcanello ist nur ein Fels im
Meer, aus dem es sich in neuern Zeiten muß erho=
ben haben, da die Alten seiner nicht erwähnen. Ein
unterirdischer Feuerausbruch hat es ohne Zweifel
sichtbar gemacht.

Den ganzen Morgen hatten wir schon Strom=
boli vor uns liegen gesehen, und erreichten diese In=
sel, welche ihrer Höhe wegen so nah geschienen hatte,
mit günstigem Winde erst den Nachmittag. Strom=
boli hieß bei den Griechen Strongyla, das heißt die
runde. Ihre Bewohner und die sicilischen Schiffer
nennen sie noch Strongoli. Das Inselchen besteht
aus einem sehr hohen Berge. Wir landeten an der

östlichen Küste. Der Strand ist mit schwarzer Asche
bedeckt, welche vermischt ist mit funkelndem Sande.
Als wir aus den Fahrzeugen stiegen, kamen einige
der Bewohner gewaffnet herbei, und fragten nach
unsern Pässen und Gesundheitsscheinen. Ein solcher
Gesundheitsschein heißt prattica. Weil wir zwar
vom Vicekönig, aber nicht vom Governadore in Lipari, wo wir nicht gewesen, einen Paß hatten, und
unsre prattica nicht ausdrücklich sagte, daß wir in
Stromboli landen würden, durften wir nur längs
der Küste, und zwar in einer gewissen vorgeschriebe-
nen Entfernung gehen, den Wohnungen aber nicht
nahen. Doch erlaubte man den Gipfel zu besteigen,
und den Krater zu besehen. Jacobi nutzte diese Erlaubniß; uns andre schreckte die Hitze ab und der
jähe Berg.

Ich ging zu vorstehenden Felsen des Gestades,
um mich hinter ihnen im Meere zu baden. Ein
Strombolese begleitete mich als Hüter bis zu den Felsen. Seine Frau kam eilend aus ihrer Hütte am
Abhang des Berges, und brachte ihm eine Flinte.
Bei ihrer Wachsamkeit, welche ein gewaltthätiges
Ansehen hat, sind die Leutlein, so verwildert sie auch
scheinen, dennoch freundlich. Wir kauften von ihnen treflichen weißen Muskatwein, und einen rothen
Wein, der so viel Feuer hat, daß uns itzt der La-
crima des Vesuvs und der Posilipo dagegen schal
von Geschmack scheinen.

Mit gutem Winde segelten wir des Abends weiter, und sahen in der Nacht den feurigen Rauch aus
dem nimmer ruhenden Krater von Stromboli aufsteigen. Am 12ten Nachmittags um 1 Uhr sahen
wir ein Schiff. Unsre Schiffer besahen es oft mit

einem Sehrohr. Wir achteten nicht darauf. Plötzlich fielen sie über die Ruder her, und arbeiteten aus
vollen Kräften mit sichtbarer Angst.

Sie hielten das Schiff für ein barbareskes Fahrzeug, und ich glaube mit Recht; denn wir konnten
zwar durch ihr Rohr nicht deutlich die Menschen dieses Fahrzeugs erkennen, sie schienen uns aber lange
Kleider zu tragen. Sie riefen uns zu; wir verstanden sie nicht, unsre Schiffer hatten gar nicht Lust,
sich mit ihnen in Gespräch einzulassen, sondern verdoppelten ihre Ruderschläge. Plötzlich machte jenes
Schiff eine Wendung gegen uns, mochte aber wohl
daran verzweifeln, unsre Speronaro einzuholen, und
setzte seine Fahrt fort.

Einige Stunden nachher umsegelten wir das
Vorgebürge, von dem Virgil sagt, daß es nach Pa-
linurus, dem Steuermann des Aeneas, welcher hier
ins Meer stürzte, sei genannt worden. Es heißt
noch Capo Palinuro. Wir ergötzten uns an der
schönen Küste des Principato citra.

Gegen Abend wehete ein starker Wind sehr günstig. Wir hofften Salerno zu erreichen, und wollten von da unsre Reise zu Lande vollenden. Aber
ein Sturm erhub sich; unsre Schiffer suchten Schutz
in einer kleinen Bucht.

Früh am 13ten ruderten wir weiter bei hohem
Meer, welches unsre Schiffer hinderte, das Vorgebürge Licofa zu umsegeln. Wir mußten jenseits in
der Anfurt von Lazarolo, welches aus einigen Häusern bestehet, landen, nachdem wir beinah an einem
Felsen gescheitert wären. Wegen des hohen Meeres
mußten wir den ganzen Tag dort bleiben. Ich reise

mit dem älteſten Herrn von Droſt in einem Speronaro; unſre Freunde hatten wir, ſeitdem wir Stromboli verlaſſen, nicht geſehen, und waren ihretwegen
unruhig, ſowohl des Sturmes als des verdächtigen
Schiffes wegen.

Abends verließen wir endlich Lazarolo, ſegelten
in der Nacht den Meerbuſen von Salerno vorbei, und
ſahen früh die Inſel Capri vor uns liegen, deren
ſüdliche Küſte noch viel rauheres Anſehens iſt als
die nördliche. Gegen Weſten thürmen ſich, durch
eine ſchmale Meerenge von ihr getrennt, hohe Felſen. Einer von dieſen iſt durchbrochen, vermuthlich
von der Gewalt der Fluten. Man ſieht das Meer
wie durch ein gewölbtes Thor. Am Nachmittag landeten wir in Neapel, von wannen ich gleich herfuhr,
wo ich meine Frau und Kinder wieder fand, die ich
am 27ſten April verlaſſen hatte.

Sieben und neunzigster Brief.

Piano di Sorento d. 19ten Sept. 1792.

Um noch einige Sommermonate in einer der schönsten Gegenden Italiens zuzubringen, und ihrer in
ungestörter Freiheit zu genießen, schifften wir am
21sten Julius des Nachmittags herüber nach diesem
Thale, welches große Reize hat von einer ihm eigenthümlichen Art. Es ward durch die Natur von der
ganzen übrigen Welt abgesondert.

Aeußerst beschwerlich sind seine Zugänge von
der Landseite, und nur die Hände der Menschen haben es von der Seite des Meeres zugänglich gemacht.
Es mag ohngefähr vier Stunden im Umfang haben.
In Gestalt eines halben Mondes liegt es eingerückt
in die Berge des Gestades, welche seine Rundung um-
kränzen. Sein Ufer besteht aus steilen Felsen, die
in furchtbarer Höhe bald senkrecht im Meere stehen,
bald einem schmalen Strande Raum zu Wohnungen
der Fischer und Schiffer gestatten, deren Fahrzeuge
zum Theil in den Grotten der Küste aufbewahret werden. Die Wege, welche vom Strande hinauf ins
Thal führen, sind in die Felsen des Ufers eingehauen.
Oben schatten große Bäume, unter andern die schönsten Pinien, so ich jemals sah. Wenig Bäume machen eine so große Wirkung, als diese ungeheuren
Pinien, die auf geradem Stamme sich hoch auf dem
Felsengestade erhebend, ihr einem Sonnenschirm ähnliches Haupt mit breiten Aesten in den Lufthorizon
ausstrecken. Die höheren Berge werden von Eichen
und Kastanien beschattet, auch von Oelbäumen. Das

Piano oder die hohe Ebne selbst ist bedeckt mit Wohnungen; bei jeder ist ein Plätzchen Erde mit Weingärten, Obstbäumen und Agrumi bepflanzt.

Einige Reben winden sich um hohe Stämme
von Obstbäumen, und ranken von Baum zu Baum;
andre werden höher, als ich irgendwo sie sah, (wenn
ich Kalabriens wilde Reben ausnehme,) an abgerin-
dete Stämme schlanker Kastanienbäume, welche
hauptsächlich dazu auf den Bergen gezogen werden,
hinan geleitet. Diese Kastanienwälder werden wie
im Harze die Buchen, wie im nördlichen Deutschlande
die Erlen, in Schläge getheilt, und sprossen wieder
aus der Wurzel Man haut sie, wenn sie zehn Jahr
alt sind: Ich sah in der Insel Ischia, wo die Vegetation besonders freudig ist, siebenjährige Kastanienbäume, welche wenigstens so hoch waren wie fünf
und dreißigjährige Buchen des nördlichen Deutsch-
landes, und bedeckt mit Früchten.

Die Agrumibäume jeder Art gedeihen in diesem
Thale zu einer außerordentlichen Höhe und Frucht-
barkeit, daher Citronen und Pomeranzen in großer
Fülle nach Neapel, Salerno, Rom, Livorno und
Ancona gesandt werden.

Wir wohnen in einem angenehmen Landhause,
eine halbe Stunde von dem Städchen Sorento, nahe
beim Flecken Carotta. Zwischen Pomeranzen und
Reben, welche beide weit über das zweite Stockwerk
des Hauses empor streben, sehen wir aus den Fen-
stern, und von zween großen, freien Söllern, auf
der einen Seite hinter vielen Gärten hohe, mit Wald
bewachsne Berge, auf der andern, auch hinter Reben und Obstbäumen, das Meer, die krummen Ufer,

Neapel und Portici, mit dazwischen liegenden Landhäusern, welche in dieser Ferne beide vereinigend den
Anblick Einer ungeheuern Stadt hervorbringen, und
uns unsre paradiesische Einsamkeit desto werther machen. Im Hintergrunde der Aussicht unterscheidet
das Auge vierfache Gebürgreihen, deren letzte sich im
Abruzzo thürmet. Nahe scheinend erhebet sich links
die hohe Insel Ischia, welche alle Abend, wenn neben ihr die Sonne sinket, im Abendroth zu schwimmen scheint.

Aehnliche Schönheiten findet man in vielen Gegenden beider Sicilien; aber diesem Thale eigenthümlich sind die vielen Felsenthäler, oder Felsenspalten,
in welchen man auf engen Pfaden tief hinab in den
Schoß der Erde steigt. Hier findet man in den hei-
ßesten Stunden die frischeste Kühlung. Bald erwei-
tern sich diese Spalten so, daß man von unten einen
ansehnlichen Theil des durch die Oeffnung dunkler
scheinenden Himmels, die Wipfel mancherlei Bäume,
welche den obersten Rand umschatten, den bis hinab
in die Tiefe rankenden Epheu, und viele Arten von
Sträuchen und Kräutern sieht, die sich dem Felsen
entwinden; bald werden sie gegen oben so eng, daß
man bei Tag in ewiger Nacht tappet, und die Fle-
dermäuse über sich schwirren hört.

Ich sah zugleich an der einen Seite den goldenen Sonnenstrahl durch die Wipfel der obern Bäume
auf den schwebenden Epheu fallen, und an der andern Seite leuchtete am Blatte das Johanniswürm-
chen, wie bei Nacht.

Ein solches Thal auf dem Wege nach Castell à
Mare ist so breit, daß unten ein ganzer Hain von
Agrumi grünet.

In einem andern sehr tiefen Thale, nahe vor Sorento, stürzet ein kleiner Wasserfall über Felsen.

In der mittleren Höhe steht auf einem vorspringenden Stein eine kleine Kapelle, deren brennende Kerzen in dunkeln Stunden eine schöne Wirkung im schauerlichen Thale hervorbringen.

Von einem ähnlichen jenseits Sorento habe ich dir schon in meinem Briefe vom 19ten April erzählt.

Gleich hinter unserm Garten ist eine lange Felsenkluft. Durch solche werden viele Weingärten verschiedner Besitzer von einander abgesondert. Ich begreife nicht, welche Begebenheit der Natur diese langen und tiefen Spalten der Erde habe hervorbringen können. In einem Lande, wo auch die schauerlichsten Naturscenen sich mit Blüten ewiger Jugend schmücken, haben solche Thäler und Felsen einen unaussprechlichen Reiz.

Das Piano di Sorento lehnt sich an die Bergkette, welche, mit dem Capo Campanello endigend, die eine Seite des Meerbusens von Neapel rundet, und diesen vom Salerner Meerbusen scheidet. Beide sieht man zugleich an verschiednen Stellen der von Aroma vieler Pflanzen duftenden Berge. Hier übersieht das Auge Meere, Länder und Inseln, vom Capo Licosa an bis zum Monte Circello. Dicht am Gestabe stehen im Golfo di Salerno die einzelnen Klippen, welche von vielen Alten und Neuern für die homerische Sireneninsel gehalten wurden. Sie heißen le Galle.

Eine der schönsten Stellen, die ich auf meiner ganzen Reise gesehen, ist der Kapucinergarten nahe bei Sorento. Er ruhet auf den Felsen des Gestabes.

Aus seinen schattenden Gängen übersieht man den ganzen Meerbusen von Neapel, außer einigen Buchten, welche rechts und links durch vorlaufende Küsten, deren eine die Insel Capri verbirgt, gebildet werden.

Nirgends erscheint der Vesuv so vortheilhaft, nirgends die hohe Insel Ischia. Aber selbst von diesen großen entfernten Gegenständen kehrt der Blick oft zurück, und verweilet beim nahen Felsengestade, dessen Hallen und zackige Klippen, die schäumenden Wogen einschlürfend und wieder hervorwerfend, eine donnernde Brandung des Meers verursachen.

Mancherlei Gewächse, insonderheit die Capernpflanze mit ihrer schönen Blüte, sprossen aus den Felsen, welche mit hohen überhangenden Bäumen gekränzet sind. Aus dem Garten steigt man durch eine in Felsen gehauene Treppe hinab ans Meer, wo die Brandung am stärksten ist. In den Stein hinein ist eine weite Halle gehauen, deren beide Seiten von ungleicher Tiefe sind, so daß man in der einen badend fußen kann, und schwimmen in der andern.

Du erinnerst dich vielleicht, daß schon im April mich die Lage dieses Klosters reizte, als ich unten aus dem Nachen einen Mönch oben stehen sah, welcher Wachteln ein Netz stellte. In den Gegenden des Meerbusens von Neapel wird jährlich zweimal, im Frühling und im Herbst, eine ungeheure Menge dieser Zugvögel gefangen, besonders in der Insel Capri.

Des Piano di Sorento Volksmenge soll sich, wenn man die gegen viertausend Einwohner enthaltende Stadt mit dazu rechnet, auf achtzehn tausend Menschen belaufen. Welche Bevölkerung in einem

Umkreife von kaum 4 Stunden! Ehmals gehörte das
ganze Piano der Stadt Sorento, in welcher viel Adel
wohnet; ihre Einwohner verarmten aber, als sie vor
einigen Jahrhunderten von afrikanischen Seeräubern
überfallen wurden, welche Weiber und Jungfrauen
in großer Zahl entführten. Männer, Väter und
Brüder löseten die geliebten Gefangnen wieder aus,
und sahen sich gezwungen ihre Landgüter zu verkaufen.

Eine sanfte Melancholie, welche Ernst mit
Freundlichkeit verbindet, charakterisirt die Sorenti-
ner wie des Piano Bewohner, und unterscheidet sie
auf eine auffallende Art sowohl von den sanguinischen
rauschenden Napolitanern, als von den, gleich ihrem Himmel, immer heitern Ischiesen. Die Einwohner des Piano sind wohlhabend, und geben keine
Abgabe als von der Seide, die sie spinnen, und vom
Wein, den sie ausführen. Diejenigen, welche fremden Boden bauen, bezahlen oft eine theure Pacht,
weil sich viele Liebhaber dazu finden.

Sie erhalten daher ihr Leben oft dürftig, wiewohl im Schweiße ihres Angesichts.

Da die Berge dieses Thal gegen die Vormittagssonne schützen, genießet es der mildesten Luft.
Selbst in den Hundstagen ist die Hitze nicht drückend
in einem glücklichen Winkel der Erde, wo die feinsten
Früchte den höchsten Grad der Vollkommenheit erreichen, und wo ich noch gestern die Frucht der hier
wild wachsenden cactus opuntia aß; eines Gewäch-
ses, das bei uns in Treibhäusern gezogen wird. Indem ich dieses schreibe, seh' ich vor mir an hohen Reben die Fülle der schönsten purpurnen und goldnen
Trauben von ungemeiner Größe hangen. Einige
Citronbäume stehn wieder in voller Blüte.

S 2

Die Weinlese ist schon vor mehr als acht Tagen angegangen. Ich weiß nicht weswegen sie in diesem kühlen Thale früher anfängt als in den heißeren Gegenden Italiens. In Ischia isset man seit 6 Wochen reife Trauben, gleichwohl wird die Weinlese dort nicht vor Ende Septembers anfangen.

Wir haben die 14 letzten Tage des August und die ersten 8 Tage des Septembers in der Insel Ischia zugebracht. Auf Eseln haben wir das ganze Ländchen, welches drei deutsche Meilen im Umfang hat, umritten. Wo ich im April auf Obstbäumen noch Blüten des langen Frühlinges sah, da reifte nun das Obst; wo damals des Agrumi goldne Früchte vollgereifet zwischen dem Laube funkelten; da färbte sich wieder die jüngere Frucht, ja man hatte schon Schiffladungen von süßen Pomeranzen nach Rom gesandt. Die Granatäpfel rötheten sich; gleichwohl sproßten hie und da neue Blüthen, soll ich sagen noch oder schon?

Nun reifte die Frucht des Erdbeerbaumes, dessen Laub und schlanker Wuchs Aehnlichkeit mit dem Lorbeer hat. Rund und von glänzendem Scharlach, hanget diese sonst der Erdbeer gleiche Frucht an einem Stengel wie die Kirsche. Nun reiften die rothen und die weißen Azerrolen, ein liebliches säuerliches Baumobst; nun die Serben, sowohl die weißen als die rothen. Der Feigen Mannigfaltigkeit ist dort so groß wie bei Sorento. Solche wie die unsrigen würde kein Mensch hier essen, bessere wirft man hier den Säuen vor. Eine Art Reben ist, wofern ich nicht irre, der Insel eigenthümlich.

Sie tragen dreimal, im August, im December und am Ende des Februars. Man nennet diese

Traube tre volte l'anno (dreimal des Jahrs). Eh die reifenden Beeren gepflückt werden, treibt die Rebe schon wieder Blüten.

Die Feigenbäume tragen in vielen Gegenden bei der Königreiche zweimal. Ob die dreimal tragenden Reben auch irgendwo anders als in Ischia gedeihen, ist mir nicht bekannt. Homer scheint diese Art gekannt zu haben. Wie gut läßt sich auf diese paradiesische Insel folgende Stelle aus der Beschreibung der Gärten des Alkinoos anwenden:

Ἔνθα δὲ δένδρεα μακρὰ πεφύκει τηλεθάοντα,
Ὄγχναι καὶ ῥοιαὶ, καὶ μηλέαι ἀγλαόκαρποι,
Συκαῖ τε γλυκεραὶ, καὶ ἐλαῖαι τηλεθόωσαι.
Τάων ἄποτε καρπὸς ἀπόλλυται, οὐδ' ἀπολείπει
Χείματος, οὐδὲ θέρευς, ἐπετήσιος· ἀλλὰ μάλ' αἰεὶ
Ζεφυρίη πνείουσα, τὰ μὲν φύει, ἄλλα δὲ πέσσει.
Ὄγχνη ἐπ' ὄγχνῃ γηράσκει, μῆλον δ' ἐπὶ μήλῳ,
Αὐτὰρ ἐπὶ σταφυλῇ σταφυλή, σῦκον δ' ἐπὶ σύκῳ.
Ἔνθα δὲ οἱ πολύκαρπος ἀλωὴ ἐῤῥίζωται.
Τῆς ἕτερον μὲν θειλόπεδον λευρῷ ἐνὶ χώρῳ
Τέρσεται ἠελίῳ· ἕτερας δ' ἄρα τε τρυγόωσιν,
Ἄλλας δὲ τραπέουσι· πάροιθε δὲ τ' ὄμφακές εἰσιν,
Ἄνθος ἀφιεῖσαι, ἕτεραι δ' ὑποπερκάζουσιν. *)

'Ομ.
'Οδ' Η.
114-126.

*) Dort sind ragende Bäume gepflanzt mit laubigen Wipfeln,
Voll der balsamischen Birne, der süßen Feig' und Granate,
Auch voll grüner Oliven, und roth gesprenkelter Aepfel.
Diese tragen beständig im Jahr nie mangelnd des Obsts,
Nicht im Sommer noch Winter; vom athmenden Weste gefächelt,
Knospen sie hier und blühn, dort zeitigen schwellende Früchte.
Birne reift auf Birn', es röthen sich Aepfel auf Aepfel,

Uebrigens wird diese dreimal reifende Art Trauben von den Winzern nicht vorzüglich hoch geschätzet. Die Beeren des Februars sollen selten reifen, und Wein wird, auch wenn sie reifen, nicht aus ihnen gepreßt.

Nichts ist lieblicher als die Wälder am Epomeo, die Weingärten und zerstreuten Wohnungen auf den Seiten des Berges, die Lage der Städtchen, Flecken und Landhäuser auf Hügeln und am Meer, dessen entzückende Aussichten neuen und mannigfaltigen Reiz erhalten durch die zackigen Gestade der Insel.

Die Volkszahl von Ischia beläuft sich auf zwei und zwanzig tausend Menschen. Auch hier sind die Eigenthümer sehr wohlhabend, die Pächter oft arm. Jene bezahlen keine andre Abgabe als einen Scudo (zween Gulden Conventionsmünze) für jedes Faß Wein, welches ausgeführet wird. Ein Faß enthält 6 Eimer, ein Eimer 80 Flaschen.

Ischia's Bäder sind berühmt. Deren sind viele von verschiedner Kraft, gegen mancherlei Uebel. In einer großen Anstalt, welche Monte di Misericordia genannt wird, werden jährlich 600 arme Badegäste auf Unkösten einer Privatstiftung in Neapel 14 Tage lang verpfleget und genähret.

Die Luft ist sehr gesund in Ischia, nur nicht für Personen, welche an der Brust oder an den Ner-

Traub' auf Traub' erdunkelt, und Feigen auch schrumpfen
auf Felgen.

Voß
U.'b der
Odyss.
VII.
114-
126.

Dort auch prangt ein Gefilde von edlem Weine beschattet.
Einige Trauben umher auf der Ebene hingebreitet
Dorren am Sonnenstrahl, und andere schneidet der Winzer,
Andre keltert man schon; hier stehn die Herling in Reihen,
Hier entblühn sie zuerst, hier bräunen sich leise die Beeren.

ren leiden. So kühl wie die sorentinische ist sie lange nicht.

Die Naturschönheiten des Piano di Sorento haben einen ernsteren Charakter, und vielleicht mehr erhabne Größe. Die Reize von Ischia sind freundlicher, und erfüllen das Herz mit Heiterkeit. Das Völkchen ist vielleicht das liebenswürdigste auf Erden. Leichtes Blut wallet in ihren Adern, ihr ganzes Wesen ist Freundlichkeit und Freude. Herzliche Freundlichkeit und Freude sind nie von Einfalt der Sitten, und nie ist diese von der Unschuld getrennt.

Das Volk ist schön, besonders die Weiber. Doch sah ich der schönen Weiber noch mehr in Tarent, schönere Männer an der nördlichen Küste Siciliens. Die ischieischen Mädchen haben viel angeborne Grazie. In dem Hofe des Hauses, welches wir bewohnten, tanzten einige Mädchen fast alle Abend zur Tamburine den Tanz, welcher, weil er aus Tarent dahin gekommen, die Tarantella genannt wird. Zwo Personen tanzen mit einander, niemals zween Männer, selten ein Mann und ein Weib, mehrentheils zwo Weiber oder Jungfrauen. So wird auch die Tamburine immer von einer weiblichen Hand geschlagen. Dieses Instrument ist ein breiter Reif, auf der einen Seite mit einem Trommelfell bespannt. Im Reif sind flache Schellen, welche an einander stoßend, zugleich mit Glöcklein, die kreuzweis über der hohlen Seite des Reifs gespannt sind, die trommelnde Musik begleiten. Der spielenden Jungfrau Gesang beseelet die Musik. Die Lieder, welche sie singen, sind voll Naivetät und Empfindung. Gewöhnlich sind es Klagen eines Liebhabers über die Grausamkeit seiner Geliebten. Niemals drücken sie Empfindungen weibli-

cher Liebe aus, wiewohl Weiber sie singen. So ge-
schmeichelt findet sich überall das weibliche Geschlecht
durch die Huldigungen des stärkeren! Die Spielende
singt mit so lauter Stimme, daß man sie lieber in
einiger Entfernung als in der Nähe hören möchte,
wenn nicht ihre ernste, begeisterte Miene den Blick
fesselte. Man glaubt, eine Priesterin des Apollon
auf dem Dreifuß sitzen zu sehen, welche sich durch
Musik auf des Gottes Eingebungen vorbereitet.

Kein Tanz ist so anständig, keiner so voll Grazie, wie dieser. Mit gesenktem Haupt, und gesenktem Blick, mit edler Würde und zugleich mit unnach-
ahmlicher Leichtigkeit, schweben die Mädchen, den
Boden kaum berührend, dahin, heben sie die Arme,
wechseln sie geschlungene Windungen in mannigfaltigem Tanz.

Fortunata, ein zart gebildetes und schönes
Mädchen von 15 Jahren, übertraf die andern an
Grazie, Leichtigkeit und Laune. Franzesca mit voll-
blühenden Wangen war das Ideal wohlwollender
Heiterkeit. Eine gemeine Dienstmagd, welche bei
Verrichtung niedriger Geschäfte sich nicht von Dir-
nen ihres Gleichen unterschied, tanzete mit einem
Adel in jeder Bewegung, welcher uns staunen machte.

Alle zween Monate wird ein neues Volkslied in
Neapel bekannt. Dieses verbreitet sich sogleich mit
seiner Melodie auf die Küsten und Inseln umher;
selten wird es aufgeschrieben, es pflanzet sich fort
durch lebendigen Gesang. Es weichet dem folgenden,
wie Blumen und Früchte der wechselnden Monate.
Doch erhalten sich einige, welche durch besondre
Naivetät, durch abenteuerliche Geschichte des Lieb-

habers, oder durch herzbrechende Klagen über das grausame Mädchen, mehr als andre gefallen.

Wir saßen einmal auf einem Hügel, welcher bewachsen war mit jungen, schlanken Kastanienbäumen. Um uns her übten sich verschiedne kleine Buben von fünf bis sieben Jahren an diese Bäume hinan zu klettern. Wenn sie so hoch gekommen waren, daß das Bäumchen zu schwanken anfing, so griffen sie mit großer Behendigkeit nach einem andern Bäumchen, und schwangen sich hinauf. Zuweilen beugten sie mit Gewalt ein Bäumchen so weit hinunter, daß einer die obersten Zweige ergreifen konnte. Dieser ließ sich dann durch die natürliche Bewegung des losgelassenen empor strebenden Baumes mit ihm in die Höhe schnellen. Sie neckten sich bei diesen Uebungen auf manche Art, und keiner nahm des andern Muthwillen übel auf. Ermüdet setzten sie sich dann, als hätten sie uns schon lange gekannt, zu uns ins Gras, schälten Kastanien, aßen und boten auch uns so freundlich davon an, daß wir nicht unterlassen konnten, rohe Kastanien mit ihnen zu essen.

In ganz Italien, vorzüglich in den Königreichen, werden viele Festtage gefeiert, und diese sind Tage der Freude; wiewohl es ein Irrthum ist, wenn man glaubt, daß an Feiertagen gar nicht gearbeitet werde. Nur die Sonntage sind Tage vollkommner Ruhe. In Ischia vorzüglich ist die Freude der Feiertage groß. Es ist ein schöner Anblick, wenn man die vielen auf dem ehmals feuerspeienden hohen Epomeo und am Gestade stehenden Kirchen und Kapellen Abends erleuchtet sieht. Manchesmal werden auch Häuser erleuchtet; dann besetzen sie mit Lampen das flache Dach. Oder einem Heiligen zur Ehre werden

mit großem Jauchzen der Buben und Jünglinge alte
Tonnen verbrannt.

Die guten Alten sitzen dann vor der Hausthüre,
nehmen Theil an der Freude des jungen Volks, sehen
vielleicht mit einem vorüberfahrenden Schatten von
Wehmuth die gute alte Tonne, welche den Wein mancher Jahre verwahrt hat, auflodern, hoffen aber,
der Heilige werde ihnen desto reicheren Segen fürs
künftige Jahr erstehen.

Am Abend vor jedem Feste wird aus kleinen
Mörsern vor den Kirchen geschossen. Oft auch werden Raketen geworfen. An Feuer sieht der Italiäner
sich nicht satt, hört sich nicht satt an des Pulvers
Knall. Sogar Schlangen schießt er, um knallen zu
hören, mit der Flinte todt.

Die ersten acht Tage, welche wir in der glücklichen Insel Ischia lebten, waren die frohesten unsrer
Reise. Das Gefühl der Freude gab mir diese Send-
schreiben an unsern Ebert ein. Ich nenne sie Hesperiden, nach diesen blühenden nicht fabelhaften hesperischen Gefilden.

Mit Absicht läßt Gott die Weinlese vor dem
Winter hergehen. So läßt er uns auch zuweilen
eine außerordentliche Freudenlese halten, wenn ein
Schmerz uns bevorsteht. Mein kleines, in Neapel
gebornes Töchterchen ward krank, und starb nach
sechs Tagen schmerzhafter Leiden, welche doch gewiß
weit schmerzhafter für die Mutter waren, als für
das Kind.

Dieses ist heim gegangen, aus einem irdischen
Paradiese in das schönere himmlische Paradies! Wohl
ihr, daß sie erfunden ward

    Werth schnell wegzublühen, der Blumen Eden
       Beßre Gespielin!

Klopst.

Des Völkchens Charakter zeigte sich liebenswürdig während der Krankheit der Kleinen. Sie wollten
meine Frau durch Hoffnung der Genesung des Kindes aufrichten, und nahmen lebhaften Antheil an seinem Zustande. Fremde, welche wir nicht mit Namen
kannten, fragten uns nach dem Befinden unsrer
Kranken. Aus dem gekrümmten hohlen Pfade vor
unserm Fenster schollen oft Fragen hinauf: che fa
la bambina? (Wie geht es dem Mägdlein)

In der Insel herrschet eine schöne Sitte. Wenn
eine erwachsene Person gestorben ist, so versammelt
sich am Abend die ganze Freundschaft, und betet für
die Seele des Todten. Ist aber ein Kind gestorben, so
wünschet man den Leibtragenden Glück zu seiner gewissen Seligkeit; und diese geben der ganzen Freundschaft ein Gastmahl.

Mit freundlicher und edler Weisheit sagte uns
ein alter Winzer: Betrübet euch nicht über des Kindes Tod! Es ist im Paradiese! Es betet zu Gott für
euch! Ihr habt eine Seele in den Himmel gesandt!
Auf eurer Reise wird das Mägdlein über euch schweben, und Gefahren von euch abwenden!

Glückliches Inselvölkchen! Das Meer trennet
dich von der Feste. Bleib' auch in deinen Sitten, in
deiner Frömmigkeit, ein Inselvölkchen! so wird deine
Freude nicht von dir weichen! und Geschlecht auf
Geschlecht, zu seinen Vätern versammelt, wird höheren Freuden entgegen reifen!

Hesperiden,

meinem Freunde J. A. Ebert gewidmet.

Erste Hesperide.

Indeß ich hier, am warmen Busen
Der immer blühenden Natur,
Umtanzt von immer jungen Musen,
(Denn diese Töchter folgen nur
Der Mutter, keine Zauberflur
Mißleitet sie von dieser Spur,)
Indeß ich hier, in weisem Rausche,
(Wer kennet solchen Rausch wie du?)
An diesem warmen Busen ruh,
Und oft der Töchter Stimme lausche,
Doch gegen ihre Melodie
Die hohe, volle Harmonie
Der hehren Mutter nicht vertausche,
Noch an der Musen Nektarkelch
Mit solcher Seligkeit mich tränke,
Wie ich an ihrer Mutter Brust,
Gleich Bienen in den Blumenkelch,
Mit unbefangner Säuglingslust,
Mein ganzes Wesen tief versenke;
Indeß ich, bald im Felsenthal,
Bald beim Gesang der Nachtigall,
Bald an dem klaren Wasserfall,
Bald an der Wogen lautem Schall,
Und in der Grotten Wiederhall,
Mich ganz vergesse, ganz empfinde,
Mich ganz verliere, ganz mich finde,
So schweben leis' heran und zart,

Mit Stunden aus der Gegenwart
In holder Einigkeit gepaart,
Die Schatten der verfloßnen Stunden;
Zwar manche zeigt auf ihre Wunden,
Und manche reißt die Blütenranken ab,
Die ihrer jüngern Schwester Hand
Um hingeschiedner Stunden Grab
Mit Weisheit und mit Liebe wand.
Doch manche blicket unverwandt
Hinauf zum großen Vaterland,
Und deutet mit erhobnem Stab,
(Umwunden mit gestirntem Band)
Hinein in jene lichte Fernen,
Wo über Sonne, Mond und Sternen,
Uns Gott den Blick der Zukunft gab.

Was wäre dieses Lebens Tand?
Ein Blendwerk magischer Laternen,
Ein Mährchen vom Sklaraffenland,
Wofern unkundig jener Sphären,
Und mit dem Himmel nicht verwandt,
Mit unserm Ursprung unbekannt,
Wir heut von wenigen genannt,
Und morgen schon vergessen wären;
Ein wahres Bild der Ephemeren,
Die, nach der Kindheit Raupenstand,
Des immer neuen Stromes Rand
Umflattern, bald ihr Ende finden,
Und zappeln, niedersinken, schwinden.

Der Blick in jene Welt allein
Vermag der niedern Erde Söhnen
Der Erde Schönheit zu verschönen,
Und lehrt uns würklich fröhlich sein!

Er wird uns von den Silbertönen
Der Nachtigallen nicht entwöhnen,
Er lehret nicht den edeln Wein
Mit Afterweisheit zu verhöhnen,
Noch kalt für die Natur zu sein,
Um uns den Himmel zu versöhnen.

Zwar sollen wir der Sinnlichkeit,
Und ihrer bunten Eitelkeit
Nicht mit gesenktem Blicke fröhnen,
Nicht schwindende Phantome krönen,
Und mehr als an dem wahren Sein
Uns nichtiger Gestalten freun.
Es soll der kleinen Freuden Chor
Uns nicht zum leeren Schein verwöhnen,
Nicht wie Cikaden unser Ohr
Mit schmetterndem Gesang durchdröhnen;
Doch werden wir nicht, Eulen gleich,
In schwarz verwittertem Gesträuch
Aus hohler Kehle dumpf aufstöhnen.
Nur wollen wir die Freude nicht
Nach ungestempeltem Gewicht
Der neuen Epikure schätzen,
Und uns mit Näschereien ätzen
Bis uns der Sinn für sie gebricht!
Wir wollen, eh' im Tod es bricht,
Das Auge früh am höhern Licht
Des Himmels, nicht an bunten Götzen
Der kranken Phantasie ergötzen!

In dieses höhern Lichtes Schein
Verkläret sich das wahre Sein,
Es gleicht der goldnen Mittagssonne,
Wenn sie das flammende Gespann

Aus blauen Wogen auf die Bahn
Des hochgewölbten Himmels lenket,
Und unser Herz mit neuer Wonne
Aus ihrem Flammenbecher tränket;
Indem zugleich ihr milder Strahl
Im kleinen, kühlen Quellenthal
Sich auf den Schooß der Blume senket,
Wo millionenmal sein Licht
Sich in Aurorens Thränen bricht,
Und auf des Weisen Auge bebet,
Denn er mit röthlichem Gesicht
Den frohen Blick zur Sonne hebet.

Der Blick zum Urquell alles Schönen
Kann nicht das Schöne nur verschönen,
Er giebt dem Schönen Ewigkeit!
Ja Freund, was du in vielen Stunden
Von froher Jugend an empfunden,
Das trotzet der Vergänglichkeit!
Und Blumen, welche du gefunden
Sind nicht dem Glase kurzer Zeit,
Sie sind, in einen Kranz gewunden,
Dir und der langen Ewigkeit
In Gottes Paradies geweiht!
Dort blühen die Erinnerungen
In ew'ger Jugend wieder neu,
Nur wird ihr Samen erst geschwungen,
Und fein gesäubert von der Spreu!
Drum drück' ich jede reine Freude
An meine Brust wie eine Braut,
Und fühl' und sage: Wir sind beide
Auf Ewigkeit uns angetraut!
Ich fürchte nicht des Todes Hippe
Für meinen Geist, und nicht für sie,

Ein Kuß von reiner Liebe Lippe
Verduftet auch im Himmel nie!
Nur aufbewahret; nicht genommen,
Wird reine Freude dieser Zeit;
Gar freundlich wird sie aufgenommen,
Und wenn wir in den Himmel kommen
Theilt sie mit uns die Ewigkeit!

Zwote Hesperide.

O glücklich, wer nach Kinder Weise
Sich jeder kleinen Blume freut,
Und auch zugleich wie du so weise
Nicht ihre Blätter gleich zerstreut!
O könntest du mit mir genießen
Was dieses Parabies gewährt,
In Wonne würdest du zerfließen
Die Gott dem Weisen gern bescheert!
O hättest du mit mir die lauen
Decemberlüftchen eingehaucht,
Mit mir in blumenvolle Auen
Schon früh im heitern Januar,
Und tiefer in dem Februar,
Den thaubenetzten Fuß getaucht!
O hättest du mit mir dem Tritte
Des welschen Lenzes nachgespäht,
Wie hinter jedem seiner Schritte
Die junge Freude Blumen mäht!
Denn hier, wo nicht der Frühling spät
Sich windet aus des Winters Eise,
Wo nicht nach karger Wuchrer Weise
Der Winter seinen Erben schmäht,
Sich nicht in weichem Bette bläht,
Nicht krampfhaft nach dem Knäblein greifet,

Ihm tückisch Ohr und Wange kneifet,
Die ihm der Gärtner mühsam bäht,
Dann, wenn es jungen Vögeln pfeifet,
Ohnmächtig noch von ferne keifet,
Und heisern hinter'm Zaum noch kräht;
Hier, wo die Mütter selten kreisen,
Gebahr auch leicht die junge Zeit.
Den Lenz und seine Fröhlichkeit!
Und tanzend drehte sich in Kreisen
Um seine Wieg' im Feierkleid
Der frohe Reigen leichter Horen, *)
Sie betteten, als es geboren,
Das Kind mit reger Sorgsamkeit.

Nicht ohne seinen Mund zu küssen
Verließen sie das Bübelein,
Und stimmten freundlich überein
Ihn in der Frühe zu begrüßen;
Die jüngste blieb mit ihm allein,
Und wiegte bei des Mondes Schein
Mit lieblichem Gesang ihn ein.

Hör' was geschah! von seinem Küssen
Hub, wie von Lilien, sich Duft,
Und füllte rings umher die Luft;
Von mächt'gem Schlummer hingerissen,
Sank ihm die Hore hin zu Füßen;
Doch bald erwachte sie
Von einer neuen, süßen Melodie,
Denn staunend hörte sie erschallen
Das Lied von tausend Nachtigallen.

*) Die Horen. Töchter des Zeus und der Themis, Göttinnen der Stunden, der Jahrszeiten, der Alter des menschlichen Lebens, vorzüglich der Jugend.

Entzücket blickte sie umher,
Da sah sie, ach! die Wiege leer!
Wie ward ihr nun das Herz so schwer!
Sie irrte jammernd hin und her,
Geplagt von ängstenden Gedanken,
Bis daß sie, wie von ungefähr,
Den schönen Knaben hinter schlanken
Vom West bewegten Epheuranken
Auf einem Oleander fand,
Wo schon mit seiner zarten Hand
Er erster Blüten innre Fülle *)
Aus ihrer dicht umschlungnen Hülle
Behende wie ein Zephyr wand.

Vor Freud' und glühendem Verlangen
Den wilden kleinen Wicht zu fangen,
Erglühten plötzlich ihre Wangen.
Sie streckte aus den weißen Arm,
Da flog ein junger Bienenschwarm,
Vom schönen Knaben schnell belebet,
Der Jungfrau summend um das Ohr,
Und blieb wie eine Traub' am Flor
Des Schleiers hangen; schüchtern bebet
Sie rückwärts — Sieh der Knabe strebet
Mit jungen Flügeln auf! schön schwebet
Er wie ein Schmetterling, sein Flug
Erfüllt den Hain mit Wohlgeruch,
Und wo er seine Schwingen hebet
Folgt ihm der Vögel froher Zug.

Seitdem bewohnt er die Gefilde,
Die er gewählt, Italia

*) Der einfache Oleander blühet in beiden Sicilien sehr
häufig wild. Der gefüllte in Gärten.

Und Hellas *) und Sicilia,
Und einen Theil von Asia.
Es nannte ihn Idalia **)
Mit anderm Namen Eros; ***) aber
Casaubon, Tanaquillus Faber,
Und Vossius und Lipsius,
Und andre große Herrn in — us,
An deren Stirn die große Ader
Von Weisheit schwillet und von Haber, ****)
Die wie den Lenz so auch Cupiden
Aus Büchern kannten, unterschieden
Wo nichts zu unterscheiden war.
Glaub' immer mir, ich sage wahr!
Der Knabe mit den leichten Schwingen,
Mit Pfeilen, welche Schmerzen bringen,
Die doch so oft willkommen sind;
Der Knabe den die Dichter singen,
Ist nur der Lenz; Sein erstes Lallen
Begeisterte die Nachtigallen;
Eh' Amor noch Altäre fand,
War er als Lenz den Mädchen schon bekannt;
War manches junge Herz entbrannt.

Nun noch ein Wörtchen: Der Kalender
Theilt seine Jahre in Quatember,
Und hat, mit unverschämtem Lug,
Und jährlich wiederholtem Trug,

*) Hellas, Griechenland.
**) Idalia, eine der Venus gewidmete Stadt mit einem
ihr geweiheten Hain in der Insel Kypros (Cypern).
***) Eros, Amor, Cupido.
****) Daß dieser Vorwurf der Habersucht jene vier genannte
wirklich in ihrer Art große Männer einer gelehrteren
Vorzeit nicht treffe, ist offenbar.

T 2

Wiewohl noch ungerügtem Spruch;
In jedem Laube dreizehn Wochen
Vier Jahreszeiten zugesprochen.
Am Ofen werden wir belehrt,
Es sei der Lenz zurück gekehrt,
Und wenn mein armer Ebert frieret,
So wird ihm ernstlich demonstriret,
Daß schon, zu aller Deutschen Wonne,
Der muntre Widder mit der Sonne
Am hohen Mittag culminiret,
Und also schon der Lenz regieret!
Wohl uns bei solchem Regiment,
Wenn noch der Wald im Ofen brennt!

Viel später kommt zu uns ein andrer,
Von Dichtern Lenz genannt, ein Wandrer,
Der heimisch nie bei uns verweilt,
Sich oft verspätet, oft auch übereilt,
Und mit dem Winter noch die kurze Herrschaft theilt.
Oft hat er Frost an beiden Händen,
Und rupft von spät belaubten Wänden,
Was noch der Reif nicht abgefeilt,
Bis endlich ihn sein Bruder Sommer heilt.

Hier theilt der Lenz das Reich mit keinem,
Die Horen tanzen froh in Einem
Geschlungnen Reigen um ihn her.
So Herbst als Sommer kommen her,
Als Gäste die ihm Gaben schenken,
Wenn Aehren sich und Aeste senken.
Da sieht man denn, auf Einem Zweig
Wie gute Kinder sie zugleich
Sich hin und her im Weste schwenken,
Wo dieser sich mit Blüten schmückt,
Und der schon reife Früchte pflückt,
Und jener Saft aus Trauben drückt.

Dritte Hesperide.

Sogar der Winter ist zu Hause
In diesem schönen Paradies;
Doch daß er nicht zu wild aufbrause,
Orangenhaine nicht zerzause,
Gefräßig nicht nach Willkühr schmause,
Nicht trunken zwischen Blüten sause,
Trat die Natur ins Mittel, ließ
Ihn hier pro prodigo erklären,
Und standesmäßig ihn zu nähren,
Wies sie ihm Aetna's Gipfelhöh',
Umwölkt von Rauch, bedeckt mit Schnee,
Zur Wohnung an, wo er gemächlich,
Wiewohl für jeden andern kläglich,
Doch seiner Neigung nach behäglich,
Sich brüsten kann auf eignem Heerd,
Weil alles, was er nur begehrt,
In Ueberfluß ihm wird bescheert,
Ein Leben eines Sultans werth!

Ich bin als Gast bei ihm gewesen,
Und habe da sein ganzes Wesen
Mit Freud' und Schauer angesehn;
Ich sah an seiner Esse Schlunde,
Aus unermeßlich tiefem Grunde,
Die Wirbel seines Rauchs sich drehn;
Ich sah von seinem Belvedere
Die ganze Insel mit dem Meere,
Mit ihren Wäldern, Strömen, See'n,
Und Bergen aus der Dämm'rung gehn,
Und unter mir, in luft'gen Höh'n
Die Winde Morgenwolken wehn.
Von seinem dampfenden Altane

Sah ich die Menge der Volkane,
Wie Kinder um den Aetna stehn;
Und furchtbar wallete Aetna's Fahne,
Die, schwarz bei Tage, nächtlich roth,
Mit Untergang den Städten droht!

Ja, Sultan Winter weiß zu leben!
Er dünkt in seiner Residenz
Sich mächtiger als wie der Lenz,
Weiß Feten seinem Hof zu geben,
Wie Völker nie in Ispahan
Noch Stambul oder Deli sahn.
Und gern ergötzt er seine Gäste
Mit einem schönen Freudenfeste.
Viel Ehre hat er mir, vielleicht
Weil ich aus Norden kam, erzeigt.
Zwar schien an blauer Himmelsveste
Mir Luna in der stillen Nacht,
Doch wollte er mit seiner Pracht
Die Himmelskönigin beschämen.

Als säh' ich des Giganten Schemen,
Der einst mit der Titanen Brut,
Berauscht von Jugendkraft und Muth,
Die eh'rne Burg des Himmels stürmte,
Und auf Gebürge Berge thürmte,
Bis sie mit flammendem Geschoß
Der Donn'rer in der Erde Schooß
Begrub, und ganz Sicilia
Auf Typhos Haupt, Kalabria
Auf seine Brust, und Ischia
Auf seine runden Knöchel stürzte,
Und seine Pein mit Hohn noch würzte,
Wenn durch der Länder Last gelähmt,

Nicht durch der Länder Last bezähmt,
Er knirschend in dem Abgrund zückte,
Und Berge, deren Fuß ihn drückte,
Mit aufgestämmtem Knie verrückte,
Daß unten tief der Abgrund scholl,
Daß die gespaltne Erd' aufschwoll,
Und Feu'r aus neuen Gipfeln quoll!

Als säh' ich diesen Schemen, voll
Von seines mächt'gen Herzens Groll,
Und noch im Schattenreiche toll,
In luft'ger Bildung aufwärts lodern,
Um Rechenschaft von Zeus zu fodern,
So stieg in roth entflammter Glut,
Und wirbelnd wie von inn'rer Wut,
Als stieg er aus des Meeres Wogen
Empor (denn seinen Flammenquell
Verbarg des jähen Abhangs Bogen)
In Kreisen, schwarz und flammenhell,
Mit Licht und Nacht in Wechselkampf,
Ein aufgeschwollner Dampf.
Bald leuchtete der Schein von Flammen,
Mit schnellem Zucken, wie im Krampf,
Bald rollt' er sich in Nacht zusammen.

Und doch war diese Schau nur klein,
War nur der luft'ge Wiederschein,
O Freund, von jenen Flammenfluten
Geschmolzner Felsen, jenen Gluten,
An welchen starrend und entzückt,
Und dieser Zeit im Geist entrückt,
Ich schon ein Bild des letzten Feuers,
Des Erdumbildenden Erneuers,
Mit diesen Augen angeblickt.

Vermöcht' ich, o! hinein zu tauchen
Den Pinsel in den Flammenstrom!
Vermöcht' ich einen Hauch zu hauchen
Von deinen Hauchen, Flammenstrom!
So würd' ich wahr und feurig schildern,
Was ich in zwoter Nacht gesehn,
Und nicht nach wasserreichen Bildern
Zurück zu fernen Alpen gehn.

In jenem lieben deutschen Lande
Das seine Fesseln brach entzwei,
Und, von des harten Joches Bande
Nun bald ein halb Jahrtausend frei,
Beweist was wahre Freiheit sei,
Wenn, gleich entfernt von Tyrannei
Und zügelloser Schwärmerei,
Sie kühn und sicher in den Hütten,
Bescheiden in Palästen ruht,
Und, rein wie ihrer Bürger Sitten,
Sich nicht befleckt mit Bürgerblut;
Wo viele kleine Nationen,
Vertheilt in enge Regionen,
Verschieden durch Religionen,
Und ihre Konstitutionen,
Wie Brüder bei einander wohnen,
Weil alle dem Gesetze frohnen,
Und alle Eine Nation
Sich fühlen, und Religion
Die Sitten aller noch belebet,
Und Eines großen Vaters Schutz,
Der Nachbarn List und Macht zum Trutz,
Auf Adlersflügeln sie umschwebet.
In jenem Land', Europens Ruhm,
Wo ich so gern als Pilger walle,

Der wahren Freiheit Eigenthum,
Und jeder Tugend Heiligthum,
Sah ich aus jäher Felsen Halle,
Auf unerstiegner Alpen Höh',
Geschwellet von geschmolznem Schnee,
Oft einen Strom mit lautem Falle,
Und mit des Thales Wiederhalle,
Sich stürzen durch der Wolke Schooß,
Die vor des Stromes Macht zerfloß,
Und sich hinab mit ihm ergoß.
Erst rauscht er durch die hohlen Räume
Wie Stürme Gottes, bis er Bäume
Wie Blitze Gottes schmetternd schlägt,
Und mit den Wurzeln Tannen trägt;
Im tiefen Thale wird er weiser,
Wo immer ruhiger und leiser
Er seinen Lauf in Kreisen lenkt,
Und Inseln bildend, Heerden tränkt;

So sah ich einem der Volkane,
Dem größten unter Aetna's Fahne,
Den hellen Strom der Flammenglut
Entlodern mit des Abgrunds Wut!
Es stürzte, mit der Katarakte
Geschmolzner Felsen, der gezackte
Und roth erglühte Schlackenschaum;
Fern dräuend hub im weiten Raum
Entflammter Luft, dem bangen Volke
Zum Schrecken sich die rothe Wolke.
Durch bebende Wallung des Rauches schien
Mit dem Ufer das Meer und dem Monde zu fliehn!

Nun minder schnell, doch unaufhaltsam,
Ergoß vom Abhang sich gewaltsam

Nach seinem Sturz der Lava Strom,
Und wie dereinst im stolzen Rom,
Zu Nero's Lust, in wilde Flammen
Paläste stürzeten zusammen,
So stürzte manche Schlackenwand,
An deren abgeglühten Rand
Noch eben ich gelehnet stand,
Von untern Gluten durchgebrannt
Lautkrach'n ein, die schwarze Fläche
Durchzischten schlängelnd neue Lavabäche.

Indeß ergoß gesenkt sich breiter,
Aus minder tiefem Bette weiter,
Hoch überwölbt mit heißem Rauch,
Die Glut, und ihres Mundes Hauch
Versengte Blume, Baum und Strauch.
Vor ihr versiegen kühle Quellen,
Es wendet mit geschreckten Wellen
Der Strom sich mitten in dem Lauf,
Erschaudernd schäumt er brausend auf,
Und hört die keuschen Nymphen schreien,
Er möge eilig sie befreien!
Es wolle, ohn' um sie zu freien,
Vulkan ihr reines Bett' entweihen!
Vergebens klagt ihr banger Harm,
Schon faßt Vulkan, mit rothem Arm
Die Sträubenden! Aus tiefen Kammern
Vernimmt der Vaterstrom ihr Jammern,
Ergreift die jüngsten Töchter nur,
Eilt über schon versengte Flur,
Wo an hinschwindender Natur
Versiegten Brust die jungen Reben
Schon welkend sich zu schmiegen streben,
Es senket, nie vordem entlaubt,

Der Oelbaum nun sein kahles Haupt,
Es flattert, unter falbem Wipfel,
An der Kastanie hohem Gipfel,
Der Habicht schreiend um sein Nest;
Mit oft gewandtem Blick verläßt
Der Hirtenknabe, sammt der Heerde,
Die nicht mehr blumenvolle Erde.
Vor ihrer Hütte Thüre starrt
Das bange Mütterchen, und harrt,
Ob ihres kleinen Gütchens Reiche,
Den Wein, das Gärtchen und die Bleiche,
Des Aetna wilde Glut erreiche?

Vom Thürmchen bei der Kirche schallt
Geweihter Glocken Klang, es wallt
Der feierliche Umgang, flehend,
Daß Gott, herab vom Himmel sehend,
Sich noch erbarmen wolle! nicht
Vollenden dieses Strafgericht!
Er wolle noch mit Gnade walten!
Man sieht, mit Thränen im Gesicht
Die Mutter ihren Säugling halten,
Und ihm die zarten Händchen falten.
Noch lallt sein unentweihter Mund,
So thut ein Bote keichend kund:
Es habe sich, von Gott gelenket,
Die Glut ins Felsenthal gesenket.

Acht und neunzigster Brief.

Neapel, den 26ſten Sept. 1792.

Morgeſtern verließen wir unſer geliebtes Piano di
Sorento. Wir wollen das Königreich Neapel aber
nicht verlaſſen, ohne noch vorher La Cava und Vietri
beſucht zu haben. Wir ſegelten von unſerm Soren-
ter Thal längſt der Felſengeſtade hinüber nach Caſtell
a Mare. Den Weg nach La Cava und Vietri habe
ich dir in einem Briefe aus Salerno, welches noch
hinter Vietri liegt, beſchrieben. Es giebt einen ſon-
derbaren Contraſt, wenn man aus der äußerſt fruchtbaren Ebne zwiſchen Caſtell a Mare und Nocera, wo
traubenſchwere Reben in fruchtbaren Kornfeldern ſich
um Ulmen ſchlingen, zu den hohen Apenninen kommt.
Dieſe verbinden hier mit großem Anſehen einen Charakter von Freundlichkeit, ſowohl weil ſie mit Bäumen bewachſen, als auch, weil ſie nicht in langen
Rücken ſich erſtrecken, ſondern aus einzelnen Bergen
beſtehen, welche unter ihrer mittlern Höhe mit einander verbunden, zwiſchen ihren Gipfeln freien Anblick
des Himmels gewähren. Auf dieſen Bergen ſahen
wir viele runde Thürme, die von weiten als einzelne
ungeheure Säulen erſchienen.

Sie ſtehen in ungefähr gleicher Entfernung
zerſtreut auf den Bergen. Ihre Beſtimmung erfuhr
ich in Vietri. Dieſe Gegend iſt ſehr reich an Wald-
tauben. Sie zu fangen werden große Netze geſpannt.
Auf jedem der Thürme ſteht ein Mann mit einer
Schleuder. Wenn ein Flug Tauben ihm nahe kommt,
ſo wirft er aus der Schleuder einen Stein, welchen

ſie für einen Raubvogel anſehen, über ſie weg. Dieſe
Schleuderer wiſſen mit großer Geſchicklichkeit durch
die Richtung des Wurfs die Tauben wohin ſie wollen
zu leiten. Der eine ſendet ſie dem andern zu, bis
ſie endlich in ein Netz gerathen.

Bei La Cava iſt ein tiefes Thal, welches ohne
Zweifel dem Orte ſeinen Namen gegeben hat, wiewohl es ſelbſt, wegen der Mühlen, die durch ſeine
Bäche getrieben werden, Mulina genannt wird.
Dieſes Thal iſt mit Recht wegen ſeiner Schönheit berühmt. Zwiſchen Agrumi und Fruchtbäumen jeder
Art, welche von Reben umſchlungen werden, erheben ſich große Bäume. In kühnen und mannigfaltigen Geſtalten wölben ſich Felſen umher. Sie beſtehen aus Tropfſtein, daher hangen, gleich Eiszap-
fen, lange Zacken von ihnen herab. Von vorzügli-
cher Schönheit iſt eine große Höhle, welche mit un-
geheurem Rachen klafft, ſich aber unten weit hinein
in den Felſen vertieft. Hier in ihrer innerſten Däm-
merung ſtrömten Quellen von allen Seiten aus Stel-
ten die mit Epheu und Frauenhaar (adiantum, ca-
pillum Veneris, bewachſen ſind. Dieſe Quellen
vereinigen ſich in der Höhle, welcher rauſchend ein
ſchöner Bach entſtürzet, der ſich bei Vietri ins Meer
ergeußt.

Vietri liegt auf Felſen, am Meerbuſen von
Salerno, dicht vor dieſer Stadt. Von den ent-
zückenden Ausſichten dieſes Meerbuſens habe ich
dich mehr als Einmal unterhalten. Die Gärten von
Vietri erſtrecken ſich von der Höhe hinunter bis ans
Meer. Was die Natur großes und freundliches
hat, vereiniget ſich hier.

Nicht jeder Reisender kann die südlichen Provinzen dieses Königreiches und Sicilien sehen. Aber keiner sollte Neapel verlassen, ohne die Inseln Ischia und Capri, ohne das Piano di Sorento, La Cava und Vietri besucht zu haben.

Auf dem Rückwege besahen wir wieder die Alterthümer von Pompeji. Ich bemerkte mit Vergnügen, daß seit sechs Monaten die Wegräumung des Schuttes durch tägliche Arbeit von 70 Taglöhnern sehr gefördert worden.

Indem ich dieses in Neapel schreibe, sehe ich im Meer die Menge von Kähnen. In jedem lodert eine Fackel, durch deren Schein gewisse Arten von Fischen herbei gelockt werden. Zugleich scheinet der Mond auf die Wogen, und links ergeußt sich seit etwa zehn Tagen vom Vesuv ein neuer zwiefach getheilter Glutstrom.

Einen so schönen Abschied nimmt Neapel von uns! Morgen treten wir unsre Rückreise an.

Neun und neunzigster Brief.

Rom, den 2ten Octob. 1792.

Auf unsrer Reise von Neapel blieben wir beinahe 24 Stunden in Caserta, wo wir von Herrn Hackert freundlich bewirthet wurden.

Vom großen Aquebuct, welcher mit den größten aus den Zeiten der Römer verglichen werden kann, habe ich dir in meinem Briefe vom 6ten Februar geschrieben. Der vorige König, dem beide Sicilien so viel verdanken, ließ ihn erbauen. Vanvitelli, einer der berühmtesten Baumeister Italiens, hatte die Plane dazu entworfen. Eben dieser Künstler baute das königliche Schloß, eins der schönsten in Europa. Es besteht aus vier Palästen, mit vier großen Höfen. Die Treppe in der Mitte, wo die Paläste sich durch gewölbte perspectivische Hallen vereinigen, wird als ein seltnes Meisterstück der Kunst bewundert. Ueber ihr ist ein großer runder Saal, mit zwo Säulenordnungen und einer hohen Kuppel.

Der große englische Garten ist anmuthig durch seine weiten Aussichten auf die Gebürge umher, durch schattende Spaziergänge, und unterhaltende Mannigfaltigkeit. Neue Schönheiten erhält er durch Herrn Gräffer, einen deutschen Gärtner, welcher beinah 20 Jahr in England sich ausgebildet hat, und mit seiner Kunst gelehrte botanische Kenntnisse verbindet. Wiewohl er noch keine fünf Jahre in des Königs Diensten ist, hat er, begünstigt vom fruchtbaren capuanischen Boden, und von Italiens Himmel, während dieser kurzen Zeit schon zum Erstaunen viel

gethan. In einem Lande, wo die indianische Feige
wild wächset, gedeihen unter der Pflege verständiger
Kunst viele der südlichsten Gewächse, und die meisten
nordischen laßen sich gern zu einer milderen Luft ge-
wöhnen.

Nahe bei Caserta hat der König vor etwa 5
Jahren eine große Seidenmanufactur angelegt, in
welcher sowohl Seide gesponnen, als in Zeugen verarbeitet wird. Zwischen 3 und 400 Mädchen finden hier ihren Unterhalt. Wofern sie einen Arbeiter
der Manufactur heirathen, und für dieselbe zu arbeiten fortfahren, werden sie mit ihrer Familie unterhalten. Sie bekommen 100 Ducaten Mitgift. Die
ganze Anstalt, welche mit 40 Personen anfing, und
itzt schon mehr als 1000 ernähret, macht einen kleinen Staat aus, dessen Gesetzbuch der König selbst geschrieben hat. Er hat Zimmer im Gebäude, die er
oft bewohnt.

Ich sah nun in allen ihren Reizen die Gegenden
von Santa Agatha, Mola, Itri und Fondi wieder,
welche ich in den ersten Tagen des Februars schon so
schön gesehen hatte.

Die pontinischen Sümpfe durchreisten wir
schnell; dem Gebrauch des Kampfers und Essigs, den
die Franzosen vinaigre aux quatre voleurs und
die Italiäner, welchen kleine Zahlen selten genügen,
aceto de i sette ladri nennen, verdankten wir es
vermuthlich, daß wir diese Sümpfe unbeschwert
durchreisten. Ueberhaupt wird die Gefahr sehr übertrieben. Doch soll sie dieses Jahr geringer sein als
die vorigen, theils weil die Bemühungen des Papstes, den Sumpf auszutrocknen, jährlich beßern Erfolg haben, theils auch weil mehr Regen, als sonst

im Sommer gefallen, und daher die ersten Herbstre-
gen, deren Würkung oft so gefährlich ist, nicht so
schlimme Folgen haben.

Von Albano fuhren wir, die Landstraße verlas-
send, nach Frascati, und besahen unterweges die
Grotta Ferrata. So heißt eine Abtei griechischer
mit der römischen Kirche vereinigter Ordensgeistli-
chen, welche nach der Regel des heiligen Basilius leben. Sie flüchteten aus Calabrien dorthin, im.
10ten Jahrhundert, unter Anführung des heiligen
Rileus.

Diese Abtei verdient besucht zu werden, wegen
der herrlichen Fresco - Gemählde von Dominichino,
mit welchen eine ganze Kapelle ausgemahlet ist. Einige haben durch die Zeit gelitten. Eins der größten stellt einen Prior des Klosters vor, welcher Kaiser Otto dem Dritten, der vor der Spitze eines Heers
ihm begegnet, entgegen geht. Otto umarmt den
Heiligen. Die Ueberlieferung erzählt, der Kaiser
habe ihm die Wahl einer Gabe angeboten, und jener
habe geantwortet: Ich begehre deine Seele. Das
Gefolge des Kaisers besteht aus vielen Kriegern und
Rossen. Alles ist voll Lebens, voll einfältiger Natur. Man kann die reine Ordnung des Gemähldes,
den Adel und die Wahrheit des Ausdrucks nicht genug bewundern.

Noch viel schöner scheint mir ein kleineres Gemählde, in welchem ein Heiliger vorgestellt wird, der
einen besessenen Knaben zu heilen in Begriff ist. Der
Vater des Knaben hält ihn. Zurück sich werfend,
nur mit den Zehen die Erde berührend, die Arme wü-
tend ausbreitend, zeigt der Knabe in Miene und Stellung die fürchterlichen Symptomen seines Zustandes.

U

Garrick warf einem berühmten französischen Schauspieler, welcher einen Trunknen vorstellte, vor, daß
seine Beine nicht trunken wären.   In den Beinen
des besessenen Knaben starret tödtlicher Krampf. Der
Vater hält ihn, mit Anstrengung und mit Hoffnung.
Die jammernde Mutter knieet.   Zagen und Hoffnung
kämpfen auf den Gesichtern der Umstehenden.   Beide
sind vortreflich ausgedrückt in den Gesichtern von
zween Knaben; des einen Erwartung ist so hoffend
wie die Angst des andern bang ist.

Hinter dem Heiligen knieet ein Mönch, und betet mit feuriger Inbrunst.   Der Heilige selbst ist allein vollkommen ruhig, gewiß des nahen Erfolges.
Nicht nur seine schöne heitre Miene, seine ganze Stellung zeiget von dieser Ruhe.   Mit der Linken öffnet
er dem Knaben den Mund, die Rechte tauchet er in
das Oel einer hangenden Lampe, welches durch seine
Berührung jenen heilen, oder vielmehr das sichtbare
Symbol verborgener Wunderkraft werden soll.

Wiewohl auf allen andern Gesichtern die leb-
haftesten Affecten ausgedrücket sind, herrschet in allen
die weise Mäßigung des großen Mahlers. Der Stärke
seines Pinsels sich immer bewußt, sicher die r e i n e
Wahrheit zu treffen, bleibt Dominichino ruhig wie
der Heilige.   Nirgends die mindeste Uebertreibung.
Nirgends von wilder Stellung entlehntes Leben,
überall sanfte Lebenswärme der Natur, und charak-
teristische Darstellung.   Nur einem Besessenen giebt
ein solcher Mahler Stellungen, wie sie viele der neuern,
vorzüglich die französischen Mahler, dem Affect geben.
Uebertreibung ist die Larve der Schwäche, im Künstler wie im Mann.

Der ganze Weg von Albano bis Fráscati, welches noch 2 Miglien von der Grotta Ferrata liegt, ist voll angenehmer Abwechslungen, und führt durch Wälder, wo mancherlei Arten von Laub durch einander schatten.

Frascati liegt an dem Abhang eines waldigen Berges, ohngefähr 12 Miglien von Rom. Auf diesem Berge lag das alte Tusculum, dessen Erbauung Telegonos, der nach einigen ein Sohn des Odysseus und der Circe, nach andern ein Sohn des Telemachos war, zugeschrieben wird. Gewöhnlich erhöhen Fabeln das Alterthum der Städte; diese Fabel aber macht Tusculum um 300 Jahre jünger, wenn es wirklich nach Clubers Meinung, welche gegründet zu sein scheinet, von Pelasgern erbauet ward, welche 300 Jahr vor Troja's Eroberung die Siculer aus dem Latium vertrieben. In der römischen Geschichte ist Tusculum sehr berühmt durch seine Freundschaft mit Rom, von welcher es, wie alle Freunde dieses allverschlingenden Volkes, zuletzt das Opfer ward. Es rühmet sich Cincinnatus hervorgebracht zu haben, und Cato den Censor. Jedem Leser der Alten ist es merkwürdig, durch das Landhaus des Cicero, sein geliebtes Tusculanum, nach welchem er eine seiner unsterblichen Schriften benannt hat.

Nach Vertreibung der Gothen ward es ein Theil des Kirchenstaats; und die Päpste zogen es allen andern Gegenden von der Nachbarschaft vor. Den Römern nicht trauend, begab sich Alexander der Dritte im Jahr 1165 dorthin, und zog mit Tusculanern 4 Jahre nachher gegen die dem Kaiser günstige Partei der Ghibellinen in Rom. Tusculum war eine kaiserliche Stadt geworden, als Clemens der Dritte

U 2

durch einen Vergleich sie im Jahr 1191 mit dem
Kirchenstaat wieder vereinigte. Der Haß der Römer, welche fürchteten, daß die Päpste sich hier nie-
derlassen möchten, bewog sie, diese Stadt als einen
eroberten Ort zu zerstören. Die Einwohner begaben
sich in Trümmern einer ihrer Vorstädte, und wohnten eine Zeit lang in Lauben. Daher erhielt Frascati
seinen Namen, denn Frasca heißt auf Italiänisch
ein belaubter Zweig. Hohe Pinien oben auf dem
Berge zeigen den Ort an, wo das alte Tusculum
stand.

Die meisten neueren halten den Ort, wo zwischen den Trümmern von Tusculum und Frascati ein
Kapucinerkloster steht, für das Tusculanum von Cicero. Cluver aber glaubt, daß es da gestanden, wo
itzt die Grotta Ferrata stehet.

Regenwetter hinderte uns verschiedne berühmte
Villa's in Frascati zu besuchen. Wir sahen nur die
Villa Aldobrandini. Ich erzähle dir nichts von den
Platfondgemählden des Cavaliere d'Arpino, noch auch
von den kostbaren Tändeleien der Wasserkunst, so viel
Rühmens auch einige davon machen. Mein Stillschweigen ist unschuldig. Ich sah, und kaum ist mir
eine flüchtige Erinnerung von dem was ich sah, geblieben.

In Rom besahen wir gestern einige Gallerien,
welche wir vorigen Winter noch nicht besucht hatten.
Folgende Gemählde waren mir die interessantesten: Im
Palazzo Chigi:

Eine Schlacht von Salvator Rosa. Fürchterliches Schlachtgetümmel ohne Verwirrung. So
wilde Phantasie, und doch so reine Ordnung; so viel
Feuer, und so viel Vollendung! Salvator Rosa ar-
beitete mit Begeistrung. Eines unbegeisterten Mah-

lers affectirte Wildheit, seine geheiztes Feuer, sind unerträglicher als Mattigkeit und Kälte, und sind unwahr. Die Begeistrung mißleitet nie, sie vergegenwärtiget dem Mahler den Gegenstand, und mit der Wahrheit der Natur stellt er dar. Aber diese Begeistrung ist nicht Ofenglut. Sie durchwärmet sanfter bald, bald feuriger, wie Sonnenschein, und erleuchtet zugleich. Dieses Schlachtgemählde ist voll Harmonie. Der Himmel ist, wie manchesmal von Gewittern, gelb; blaue lang hinschweifende Wolken fliegen umher. Und Adler schweben, ihrer Beute harrend, über den Kämpfenden.

Verschiedne Landschaften dieses Mahlers haben immer seinen Charakter. Sein Himmel ist entflammt; mehrentheils beugt sich das Laub unter dem frischen Winde.

Ich habe irgendwo von Salvator Rosa eine Anecdote gelesen, für deren Wahrheit ich nicht Gewähr leiste, sie ist mir aber wahrscheinlich. Er liebte, sagt der Erzähler, den Wein. Halb berauscht ging er dann und wann an sein Werk, und mahlte mit Feuer. Dann verließ er es bald wieder. Er ward nüchtern, besann sich; angstvoll lief er hin an seine Arbeit, glaubte sie verderbt zu haben, und fand zu seinem Erstaunen, daß er im Rausche den Pinsel mit der glücklichsten Kraft geführet hatte.

Ein solcher Rausch beweiset viele Kraft, aber wohl dem Darsteller, der seinen Nectar nicht aus dem Glase schöpft!

Die Natur selbst reichte ihren Nectar dem Claude Lorrain, von dem in dieser Gallerie fünf vortreffliche Landschaften sind.

Eine carita romana und ein schlafender Amor, beide von Guido Reni.

Giulio Romano's eigne Handzeichnungen von der Schlacht Constantins im Vatican, die er unter Rafaels Aufsicht gemahlt hat.

Palazzo Doria:

Diese Gallerie ist sehr reich an Bildern. Die Römer nennen sie il bosco de i quadri (den Wald von Gemählden), weil Werke der meisten berühmten Mahler drinnen gesehen werden.

Sehr viele Landschaften von Gaspard Poussin. Einige sind sehr schön. Es hatte dieser Mahler viel Wahrheit in der Zeichnung, aber desto weniger im Colorit. In manchen seiner Landschaften ist er unnatürlich hell, unnatürlich dunkel in andern. Offenbar affectirte er Manier, um Eignes zu haben. Ein trauriges Eigenthum, welches immer Armut beweist! Nicht nur sind die Franzosen fast nie ohne Manier; sie halten es für groß eine Manier zu haben, so sehr auch solche bei ihnen oft Unmanier wird. Claude Lorrain, welcher frei von aller Manier war, muß nicht als eine Ausnahme angesehen werden. Als er lebte, war sein Vaterland noch keine Provinz von Frankreich. Er war ein Deutscher.

Von Nicolas Poussin, dem großen Historienmahler, sind auch hier verschiedne schöne Landschaften.

Zwo Landschaften von Dominichino. Sie sind schön, und merkwürdig dadurch, daß sie zu einer Zeit gemahlt wurden, wo die Landschaftmalerei noch in ihrer Kindheit, die Historienmahlerei in ihrer männlichen Stärke war.

Brüghels vollendenden Fleiß bewundert man, wenn man auch die miniaturmäßige Arbeit nicht vorzüglich liebt. Von ihm ist ein Paradies und eine Schöpfung der Thiere. In dieser Art sind seine Gemählde Meisterstücke.

Pharao ertrinkt mit seinem Heer, von Antonio Tempesta. Die Adern des gewählten Marmors auf dem er dieses Bild mahlte, ahmen die Wogen täuschend nach.

Eine schöne heilige Familie von Fra Bartolomeo.

Eine Aufopferung Isaaks, von Titiano.

Eine heilige Agnes, indem sie den Scheiterhaufen besteigt, welcher eben angezündet wird, von Guercino.

Maria knieet betend vor dem schlafenden Jesuskinde, von Guido Reni. Die Farben dieses schönen Gemähldes haben durch die Zeit gelitten, und es steht nicht vortheilhaft unter Bildern von lebhaftem Kolorit.

Einige Porträte von Abraham Van Dyk.

Zwei von Rembrand. So groß dieser Mahler auch ist, verliert er doch gegen Van Dyk. Rembrand hatte viel Manier. Van Dyk besaß mehr als irgend ein Porträtmahler die große Kunst, die Natur mit vollem Ausdruck des Lebens darzustellen. Seine Bilder athmen.

Er war ein großer Historienmahler, und gab auch seinen Porträten, welche er immer in vollkommener Ruhe mahlte, den Adel eines Historiengemähldes.

Der Beichtvater von Rubens, von Rubens gemahlt. Von diesem seinem großen Meister lernte Van

Dyk, wie nur ein künftiger großer Meister lernen kann, den lebendigen Naturausdruck.

Holbein und seine Frau, 2 Porträte von Holbein gemahlt.

Ein schönes Weiberköpfchen, auch von Holbein, ein vortreffliches Gemählde!

Vier Geizhälse, von Albrecht Dürer, ein Meisterstück des großen Mannes. Er legte seiner launigen Caricatur so reine Wahrheit, mit so tiefer Seelenkunde zum Grunde, daß man kaum die Caricatur, so kühn sie auch ist, gewahr wird. Rafael hatte tiefe Verehrung für Albrecht Dürer, dessen Schriften, gleich denen von Leonardo da Vinci, der Codex der Kunst sind.

Eine Flucht nach Aegypten, von Nicolas Poussin. Sie ist schön; aber ihr zum Unglück sieht man bald nachher eine viel schönere von Claude Lorrain.

Landschaften von Paul Brill, dem Vater der eigentlichen Landschaftmahlerei. Er war sehr stark im Ausdruck der Wahrheit, und in Wahl des Schönen. Seine Gemählde sind voll von jener sanften Harmonie der Natur, deren Verletzung in vielen auch berühmten Landschaften, oft so wehe thut.

Maria mit dem Kinde Jesus und dem kleinen Johannes dem Täufer, auf einer Landschaft von Rafael. Auch hier kann man auf dieses rafaelische Stück unter den andern Gemälden, die Stelle eines Alten anwenden, welcher von einer Jungfrau sagt:

Aliae formosae, illa ipsa forma est.

Schön sind die andern, sie die Schönheit selbst.

Vielleicht hat man die schöne Gallerie des Palazzo Doria auch wegen der vielen Landschaften il bosco de i quadri genannt.

In der Kirche des Camalbulenser-Klosters San Romoaldo, steht über dem Altar ein berühmtes, vortreffliches Gemählde von Andrea Sacchi.

Der heilige Romoaldo sitzet unter einem Baum, und unterrichtet drei Ordensgeistliche in den Pflichten ihres Standes. Im allegorischen Hintergrunde sieht man Mönche eben dieses Ordens einen steilen Berg hinan gen Himmel steigen, dessen Licht sich abnehmend auf den Berg hinab senkt.

Hundertster Brief.

Rom, den 5ten October 1792.

Wir haben die beiden vorigen Tage dem reizenden Tivoli gewidmet, von dessen berühmten Wasserfällen ich dir lieber viele Zeichnungen, als Eine dürftige Beschreibung senden möchte.

Tivoli liegt auf einem Hügel am Flusse Tererone, welchen die Alten Anio, auch Anien und Anienus nannten. Er trennte das Latium vom Lande der Sabiner, und wiewohl der Strom sich mitten durch die Stadt ergießt, ward sie doch ganz zum Latium gerechnet. Sie hieß Tibur, und ward nach gewöhnlicher Meinung von Tiburs und Catillus, zween Arkadern, die dem Evandros, einem Zeitgenossen des trojanischen Krieges, aus Griechenland gefolgt waren, gestiftet. Cluver, der besser als irgend einer das italische Alterthum erforschte, setzet die Gründung dieser Stadt noch um 300 Jahre früher, und schreibt sie den Pelasgern zu, welche die Völkerschaft der Siuler, die nachher Sicilien ihren Namen gab, aus dem Latium vertrieben.

Die Tiburtiner widerstanden lange dem jüngern Rom, von dem Tivoli nur 18 Miglien entfernt ist.

Der Teverone stürzet zwischen Hügeln mitten durch die Stadt, und bildet hier die Cascata, oder den großen Wasserfall. Er hat vieles von seiner natürlichen Schönheit verloren, weil man, theils gegen wilde Wasser sich zu schützen, theils Mühlen zu leiten, ihm oben das Bett geebnet hat. Doch ist er immer noch sehr schön. Viel reizender aber stürzet

ein Theil von ihm weiter unten donnernd hinab durch
gehölte Felsen, deren phantastische Gestalten den Eindruck des herrlichen Anblicks noch verschönern. Die
Wölbungen der Hallen sind behangen mit Frauenhaar (adiantum Veneris); den Felsen entsprosset
die freudigste Vegetation von Stauden und Kräutern, welche der rauschende wasserstäubende Strom
unaufhörlich bethauet. An der Mitte dieses Falles
ist die sogenannte Höle des Neptuns, wo, von Felsen und Gewächsen umringet, du über und unter dir
den Strom rauschen hörest und schäumen siehst. Hoch
oben steht der runde Tempel der Vesta, dessen einge-
stürzte Seite hier nicht sichtbar ist. Der korin-
thische Säulengang giebt ihm ein sehr schönes Ansehen. Daneben steht eine Trümmer des Tempels der
Sibylle Albunea. Ob die Tempel wirklich diesen Göttinnen gewidmet waren, ist vielleicht schwer zu beweisen; daß aber die Albunea hier verehret ward, ist
bekannt; und da Horaz ihr den Namen der tönenden
Albunea giebt, so kann man nicht zweifeln, daß sie
beim Wasserfall ihren Sitz hatte.

— lucus Albuneae resonantis.

Noch viel tiefer als zur Höle des Neptuns,
welcher der französische Mahler Vernet ihren Namen
soll gegeben haben, kann man durch einen Weingarten auf einem zwar beschwerlichen engen Pfade, wo
aber jeder Schritt neue Schönheiten zeigt, diesem
Wasserfall nachgehen bis zur sogenannten Grotte der
Sirene. Enger zusammen gedränget zwischen den
Wölbungen der Felsen, deren mannigfaltige Gestalten mit jedem Zauber, welchen Felsenhallen hervorbringen, geschmückt sind, schäumet und donnert mit
einem Ungestüm, welcher jeden Augenblick reißender

zu werden scheinet, der Strom in den Abgrund hinab, wo er dem Aug' in holer Tiefe desto eher ent-
schwindet, da der abschüssige, immer benetzte Rand
des Felsenufers den unmittelbaren Zutritt versagt.
Wendest du dich links, so siehst du den höheren Wasserfall, der sich in die Grotte des Neptuns ergießt,
und von dannen in mehreren getheilt herabrauscht.
Schließest du die Augen einen Moment, um sie ge-
stärkter wieder zu öffnen, so betäubt dich desto mehr
der stürzenden Gewässer Schall, weil das Ohr allein
unterhalten wird. Gleichwohl ist weder dieser Schall,
noch auch an Herrlichkeit der Fülle dieser Anblick mit
dem gewaltigen Rheinfall bei Lauffen zu vergleichen,
wo Entsetzen und Wonne den betäubten und geblen-
deten Zuschauer mit ihrer ganzen Macht ergreifen;
aber die phantastische Gestalt der rund umwölbenden
Felsen giebt diesem Wasserfall bei Tivoli seine eignen
Reize, und sanftere Schauer eines heiligen Grauens.

Ein angenehmer Spaziergang führet aus der
der Stadt, von deren Höhen man durch ein lachen-
des Thal gesondert wird, auf die gegen über stehenden mit sehr großen alten Oelbäumen bedeckten Hügel. Auf einer Stelle, in deren Nachbarschaft itzt
ein Kloster steht, sieht man Ruinen, welche für Horazens Landhaus ausgegeben werden. Wiewohl dieser unser Freund sein einsameres sabinisches Landhaus
vorzuziehen schien, ist doch gewiß, daß er auch hier
ein Landhaus hätte. Sueton sagt es ausdrücklich im
kurzgefaßten Leben dieses Dichters. Und mit welcher Liebe spricht er nicht oft von Tibur! In seiner
schönen Ode an Melpomene sagt er, daß diese Gewässer und das dichte Laub der Haine den lyrischen Dichter bilden sollen,

Sed quae Tibur aquae fertile praefluunt,
Et fpiffae nemorum comae,
Fingent aeolio carmine nobilem.

Und in einer andern Ode, welche den Dichter
als Freund und als feinen Empfinder der Natur fo
liebenswürdig zeigt; wünfchet er in Tibur fein Leben
zu befchließen.

Tibur Argaeo pofitum colonô,
Sit mihi fedes utinam fenectae,
Sit modus laffo maris et viarum
Militiaeque.

Von diefen mit Oelbäumen bewachfenen Hügeln
fieht man bald gerade gegenüber den Sturz der, in
Vergleichung mit dem großen Wafferfall, oder der
Cascata, fogenannten cascatelle maggiori (größ-
ßern Wafferfällchen).

In zween Arme getheilt, welche neben einander
auf eine vorlaufende Spitze, und von diefer noch immer gefondert wieder tief ins Thal fallen, bildet hier
der Ström Wafferfälle von entzückender Schönheit.
Kleine ftürzen oder riefeln herab, und vereinigen fich
mit dem großen im Fluffe, der das Thal tränket.
Bald nachher fiehet man die kleineren Wafferfällchen,
cascatelle piccole, welche aus vielen, nur in Vergleichung mit jenen klein genannten, an fich fehr großen Wafferfällen beftehen. Ueber ihnen ftehen die
großen Ruinen von der ungeheuern Villa des Mäcenas. Wir befuchten am Abend diefe Villa, aus welcher fich Arme des Wafferfalls ergießen. Es war mir
ein angenehmer Gedanke, daß in diefem Haufe Horaz gewiß fehr oft, und manchesmal Virgil, Freunden der Poefie ihre unfterblichen Werke zuerft vorla-

fen. Im fruchtbaren Thale erinnerte mich der Anblick eines Knaben, welcher, auf einem Apfelbaume
stehend, reifes Obst pflückte, an die von Horaz be-
sungnen Obstgärten, welche von flüchtigen Bächen
getränkt wurden.

— mobilibus pomaria rivis.

Der Wein von Tivoli ist sehr angenehm. Horaz hatte recht, seinem Freunde zu rathen, von allen
Bäumen den Weinstock zuerst hier zu pflanzen.

Nullam, Vare, ſacra vite prius ſeveris arborem,
Circa mite ſolum Tiburis et moenia Catilli.

Große Subſtructionen einer Villa, welche dieſen cascatelle piccole und der Villa des Mäcenas
gegenüber ſtehen, werden für die Villa des Quincti-
lius Varus gehalten, dem alſo gegenüber der jähe
Anio (praeceps Anio), wie Horaz ihn nennet, ſich
ergoß.

Aus Einem Geſichtspuncte überſieht man die
cascatelle maggiori und die piccole cascatelle.

Nicht weit von der Villa des Mäcenas ſteht ein
kleiner runder Tempel, welcher il tempio della
toſſe (der Tempel der Göttin Tüſſis oder Huſten)
genannt wird. Die abergläubiſchen Römer, welche
der Göttin Mephitis, die ſie auch Graveolentia nannten, einen Tempel errichtet hatten, mögen auch wohl
dieſe Krankheit, als eine Göttin, deren Zorn man
ſänftigen müßte, verehret haben. Der kleine Tempel
iſt rund, mit einer hemiſphäriſchen Kuppel, welche
oben eine Oeffnung hat. Dieſe Form iſt an ſich ſchon
ſehr gefällig, und das viele Gebüſch, welches die
alte Kuppel umranket, giebt ihr ein intereſſantes
Anſehen.

In der kleinen unansehnlichen Stadt sieht man ein hohes Ueberbleibsel von der Mauer eines Tempels, vermuthlich desjenigen, der dem Herkules gewidmet, und im Látium berühmt war.

Auch steht noch die Hälfte eines Stadtthors des alten Tibur, und mosaisches Pflaster hat sich in einer kleinen Gasse erhalten.

Nah bei der Stadt ist die villa d'Este. Sie ward in der Mitte des 16ten Jahrhunderts erbauet vom Kardinal Ippolito d'Este. Sie gehört dem Herzoge von Modena, letztern männlichen Sprossen dieses berühmten Geschlechts. Das Gebäude ist groß, fängt aber an von der Zeit zu leiden. Der Garten ist vom berühmten Le Notre angelegt worden, welcher im vorigen Jahrhunderte den einförmigen Geschmack französischer Gartenkünstelei in Frankreich, und also in Europa einführte. Doch zieren diesen Garten große Pinien, Platanen und die größten Cypressen, welche ich jemals sah. Diese soll Le Notre gepflanzet haben.

Du weißt, daß schon seit verschiednen Jahren die Franzosen ihrer freudenlosen Gärten müde, englische Parks anzulegen anfingen. Aber sie blieben dabei nicht stehen. Weil sie für Einfalt keinen Sinn haben, und den englischen Ernst, so finster er auch ihnen schien, gern übertreffen wollten, so haben sie in den schönen Gärten von Ermenonville, wie ein Augenzeuge mich versichert hat, todte Bäume eingraben lassen, pour inspirer la philosophie! Ein wahres Bild ihrer itzigen Philosophie, und der Moral ihrer Atheisten, welche schon Rousseau mit einem wurzellosen und fruchtlosen Baume verglich!

Brutus und Cassius hatten bei Tivoli Villa's, deren große Trümmern wir besuchten. Ihre Größe giebt einen Begriff von dem Luxus der Römer jener Zeit, in welcher selbst Männer, welche verdienten die letzten Römer genannt zu werden, so ungeheure Paläste bewohnten.

Diese beiden Schwäger, Freunde und vornehmsten Genossen der Verschwörung gegen den Tyrannen, wohnten eine Viertelstunde von einander. Unter schattenden Gängen besprachen sie sich vielleicht hier über die großen Angelegenheiten der römischen Welt. In diesem Landhause lebte vermuthlich der edle Brutus oft, und entschlug sich der öffentlichen Sorgen im Umgang seiner Porcia, einiger Freunde und großer Todten. Er genoß einer schönen Aussicht, und mag wohl oft von der dürren Ebne Roms sein Auge links auf die waldigen Berge von Tusculum, oder rechts auf Hügel gewandt haben, hinter welchen der hohe Soracte sich erhebt.

Weit minder interessirten mich die ungeheuern Ueberbleibsel der Villa des Adrians. Man sieht viel von einem Theater; ich weiß aber nicht, was man aus einem großen, mit einer hohen Mauer umgebnen runden Platze machen soll. In Italien wird jeder noch so zweideutige Ruin des Alterthums, keck benennet. Diesen Platz nennt man die Naumachie. In der That sind noch Spuren der Sitze für die Zuschauer und Nischen übrig, in welchen vermuthlich Bildsäulen gestanden. Andre hielten diesen Platz für ein Amphitheater, und es sollte mich wundern, wenn bei Anlegung einer so großen Kaiservilla nicht für das blutige Schauspiel mit wilden Thieren kämpfender, oder sich mordender Menschen, wäre gesorgt

worben. Aber die Trümmern von Mauern mitten
im Platze beweisen, daß er weder einer Naumachie,
noch einem Amphitheater bestimmt war.

Ein viel größerer Platz diente vielleicht zu einer
Rennbahn; oder zu einem Tummelplatz der Rosse;
oder endlich zur Waffenübung der prätorianischen
Cohorte.

Ruinen von Tempeln sind von den alles wissen-
den Antiquaren nicht unbenannt geblieben, und man
will wissen, in welcher Tribune, oder halben Rotun-
da, die man auch Schola nennet, die Stoiker oder
die Platoniker ihre Gespräche hielten.

Ich halte es für unmöglich, aus diesen Ruinen
die Bestimmung aller Theile angeben zu können, besonders in einem Gebäude, in welchem Hadrian alles,
was ihm vorzüglich in Griechenland, Asien und
Aegypten gefallen hatte, anbringen wollte; Hadrian,
welcher ein Mann von Verstand, aber voll phantasti-
scher Ideen war.

Merkwürdiger scheint mir die große Trümmer
eines Gebäudes, welches nach Maßgabe des ungleich-
chen Bodens, bald aus zwei, bald aus drei Stockwerken bestand. Nicht zu bezweifeln scheint mir die
gewöhnliche Meinung, daß es der prätorianischen
Cohorte, das heißt der Leibwache, zur Wohnung
diente. Es ist in lauter hohen Zimmern abgetheilt,
deren jedes neun Schritt lang und sieben breit ist.
Man hat in neueren Zeiten Oeffnungen durchbrochen,
ehmals war keine innere Gemeinschaft der Zimmer
mit einander. Das Fenster mußte denen, welche sie
bewohnten, zur Thüre dienen, und da von der Fen-
sterseite des Gebäudes ein Graben gezogen ist, so
konnten die Soldaten aus dem untern Stockwerk
nicht anders als über eine Brücke, und aus den obern

mittelst einer Leiter aus- und einsteigen. Vermuthlich
waren die Brücken Zugbrücken, und die Leitern wur=
den wohl nur zu bestimmten Zeiten angesetzt. Unglück=
liche Zeiten, in welchen selbst ein Kaiser wie Hadrian,
der kein Tyrann war, der Nachfolger des liebens=
würdigen Trajans, der nach dem guten Nerva ge=
herrscht hatte, so mißtrauische Maßregeln ergrei=
fen mußte!

Die Mauern dieses Hauses für die Soldaten
sind doppelt, so daß ein schmaler Zwischenraum zwi=
schen beiden die Luft durchläßt. Diese Vorsicht ist
sehr vernünftig, und verdiente Nachahmung in un=
serm Vaterlande, dessen feuchtere Luft oft so schäd=
lich würket.

Auf den Hügeln bei Tivoli wachsen mehren=
theils nur Oelbäume, doch grünen zwischen ihnen
Stauden, deren mannigfaltiges und freudiges Grün
das Aug' erfrischet. Sehr häufig wächst hier der
Cercis siliquastrum (Judasbaum); bei dessen rei=
fen Samen ich noch einige Blumen seiner schönen
rothen Blüte fand. Ich fand verschiedne Stauden,
welche ich sonst nirgends gesehen habe, von deren
Samen ich mitbringe. Es würde mich sehr freuen,
wenn einige von den vielen Samen, die ich auf mei=
ner Reise gesammelt habe, in unserm Vaterlande ge=
deihen wollten. Mein Sohn entdeckte reifen Sa=
men der Kapernpflanze, mit deren schönen Blüte ich
dich bekannt zu machen hoffe. Man findet ihn selten,
weil die Blütenknospen so ämsig gepflückt werden.

Hundert und erster Brief.

Rom, den 8ten October 1792.

In der Kirche Trinita de i Monti ist ein vortrefliches Fresco-Gemählde, von Danielle di Volterra, welches die Herabnehmung Christi vom Kreuz vorstellet. Es wird zu den berühmtesten Gemählden in der Welt gerechnet. In der That ist es von erhabner Schönheit, besonders Maria in Ohnmacht (wiewohl vielleicht diese Ohnmacht dem Tode zu ähnlich ist) und der schöne Gruppe jammernder Weiber. Doch gestehe ich, daß eben dieses Gemählde in Oelfarbe von eben diesem großen Meister, welches Angelika besitzt, mir viel schöner scheinet. Es hat sich zum Erstaunen wohl erhalten, und durch bloßen Anstrich eines guten Firniß eine so frische Jugend bekommen, daß man denken könnte, es wäre eben vom Gerüste des Meisters abgenommen worden.

Unter allen italiänischen Künstlern dieser Zeit ist wohl unstreitig Canova, ein hier lebender Venezianer, derjenige, welcher den Ruhm der römischen Kunst am besten behauptet. Ich wüßte keinen Bildhauer, dessen Werke den großen Meisterstücken der Alten so nahe kämen, und gestehe gern, daß ich die seinigen den bewunderten Statuen von Michel-Angelo vorziehe. Mit seltnem Fleiße verbindet er viel seltneres Genie, große Kühnheit mit jener Gabe, die Natur rein zu ergreifen, und in ihren bedeutungsvollesten, sinnenden Momenten darzustellen. Er ist erst 33 Jahr alt. Sein Charakter wird von allen, die ihn kennen, als edel und liebenswürdig gerühmt. Von seiner Hand sind die Monumente der beiden letzten

Päpste Rezzonico und Ganganelli. In seiner Werkstatt sah ich verschiedne Gypsmodelle seiner Arbeiten,
einige vollendete marmorne Statuen, einige angefangen. Außerordentlich schön schien mir der Gruppe
von Dädalos und Ikaros. Dädalos hat eben angefangen, dem Sohn einen Flügel an der Schulter
zu befestigen. Mit kindlicher Ungeduld der Freude
wendet lächelnd der Knabe sein Haupt, und sieht nach
dem Flügel. Der Vater betrachtet seine Arbeit, mit
einer Miene, welche zugleich prüfenden Blick des
Künstlers und Aengstlichkeit des Vaters ausbrückt.
Solcher Ausbruck scheinet mir viel schwerer zu erreichen, als der Augenblick heftiger Leidenschaft, bei
dessen Darstellung der Künstler desto eher täuschen
kann, da ihre Wahrheit so schwer zu untersuchen ist.
Dieses trefliche Werk machte Canova eh' er 18 Jahr
alt war!

Von ihm ist das nun eben vollendete Monument
des Papstes Rezzonico in der Peterskirche, welches
alle andre Monumente der Päpste in dieser Kirche
verdunkelt.

In der Kirche des heiligen Hieronymus ist ein
Gemählde von Dominichino, welches für eins der
besten in Rom gehalten wird. Es stellt den heiligen
Hieronymus vor, im Augenblick da er einem Ster-
benden die Hostie reicht. Hinter dem Heiligen steht
ein junger Mann mit dem Kelch. Hinter dem Ster-
benden steht ein Jüngling, welcher herzlich weinet.
Verschiedne andre Gesichter und Stellungen zeigen
ungleiches Maß von Jammer oder von Andacht. Der
Sterbende scheint die letzten Kräfte für den feierlichen
Augenblick zu sammeln. In dem Gesichte des Hieronymus vereiniget sich innige Liebe mit erhabnem An-

dachtsgefühl. Für ihn sind die Umstehenden nicht da; nur Gott und der Kranke, den er im Tode zum Eintritt in die Ewigkeit stärken soll, sind ihm gegenwärtig.

Nicolas Poussin pflegte zu sagen: Die Verklärung Christi von Rafael, dieser Hieronymus von Dominichino, und die Herabnehmung vom Kreuz von Volterra, (nicht diejenige, welche izt in der Kirche Trinita bei Monti stehet, sondern jene andre in Oelfarbe, welche in einem Klosterrefectorio bei dem Platze del popolo stand, und izt in Angelika's Händen ist) wären die schönsten aller Gemählde.

Eben dieser Poussin nannte den Dominichino nur schlechthin den Mahler.

Diese Benennung gebühret aber keinem andern so wie Rafael. Ihn könnte man den Mahler nennen, wie die Griechen oft Homer den Dichter nannten.

In einem Saale des Palazzo Farnese, hat Annibal Caracci die Wölbung gemahlt. Lauter Vorstellungen aus der Fabellehre. Vortreflich gemahlt, mit der Kraft, welche diesen Mahler charakterisirt. Nur muß man nicht den Seelenausdruck des Dominichino, noch weniger des Rafael erwarten. Caracci soll an diesem berühmten Werk acht Jahre gearbeitet, und der Eigenthümer ihn nach Ellenmaß bezahlt haben. Man sagt, daß der Mahler aus Verdruß hierüber gestorben sei.

In der Villa Doria steht ein kleines Haus, welches Rafael manchesmal im Sommer bewohnte. An der Decke des größten Zimmers sind einige Gemählde, und leichte Arabesken auf den Wänden, alles von seiner hier leicht spielenden, nie zu verkennenden Meisterhand.

Im Garten dieser Villa hat der itzige Besitzer die Idee einer englischen Anlage ausführen wollen. Man muß ihm Dank wissen für die Mannigfaltigkeit der Gewächse, Dank für manchen freien Gang zwischen unbeschnittenen Bäumen; aber falscher Geschmack beleidiget oft das Auge desjenigen, welcher weder einen kleinen geheizten Vesuv, noch auch andre minder ungewöhnliche, nicht minder kindische Gartentändeleien liebt.

Im schönen Garten der Villa Borghese fand ich Neuerungen, die mir nicht gefielen. Unter andern hat man einer kleinen Meierei die Gestalt einer Festung gegeben, und auf das Thor die Inschrift gesetzt: otia tuta (Sichre Mußen.) Die Sicherheit in einer Festung ist zweifelhaft; die Muße wohnt wohl nicht gern in einer Festung, und die Festung gehört nicht in den Garten.

Ein kleiner neu angelegter Ruin ist auch nicht erfreulich! Sieht man nicht der wahren Ruinen in Rom genug? Muß auch durch solche Täuschung die Idee einstürzender Mauern dem Spazierenden aufgedrängt werden?

In der Villa Panfili ist ein großer, schöner, grüner Platz, umgeben von hohen Pinien, und ein ganzes Wäldchen von diesen Bäumen. Nie sah ich schönere Thränenweiden als an einem Teich in derselben Villa.

Auch unsern braven Landsmann Trippel haben wir in seiner Werkstatt besucht. Ich sage unsern Landsmann; denn welcher biedre Deutsche rechnet es sich nicht zur Ehre, daß die Schweizer Deutsche sind!

Er wird in Rom sehr hoch geschätzet. Unter vielen größeren Werken dieses großen Bildhauers gefiel mir vorzüglich ein Milon, in dem Augenblick, da seine Linke in der Spalte des Baumes eingeklemmt ist, und er mit der Rechten sich gegen einen Löwen, der ihn anfällt, vertheidiget. Es wäre zu wünschen, daß Trippel veranlaßt würde, diese Idee im Großen auszuführen. Wenige Ideen sind, däucht mich, einer so kühnen und edeln Ausführung fähig, als die Vorstellung eines Mannes, den die Geschichte uns nicht nur als einen gewaltigen Ringer, sondern auch als einen großen Feldherrn zeigt, in diesem Augenblick, da sein einer Arm gegen einen Löwen kämpft, indem der andre auf die schmerzhafteste Art von der Schnellkraft eines großen Baumes gehalten wird.

Gmelin, ein Deutscher, verbindet mit entflammter Liebe zur Natur, und mit feinem Gefühl in der Gegenstände Wahl, ein großes Talent in der Ausführung. Er hat viele der schönsten Gegenden Italiens, vorzüglich aus dem Königreiche Neapel, vortreflich gezeichnet, und einige in Kupfer gestochen. Er wird jährlich eine gewisse Anzahl solcher Kupferstiche herausgeben, und dadurch viele Freunde der Natur mit den größten Reizen Italiens bekannt machen. Sein Talent macht ihm viele Ehre, noch ehrwürdiger ist seine edle Bescheidenheit.

Hundert und zweeter Brief.

Früh am neunten Oktober verließen wir Rom. Wir kamen am Vormittage durch das ehmalige Vejentische Gebiet, dessen Hauptstadt Veji, nach zehnjähriger Belagerung, vom großen Camillus erobert ward, den der Ersatz des von den Galliern belagerten Capitols bald nachher noch berühmter machte. Dann kamen wir durch Civita Castellana, dem alten Faliscum, welches von eben diesem Feldherrn belagert ward. Ein Schulmeister, der durch Verrath sein Glück zu machen suchte, führte oft die vornehme Jugend der Faliscer aus der Stadt, unter dem Vorwande, sie spazieren zu führen, und überlieferte sie auf diese Art endlich den Römern. Camillus aber verschmähte eine solche Eroberung. Er ließ dem Verräther die Hände auf den Rücken binden, gab jedem der Knaben eine Ruthe, und ließ ihn so zurück in die Stadt treiben. Gerührt durch die Großmuth *Tit.* des Römers ergaben sich ihm die Faliscer. Zu eben *Liv. V.* diesem Gebiet gehörte Nepete, durch welches wir *37.* kurz vorher gefahren waren. Jtzt heißt es Nepi. Die Vejenter und Falerier (oder Faliscer) waren etruscische Völkerschaften. Denn das alte Hetrurien erstreckte sich viel weiter nach Süden als das itzige Toskana.

Ohngefähr vierzig Miglien von Rom ließen wir den Berg San Silvestro, den ehmaligen Soracte, welchen wir von Rom aus gesehen hatten, rechts hinter uns liegen. Wiewohl er nicht sehr hoch ist, sieht man ihn so weit, weil sich von ihm bis nach Rom

die Ebne senkt. Er hängt nicht mit den Gebürgen,
welche hier den Horizon kränzen, zusammen, sondern
steht allein. Von beiden Seiten erhebt er sich wie
die untere Hälfte einer Pyramide; oben ist er zackig,
und hat in der Gestalt sowohl mit dem Epomeo als
mit dem Vesuv Aehnlichkeit. An der Seite, wo wir
ihm vorbeifuhren, ist unten ein tiefes Felsenthal, welches einem eingestürzten Krater ähnlich sieht. Diese
Zeichen machen mich vermuthen, daß der San Silvestro in uralten Zeiten ein Volkan gewesen sei. Die
Gegend ist anmuthig, und reich an einer vortreflichen
Art von großen Schafen. So viel ich aber in dieser
Jahrszeit davon urtheilen konnte, schienen mir die
Felder schlecht bestellt zu werden.

Otricoli und Narni sind beides alte Städte.
Sie hießen Ocriculum und Narnia. Beide gehörten
zur Landschaft Umbria. Narnia ward genannt nach
dem Flusse Nar, den die itzigen Italiäner Nera, auch
Negro nennen. Dieser Fluß strömet unten am Fuße
der hoch liegenden Stadt. Unmittelbar vor dieser
sieht man sehr große Trümmern einer gewaltigen
Brücke von gehauenen Steinen. Der eine Bogen
steht noch ganz an der Seite der Stadt. Gegenüber
steht ein halber Bogen, und große Ueberbleibsel der
Pfeiler im Strom. Dieser windet sich in einer lachenden Ebne, welche rund umher von waldigen Apenninen umkränzet wird. Durch den noch stehenden
Bogen der alten Brücke, die ein Werk des Augustus
ist, sieht man in eine halb dunkle Vertiefung zwischen
nahen Bergen. Rechts steht eine neue demüthige
Brücke, welche durch den Contrast mit jenen Ruinen
mahlerisch wird. Die Ebne ist bewachsen mit Pappeln und andern Bäumen, um welche sich Reben

schlingen. Bis nach Terni reisten wir durch diefes Thal.

In Terni fanden wir auf dem Markte zween
Mufiker, deren einer auf einer Mandoline fpielte, der
andre auf der Syrinx der Alten, wie uns diefes Instrument von Dichtern befchrieben wird. Auf antiken Statuen und Bafsi relievi findet man es auch.
Es war ein Inftrument der Hirten, der Satyren
und Faunen, des Pan und des Kyklopen Polyphemos. Doch mit dem Unterfchiede, daß es bei den
Alten aus neun Röhren von ungleicher Länge beftand,
welche mehrentheils mit Wachs an einander gefüget
waren. Diefes neuere hatte 26 Röhren. Sie waren mit Fäden an einander befeftigt. Das größte
mochte ohngefähr fechs Zoll lang fein, das äußerfte
kleinfte kaum einen. In einer gewiffen Entfernung
tönten diefe Pfeifen zu der Mandoline nicht übel, von
nahem aber gaben fie einen kreifchenden Laut. Terni
ift das alte Interamna, des großen Gefchichtfchrei-
bers Tacitus Vaterland.

Wir nahmen kleine Wagen, um den berühmten
Wafferfall bei Terni zu befuchen. Die Bewohner
des Landes nennen ihn la caduta delle Marmori.
Er entfteht durch den Fluß Velind, der einen See
bildet, aus diefem wieder heraus fließt, und fich dann
ftürzend in die Nera ergeußt. Der Weg bis zum
Wafferfall ift in die felfigen Berge eingehauen. Die
ganze Gegend ift fehr fchweizerifch; doch zeigen die
hohen Reben und Oelbäume, die von jenen umränket
werden, daß man unter Italiens mildem Himmel
fei. Wild und phantaftifch, aber freundlich bei ihrer Wildheit, find diefe Berge; und das tiefe Thal,
durch welches braufend nach ihrem Fall die Nera
ftrömet, ift fo unterhaltend, daß des größeren Schau-

spiels Erwartung, der Cascade selbst, unterbrochen wird. Diese stürzet von umlaubten Felsen donnernd herab. Ihr Fall ist tiefer als der Cascade bei Tivoli, tiefer als des Rheines bei Laufen. Aber mächtiger durch seine Breite, ungestümer durch seine Fülle, schäumender, wasserstäubender und donnernder stürzet sich der Rhein. Die hohen Reize der Gegend geben diesem Wasserfall bei Terni eigenthümliche Schönheit. Einige hundert Schritte vor dem Fall führt ein schmaler Abweg zwischen hohen Felsenwänden, unmittelbar an den schon dem Sturze zurauschenden reißenden Strom. Dieser breite, tiefe Wasserfall ist der größte in Italien, und wofern ich nicht irre, der zweete in Europa.

Cicero belehret uns, daß M. Curius Dentatus, nachdem er die Sabiner besiegt hatte, das Bette des Stromes erweiterte, um die Sümpfe der Gegend am Flusse Velinus zu trocknen. Diese Sümpfe heißen nach einem Städtchen Reate die Reatinischen. Von dem griechischen Worte Hele (τα ἑλη), welches Sümpfe bedeutet, erhielt der Fluß Velinus seinen Namen. Der Göttin Velia, dieses ehmaligen Sumpfes Göttin, war in dem Triangel, den beide Flüsse vor ihrer Vereinigung bilden, ein Tempel und ein Hain gewidmet. Nach dem lateinischen Worte Lucus, ein geweiheter Hain, heißt der See Velinus itzt lago pié di luco (See am Fuß des Haines).

Cicero ad Att. IV. 15.

Diese Berge sind bewachsen mit mannigfaltigen Bäumen, Stauden und Kräutern. Hier, wie am Fuße des Berges Bochetta vor Genua, sahen wir den Buchsbaum wild wachsen.

Auf dem ganzen Wege zwischen Terni und Spoleto fährt man in den waldigen Apenninen. Sie sen-

fen fich dicht vor Spoleto. Die ganze Gegend ist
von großer Schönheit. Die Art von Eichen, welche
die Alten aesculus nannten (bei Linneus heißt sie
quercus aesculus), gedeihet hier zu einem großen
Wuchse. Die Rinde ist schwärzlich, kleiner geschuppt
als unsrer Eiche, auch ist das Laub kleiner. Der
alte Namen aesculus ist ohne Zweifel eine Verfäl-
schung des Wortes esculentus (eßbar). Natürlich
war es, daß die Alten den Baum zuerst Quercus
aesculentus nannten, da die Frucht weit weniger
herbe als unsre Eichel ist, und noch an manchen Orten Italiens in Oel gebraten vom gemeinen Manne
gegessen wird. Dies ist also höchst wahrscheinlich die
chaonische Eichel, von welcher die Griechen erzähl-
ten, daß sie der ersten Menschen Nahrung gewesen.
Griechenlands und Italiens erste Bewohner mögen
wohl in rohen Zeiten, eh' sie das Feld bauten, oft
im Winter mit dieser Frucht vorlieb genommen haben.

Terni soll 9000, Spoleto 12000 Bewohner
haben. In alten Zeiten hieß Spoleto Spoletium.
Es war früh eine römische Kolonie. Nach seinem
Siege beim Thrasymener See, griff Hannibal die
Stadt an, ward aber mit ansehnlichem Verlust von
ihren Bewohnern zurück geschlagen, und schloß daraus, nach Livius Bemerkung, welche Unternehmung
es für ihn sein würde, Rom anzugreifen, da eine
Kolonie ihm mit Erfolg hätte widerstehen können.

Tit. Liv.
XXII.
9.

Zum Andenken dieses glücklichen Widerstandes,
hat ein Thor der Stadt den Namen La Fuga (die
Flucht) behalten.

In mittlern Zeiten wurden die Herzogthümer
Spoleto und Benevento, wiewohl dieses letztere viel

ſüdlicher, zwiſchen Avellino und Capua, liegt, von
denſelben Fürſten beherrſcht, welche nicht unberühmt
in der Geſchichte ſind.

Eine große berühmte Brücke in Spoleto, von
welcher man zweifelt, ob ſie ein Werk der Römer oder
der Gothen ſei, haben wir nicht geſehen, weil es
dunkel war als wir die Stadt erreichten.

Dieſer Zweifel macht es mir wahrſcheinlich, daß
ein gothiſcher König ſie erbauet habe. Römiſche
Werke wurden nicht mit Stillſchweigen übergangen:
Den Gothen verdankte Italien manches große Werk,
manche ſchöne Einrichtung, und die neue Belebung
des Feldbaus, welcher durch die Laſter der Römer,
und ihren Gefährten den Luxus, ſchon zur Zeit der
Republik in Verfall gerieth, als die Landhäuſer und
Gärten der vornehmen Schwelger dem Pfluge wenig
Raum mehr übrig ließen. Die Verheerungen unter
den Triumviren, und die politiſche Freigebigkeit der
Tyrannen, welche den Pöbel Roms mit Getreide aus
Sicilien, aus Aegypten und aus der Provinz Afrika
fütterten, gaben dem Feldbau ſeinen letzten Stoß.
Noch mehr verdankte Italien den Gothen, Ruh' und
keuſche Zucht. Wir ſind oft geneigt, ſie als Barba-
ten anzuſehen; aber ſehr wahr ſcheint mir die Bemerkung eines neuern Schriftſtellers, daß die Zeit, in
welcher die Gothen Italien beherrſchten, eine der
glücklichſten Epochen dieſes Landes war.

In der Gegend zwiſchen Spoleto und Foligno
ſtand der Tempel des Clitumniſchen Jupiters am
Fluſſe Clitumnus, dem itzigen Clitonno. Die Gegend iſt ſehr ſchön,

Die Alten glaubten, daß das Waſſer dieſes
Stromes die Eigenſchaft hätte, den Rindern der Gegend ihre weiße Farbe zu geben. Virgil ſagt daher
in ſeinem ſchönen Lobe Italiens:

Hinc bellator equus campo ſeſe arduus infert;
Hinc albi, Clitumne, greges, et maxuma taurus
Victima, ſaepe tuo perfuſi flumine ſacro,
Romanos ad templa Deum duxere triumphos. *)

In Foligno, ehmals Fulginium, eine alte
Stadt in Umbria, ſahen wir im St. Annen-Kloſter
der Franciskanernonnen ein herrliches Gemählde von
Rafael. Die heilige Jungfrau ſchwebet in den Wolken mit dem göttlichen Kinde. Mutter und Kind ſind
voll der himmliſchen Grazie, welche Rafael, und nur
Rafael, ſo ausdrücken konnte. Ihnen zur Rechten
ſteht unter ihnen Johannes der Täufer, neben ihm
knieet der heilige Franziskus von Aſſiſi. Zur Linken
ſteht Hieronymus, und legt ſeine linke Hand auf den
Mann, für welchen Rafael das Bild gemahlt hat.
Dieſer Mann knieet. Dieſe letzten drei beten das
Kind an, jeder mit verſchiednem Ausdruck inbrünſti-
ger Andacht. Johannes der Täufet ſteht mit erhab-

Voß
Ueb.
*) Hier erhebt ſich das ſtreitbare Roß hochwiehernd ins
Schlachtfeld.
Weiße Heerden von hier, und der Farr, o Klitumnus,
der Opfer
Größeſtes, oft gebadet in deinen heiligen Waſſern,
Führen Roms Triumphe hinauf zu den Tempeln der
Götter.

Ich kann nicht unterlaſſen meine jungen Leſer auf den
Pomp des letzten Verſes aufmerkſam zu machen.

Romanos ad templa deûm duxêre triumphos

ner Rechten, und scheint mit Feuer zu predigen. In der Mitte steht ein Engel, als ein kleiner geflügelter Knabe, und hält eine Tafel in der Hand. Vielleicht war dieser Engel das Bild eines Kindes vom Besitzer des Gemähldes, dessen Namen er mit den Namen der nebenstehenden Heiligen vermuthlich ins Buch des Lebens anschreibt. Ich wüßte nicht, welche andre Bedeutung die Tafel haben könnte.

Die Reise von Foligno nach Loreto ist ergötzend durch Mannigfaltigkeit und Schönheit der Landschaft. Der Weg führt bis vier Stationen von Loreto durch die Apenninen, deren Höhen hier mit Laubholz mancher Art, insonderheit mit großen Eichen bewachsen sind. In den tiefen Thälern sieht man frisch grünende Auen und Triften, hohe Reben, Oelbäume, Gärten und Aecker. Ströme und Bäche rauschen von den Bergen und Felsen herab, und bilden Wasserfälle, besonders im reizenden Thal zwischen Foligno und Cäse nore. Ein Theil der Provinz Marca d'Ancona (dem alten Picenum) ist der Provinz Ombria sehr ähnlich, nachdem man aber die östlichen Apenninen überstiegen hat, öffnet sich die Gegend, doch wird sie nicht flach, sondern hüglicht. Die Marca d'Ancona ist sehr bewohnt, und das Land wird mit Fleiß bearbeitet. Reisende, welche so viel Geschrei von dem schlechten Anbau des Kirchenstaats machen, scheinen nur die Campagna di Roma und den Strich Landes von Rom bis zur toskanischen Gränze am Wege nach Florenz gesehen zu haben.

Eine kleine deutsche Meile von Loreto fährt man durch Recanati, ein feines Städtchen, welches auf einem Hügel liegt. Der Bischof von Loreto wohnet dort sechs Monate im Jahr. Das Rathhaus von

Recanati ist geschmückt mit einem großen, sehr schö- nen Basso rilievo von Erz, auf welchem die heilige Jungfrau mit dem Kinde vorgestellet ist.

Loreto, eine Stadt von 8000 Einwohnern, soll seinen Ursprung der Santa casa verdanken, das heißt dem heiligen Hause; von dem die andächtelnde Sage vorgiebt, daß es dasselbe sei, in welchem der Engel Gabriel der heiligen Jungfrau erschien, und in wel- chem Christus nach der Rückkehr mit Maria und Joseph aus Aegypten, bis zum Antritt seines Lehr- amtes gelebt habe. Man erzählet, daß Engel die- ses Haus im Jahre 1291 von Nazareth nach Skla- vonien, und im Jahr 1294 von Sklavonien über das abriatische Meer hieher sollen getragen haben. Es steht in der Hauptkirche, eingefaßt mit getäfeltem Gehäuse, auf welchem Geschichten der heiligen Schrift von großen Bildnern meisterhaft in alto rilievo aus- geschnitzet worden. In dieser Santa casa wird das für wunderthätig gehaltne Marienbild, ein Napf, aus welchem Christus als Kind soll gegessen haben; und ein Gewand der Maria gezeigt.

Diesem heiligen Hause, und dem wunderthäti- gen Bilde zur Ehre, kommen Pilger aus der ganzen katholischen Christenheit nach Loreto. Viele pflegen auf den Knieen um das heilige Haus umher zu gehen. Die Knice der Pilger haben in den steinernen Fußbo- den der Kirche eine tiefe Spur gemacht.

In einer Sakristei der Kirche stehen einige schöne Gemählde. Sehr lieblich ist eine Scuola delle ver- gini (Schule der Jungfrau) von Guido Reni. Maria sitzet umringet von Jungfrauen, welche sie weibliche Arbeiten lehret.

Das Bild des heiligen Franciscus, von Ba-rocci, ist ein sehr gutes Gemählde. Von diesem Meister sind hier verschiedne andre.

Der berühmte Schatz von Loreto wird in einem großen Saale aufbewahrt. Er enthält unzählige und große Kostbarkeiten, Geschenke von Fürsten, von freien Staaten und von Privatmännern. Mitten unter diesen Kleinoden macht das Geschenk eines jungen Herren aus Ragusa eine sonderbare Figur. Es ist nichts geringers als sein eignes süß lächelndes, leicht einge-faßtes Miniaturbildchen. Mir scheinet ein Gemählde des unsterblichen Rafael die größte Zierde dieses Schatzes. Die heilige Jungfrau ist im Begriff einen Schleier über das Jesuskind zu legen. Sie schauet auf ihn hin mit unaussprechlicher Ehrfurcht und Liebe. Das auf dem Rücken liegende Kind lächelt sie an, mit holdseliger Freundlichkeit und streckt liebkosend beide Hände nach ihr aus. Hinter Maria steht Jo-seph mit sanft sinnendem Ernst.

Im Palazzo de gli Apostoli, in welchem rei-sende Päpste, Kardinäle und Fürsten auf Unkosten des heiligen Hauses bewirthet werden, steht ein klei-nes Gemählde von Rafael, welches Johannes den Täufer vorstellt. Johannes hat eben die Stellung, welche Rafael ihm auf einem größern Gemählde gege-ben hat, von dem verschiedne Exemplare gezeigt wer-den. Das eine steht in Florenz, das andre in Rom, ein drittes in Bologna, das vierte soll in der ehmali-gen Sammlung des Prinzen von Orleans, der sich itzt Egalite' nennet, gewesen sein. Welches von den vier Stücken das Urbild sei, darüber wird gestritten.

Ein Nachtstück von Gerardo della Notte hat viel mahlerisches Verdienst.

Y

In der Apotheke von Loreto, einem Eigenthum
der Santa casa, werden 330 Vasen von Fayence gezeigt, deren Mahlerei von Giulio Romano und Ra-
faellino della Villa ist, nach Handzeichnungen des
großen Rafael. Auch auf diesen irdenen Geschirren
ist Rafaels Geist unverkennbar. Mögen immer deß
Alterthums ausschließende Bewundrer mit Entzücken
von griechischen Vasen reden, ich würde eine ganze
Sammlung solcher Alterthümer, wenn ich sie besäße,
gern für Eine dieser rafaelischen Vasen hingeben.

Aus dieser Apotheke werden alle Armen von
Loreto umsonst mit Arznei versehen.

Die Santa casa soll Einkünfte von 76,000
Scudi besitzen, und ihre jährlichen gewissen Ausgaben sollen 40,000 Scudi betragen. Aus ihren Mitteln werden der Bischof, die Canonici und der Go-
bernadore der Stadt besoldet.

Loreto liegt nur eine halbe deutsche Meile vom
adriatischen Meer, welches man nebst einer schönen
Landaussicht vom Palazzo Apostolico sieht. Gegen
die Seeräuber ist die Stadt durch Befestigungen geschützt. Gegen große Schiffe durch die Seichtigkeit
des Meeres am Ufer.

Hunbert und dritter Brief.

Venedig, den 19ten October 1791.

Zwiſchen Loreto und dem Meer wird die fruchtbare
Ebne vortrefflich angebaut von Landleuten, die Unterthanen der Santa caſa ſind, und in einzeln zer-
ſtreuten Häuſern wohnen. Fruchtbar und anmuthig
iſt auch die hüglichte Gegend zwiſchen Loreto und Ancona. Dieſe Stadt iſt auf den Hügeln San Ciriaco
und Monte Guaſco, und auf der Vertiefung zwiſchen
beiden erbauet. Den Monte Guaſco, welcher ins
Meer hinein läuft, nannten die Alten das Cumeriſche
Vorgebürge. Ancona iſt eine Pflanzſtadt flüchtiger
Syrakuſier, welche zur Zeit des älteren Dionyſios,
den Tyrannen verabſcheuend, ſich hier niederließen.
Sie nannten die Stadt Ankon (Ἀγκὼν) wegen der
gekrümmten Lage, denn dieſes Wort bedeutet einen
Ellenbogen. Der von der Natur gebildete Hafen
wird geſchert durch einen langen Molo oder Steindamm. Die Stadt iſt ſchön gebauet, und da ihr
Hafen ein Freihafen iſt, ſo genießen die Einwohner
eines anſehnlichen und ſichtbaren Wohlſtandes. Bü-
ſching giebt die Menſchenzahl auf 22,000 an, unter denen 5000 Juden ſein ſollen. Ein hartes altes
Geſetz verpflichtet dieſe, einen rothen Lappen am Hut
zu tragen; es wird aber nicht befolget, und da ſie
gleich den portugieſiſchen Juden keinen Bart tragen,
ſo ſind ſie nur durch die Nazionalzüge, welche dieſes
Volk nach mehr als 1600 Jahren, die es zerſtreuet
unter den Nationen lebt, noch immer unverkennbar
bezeichnen, von den Chriſten unterſchieden. Nur

bei tiefer Trauer laſſen ſie 80 Tage lang den Bart
wachſen.

Ein Theil der untern Stadt ward von den Gothen zerſtört, Narſes ließ ihn aber wieder erbauen.
Die Saracenen verheerten Ancona im 10ten Jahrhundert. Papſt Pius der Zweete, welcher vom Jahr
1458 bis 1464 regierte, erneuerte den Hafen. Alle
Religionen werden in der Stadt geduldet. Ihr Handel nimmt immer zu, und thut Venedig einigen Ab-
bruch. Ihre Wachsbleiche bereichert ſie auch.

Die Börſe hat ein gutes Anſehen. Auf dem
großen Platze ſteht eine ſteinerne ſchlecht gearbeitete
Statue des itzigen Papſtes Pius des Sechsten. Der
ſichtbare Wohlſtand der Stadt und der ganzen Provinz,
welcher aus den vielen neu gebauten ſchönen Häuſern
erhellet, und die treffliche Landſtraße, die Pius anlegen laſſen, beweiſen, daß er dieſes Zeichens der
öffentlichen Dankbarkeit werth ſei.

Auf dem Molo ſteht ein ſchöner marmorner Ehrenbogen, welcher im Jahr 112 dem Trajan errichtet ward.

Von Ancona aus führt die Landſtraße durch an-
muthiges Land, längſt dem adriatiſchen Meere. Man
durchreiſt verſchiedne Städte. Senigaglia ſoll von
den Galliern ſein erbauet worden. Der Markt dieſer Stadt, zu welchem Kaufleute aus faſt ganz Italien hinziehen, giebt ihr anſehnliche Nahrung. Sie
iſt wohl gebauet.

Ohngefähr 4 Miglien vor Fano fuhren wir
über den Fluß Metaro, den Metaurus der Alten,
oder Metaurum, wie Horaz ihn nennet. An dieſem
Fluß erlitten die Karthager jene berühmte Niederlage,

in welcher Asdrubal ihr Feldherr, der mit einem großen Heer, seinen Bruder Hannibal zu verstärken, gleich
ihm über die Alpen gekommen war, das Leben verlor.
Diese Schlacht entschied wahrscheinlich das Schicksal
von Rom und von Karthago.

Fano hieß zu der Römer Zeiten fanum fortu-
nae, weil die Fortuna dort einen Tempel hatte.

Pesaro, das alte Pisaurum, liegt gleich jenen
beiden Städten im Herzogthum Urbino, dem Vaterlande Rafaels, welcher nach der Stadt Urbino, Ra-
faelle d'Urbino genannt ward. Die Römer sandten
im Jahre Roms 568 eine Colonie nach Pisaurum,
184 Jahr vor Christi Geburt. Der Fluß, an welchem es liegt, hieß ehmals der Pisaurus, izt la Fog-
lia. Die Stadt liegt am Meer, hat aber nur für
kleine Fahrzeuge eine Anfurt, daher wenig Handel.
Weil aber der Cardinal-Legat des Herzogthums Urbino, und gegen 50 abliche Familien in Pesaro wohnen, hat die Stadt gute Nahrung. Sie ist wohl
gebauet, und soll nach einer neuen Zählung 10500
Einwohner haben.

Mit Catolica, der ersten Post nach Pesaro,
nimmt die Provinz Romagna ihren Anfang. Bei den
Alten gehörte diese Landschaft noch zu Umbria. Catolica hat seinen Namen von katholischen Bischöfen,
die sich hierher begaben zur Zeit des Conciliums in
Rimini, im Jahr 359, weil sie unzufrieden mit der
Versammlung waren, in welcher es anfangs schien,
als würden die Arianer die Oberhand behalten. Zu
diesem Concilium, welches Kaiser Constans, der die
Arianer begünstigte, berufen hatte, kamen 400 abend-
ländische Bischöfe. Gegen die Hoffnung des Kaisers be-
kannten sie sich zum Symbol des Nicenischen Conciliums.

Rimini hieß ehmals Ariminum. Seine Gründung wird Umbriern, einem Volke ungewiffen Ursprungs, zugeschrieben. Die Senonischen Gallier
hatten es eine Zeit inne, wurden aber im Jahre Roms
463, 289 Jahre vor Christi Geburt, aus dem nördlichen Umbrien vertrieben. Im Jahre Roms 485,
vor Christi Geburt 267, sandten die Römer eine Colonie nach Ariminum. Als die drei letzten Trium-
vire, Antonius, Octavianus und Lepidus ihren Soldaten 18 italienische Städte mit deren Gebiet wie
erobertes Land austheilten, sandte Cäsar Octavianus
eine neue Colonie hieher. Ob die große Brücke von
Marmor über den Fluß Ariminus, welcher itzt Marecchia heißt, und vor der Stadt diesseits vorbeifließt,
von ihm oder seinem Nachfolger Tiberius erbauet
worden, ist ungewiß. Sie dienet noch zur Ueberfahrt und ist ein großes Werk. Jenseits der Stadt
steht ein Ehrenbogen, welcher dem Augustus, als
Stifter der Colonie, gesetzet worden.

Auf dem Wege zwischen Catolica und Rimini
sahen wir hoch auf einem Berge das Städtchen San
Marino an unsrer linken Seite liegen. Dieser
kleine Freistaat würde berühmter sein als große Staaten, wenn Unschuld und Tugend von den Menschen
mehr als glänzende Laster bewundert würden. Gleich
der kleinen schweizerischen Republik Gersau besitzet diese
nur Einen Berg. Ihr Gebiet hat eine deutsche Meile
im Durchschnitt. Ein Maurer aus Dalmatien ar-
beitete im Anfang des 6ten Jahrhunderts 30 Jahre
lang in Rimini, welches erneuert ward. Dann lebte
er als Einsiedler auf diesem Berge. So sehr er aber
auch die Stille suchte, führte der Ruf seiner Heiligkeit ihm doch Jünger zu. Eine Fürstin schenkte ihm

den Berg als ein Eigenthum. Hier stiftete er einen kleinen Freistaat.

Wie er die Wohnung seiner Bürger auf einen Fels gründete, so gründete er seine einfältigen edlen Gesetze auf das Evangelium. Die Verfassung der Republik ist sehr einfach. Jedes Haus sendet einen Deputirten zur großen Versammlung der Bürger. Die executive Macht ist in den Händen des Raths von Sechzigen, deren Hälfte aus dem Adel genommen wird. Zu Fassung eines Entschlusses werden zwei Drittel der Stimmen erfordert. Dieser Rath wählet alle zween Monate zween Capitani, welche im Kleinen das sind, was die Consuls der Römer waren.

Der Richter und der Arzt müssen Fremde sein. Beide werden nur auf 3 Jahre gewählt. Da den San Marinesen an der Erziehung ihrer Kinder viel gelegen ist, halten sie den Schulmeister in großen Ehren. Nur Einmal haben sie Krieg geführt. Sie standen im 15ten Jahrhundert Papst Pius dem Zweeten gegen Sigismund Malatesta Herrn von Rimini, bei. Pius schenkte ihnen 4 feste Schlösser, aber sie wollten sich nicht vergrößern. Im Jahr 1740 luden einige Unzufriedne Papst Clemens den Zwölften ein, Besitz von der Stadt zu nehmen. Er sandte den Cardinal Alberoni hin, welcher sehen sollte, ob die größte Zahl der Bürger für die Entsagung ihrer Freiheit stimmte. Alberoni berichtete nach der Wahrheit, daß nur einige Antheil an diesem Vorhaben hätten; und der Papst war so gerecht, ihnen die Freiheit ungekränkt zu lassen. Sie genießen ihrer noch. Man rühmt ihre Sitteneinfalt und ihre Redlichkeit. Sie verschmähen die Handlung, weil sie Reichthümer zu entbehren wissen, und leben mehrentheils von ihrem

Landbau... Wiewohl ihr Berg oft 3 Monate mit
Schnee bedeckt ist, bauen sie edlen Wein und trefliche
Früchte.

Es fehlt ihnen aber eine Quelle; sie trinken daher Cisternenwasser. Ihre Jugend übt sich fleißig
in den Waffen. Bei allen Unruhen, welche Italien
in mittlern Zeiten zerrissen, ehrten alle Fürsten und
Freistaaten ihre Tugend und Friedensliebe. Nicht
Einer feindete sie an. Wenn dieser kleine Staat an
die Republik Venedig schreibt, so steht auf dem Um-
schlage des Briefes Alla nostra carissima sorella la
serenissima Republica di Venezia (Unsrer gelieb-
testen Schwester der Durchlauchtigsten Republik von
Venedig).

Die Städte Rimini, Savignano, Cesena, Forli,
Faenza, sind alle schön gebauet. Die Brücken über
die Ströme sind vortrefflich, die Wirthshäuser nicht
nur besser als im übrigen ganzen Italien, sondern
wirklich recht gut. Das fruchtbare Land ist vortrefflich angebaut, und der Wohlstand der Provinz ist sichtbar. Cesena ist eine sehr alte Stadt. Die Römer
nannten sie Cäsena. Der Adel hat dem itzigen Papste,
welcher aus Cesena gebürtig ist, eine eherne Bildsäule vor seinem Casino (Haus, wo der Adel sich
versammelt) aufrichten lassen. Zwischen Savignano
und Cesena fuhren wir über den Rubico, welcher in
frühen Zeiten Italien von Gallien trennte. Ein altes Gesetz erklärte den römischen Feldherrn, welcher
ungerufen mit einer Legion, einer Cohorte, oder einem Manipel über diesen Strom gehen würde, für
einen Feind des Vaterlandes. Cäsar ging drüber
mit seinem Heer, als er sein Vaterland zu unterjochen gegen Rom zog. Ein Papst hat im Anfang dieses Jahrhunderts eine Brücke drüber legen, und das

als in eine Tafel gehauene Gesetz, gegenüber aber eine Inschrift aus seiner Zeit hinsetzen laffen.

Die Riminesen behaupten, daß der breite Strom Marecchia der alte Rubico sei. Italiäner legen auf eingebildete Vorzüge dieser Art einen hohen Werth. Auch der gemeinste Mann nimmt Theil an solchen Zwisten der Litteratoren, und nährt die patriotische Eitelkeit.

Man fährt lange Zeit auf der alten Landstraße Via Aemilia, welche nach Aemilius Scaurus heißet, der im Jahr Roms 630 mit Caecilius Metellus Consul war.

In Faenza ist zuerst die Kunst erfunden worden, irdene Gefäße zu machen, welche dem Porcellan nachahmen. Ein Mann aus dieser Stadt fand bei Nevers in Frankreich Erde, die derjenigen ähnlich ist, welche man dazu in Faenza braucht. Er brachte die Kunst nach Frankreich, und nach seiner Geburtsstadt wurden solche Geschirre, welche die Italiäner vordem Majolica hießen, Fayence genannt.

Faenza hieß ehmals Faventia. Hier ward Carbo von der Partei des Sylla geschlagen, und aus Italien verjagt.

Imola liegt in einer lachenden Ebne. Es ward von einem lombardischen Könige auf der Stelle gebauet, wo ehmals Forum Cornelii gestanden hatte, welches nach Sylla, der vom Geschlecht der Cornelier war, benannt worden.

Nach Vertreibung der Longobarden bemächtigten sich die Bolognesen dieser Stadt. Sie ward von verschiedenen Herren beherrscht, zuletzt vom Tyrannen Cesare Borgia, welchem Papst Julius der Zweete sie wegnahm. Unter dem Namen li industriosi blühete einst eine gelehrte Gesellschaft in Imola.

Die Fruchtbarkeit und der fleißige Anbau des Landes hört im Bolognesischen nicht auf. Den einseitigen Vorstellungen vieler Reisenden müssen wir die falsche Idee zuschreiben, welche von dem Kirchenstaate gehegt, und selbst von Büsching unterhalten wird. *)

*) Er sagt vom Kirchenstaate: „Wenn man bedenket, daß „das päpstliche Gebiet viel fruchtbares und vortreffliches Land „begreifet, und zum Handel große Bequemlichkeit hat, „weil es sowohl am adriatischen als mittelländischen Meer „mit guten Häfen versehen ist; daß der Papst noch beträcht„liche Geldsummen aus andern Ländern ziehet; daß sein „Land von vielen Fremden besuchet wird, die Geld darin „verzehren; und daß wegen der Heiligkeit seiner Person „und seines Charakters seine Regierung vor andern er„wünscht, und für die Unterthanen beglückend sein müßte: „so sollte man meinen, es sei kein blühenderer und glück„licherer Staat, als der seinige. Man findet aber gerade „das Gegentheil; das Land ist schlecht angebaut, sehr arm, „und hat eine unzulängliche Anzahl Einwohner. Handel „und Manufakturen liegen ganz, in den Städten Bologna „und Ancona, Sinigaglia und Pesaro ausgenommen. „Ließe Gott nicht den Einwohnern Datteln, Feigen, Oli„ven, Obst, und dergleichen Früchte von selbst, und ohne „ihre Bemühung wachsen, oder bescheerte er ihnen nicht „durch wenig Mühe und Arbeit Brod und Wein, so müß„ten sie ihrer Faulheit wegen Hungers sterben 2c.“ Wirk„lich müßten sie, wie Herr Büsching sagt, Hungers sterben, wenn sie von Datteln und Feigen, oder von denen Früchten des Landes, welche mit wenig Müh und Arbeit erworben werden, leben sollten. Der Dattelntragenden Palmbäume habe ich im ganzen Kirchenstaat nur einige in Terracina, und Einen in Rom gesehen. Etwa 12 bis 15 im

Nahe vor Bologna geben die Hügel, welche
mit Landhäusern, Gärten und kleinen Hainen bedeckt
sind, einen lieblichen Anblick. In Bologna kamen

Königreich Neapel, und ohngefähr 40 in Sicilien. Selbst
in dieser Insel und in Reggio reifen die Datteln selten,
man pflanzet den Baum nicht des Nutzens, sondern der
Schönheit wegen. In beiden Königreichen machen Man-
deln einen ansehnlichen Zweig der Nahrung. In der Gegend von Rom wachsen deren lange nicht genug, um diese
große Stadt damit zu versehen. Weiter gegen Norden
sieht man sie nur einzeln in Gärten. Die Reben erfodern
weniger Sorgfalt als in Deutschland; doch hat auch hier
der Winzer viele Arbeit, um sie zu ziehen und den Wein
zu bereiten. Ich habe kaum in der Terra di Lavoro, oder
in der pfälzischen Bergstraße besser angebaute Aecker gesehen als in der Provinz Romagna, und nirgends so viele
schön gebauete, von Wohlstand zeugende Städte, als in
der Mark von Ancona und in Romagna. Daß überhaupt
der Kirchenstaat noch viel blühender sein sollte, da der Boden, das Klima und die Lage an zweien Meeren ihn begünstigen, ist nicht zu läugnen. Viele Päpste waren schwache,
einige tyrannische Regenten. Die meisten waren Greise,
als sie gewählt wurden, und suchten in wenigen Jahren
ihre Neffen auf Unkosten des Landes zu bereichern. Ehrgeiz
und Eitelkeit bewegten oft die Päpste, das zu zerstören, oder
wenigstens zu vernachlässigen, was ihre Vorweser angefangen hatten. Die große Menge der Klöster schadet dem Lande
in mehr als Einer Absicht, wie Herr Büsching mit Recht
anmerkt; eben so wahr ist es, daß die vielen Pilgerschaf-
ten, welche ehmals das Land bereicherten, ihm itzt, da
fast alle Pilger Bettler sind, zur Last fallen. Da aber die
katholische Religion einen Werth auf diese Wallfahrten setzet, und da der Kirchenstaat aus so vielen katholischen Ländern so ansehnliche Summen zieht, ist es auch wohl billig,
daß er Pilger unterhalte, welche doch wohl nur so viel er-
betteln, als sie im Lande wieder verzehren; denn reich kommen sie nicht heim. Die müßigen Pilger aus dem Lande
selbst fallen ihm allein zur Last. Ueber die vielen Feiertage

wir früh genug an, um noch einige der Gemählde, welche uns im Herbst des vorigen Jahres so viele Freude gemacht hatten, wieder besehen zu können.

Es ist merkwürdig zu sehen, wie die Apenninen von Spoleto und Foliano Italien in zwei ganz verschiedne Länder, in Ober- und Unter-Italien, trennen. Schon vor Loreto wird das Land flach; bei Rimini beginnt die Ebne, welche sich durch die ganze Lombardei erstreckt bis an den Fuß der erhabnen Alpen. Mit dem Lande verändern sich die Gesichtszüge, ja das ganze Wesen der Menschen. Doch ist diese Veränderung noch nicht auffallend, bis diesseits Bologna. Und bis Bologna sieht man noch immer links eine Reihe von anmuthigen baumreichen Hügeln. Gleichwohl sind schon die Thiere verschieden an Art und Farbe von den Thieren der südlichen Provinzen. Das Rindvieh ist nicht mehr so weißgrau, einiges ist roth, die meisten von einer gemischten Farbe. Die im ganzen untern und mittlern Italien schwarzen Schweine sind in diesen Provinzen roth. Der Mensch hat weniger Lebhaftigkeit, und reizet sie, da sie nicht aus so reicher Quelle der Lebenswärme strömt, schon mit öfterem Gebrauch des Weines.

Zwischen Bologna und Ferrara sieht man keine Hügel, geschweige Berge. Stark und genährt vom

wird immer von solchen geschrieen, welche nicht wissen, daß in Italien, den Sonntag ausgenommen, an den Feiertagen gearbeitet wird. Ein Ruhetag in der Woche ist als eine göttliche Einrichtung zu verehren. Würden die Nahrungssorgen und Arbeiten nicht unterbrochen, so würde der gedrückte Mensch seines Gottes vergessn, und zugleich so ungesellig, ungenießend und ungenießbar werden, daß er dem Lastthier ähnlicher als einem vernünftigen, wohlwollenden, und für die Ewigkeit geschaffnen Wesen sein würde.

fetten Böden haben Menschen und Vieh schon weniger südliches Feuer, schon etwas mehr, soll ich sagen nordisches Phlegma, oder nordische Beson-
nenheit?

Zwischen Bologna und Ferrara könnte man
glauben, in den Marschgegenden der Elbe, im Ha-
növrischen und Holsteinischen, oder in den westphälischen zwischen Bremen und der Wesermündung zu
sein. Man sieht eben diese Fruchtbarkeit der Triften, ähnliches Vieh, gleiche Fülle der Aepfel an den
Bäumen, eben solche Wallnußbäume, und sattes
Volk, wohnend in einzelnen Häusern. Man fährt an
Reno und weiter hin auf eben solchen hohen Dämmen
von fetter Leimerde, welche die Niederdeutschen Deiche
nennen. Die Menge der Pappeln und Reben, die
von Baum zu Baum ranken, scheinen hier dich an
Italien erinnern zu wollen; daß man noch wirklich
in Italien sei, begreift man kaum.

Das Städtchen Cento, 20 Miglien von Bologna, eben so weit von Ferrara, gehört noch zum Bolognesischen. Es ist das Vaterland des Mahlers Giovanni
Francesco Barbieri, welcher so berühmt ist unter der
Benennung Guercino da Cento. Guercino nannte
man ihn, weil er schielte; denn Guercino und Guer-
cio heißt schielend. Er ward geboren im Jahr 1590,
und starb im Jahr 1666.

Man sieht in Kirchen des Städtchens Cento Gemählde von ihm und von seinem Meister Giuseppe
Gennaro. Guercino war eine Zierde der bolognesischen Schule.

Ferrara gehört dem Umfang nach, welcher mehr
als eine deutsche Meile beträgt, zu Italiens großen

Städten. Es ward im 6ten Jahrhundert von einem
Exarchen gegründet. Diese Exarchen hielten ihre Residenz in Rabenna, und verwalteten eine nördliche
Provinz, welche von den morgenländischen Kaisern
beherrschet ward.

Kaiser Friedrich der Zweete stiftete die Universität, welche zur Nebenbuhlerin der Universität von
Bologna bestimmt war. Tebaldo, Herzog von Este,
erhielt Ferrara mit seinem Gebiet, welches ein Marchisat war, vom Papst Johann dem Zwölften gegen
das Ende des 10ten Jahrhunderts. Paul der Zweete
erhub das Marchisat zum Herzogthum. Unter dem
Hause Este ward Ferrara eine der blühendsten Städte
Italiens. Nach dem Tode Alphonsus des Zweeten
eroberte Papst Clemens der Achte im Jahr 1598 dieses Land, welches an das Haus Modena, ein Zweig
des Stamms Este, hätte fallen sollen.

Seitdem es seine eignen Fürsten verloren, ist
Ferrara sehr verfallen. Von seiner ehmaligen Größe
zeuget der Umfang der menschenleeren Städt, deren
Bewohner kaum 30,000 Menschen betragen; die
Straßen sind breit, aber schlecht gebauet. Ein Arm
des Po floß bei Ferrara. Man hat ihn ausgetrocknet,
weil er oft austrat, Felder verwüstete, und die Luft
ungesund machte. Vermuthlich sorgten die ehmaligen Herzoge dafür, ihn rein, und seinen Lauf ins
Meer frei zu erhalten. Austrocknung eines Stroms,
dessen Mündung so nah ist, scheinet mir eine zwar
sichre aber verzweifelte Maßregel.

Der Dom ist von außen in erzgothischem, dürftigem wiewohl phantastischem Geschmack erbauet. Inwendig ist er schön, weil man ihn in folgenden Zeiten
erneuert hat.

In der Kirche San Benedetto liegt der große Dichter Lodovico Ariosto begraben. Man hat ihm ein schönes Monument von Marmor gesetzt. Auch Tasso lebte verschiedne Jahre in Ferrara.

Fünf Miglien nach Ferrara fuhren wir in einer Fähre über den Po, dessen mächtiger Strom hier, seiner Mündung nahe, mir ohngefähr so breit schien, wie der Rhein bei Düsseldorf. Einige Stunden nachher kamen wir über die Etsch, oder den Adigo. Auch dieser ist von ansehnlicher Breite. Beider Flüsse Ufer sind bewachsen mit Weidengebüsch, über welches Häuser mit Schilf bedeckt, dergleichen ich vorhin in Italien so wenig als Strohdächer sah, hervor ragen. Der Weg führt über hohe Dämme. Unten weidet fettes Vieh auf üppigen Auen. Die Kleidung, selbst die Gesichter und die innere Einrichtung der Häuser sind mehr niederländisch-deutsch, als italiänisch. Die Städte aber haben Hallen vor den Häusern, oft nur an Einer Seite. Diese Hallen, welche die Tyrrhener, vormalige Bewohner von Toscana, einführten, findet man itzt viel häufiger in der Lombardei.

Rovigo ist die Hauptstadt der Provinz Polesino, welche die Venezianer vor beinah 300 Jahren von den Herzogen von Ferrara eroberten. Die Bauern dieses Landes, deren Wohlstand berühmt ist, wohnen gleichwohl in schlechteren Hütten als die Bauern des bolognesischen und ferraresischen Gebiets, welche zum Kirchenstaat gehören.

Monte Celese liegt im Paduanischen, am Fuß eines Berges, auf welchem ein festes Schloß stehet. Von diesem Orte bis Padua fährt man längst einem Canal auf einem Damme. Der Weg ist in dieser

Jahrszeit abscheulich. Wir begegneten Wägen, die mit Trauben beladen waren, und von 6 ja von 8 Paar starker Ochsen gezogen wurden. Das Rindvieh und die Pferde sind sehr groß, dabei wohl gefüttert. Vom Zustande des Viehes schließt man selten unsicher auf den Wohlstand der Menschen. Zu beiden Seiten des Canals sieht man viele Landhäuser, große Fruchtbarkeit an Auen, Reben und Bäumen, Silberpappeln von außerordentlicher Größe, und Thränenweiden, welche die in der Villa Pamfili in Rom noch an Schönheit übertreffen.

Padua, dessen italiänischer Name Padova lautet, hieß ehmals Patavium. Es ist eine der ältesten Städte von Italien. Virgil schreibt ihre Gründung dem troischen Helden Antenor zu, von dem die alte Sage behauptet, daß er nach Troja's Eroberung nach Italien gekommen sei.

Virg. Aen. I. 242- 49.

Padua ist die Geburtsstadt des großen Geschichtschreibers Titus Livius. Dieser Schriftsteller erzählet uns, daß Kleonymos, König der Spartaner, welcher um Beute zu machen diese Küste überfiel, von den Patavinern zurück geschlagen ward. Noch zu Livius Zeit ward jährig das Andenken dieses Sieges mit Vorstellung einer Wasserschlacht auf dem Ströme, der die Stadt badet, begangen.

Tit.Liv. X. 2.

Von frühen Zeiten an war Padua mit Rom verbündet. Alarich zerstörte es, verbrannt ward es von Attila, der die Einwohner in die Sümpfe trieb.

Karl der Große stellte es wieder her. Es ward von Podesta's regiert. Ezzellino die Geißel dieser ganzen Gegend, der Gibellinen Haupt, unterjochte Padua. Gegen diesen Tyrannen ward, weil er ein

Feind der Päpste war, ein Kreuzzug unternommen. Die Fürsten und Städte der Lombardei zogen gegen ihn zu Felde, und nahmen ihn gefangen. Als Gefangner starb er im Jahr 1259.

Nach seinem Tode behaupteten die Paduaner ihre Freiheit. Doch fielen sie wieder in Knechtschaft, und wurden beherrscht vom Hause Carrara. Die Venezianer bemächtigten sich der Stadt und ihres Gebiets im Jahr 1406.

Zu den Zeiten der Alten wurden in Padua alle 30 Jahr Spiele gefeiert, von welchen Tacitus sagt, daß Antenor sie gestiftet, und man Trauerspiele dabei vorgestellet habe.

Tac. Annal: XVI. 21.

Padua war, gleich Ferrara, ehmals viel bewohnter als itzt. Man darf sich nicht wundern, daß im vierzehnten Jahrhunderte diese und andre Städte so zunahmen. Sie bevölkerten sich zum Theil auf Unkosten Roms, dessen Einwohner, zur Zeit, da die Päpste in Avignon lebten, bis auf zwanzigtausend Menschen einschmolzen. In Padua rechnet man itzt vierzigtausend Einwohner.

Padua rühmet sich die Säugamme und Erzieherin des stolzen Venedig zu sein, weil es in den kleinen Inseln, auf denen diese Stadt gegründet ward, vielen Italiänern, welche vor Attilas Verheerung flohen, eine sichre Zuflucht eröffnet, und den Bürgern der jungen Stadt Obrigkeit und Richter gesendet habe. Indessen mag Padua, wenn es nach Jahrhunderten den Verlust einer oft unterbrochnen Unabhängigkeit verschmerzen kann, sich glücklich schätzen unter der Regierung einer mächtigen Republik, welche ihr Land zu schützen weiß, und deren Herrschaft voll den Städten und vom Landvolke immer als mild und weise verehret ward.

Die Kirche der heiligen Justina ist groß und schön, geschmückt mit einem schönen Gemählde von Paolo Veronese, das den Märtyrertod der Heiligen vorstellt, der die Kirche gewidmet ist.

In der Augustinerkirche sahen wir Johannes den Täufer von Guido Reni, welches eins der vollkommensten Gemählde dieses großen Meisters ist. Im Kloster der Kirche werden Protestanten begraben, ja es werden ihnen im Gang des Klosters Denkmahle gesetzt.

Die Kirche des Antonius von Padua, Schutzheiligen der Stadt, dessen Namen die Italiäner so oft bei Betheurungen, oder bei Verrichtung schwerer Arbeit anrufen, wird von andächtigen Pilgern besucht.

Beim Palazzo Foscari ist eine diesem Geschlecht gehörende Kirche, welche von oben bis unten mit Fresco-Gemählden von Giotto, einem der frühesten Mahler Italiens geschmückt ist. Er ward geboren im Jahr 1276 und starb im Jahr 1336. Vespignano in Toskana war sein Geburtsort. Cimabue, ein gehorner Grieche, den der Senat von Florenz mit andern Griechen hatte kommen lassen, um Künste nach Italien zu bringen, fand den jungen Giotto, der eine Ziege der Heerde, die er hütete, auf einem Steine zeichnete. Er führte den Knaben mit sich nach Florenz, wo er bald sich hervorthat. Auf den Gemählden dieser Kirche sieht man den Geist des Mannes kämpfend mit früher Roheit der Kunst. Nach Art der Mahler früher Zeit sinkt seine Laune zum niedrig

komischen auch bei ernsten Gegenständen, wie z. E.
im Bilde der Hölle. Aber seine Gemählde zeigen
Genie. Er war auch Bildhauer und Baumeister.

Auf dem Platz bei dieser Kirche steht die von
der Republik Venedig ihrem Feldherrn Gattamelata
errichtete eherne Bildsäule zu Pferde.

Merkwürdig ist der große alte Saal im Rathhause. Er hat die Gestalt eines schiefen länglichen
Vierecks, ist 116 Schritte lang, und 38 Schritte
breit. Er ist gedeckt mit einem getäfelten, oben
scharf zulaufenden Dache. Die Wände sind von oben
bis unten, ohne Wahl der Gegenstände, bemahlt. Interessant ist der Büste von Titus Livius, welcher an-
tik sein soll. Nahe bei ihm steht der Büste von Dondi
mit dem Zunamen Orologio. Er ward geboren in
Padua, lebte in der ersten Hälfte des vierzehnten
Jahrhunderts, und erfand eine Uhr, welche den Lauf
der Sonne und des Mondes mit dem Mondwechsel
zeigte. In eben diesem Saale steht ein Stein, auf
welchen ehmals sich Schuldner setzen mußten, um
anzuzeigen, daß sie ihre Gläubiger nicht befriedigen
könnten.

Kaiser Friedrich der Zweete stiftete die Universität im Jahr 1222. Sie hatte so großen Ruf, daß
Jünglinge aus ganz Europa hingesandt wurden. Der
große Galiläi lehrte hier die Mathematik. Die Anzahl der Studirenden soll sich in vorigen Zeiten bis
auf 18,000 belaufen haben.

Sie wurden sehr begünstigt von der Republik
Venedig, waren ihr dafür auch mit jugendlichem
Eifer ergeben, und hielten die Bürger der Stadt,
welche, ungern ihrer Unabhängigkeit entsagt hatten,

Z 2

in Furcht. Itzt zählt man nur 600 Studenten. Die Republik wendet sehr viel auf diese Universität, deren Lehrer reichlich besoldet werden.

Der botanische Garten ist der schönste in Italien. Die chinesische Firmiana, welche in ganz Europa noch unbekannt sein soll, erstarket hier zu einem großen Baume. Sein hellgrünes und großes Laub, sein schlanker Wuchs geben ihm ein stattliches Ansehen.

Verschiedne Gewächse, welche wir in den Provinzen des Königreichs Neapel und in Sicilien wild hatten wachsen sehen, ständen hier theils an einer Mauer, theils in Töpfen.

Nirgends sah ich die Mimosa, die Bignonia Catalpa, den Tulpenbaum, die Staphylaea pinnata (Pimpernußbaum) so groß als in diesem Garten.

Ein anderer Garten steht unter der Aufsicht eines öffentlichen Lehrers, welcher Unterricht im Landbau giebt.

Petrarca war Canonicus in Padua. Ariosto und Tasso haben in Padua studirt.

In der Stadt ist ein großer runder Platz, der größte den ich in irgend einer Stadt gesehen habe. Er ist geschmückt mit 80 Bildsäulen berühmter Männer, welche sich um Padua oder um Venedig verdient gemacht, oder Padua durch ihre Gegenwart geehret haben. Unter diesen Fremdlingen sind vorzüglich merkwürdig: Galiläi, Petrarca, Ariosto, Tasso, Stephan Battori, Johannes Sobiesky und Gustav Adolf. Diesen drei Königen, welche in Padua studirt hatten, haben ihre späten Nachfolger, der itzige König von Pohlen und der jüngst verstorbene König von Schweden, die Bildsäulen errichten lassen.

Von Neapel bis Padua sind wir mit Postpferden gereiset, wiewohl alle Fremden gegen die italiänischen Extraposten und Wirthshäuser gewarnet werden, und daher einen Veturino zu dingen pflegen,
welcher sie mit seinen Thieren fährt, und die Bekösti-
gung in den Wirthshäusern übernimmt. Ist dieser
Veturino ein guter Mann, wie derjenige war, welcher uns im vorigen Jahr von Genf nach Rom, und
von Rom nach Neapel führte, so hat man freilich
keinen Verdruß, reiset aber doch immer sehr langsam,
muß manchmal um zwei Uhr des Morgens aufbre-
chen, und kommt erst mit sinkender Nacht an dem Ort
an, wo man die verkürzte Nacht bleiben will. Mit
den Wirthen hat es der Veturino zu thun, man wird
aber auch schlechter bewirthet, und wohnet schlechter, als wenn man mit Postpferden reiset. Im letzten
Falle thut man sehr wohl, so bald man ins Haus
tritt, seinen Vertrag mit dem Wirth zu machen. Den
Postillionen soll man für jede gewöhnliche Station
von acht Miglien drei Paoli Trinkgeld geben. Wer
ihnen nicht mehr giebt, der muß auf jeder Station
mit ihnen zanken, giebt man aber jedem Postillion
vier Paoli statt drei, so sind sie wohl zufrieden, wiewohl sie zum Versuch mehrentheils eine kleine Zugabe
verlangen. Das Postgeld ist theuer, aber man wird
immer, sobald man die Pferde verlangt, gleich befördert. Die Postillione fahren sicher und schnell. Den
Veturino muß man noch für jeden Tag, welchen man
unterweges sich an einem Orte aufhalten will, besonders bezahlen.

In Padua schifften wir uns ein in der Brenta,
deren beide Arme Padua beinah zur Insel machen,
und einige Miglien nachher sich vereinigen. Man

bringt einen halben Tag zu auf der Schifffahrt nach Venedig. Auf beiden Seiten stehen viele Landhäuser der vornehmen Venezianer, welche die Fahrt unterhaltend machen, doch finde ich nicht, daß sie des gewaltigen Aufhebens werth sei, welches einige Reisende davon gemacht haben. Das Schiff wird von einem Pferde gezogen, da der Fluß durch vier Schleusen so flach wie ein Kanal gemacht worden. Fünf Miglien vor Venedig erreichet man das offne Meer, und sieht die prächtige Stadt, die schwimmend aus ihm sich zu erheben scheint. Der Anblick ist einzig in seiner Art.

Noch seltsamer ist die Erscheinung der Stadt, wenn man in ihre Kanäle hinein fährt. Die Häuser stehen auf Pfählen, welche aber von den Wogen bedeckt werden. Einige Reihen Häuser sind durch einen Kai von den Kanälen, oder vielmehr von den schmalen Armen des Meeres, welche die Inseln bilden, getrennet. Andre stehn unmittelbar im Wasser, welches die steinernen Treppen anspült, auf denen man aus den Kanälen in die Häuser tritt. Solche Häuser haben hinten Ausgänge auf schmale Gassen. Durch diese und durch hoch gewölbte Brücken, sind den Fußgängern Zugänge zu allen Theilen der Stadt geöffnet. Die Kanäle sind bedeckt mit Gondeln, welche von einem Menschen mit dem Ruder regiert werden. Die Gondeln müssen alle schwarz sein. In der Mitte haben sie kleine Kajüten, die mit keinem andern Zeuge als schwarzem Tuch bedeckt sein dürfen. Sie haben daher ein trauriges Ansehen. Weil sie aber lang und schmal sind, gehen sie sehr leicht, und so, wie mit einer Behendigkeit, bei welcher anfangs einem Fremden die Haare zu Berge stehen, in Rea-

pel die Kutschen durch das dichteste Gedränge der
Fuhrwerke und des gedrängten Volks in vollem Trabe
fahren, so schießen pfeilschnell die leichten Gondeln
durch die Menge andrer Gondeln, ohne anzustoßen,
dahin.

Die Sonne war eben hinter den Bergen bei
Padua untergegangen, als wir heute hier ankamen.
In meinem nächsten Briefe hoffe ich dir mehr von
dieser durch ihre Lage und ihre Geschichte so merk-
würdigen Stadt zu erzählen. Lebe wohl!

Hundert und vierter Brief.

Venedig, den 24ſten Oct. 1792.

Venedig rühmet ſich nicht eines ſo hohen Alterthums
wie viele ihrer Schweſtern; der Name des Volkes
verliert ſich aber in die älteſten Zeiten der Geſchichte.
Man leitete die Heneten von Trojanern ab, welche
nach dem Untergang ihrer Vaterſtadt mit Antenor in
dieſe Gegend ſollen geflüchtet ſein. Der Name He-
neter verwandelte ſich in den Namen Veneter, nach
einer den alten Italern nicht ungewöhnlichen Umbil-
dung griechiſcher Worte. Spina und Hadria waren
die älteſten Städte dieſes Landes. Jenes lag an der
linken Seite von der Mündung des Po, dieſes iſt itzt
als ein kleiner Ort unter dem Namen Adria bekannt.

Als Attila im Jahre 452 das mächtige Aquileja
(welches itzt ein kleiner Ort der öſterreichiſchen Küſte
iſt) zerſtörte, und rund umher ſeines Namens
Schrecken verbreitete, flüchteten Aquilejer und andre
Bewohner dieſer Landſchaften in die Sümpfe, und
gründeten Venedig. Sie errichteten einen Freiſtaat,
welcher 400 Jahr lang anfangs ſicher durch ſeine
Dunkelheit, bald durch ſeine wachſende Macht an-
ſehnlich ward. Vierhundert Jahre lang wählten ſie
Conſuls und Tribunen; weil aber dieſe ihre anver-
traute Macht mißbrauchten, erbaten ſie ſich vom
Kaiſer Leo die Erlaubniß, Herzoge ernennen zu dürfen. Auch dieſer Herrſchaft müde, ſetzten ſie im Jahr
1172 der Gewalt ihrer Herzoge Schranken, und ſtif-
teten einen Rath von zehn Edeln, welcher den Herzo-

gen das Gleichgewicht zu halten beſtimmt war. Die
Macht dieſes Raths ward im Jahr 1296 noch ſehr
erhöhet. Der Herzog, oder Doge Grabenigo, entſagte freiwillig, mit zu ſeltnem Edelmuth, einem Anſehen, welches ihm zu groß ſchien.

In mittlern Zeiten erſtieg Venedig einen Gipfel
der Größe, welcher die Eiferſucht der Nationen erregte. Die Handlung dieſer Republik erſtreckte ſich
über die drei alten Welttheile. Sie machte Eroberungen, aber immer, um dieſe Handlung zu ſichern
und zu vergrößern. Ueberhaupt blieb der Senat in
allen Zeiten ſeinem klugen Syſtem getreu, und dadurch
hat die Verfaſſung von Venedig eine Feſtigkeit erhalten, welche bei allen politiſchen und moraliſchen Ver-
änderungen von Europa ſich erhalten hat. Es hat
Cypern, Candia und Morea verloren; die Entdeckung
der Fahrt um das Vorgebürge der guten Hoffnung
hat andern Völkern einen bequemen Weg nach Indien
und China geöffnet, da vorher dieſer Staat allein im
Beſitz der morgenländiſchen Handlung war, welche
es mit Karavanen jener Länder trieb, und vom rothen Meere her nach Europa brachte. Zu eben dieſer
Zeit ward Deutſchland ſehr reich. Unſre Städte ver-
ſahen nicht nur die nordiſchen Reiche, auch Frankreich und England mit levantiſchen Waaren; der
Bund der Hanſeeſtädte machte ſich durch Handlung
halb Europa zinsbar; aber die Hanſeeſtädte ſelbſt
holten mehrentheils ihren Reichthum aus Venedigs
Fülle, und bereicherten dieſen Mittelpunkt der han-
delnden Welt.

Im Anfang des 16ten Jahrhunderts verbündeten ſich, auf Anſtiften des Papſtes Julius des Zweeten,
der Kaiſer, die Könige von Frankreich und von Nea-

pel, die Herzge von Savoyen und von Ferrara, mit ihm zum Untergang der Republik. Sie verlor verschiedne Provinzen, widerstand aber ihren mächtigen Feinden mit Muth und mit Klugheit, bis diese furchtbare Verbündung sich durch gegenseitiges Mißtrauen trennte.

Seit der Revolution des Jahres 1297 besteht der große Rath aus allen mündigen Personen des Adels von Venedig; das heißt, ohngefähr aus 1500 Personen, welche wenigstens das Recht haben, in den Senat zu gehen, wenn sie wollen. Zur Volljährigkeit werden 25 Jahr erfodert. Jedes Knäblein der 530 Geschlechter, welche dieses Vorzugs genießen, muß bei seiner Geburt in das sogenannte goldne Buch eingetragen werden. Diese Geschlechter haben gleiche Rechte, gleiches Ansehen. Die Abkömmlinge der zwölf Tribunen, welche den ersten Doge erwählten, machen die elf vornehmsten Geschlechter aus, denn das zwölfte ist ausgestorben. Nach diesen folgen die Nachkommen derjenigen, welche im Jahr 1297 in den großen Rath aufgenommen wurden. Die dritte Ordnung besteht aus denen, welche in Zeiten des öffentlichen Drangsals dieses Recht für 100,000 Ducaten erkauften.

Außer diesen sind auch Fürsten, ja Könige, mit dem Adelsbriefe beschenkt worden. Der Adel in den Provinzen hat keinen Antheil an der öffentlichen Verwaltung. Der große Rath ist der eigentliche Suverän des Staats, und hat die gesetzgebende Macht. Er versammelt sich die Sonntage und Feiertage, damit die Mitglieder der Collegien und Gerichtshöfe, welche an andern Tagen die ihnen besonders anvertrauten Geschäfte verwalten, hinein gehen können. Der Schooß dieser Versammlung vereiniget in sich drei Hauptkammern. Die erste heißt La Signoria; sie besteht aus dem Doge und sechs Senatoren, die ihm immer zur Seite stehen. Jeder dieser Senatoren ist aus einem der Sechstel, in welche die Stadt eingetheilt ist. Man könnte sie Zunftmeister nennen. Zur Signoria gehören noch die Sechs Savi grandi (große Weisen), welche das Ministerium ausmachen, drei Häupter des großen Criminalcollegium der Vierzig, welches La quavantia heißt; fünf Savi di terra Firma, welche dem Kriegswesen vorstehen, und fünf Savi de gli Ordini, deren näheren Aufsicht die Seemacht betrauet wird.

Die zwote Kammer besteht aus mehr als 250 Mitgliedern. Dieses ist der Senat, welcher auch il Consiglio de i pregadi genannt wird. Zu ihm gehören die ganze Signoria, alle Magistratspersonen, der Rath der zehn Männer, sechzig gewählte Senatoren, und sechzig andre Patricier oder Edle, welche Sotto pregadi heißen. Diese letztgenannten hundert und zwanzig werden alle Jahr erwählt. Der Consiglio de i pregadi hat die beschließende Gewalt. In seiner Versammlung werden die wichtigsten Geschäfte verhandelt. Er schließt Bündnisse, Krieg und Frieden.

Die dritte Kammer besteht aus den Zehnmännern, il consiglio de i dieci. Die Gewalt dieses Collegiums ist furchtbar für den Adel, gegen den es allein gerichtet ist. Von ihm findet kein Appell Statt, es giebt nicht Rechenschaft von seinen Handlungen. Seine Macht concentrirt sich in drei Personen, deren zwo aus den Zehnmännern genommen werden, zum dritten wird ihnen ein Rath des Doge zugeordnet. Diese drei Staatsinquisitoren erhalten den ganzen Adel in Furcht. Ihr schrecklicher Grundsatz ist: correre alla pena prima d'essaminar la colpa (zur Strafe zu eilen, ehe man die Schuld untersucht). Selbst den Doge können sie verurtheilen und tödten lassen. Mancher Edle wird heimlich vor ihr Tribunal citirt. Mancher verschwand, vielleicht ohne daß man ihn nur anhörte.

Antonio Fascarini, ein junger Senator, ward im vorigen Jahrhundert das Opfer dieser Inquisition. Seine Liebenswürdigkeit, sein Geist, die Liebe des Volks zu ihm, erregten die Eifersucht dieser geheimen Wächter; er ward vorgeladen und getödtet.

So spitzfindig auch neuere Philosophen, selbst Montesquieu, den Ostrakismos der Athenienser beschönigten, war dennoch diese Maßregel tyrannisch, und unweise. Unweise, weil sie jedes edle Erkühnen hemmte, und die ansehnlichsten Bürger reizte, des Volkes Gunst zu suchen; tyrannisch, weil sie willkührlich war. Der rechtschaffne Aristides ward ihr Opfer. Perikles entzog sich ihr, nicht sowohl, weil die Svada auf seinen Lippen saß, nicht durch die Donner seiner Beredsamkeit, sondern weil er dem Pöbel sich strafbar gefällig zeigte.

Wie viel weniger ist aber diese geheime Staatsinquisition zu rechtfertigen! Man hält sie in Venedig für nothwendig zur öffentlichen Sicherheit. Vor dreißig Jahren ward im großen Rath auf ihre Abschaffung angetragen, aber der große Rath bestätigte sie. Man sage nicht, daß sie nothwendig sei, um des Adels Gewalt zu mäßigen. Wofern diese Gewalt

nur durch tyrannische Willkühr im Zaum gehalten
werden kann, wenn sie nicht über den Staat despo-
tisiren soll, so muß diese Gewalt selber ungerecht
sein. Diejenigen verwirren die ersten Begriffe der
Moral und der Politik, welche da vorgeben, daß jemals eine Ungerechtigkeit nothwendig sein könne.
Der erste Zweck jeder politischen Verbindung ist Sicherheit gegen Gewalt. Derjenige muß noch am
A B C der Politik stubiren, der die Tyrannei nur
im Mißbrauch der monarchischen Gewalt findet. Jede
Verfassung ist despotisch, in welcher der Suverän
sei er Fürst, Senat, oder Volk, sich über die Gesetze
heßen, und nach Willkühr handeln kann. Despotische Fürsten werden immer leicht thöricht handeln.
Unter ihrer Verwaltung ist der Staat beständigen
Wechseln unterworfen, sein Wohlstand ist zufällig,
weil er nach wechselnder Denkungsart beherrscht
wird, und fast jeder Fürst, in dem er des Vorwesers
Fehler einsieht, in entgegen gesetzte Fehler fällt. Ein
Senat giebt dem Staate Festigkeit, weil er nie stirbt,
und sich mehrentheils an Denkungsart gleich bleibt,
oder, leise vom Strom der allgemeinen Denkungsart
geleitet, sich in solche zu fügen weiß. Aber desto
tiefer wurzelt sein Despotismus, wenn eine weise Verfassung ihn nicht einschränkt. Des Volkes Despotismus ist der fürchterlichste von allen, aber er hat
keinen Bestand. Der Pöbel ist immer unmündig.
Demagogen, die schlechtesten der Menschen, leiten
ihn, und stützen ihn immer in Anarchie: Und aus
der Anarchie entsteht immer monarchischer Despotismus. Denn die Völker sehen zu spät, wenn sie zu
Anordnung einer weisen Verfassung zu verderbt sind,
erst ein, daß demokratischer Despotismus das schreck-
lichste aller politischen Uebel sei. Gegen demokrati-

schen und monarchischen Despotismus scheint mir die
Verfassung von Venedig nur dadurch gesichert zu
sein, daß die Aristokraten sich vor Mißbrauch ihrer
eignen Gewalt in Acht nehmen. Die Verfassung
scheint mir an sich sehr unvollkommen, aber die
Verwaltung ist mild' und weise. Die Bürger der
Städte und das Landvolk sind der Regierung sehr zu-
gethan: Der Provinzadel ohne Zweifel weniger. So
wie das Tribunal der Zehnmänner den Adel von Venedig in Furcht hält, so das Tribunal der Vierzig,
welches La quarantia criminale heißt, die übrigen Bürger der Republik. Dieses Tribunal hat seine
geheimen Späher, und wird schnell von allem, was
der Ruhe des Staats nachtheilig scheinen möchte, unterrichtet. Mißtrauisch zu argwöhnen, schnell im
Verfahren, ist auch die Quarantia fürchterlich; doch
schränkt sie in ihren Handlungen nicht die Freiheit
der Bürger ein. Wenn diese den Gesetzen nachleben,
und sich aller Reden gegen die Regierung enthalten,
so sind sie vollkommen sicher. Wer zu frei redet,
wird ein oder mehrmalen vorgeladen und gewarnt:
Hilft das nicht, so wird er auf eine Zeit lang ins
Gefängniß gelegt.

Das geistliche Inquisitionsgericht hat wenig
Macht. Es besteht aus dem päpstlichen Nuntius,
dem Erzbischof von Venedig, welcher Patriarch von
Dalmatien ist, dem Inquisitor, und dreien weltli-
chen Räthen. Es erkennet weder in Fällen einer
Gotteslästerung, noch auch hat es die Censur der
Bücher; Juden und Griechen hangen nicht von ihm
ab. Alle diese Gegenstände hat sich die weltliche
Obrigkeit vorbehalten.

Faſt hätte ich vergeſſen des Doge zu erwähnen.
Er hat fürſtliche Ehre, aber nur in ſeinem Palaſt
und im Rath. Im Rath hat er den Titel Serenità
(Durchlaucht), und unterſcheidet ſich von den andern
Herren in der Verſammlung durch einen purpurnen
Mantel, und einem rothen ſammtenen Hut. Er hat
den Vorſitz in den vier verſchiednen Kammern des
Raths. An ihn werden alle Bittſchriften und Be-
richte gerichtet, er aber muß ſie dem Rathe mittheilen.
Alle Schriften des großen Raths werden in ſeinem
Namen ausgefertiget. So auch die Beglaubigungs-
ſchreiben der Geſandten an fremde Höfe, welche doch
nicht von ihm unterſchrieben, und mit dem Wapen
der Republik beſiegelt werden. Er hat nicht zwo
Stimmen im Rath, wie in verſchiednen Büchern ge-
ſagt wird, ſondern nur Eine. Auf der einen Seite
der Münzen ſteht ſein Name, und die Figur eines
Doge, der vor dem heiligen Marcus knieet; auf der
andern das Wapen der Republik. Wenn er den großen Rath anredet, ſo iſt es mit dieſen Worten:
Großer Rath, Herr der Republik, und der meinige!

Seine Einkünfte belaufen ſich nur auf 15,000
venezianiſche Ducaten. Ein venezianiſcher Ducaten
iſt ohngefähr ein Thaler Conventionsgeld.

Er muß jährlich fünf große Mahlzeiten geben,
zu welchen alle fremden Botſchafter, und nach der
Reihe die in Aemtern ſtehenden Patricier geladen
werden. Dieſe Einkünfte, oder vielmehr dieſes Ge-
halt, iſt wirklich zu gering, wenn man bedenkt, daß
der zum Doge gewählte dieſe Ehre nicht ablehnen,
auch nachher, wiewohl der Rath ihn abſetzen kann,
nicht abdanken darf. Doch hat er noch einige zufäl-
lige Einkünfte. Er verkauft alle Aemter ſeines
Palaſtes,

Die Kirche des heiligen Marcus steht allein unter seiner Gerichtsbarkeit, und die zu ihr gehörigen
Pfründen vergiebt er. Er vergiebt den Ritterorden
des heiligen Marcus. Weder seine Kinder noch Brüder dürfen, so lang er lebt, zu den hohen Ehren der
Republik gelangen, oder zu Gesandtschaften gebraucht
werden.

Man pflegt vom Doge zu sagen: Er sei König
im Purpur; Rathsherr im Rath; ein Gefangner in
der Stadt; außer derselben ein Privatmann. In der
Stadt wird er immer begleitet von den sechs Senatoren, welche mit ihm die Signoria ausmachen. Ohne
ihre Erlaubniß kann er nicht aufs Land gehen.

Am Himmelfahrtstage fährt er auf einem prächtigen Schiffe, welches der Bucentauro heißt, begleitet von den Herren der Signoria und den fremden
Gesandten, auf das Meer, welches mit zahllosen
Gondeln bedeckt ist. Hier wirft er einen goldenen
Ring aus mit den lateinischen Worten: desponsa-
mus te mare, in signum veri perpetuique do-
minii (ich verlobe mich mit dir, o Meer, zum
Zeichen wahrer und ewiger Herrschaft.)

Mit allen Zeichen seiner Würde steht sein Leich-
nam drei Tage lang im Palaste ausgesetzt, und während dieser Zeit wird von dazu ernannten Inquisitoren seine Verwaltung untersucht. Auch werden seine
Schuldner aufgeboten. Findet sich, daß er Unrecht
begangen habe, so müssen seine Verwandten eine
Geldbuße erlegen; auch müssen sie seine Schulden
bezahlen; sonst wird er nicht auf Unkosten der Republik bestattet. Du wirst dich erinnern, daß über
Aegyptens alte Könige nach ihrem Tode ein ähnliches
Gericht gehalten ward.

Der Doge wird nach Mehrheit der Stimmen
im großen Rath erwählt. Man giebt in Venedig
nie seine Stimme mündlich; sondern immer, bei jeder
Berathschlagung, wird das Ja oder das Nein durch
Kugeln angedeutet. Bei der Wahl des Doge hat
man dem freien Willen der Wählenden etwas, und
etwas dem Glück überlassen. Dieses entscheidet,
welche zuletzt wählen sollen; es wird also nicht leicht
ein unbrauchbarer Mann Doge werden, da er erwählt wird; und es ist jedem schwer, die Wahl zu
leiten, da er nicht vorher weiß, wer die Wählenden
sein werden. Diejenigen, welchen die neun ersten
Kügelchen zufallen, erwählen vierzig. Welche von
den Vierzigen zwölf Kügelchen erhalten, erwählen
fünf und zwanzig andre. Unter diesen wählen neun,
welche vergüldete Kügelchen gezogen haben, wieder
vierzig. Elf von diesen, auf gleiche Art dazu bestimmt, erwählen ein und vierzig Räthe. Diese
schreiten endlich zur Wahl, welche unentschieden
bleibt, bis ein Gewählter fünf und zwanzig Stimmen für sich hat. Bei allen andern wichtigen Berathschlagungen wird eine Mehrheit von zwei Kügelchen erfordert; bei minder wichtigen entscheidet die
Mehrheit Eines Kügelchens.

Diese Kügelchen werden in ein Kästchen von
Pappe geworfen, welches unten drei Röhren hat.
Eine weiße, eine grüne und eine rothe. Die Zeichen
der Bejahung wirft man in die weiße, der Vernei-
nung in die grüne Röhre. Die rothe heißt non sin-
cera; in diese werfen diejenigen ihre Kugeln, welche
unschlüssig sind. Auf diese Weise bleibt völlig unbekannt, wofür ein jeder, und ob er gestimmet habe

Als Präsident der verschiednen Kammern hat der Doge das Recht, die Richter und andre Magistratspersonen an ihre Schuldigkeit zu erinnern, macht aber, seines geringen Ansehens sich bewußt, fast nie Gebrauch davon.

In den Rathsversammlungen stehen alle auf, wenn er redet. Die ihm erzeigte Ehre hindert ihn aber oft den Mund aufzuthun, oder lange zu sprechen, weil er sich hüten wird, allen beschwerlich zu fallen.

Dem Anscheine nach möchte man gereizt werden, den Doge für eine überflüssige Person in der Republik zu halten, und den Venezianern vorzuwerfen, daß sie besser gethan hätten, statt dieser immer währenden Schattenwürde, sich die Möglichkeit vorzubehalten, dann und wann Einem Bürger auf kurze Zeit, und so, daß er nachheriger Rechenschaftsablegung unterworfen bliebe, Allgewalt anzuvertrauen, nach dem Beispiel der Römer, wenn sie entweder einem der Konsuln durch die Formel: „Der Konsul sehe zu, daß die Republik keinen Schaden leide," (Ne quid detrimenti capiat res publica) gränzenlose Vollmacht gaben, oder wenn einer der Konsuln einen Dictator ernannte.

Bei näherer Beleuchtung dieses wichtigen Gegenstandes möchte doch wohl das Ansehen des Doge nicht gering scheinen. Das Recht des Vorsitzes in den vier Kammern giebt ihm unstreitig vielen Einfluß, wenn er auch nur Eine Stimme hat. Und derjenige müßte die Menschen nicht kennen, welcher noch daran zweifeln könnte, ob des Ranges Pomp nicht auch seine Stimme geltender machen sollte, als sie an

sich gültig ist. Jene Maßregeln der Römer waren
sehr würksam, und retteten mehr als einmal die Republik. Aber sie waren gefährlich.

Der Palast des Doge heißt il palazzo di San
Marco, nach dem großen Marcus Platze. In diesem Palast sind auch die Versammlungssäle des großen Raths, des Senats (oder consiglio de i pregadi) der Zehnmänner; der Signoria; der Saal, in
welchem den Botschaftern Audienz vom Doge gegeben
wird; der Saal der vier Thüren, und andre. Alle
sind mit Gemählden aus der venezianischen Schule,
von Titiano, Paul Veronese, Tintoretti, Vicentino,
Palma vecchio, den drei Brüdern Gian-Ponte, Francesco und Leandro Bassano, Cavaliere Liberi, Zuc-
charini und Lazarini; die meisten stellen Thaten der
Geschichte von Venedig vor.

In diesem Palaste sind unten und auf den Gängen viele Löwenköpfe von Marmor angebracht, in
deren Rachen heimliche Anklagen geworfen werden.
Sie fallen in Kästchen, zu welchen die Staatsinquisitoren die Schlüssel haben. Diese müssen zu beurtheilen wissen, wie gegründet die Klagen sein. Unter
den Löwenköpfen steht geschrieben, welche Art von
Verbrechen in jedem müsse gerüget werden.

Die Kirche des heiligen Marcus ist auch auf
diesem Platze. Bei ihrer bizarren Bauart hat sie
gleichwohl einen Charakter von Größe. Nach dem
Platze zu stehen, vor der eigentlichen Kirche, fünf
große Hallen. Ueber der mittelsten stehen die aus
korinthischem Erz gegossenen und vergüldeten vier
Rosse, welche die Venezianer, als sie im Anfang des
dreizehnten Jahrhunderts, unter Anführung ihres

Aa 2

großen Doge Dandolo, mit Hülfe der Franzosen Constantinopel einnahmen, mit sich herüber nach Venedig brachten. Constantin der Große hatte sie aus Rom nach Constantinopel gesandt. Sie hatten erst Nero's, dann Trajans Triumphbogen gezieret. Ihre große Schönheit scheint zu beweisen, daß sie aus einem höhern Zeitalter griechischer Kunst sein; wiewohl ich den Venezianern nicht als ausgemacht nachsagen werde, daß Lysippos, Alexanders des Großen Zeitgenosse, sie gemacht habe.

Der Platz des heiligen Marcus, welcher eigentlich aus zween Plätzen besteht, la piazza e la piazzetta (Platz und Plätzchen, doch ist dieses Plätzchen sehr groß) giebt der Stadt eine große Schönheit, und ist mit Recht als einer der schönsten, wo nicht als der schönste Platz dieser Art, in Europa bekannt.

Procuratori di San Marco heißen Magistratspersonen, die im Rang gleich nach dem Doge folgen, deren Einfluß in der Regierung, als solche, aber nicht beträchtlich ist. Sie werden in drei Ordnungen getheilt: procuratori di sopra sind eigentlich procuratori di San Marco; procuratori di citra sind über den Theil der Stadt, welcher diesseits des großen Kanals liegt, und procuratori oltra verwalten ihr Amt an der Seite jenseit des großen Kanals. Die ersten haben den Rang über alle andere Nobili, und aus ihnen wird meistens der Doge gewählt. Die Bibliothek San Marco, die Kirchengüter, die Archive, stehn unter ihrer Aufsicht. Die von der zwoten und dritten Klasse sind Executores der Vermächtnisse ad pias causas, haben die Fürsorge der Witwen und Waisen, vertheilen jährlich gewisse Summen zur Ausstattung armer Mädchen, und

beforgen die Auslöſung der von den Barbaresken gefangnen Chriſten. Wo ich nicht irre, ernennet ſie
der Doge. Er wählt gewöhnlich ſolche, welche Botſchafter an fremden Höfen geweſen, wofern ſie reich
ſind; denn ihr Amt verbindet ſie zu großen Ausgaben.
Ihrer pflegen elf zu ſein. Die Würde hat ihren Urſprung aus dem elften Jahrhundert, in welchem zuerſt einer der vornehmſten Bürger mit Verwaltung
der Einkünfte und Unterhaltung der Kirche San
Marco betrauet ward.

Venedig hat nichts von einem Feinde zu be-
fürchten. Das Meer, welches die Stadt umgiebt,
und die Laguna genannt wird, iſt ſo ſeicht, daß
große Schiffe nicht nahen können, ohne durch die
Kanäle zu gehen, welche mit Pfählen bezeichnet ſind,
die man in einem ſolchen Falle wegnehmen würde.
Dieſe Kanäle jährlich zu reinigen erfodert große Un-
koſten. Die ganze Stadt wird von unzähligen Kanälen durchſchnitten; einige ſpülen die Häuſer an;
manche Reihen Häuſer haben einen Kai zwiſchen ſich
und dem Waſſer. Der große Kanal durchſchlängelt
theilend die Stadt. Ueber dieſem liegt die große
Brücke Rialto, welche hoch gewölbt, aus Quaterſteinen erbauet, drei Gänge hat, deren mittelſter mit
Krambuden an beiden Seiten beſetzt iſt.

Auf zwei und ſiebzig Inſeln ruhend, werden
die verſchiednen Theile der Stadt durch beinah fünfhundert Brücken mit einander verbunden, unter welchen die Gondeln ſchiffen können. Das Gewimmel
dieſer amphibiſchen Menſchen iſt erſtaunend lebhaft.
was muß es geweſen ſein zur Zeit von Venedigs großer Macht, als es der Mittelpunkt der morgenländiſchen und abendländiſchen Handlung war! Die Son-

beln sind alle schwarz, die schlechtern von gefärbtem
Holz, die andern mit schwarzem Tuch überzogen.
Man hat Mühe sich an den traurigen Anblick zu ge-
wöhnen. Hätte man nicht den etwa zu befürchten-
den Luxus auf eine andre Art einschränken können?
Mußte man diesen kleinen Fahrzeugen das Ansehen
eines Leichenwagens geben? Der bedeckte Kasten, in
welchem man sitzt, sieht einem Sarge ähnlich. Aber
man sitzt, oder liegt, wenn man dazu Lust hat, sehr
bequem. Zu beiden Seiten sind Glasfenster, die man
zurück schieben kann. Ein Gondolier rudert vorn,
der andre hinten. Vier Personen haben gemächlich
Raum zu sitzen. Die Gondeln gleiten schnell dahin.
Ehmals sangen die Gondoliere Gesänge aus Ariosto
und Tasso. Selten findet man itzt einige Alten die
noch Strophen dieser Dichter singen. Ihr Dialect
weichet vom gewöhnlichen venezianischen noch etwas
ab. Tasso's befreites Jerusalem soll in dreizehn
verschiednen Dialecten Italiens übersetzt sein! So
liebt diese Nation ihre Dichter! Es giebt am Abend
einen schönen Anblick, wenn auf unsichtbaren Gondeln die Laternen schnell längst den Kanälen hin-
gleiten.

Man sollte meinen, daß die in Dunkel sich hül-
lende Regierung, die Inquisitoren, das Tribunal
der Quarantia, die geheimen Späher, die jeder
Anklage immer geöffneten Löwenmäuler im Palast
des Doge, die Nation finster und tückisch machen
müßten. Gleichwohl ist das Volk so froh und leichtes Sinnes wie eins in Italien, und selten werden
Missethaten verübt. Ohne die Opern sollen fünf
verschiedne Schauspiele hier sein. Der venezianische
Truffaldino ist wenigstens eben so komisch, wo nicht
noch komischer, als der Pulicinello der Neapolitaner,

und feine Einfälle erſchüttern das Haus mit dem allgemeinen Gelächter dicht gedrängter Zuſchauer. *)

*) Fremde pflegen der italidniſchen Komödie den Vorwurf
der Uebertreibung des Komiſchen zu machen; ein Vorwurf,
welcher freilich die nüchterne deutſche oder franzöſiſche Komödie nicht treffen kann. Iſt aber Uebertreibung ein Fehler in der Komödie? Iſt nicht oft ihr Zweck durch Cari-
katur auf kleine Lächerlichkeiten aufmerkſam zu machen?
Man verbüte jede Uebertreibung, wo man das Lächerliche
vermeiden muß! Aber man table weder Ariſtopanes, noch
Plautus, weder Cervantes, noch Hogarth, noch Sterne,
wenn ſie durch genialiſche Caricaturzeichnung uns beleh-
ren; wenn ſie uns in den lachenden Mund ihren Trank
gegen unſre Thorheit gießen! Ich vermiſſe, ſo ſehr als
einer, in der italidniſchen Komödie die feinen charakteriſti-
ſchen Sittnzüge, und die aus der Innerſten Menſchheit ge-
ſchöpfte Philoſophie des Terenz; aber wer vermißt dieſe
Vorzüge nicht auch in unſer Komödie? Wenn Leſſings
Meinung, daß wir noch nicht weit genug gekommen,
unſern Hanswurſt entbehren zu können, gegründet ſein
ſollte (und in der That ſcheinet ſie mir gegründet, wofern
wir durchaus eine Komödie haben wollen), ſo haben wir
würklich nicht das Recht über die genialiſchen Schwänke des
Buffo, des Pulicinello oder des Truffaldino die Naſe zu
rümpfen. Sollte man ihnen ihre Unſittlichkeit vorwerfen, ein
Vorwurf, welchen ihre Zweideutigkeiten nur zu ſehr rechtfertigen, ja auffodern; ſo würde ich ſie gern zum Stillſchweigen verdammen, wofern wir gleiche Strenge gegen
unſer Komödie Sitterzlft ausübten, welches nur deswegen nicht ſeine volle Würkung thut, weil die Verfaſſer es
in ſo vielem Waſſer auflöſen. — Seit Jahrtauſenden bewundert man als einen der originalſten Züge des Plautus,
die Stelle, in welcher der alte Euclio, indem er glaubt,
Strobilus der Knecht habe ihn beſtohlen, ſich deſſen Hände
zeigen läßt, und in der Wut auch die dritte Hand fodert.

— — Euclio. Oſtende huc manus.
Str. Hem tibi oſtendi! eccas! Euclio. Video, age
oſtende etiam tertiam.

Plaut.
Aul. Act.
IV. Sc. 4

Der Marcusplatz und der neue große Kai am
Meere werden besucht von Marktschreiern, Luftsprin-
gern, Gauklern und Leuten, die herzbrechende Lieb-
lein mit lebhafter Gestikulation vorsingen. Es behauptet jemand, daß die Regierung solche Leute heimlich besolde, um das Volk bei guter Laune zu erhalten. Ich zweifle, daß eine so kluge Regierung eine
Maßregel ergreifen sollte, welche widrig würken
müßte wenn sie bekannt würde. Das Volk gleichet
überall den Kindern. Man erlaube, man begünstige
seine Spiele, aber öffentlich. Sobald es geheime
Absicht gewahr wird, verwandelt sich sein Vergnügen
in Mißtrauen. Es fängt an sich unglücklich zu glauben, wenn es gewahr wird, daß man darauf sinne,
es durch heimliche Veranstaltungen zu zerstreuen. In
der That bedarf die Regierung solcher Mittel nicht,
das Volk ist harmlos und glücklich.

Die Nobili di Venezia, welche auch Patrici
genannt werden, dürfen nicht anders als im Domino,
mit der Larve vor dem Gesicht oder auf dem Hut,
sich im Schauspiel zeigen. Sie beherrschen die Republik, aber sie sind strengem Zwang unterworfen.
Lange nicht so nachsehend als die Vierzigmänner,
welche über die Aufführung der Bürger wachen, und
auch ihre Späher haben, sind die Herren der geheimen Staatsinquisition, deren Blitz nur die Patricier

Diese Uebertreibung setzt das Lächerliche des Geizes in
sein wahres Licht. Und ähnliche Züge findet man dann
und wann in der italiänischen Komödie, und zwar beim
Buffo, Pulcinello oder Truffaldino. Ich bin weit entfernt,
diese als einzige Muster, oder als beste Muster des Komischen zu preisen, aber komische Laune wird ihnen niemand
absprechen, der sie auch nur Einmal gesehen hat.

trift. Weder diese, noch ihre Weiber dürfen ohne
Erlaubniß reisen. Versehen sie etwas, so werden sie
mit Verhaft gestraft, und zwar ohne zu wissen auf
wie lange Zeit, ohne daß die ihrigen ein Fürwort
einlegen dürfen. Diese stolzen, aber klugen Oligar-
chen, haben sehr wohl eingesehen, daß das Ansehen
der herrschenden Geschlechter auf ihren Sitten beruhe,
daß der Herrschaft, wofern sie nicht gehässig, und
also hinfällig sein soll, der strengste Zwang zur Seite
stehen muß.

Unbillig und unwürdig ist das Mißtrauen,
welches man gegen fremde Botschafter und Gesandten hegt. Kein Patricier darf, weder in
der Stadt noch auf dem Lande, sie besuchen,
oder Besuche von ihnen annehmen. Auch ihre Weiber nicht. Wer zum Hause eines Gesandten gehört,
wird wie der Gesandte selbst von den Patriciern ver-
mieden. Noch vor dreißig Jahren wurden alle Reisende von der Patricier Gesellschaft ausgeschlossen, so
bald sie Umgang mit den Gesandten hatten. Von
dieser Strenge hat man nachgelassen. Mit dem Provinzadel und den Negotianten können die Gesandten
freien Umgang haben. Da seit vierzig Jahren kein
Botschafter einen öffentlichen Einzug gehalten hat,
ausgenommen der Nuntius, so ist auch seitdem keiner zur Audienz beim Doge gelassen, keiner zu den
öffentlichen Gastmahlen, welche der Doge giebt, geladen worden. Sie betreiben ihre Geschäfte nicht
mündlich mit den savi Grandi, sondern schriftlich.
Die Antworten werden ihnen durch einen Secretär
gesandt. Dieser liest sie dem Botschafter oder dem
Gesandten vor, und der Gesandtschaftssecretär schreibt
sie ab. Der venezianische Secretär nimmt die Ur-
schrift mit zurück.

Es ist immer unedel und unweise, fremde Gesandte, deren edler Beruf es ist Friedensboten zu
sein, und nach ihren Kräften Eintracht zwischen ihrer
Nation und derjenigen, an welche sie abgeordnet
werden, zu erhalten, als Kundschafter anzusehen.
In Venedig ist es desto thörichter, da, troß aller be-
leidigenden Maßregeln, doch kein Entschluß des Consiglio de i pregadi, welcher aus ohngefähr 250
Mitgliedern besteht, verschwiegen bleiben kann. Und
in diesem Kollegium werden Krieg, Frieden und Bündnisse geschlossen. In ihm werden alle andre Nationen
betreffende Angelegenheiten verhandelt; Geschäfte,
welche, meiner Meinung nach, der Signoria hätten
müssen überlassen werden, wenn es gleich sehr natürlich ist, daß die leßten Krieg oder Frieden entscheidenden Entschlüsse vom consiglio de i pregadi gefaßt
werden.

Seit ohngefähr 60 Jahren bleibt die Republik
ihrem System der Neutralität getreu, aber einer gewaffneten Neutralität. Sie scheint mir allen Eroberungen weislich entsagt zu haben, und fest entschlos-
sen zu sein, ihre Besißungen an beiden Seiten des
adriatischen Meers, und ihre griechischen Inseln mit
Standhaftigkeit zu behaupten.

Das Arsenal ist ohne Zweifel sehenswürdiger
als irgend ein andres in Europa, denn es vereiniget
die Rüstungen der Seemacht mit dem Zeuge des
Heers. Waffen für 60,000 Mann Fußvolk und für
20,000 Reiter sind in zierlicher Ordnung aufgestellt,
geschmückt mit alten Rüstungen, und mit türkischer
Beute. Vor dem Eingang stehen zween antike kolossalische Löwen von parischem Marmor, die der Doge
Francesco Morosini, welcher Candia mit so vielem

Helbenmuth vertheidigte, nachdem er Athen eingenommen, vom berühmten piräischen Hafen herüber
brachte.

Im Arsenal arbeiten täglich, wie mir versichert
warb, zweitausend achthundert Menschen. Man
sieht Seiler an Tauwerk, Schmiede an den Ankern,
Schmelzer am Gusse des Geschützes arbeiten. Furchtbar ist der Vorrath an metallnen Kanonen, Mörsern,
Haubitzen rc. Im Arsenale stehen 18 Linienschiffe,
und 6 Fregatten, jedes unter seinem besondern Dache.
Man arbeitet an sechs neuen Linienschiffen. Gegen
den Gebrauch aller seefahrenden Nationen, sind alle
Schiffe, welche weniger als 64 Kanonen haben, Fregatten, da doch bei den Franzosen Schiffe, welche
über 40, und bei den Engländern solche, die über
50 Kanonen führen, in die Linie gereihet werden. Der
Gebrauch, Schiffe im Trocknen und unter dem Dache
zu verwahren, hat freilich seine Vortheile. Schiffe
können auf diese Art eine lange Reihe von Jahren
neu erhalten werden, da hingegen solche, die im
Wasser schwimmen, nach sechzehn bis zwanzig Jahren eine Haupterneuung erfodern, nach welcher sie
doch nur ohngefähr zehn Jahre lang zu langen Fahr-
ten und zum Kriegsdienste tauglich sind. Dagegen
hat diese Art auch ihre Nachtheile. Sobald ein Schiff
einmal im Wasser gewesen, darf man es nicht wieder
ins Trockne bringen. Das Holz würde lechzen und
Wasser ziehen sobald man es dann wieder ins Meer
brächte. Ferner ist es unmöglich, ein Schiff recht
zu beurtheilen, eh' es gebraucht worden; und so wie
der Reiter sein Pferd, der Oberste sein Regiment kennen muß, ist es auch wichtig, daß Matrosen und Of-
ficiere ihr Schiff, daß der Admiral alle kenne.

Der Mechanismus eines Schiffs ist so verwickelt, eine unmerkliche Abweichung von der gehörigen Proportion würket so sehr stark, der erfoderlichen Materialien sind so viele, und ihre Güte ist so verschieden als sie genau zu bestimmen schwer ist, daß auch der kundigste Schiffbaumeister nicht für die Vollkommenheit der Maschine Gewähr leisten wird, ehe sie versucht, und das mangelnde ersetzet worden. Der verstorbne König von Schweden hat mit großen Unkosten in Karlskrona Schauer für neue Schiffe in Felsen hauen lassen. Ein großes Werk! Ich zweifle aber, daß kriegrische Seemächte dem Beispiel folgen werden.

Der Regel nach soll in Venedig für jedes auslaufende Schiff gleich der Bau eines andern unternommen werden. Man versicherte mich, daß itzt zehn Linienschiffe im Meer wären. Die Republik hätte also 28 Linienschiffe zu 64 bis 80 Kanonen. Eine furchtbare Flotte, wofern sie gut angeführt und gut bedient wird.

Auch Galeeren, Galeazzen, Galleotten und Bombardier-Galleotten werden hier verwahrt, und der prächtige Bucintoro, auf welchem der Doge alle Jahr am Himmelfahrtstage ins Meer fährt, und sich mit der adriatischen See vermählt; eine Sitte, welche das Andenken des Sieges erhält, den die Venezianer unter Anführung ihres Doge Sebastiano Ziani im Jahr 1177 über den Kaiser Friedrich Barbarossa erhielten, als Papst Alexander der Dritte aus Furcht vor ihm nach Venedig geflüchtet war. Am Himmelfahrtstage hielt Ziani als Sieger seinen Einzug, mit Otto, dem gefangnen Sohne des Kaisers, und 48 Schiffen, wie ein Geschichtschreiber der Venezianer sagt, unter denen die kaiserliche Galeere war. Der

Papſt ging dem Doge am Ufer entgegen, gab ihm
ſeinen Ring, und hieß ihn ſolchen ins Meer werfen;
welches ihm und allen folgenden Dogen wie das Weib
dem Mann unterworfen ſein ſollte.

Der Bucintoro iſt ſehr prächtig geſchmückt mit
vergüldeter Bildhauerarbeit. Weil er jährlich ins
Waſſer, und dann wieder in den Schauer gebracht
wird, muß er auch faſt jährlich ausgebeſſert werden,
ſo kurz auch ſeine Fahrt iſt.

Ohngefähr zwanzig Miglien ſüdlich von Venedig, läßt die Republik an einem faſt vollenbeten Werke
arbeiten, welches den größten Werken des alten Roms
nichts nachgiebt. Auf einer ſchmalen Erdzunge hat
man eine hohe Mauer aus großen Felſenſtücken gebauet, deren Zweck iſt, das ſeichte Gewäſſer, in
welchem die 72 Inſeln ſind, auf denen die Stadt ruhet, und viele andre, die man weit unher zerſtreuet
ſieht, gegen die wilden Wogen des adriatiſchen Meeres zu ſchützen. Gegen dieſes erhebt ſich die Mauer
über zwo verſchiedenen Terraſſen von Quaterſteinen,
deren jede neun Schritte breit iſt. Gegen das innere
Gewäſſer (welches La laguna genannt wird) iſt die
ſchmalere Terraſſe auf vier Stufen gegründet. Die
Fugen der Steine ſind alle nach Art der alten römiſchen Gebäude mit einer Miſchung von Kalk und
Puzzolana verküttet. Dieſe Puzzolana hat man vom
Veſuv herkommen laſſen.

Auf der Mauer ſteht folgende Inſchrift:
Ut ſacra aeſtuaria, urbis et libertatis ſedes,
perpetuum conferventur, coloſſeas moles ex
ſolido marmore contra mare poſuere curato-
res aquarum.
Anno ſalutis M.D.C.C.L.I.
ab urbe condita M.C.C.C.X.X.X.

Ich maß die Länge dieses Steindammes so weit er vollendet ist, und zählte 3620 Schritt.

Ich würde von vielen verketzert werden, wenn ich ihnen meine Meinung über die Mahler der venezianischen Schule sagte. Titiano, Paul Veronese, Tintoretti, Bassano u. s. w. sind für die Kunst große Namen. Kein Mahler hat wohl Titiano an täuschendem Leben des Kolorits, an Weichheit des Fleisches erreicht. An Kunst hat gewiß die venezianische Schule großes Verdienst, und junge Mahler werden immer noch mehr von ihr lernen können, je länger sie hier verweilen. Und selbst die Kunst in der Mahlerei ist von so flüchtiger, schwer zu erhaschender Natur, daß viele Kunst auch Talent sie zu ergreifen beweiset. Aber ich gestehe, daß die Gemählde dieser venezianischen Meister, welche ich schon an vielen Orten Italiens zerstreut gesehen, mich kalt gelassen hatten, auch wenn ich sie bewunderte. Hier sah ich Meisterstücke im Palast des Doge und in der Kirche Madonna della Salute. Auch diese Meisterstücke ließen mich kalt, und bei dem vielen was mich hier interessirte, unterließ ich die vielen andern Gemählde eben dieser Meister in Kirchen und Palästen zu besuchen. Ich hätte gefunden täuschende Darstellung des lebenähnlichen Fleisches, aber weder Guido's Lieblichkeit, noch die Laune der niederländischen Mahler, noch der Caracci Kühnheit, noch die Stärke des Guercino. Und selbst diese Mahler aus der bolognesischen Schule, wie tief scheinen sie mir noch zu stehen unter Correggio, Dominichino, Leonardo da Vinci, Michel Angelo, (den man nicht beurtheilen muß ohne die Capella Sistina in Rom gesehen zu haben) unter dem einzigen Rafael!

Darf ich es sagen? Und warum nicht? Ich bin
kein Kenner, und wem die Kunst Hauptsache ist, der
wird meine Stimme für nichts gelten lassen. — Die
venezianischen Mahler scheinen mir an Kunst den
höchsten Grad erreichet, und die höchste Stufe des
Talents erstiegen zu haben, aber dießseits der Gränze
des Genies geblieben zu sein.

Sie überschritt diese Gränze mit leisem aber
sicherm Fuß; die liebenswürdige Dichterin, welche
verschiedne Jahre hier lebte, und erst im vorigen
starb, die Gräfin Rosenberg. England gab ihr das
Leben, ein Deutscher seinen Namen, Italien ihre
Bildung. War es genialische Laune von ihr, daß
sie ihren schwebenden Ideen, ihren schönen Empfindungen, weder englisches noch deutsches, oder italiä-
nisches Gewand gab? daß sie die Sprache Frankreichs
wählte, dieses dürftige Instrument, welches, hinlänglich gestimmt für den Witzling, dem Genius nie genüget, und Mißlaut tönet unter der Empfindung
Hand? Sie übte Zauberkraft, denn selbst in dieser
Sprache warf sie ihre schönen Dichtungen leicht dahin.
Indem Sie uns die Sitten eines Volkes schildert,
welches wenig bekannt war, Les Morlaques, mahlt
sie uns ihre schöne Seele. Ein Nationalfest der Venezianer gab ihr Stoff zu einer kleinen Erzählung,
in welcher sie uns mit lebhaften Zügen die Sitten der
Gondelführer darstellt; einer eignen Volksklasse, welche
nur in Venedig ist, und nur in Venedig sein kann.
Die erste Schrift hat Bürde, der Uebersetzer des ver-
lornen Paradieses, und gefühlvoller Liederdichter,
schön ins Deutsche übersetzt; aber diese Schrift ist
nicht so bekannt geworden, wie sie es verdiente. Wir
haschen nach allen litterarischen Neuigkeiten der Franzosen, der Barbier von Sevilla und Figaro's Hoch-

zeit sind einige Hundertmale auf deutschen Bühnen aufgeführt worden, und der Genlis herzlose Empfindeleien sind in den Händen unsrer Hausmütter; die geist- und herzvollen Schriften der Rosenberg blieben unter uns beinah unbekannt.

Die Bevölkerung dieser Stadt soll gegen 160,000 Menschen betragen. Mehr als drittehalb Millionen Menschen zählt man in allen Ländern der Republik. Nach Proportion einer so großen Bevölkerung hält die Regierung sehr wenig Soldaten. In der Stadt sah ich keinen. Weder den Bürgern noch dem Landvolk ist der Waffengebrauch verboten. Ein sichrer Beweis, daß die Regierung milde, und der Unterthan zufrieden sei.

Es thut mir leid, daß ich die gebürgigen Gegenden dieses Landes nicht gesehen, und dir auch nicht von den Städten Vicenza, Verona, Bergamo und Brescia erzählen kann. Ungern ließ ich Mantua, Virgils Geburtsort, unbesucht. Ungern entsagte ich der Reise durch Tirols Gebürge; aber die Jahreszeit gebeut Eile, das Heimweh nach den Unsrigen noch mehr.

Hundert und fünfter Brief.

Am 26ſten verließen wir Venedig. Auf einem Ka⸗
nale ruderte man uns nach Meſtre hinüber. Von
dannen erreichten wir bald zu Lande Treviſo, die
Hauptſtadt der venezianiſchen Provinz Marca di
Treviſo; und Geburtsort des gothiſchen Königs
Totila. Die Stadt ſoll gegen 20,000 Einwohner
haben. Sowohl dieſe Provinz als das Friul ſind
flach, fruchtbar und wohl angebauet. Wir fanden
noch Buchweizen, auf Feldern, welche ohne Zweifel
ſchon eine Ernte gegeben hatten. Im ſüdlichen
Italien und in Sicilien hatte ich dieſe im nördlichen
Deutſchland ſo gemeine Pflanze in botaniſchen Gär⸗
ten gefunden. Von Meſtre an ſieht man ſchon die
Berge der norſtweſtlichen Provinzen von Venedig,
welche ſich an die Reihe des krainſchen Gebürgs an⸗
ſchließen.

Am 27ſten des Abends erreichten wir die deutſche
Gränze, zwiſchen Udine, dem Hauptſtädtchen des ve⸗
nezianiſchen Friul, und der Feſtung Gradiſca, die
im öſtreichiſchen Friul liegt, wo das Italiäniſche noch
geſprochen wird. Dieſe Sprache höret auf, ehe das
Deutſche anfängt. Im beträchtlichen Theil von
Krain, welchen wir durchreiſten, wohnen Wenden,
deren ſklavoniſche Sprache uns Deutſchen völlig un⸗
verſtändlich iſt. So wurden wir in Deutſchland zu⸗
erſt von Menſchen empfangen, mit denen wir nicht
ſprechen konnten. Doch reden die Wirthe unſre
Sprache. Das Volk iſt den übrigen Wenden, welche
in der Lauſitz und in Mecklenburg dorfweiſe zerſtreut

wohnen, ähnlich. Diese gemeinschaftlichen Spuren
ihres Ursprungs würden sich wohl früher zum Vortheil der Wenden verloren haben, wenn nicht die Leib-
eigenschaft in jenen Ländern sie noch drückte, und in
dieser Provinz, wie auch in Böhmen, erst von Joseph dem Zweeten wäre aufgehoben worden. Das
Joch der Knechtschaft hat seit Jahrhunderten die
sklavonischen Völker so tief nieder gedrückt, daß es
Zeit erfodert, sie freien Menschen ähnlich zu machen.
Das Land ist schön, abwechselnd in bergigen Gegenden, fruchtbar, und wohl angebauet. In den Städtchen sieht man Wohlstand, besonders in Laubach, der
Provinz Hauptstadt. Das Hornvieh ist sehr klein,
die Pferde aber groß und stark. Steiermark scheint
mir noch besser angebauet; den Deutschen ähnlicher,
unterscheiden sich doch merklich die steiermärkischen
Wenden von den deutschen Bewohnern, deren Zahl
bei weitem die ansehnlichste ist. Das Land ist sehr
schön. Die Berge sind bewachsen mit Eichen, Buchen,
Fichten, und einigen Kiefern. Alle Arten von Getreide werden gebauet, und der weiße Wein ist sehr
angenehm. Das Volk ist nicht unfreundlich; aber
die Lebhaftigkeit der Italiäner hat uns verwöhnt,
das hiesige Volk scheinet dagegen langsam und schwer-
fällig. Auch vermißt man die schnelle Beförderung
der italiänischen Posten. Die krainischen und steiermärkischen sind nicht hinlänglich mit Pferden versehen. Die Gegenden sind sehr schön. Von den be-
schatteten Bergen sieht man hinab in fruchtbare, von
Strömen und Bächen gewässerte Thäler. Fleiß und
Wohlstand scheinen die Provinz zu beleben; die Wirthshäuser sind gut, und man ist froh, wieder deutsche
Reinlichkeit zu finden; die Städte und Flecken sind
wohl gebaut. Der Landmann wohnt besser als der

wendische Krainer. Das Volk scheint lebhaften Antheil an dem Kriege gegen die Franzosen zu nehmen.
Im östreichischen Friul sah ich im Hause des Gränz-
zolls ein muntres Weib, welches einen kleinen Buben
im Arm hielt. Sie erzählte mir mit mütterlichem
Stolz von ihrem zwanzigjährigen Sohne, der schon
zween Feldzüge gegen die Türken gemacht hätte, und
nun als Lieutnant in einem Regiment Reiter gegen
die Franzosen gezogen wäre. Je weiter man in
Steiermark hinein kommt, desto reizender werden die
Gegenden. Der Semmering, ein ansehnlicher Berg,
trennet diese Provinz vom eigentlichen Oestreich, dessen
erster Anblick vom Berge sehr schön ist, in Reizen
einer wilden Natur. Bald wird das Land flach. Es
ist wohl angebaut und die Städte haben ein gutes
Ansehen. In den Wirthshäusern wird man sehr gut
bedient, und auf den Posten treflich befördert. Diesen Vormittag kamen wir hier an.

Hundert und sechster Brief.

Wiewohl ich über sechs Wochen in dieser großen Stadt zugebracht, habe ich dennoch nicht genug von ihren vielen Merkwürdigkeiten gesehen, um dir etwas Genügendes davon erzählen zu können. Das gesellschaftliche Leben nahm mir die Nachmittage und Abende; die Vormittage widmete ich theils der Erneuerung voriger Bekanntschaften von Personen, die ich in andern Gegenden in und außer unserm Vaterlande gesehen hatte, theils neuen Bekanntschaften, deren einige mir sehr interessant waren.

Ich fand nirgends die große Welt, von deren Strudeln ich mich, wie du weißt, nicht gern ergreifen lasse, so frei von Zwang, als in dieser Hauptstadt. Alter und Jugend, welche in andern großen Städten unsers Vaterlandes zu oft in denselbigen Zimmern versammlet, dennoch wie geschieden bleiben, stimmen hier traulicher zusammen, und geben daher dem Tone der Gesellschaft mehr Geschmeidigkeit, Mannigfaltigkeit und Leben. Nicht so gegossen in Eine Form (welche so oft dem menschlichen Charakter an sich übel stehet, und durch Wiederholung bis zum Ekel langweilig wird) findet man hier mehr Personen von eignem Charakter, daher mehr Unterhaltung. Die Damen beleben die Gesellschaft mit Freundlichkeit; graue Staatsmänner und benarbte Krieger lassen sich gern von ihnen beleben; das in andern Städten alles verschlingende Spiel ist nicht die

Seele, nicht der einzige, nicht der größte Zweck der
Zusammenkünfte.

Gegen Fremde ist man zuvorkommend, und auf
eine Art, an welcher das Herz einigen Theil nimmt.
Ist der Fremde an gewisse Häuser empfohlen, so be-
gnüget man sich nicht, ihn mit der Langenweile eines
langen Schmauses und aufgedrungner Karten heim-
zusuchen; sondern man sucht mit ihm umzugehen,
man sorget für sein Vergnügen, man nimmt ihn
mit edlerer Gastfreundschaft auf, man sucht ihm
würklich seinen Aufenthalt angenehm zu machen, und
es gelingt.

In der kaiserlichen Bibliothek machte ich die
Bekanntschaft des Abtes Denis, den die Muse für
seine entflammte Liebe zu ihr mit ihren Gaben beschenkte. Man findet im Menschen, wie im Dichter,
den edeln, sanften, lebhaften Mann, und freuet sich
ihn so zu finden, wie man ihn zu finden hoffte. Als
Bibliothekar ist er itzt mit einem Commentar über die
reichhaltige Sammlung der Handschriften beschäftigt,
und arbeitet auch hier mit Liebe. Er wird manche
von ihm gemachte litterarische Entdeckung bekannt
machen, manchen Irrthum widerlegen, aber nie
seine Feder in Galle tauchen; er wird als Kritikus
liebenswürdig bleiben!

In der kaiserlichen Bibliothek, deren Saal sehr
prächtig ist, sieht man mit Vergnügen die ganze
Büchersammlung des großen Eugen von Savoyen,
dieses Helden, welcher die Talente des Kriegers und
des Staatsmanns mit mannigfaltigen Kenntnissen
verband.

Das Naturalienkabinet soll, wie Kenner versichern, keinem in Europa an Mineralien und Versteinerungen etwas nachgeben. Meine völlige Unwissenheit in der Naturkunde, einer Wissenschaft, deren Interesse so groß wie ihr Umfang ist, erlaubt mir nicht, dich von dem Reichthum dieser herrlichen Sammlung zu unterhalten.

Eben diese Unwissenheit verbietet mir, dir, wie ich wünschte, die Gewächshäuser in Schönbrunn zu beschreiben, wiewohl ich sie mit lebhaftem Interesse gesehen habe. Nirgends, wie ich selbst von Personen höre, die in England gewesen, sind die Gewächshäuser so hoch, daher man nirgends in Europa große südliche Pflanzen von solcher Schönheit sieht, wie in Schönbrunn. Hier wandelt man unter großen ost- und westindischen Palmen von verschiednen Arten, unter großen Heliconien, Mahagoni, Mimosen, Karolinien, Zucker- und Bambosrohr. An Pflanzen vom Cap, von Isle de France und Isle de Bourbon, soll Schönbrunn viel reicher sein als Kew, aber nicht so reich an nordamerikanischen Gewächsen, welche in England größtentheils unter freiem Himmel gedeihen, da ihnen hingegen die veränderliche Luft der Gegend bei Wien nicht zuträglich ist. Der Herr von Bose, unter dessen unmittelbaren Aufsicht dieser botanische Garten steht, hat sechs Jahre in beiden Indien, und verschiednen Gegenden von Afrika gereiset. Er hat einen geschickten Gärtner im Kap gelassen, welcher alle Jahre neue Pflanzen oder Samen sendet. Man sendet itzt noch andre Gärtner aus. Verschiedne, aus gesandten Samen entsprungne Gewächse, sind noch unbekannt, und es geht selten eine Woche hin, daß nicht neue Blüten mit neuen

Pflanzen bekannt machen. Wir sahen seltne Wasser-
pflanzen in Blüte.

Die berühmten Herren Jacquin, Vater und
Sohn, haben die Oberaufsicht über den botanischen
Garten in Schönbrunn. Sie wohnen in einer der
Vorstädte von Wien, am kleinen botanischen Garten.
So bald eine neue Pflanze in Schönbrunn blühet,
wird sie ihnen gebracht, und von Mahlern, welche
dazu besoldet werden, gemahlet. Diese Mahler mah-
len auch in Schönbrunn selbst solche Blüten, welche,
weil sie zu zart sind, im Winter nicht ohne Gefahr
nach Wien gebracht werden können.

Die Gewächshäuser in Schönbrunn werden
auch belebt durch südlicher Vögel Flug und Gesang.
Unter den Bäumen ihres Vaterlandes sieht man die
schönen hochrothen Kardinäle, welche ihres Gesangs
wegen auch virginische Nachtigallen genannt werden,
Reißvögel, Rubinenschnäbel, und andre mit buntem
Gefieder, deren Namen mir nicht bekannt sind. Auf
einem Zweige saß, sich berührend, ein Paar von den
kleinen Papagoyenart, welche ihrer zärtlichen Ehe
wegen inséparables genannt werden.

Die Vollkommenheit dieses botanischen Gartens
und seiner Gewächshäuser, verdanket man Joseph
dem Zweeten. Leopold setzte fort was sein Vorgänger
angefangen hatte, und Franz der Zweete wendet dieselben Unkosten daran.

Auch in dieser Stadt hat Joseph einige trefliche
Anstalten theils gestiftet, theils verbessert. Im
Hospital werden die Kranken mit großer Sorgfalt
verpfleget; Ordnung, Fleiß, Gesundheit und Fröhlichkeit beleben die Kinder im Waisenhause. Eine

sonderbare Einrichtung ist der sogenannte Narren-
thurm. Es ist dieses ein großes runnes Gebäude
von fünf Stockwerken. Rund um die Zellen, in
welche man durch Gitterthüren hinein sehen kann,
läuft ein Gang. Wahnsinnige, welche nicht wüthen,
gehen frei auf dem Gange umher, auch erlaubt man
ihnen im Hofe zu spazieren. Dieser ist aber klein,
und ein freierer, mit Bäumen besetzter Platz, würde
ohne Zweifel wohlthätiger für solche Wahnsinnige
sein, deren Zustand mit Melancholie verbunden ist.
Jedes Stockwerk hat seinen besondern Hüter. Die
Pfleglinge dieser Anstalt dürfen nicht mit Härte behandelt werden. Sie haben gute Bétten. Diejenigen, deren Wut durch den Anblick der Besuchenden
gereizet werden möchte, werden nicht gezeigt. Eine
Thüre entzieht sie dem Auge des Vorwitzes. Oben
auf dem Thurm ist ein kleiner runder Altan, von
welchem man eine freie Aussicht über die Gegenden
der Stadt hat. Joseph der Zweete, der seine Anstalten oft besuchte, soll manchesmal auf den Altan
gestiegen sein.

Im Waisenhause, welches ein großes und wohl
eingerichtetes Gebäude ist, werden 346 Kinder ernährt. Die Knaben werden sechs Stunden im Tage
unterrichtet; die Mädchen, deren Zahl sich itzt nur
auf siebzig erstreckte, müssen die Wäsche der Knab n
in gutem Stande erhalten. Die Kinder sehen gesund,
bescheiden und froh aus. Knaben und Mädchen kommen nur in der Kirche zusammen. Sie haben zwei
verschiedne Gärten.

Die kaiserliche Bildergallerie steht vor der Stadt
im Schloße Belvedere, welches der große Eugen von
Savoyen bewohnt hat. Sie ist besonders reich an
Gemählden aus den niederländischen und deutschen

Schulen. Zwar werden auch sehr viel Gemählde gezeigt, welche nach den Namen der berühmtesten italiänischen Meister benannt werden; ich gestehe aber,
daß mir die meisten nicht Original schienen. Ich
freute mich, die schöne heilige Familie von Rafael
hier zu finden, deren Kopie uns in Mailand schon
entzückt hatte. Das Urbild verbindet Schönheiten,
welche auch die vortrefliche Kopie nicht ganz erreichen konnte, mit dem Leben frisch erhaltner Farben.

In der Gallerie des Fürsten von Lichtenstein,
welche zu den größten Sammlungen von Privatmännern in Europa gehört, sahen wir auch vortrefliche
Gemählde. In beiden Gallerien stehen Porträts von
Christian Seibolt, einem Mahler, welcher zu Maria
Theresiens Zeit in Wien lebte. So täuschende sah
ich nie. Sein eignes Porträt, von ihm selbst gemahlt,
scheint mir die andern noch zu übertreffen. Es steht
in der lichtensteinschen Gallerie. Ein Vergrößerungs-
glas liegt dabei, durch welches man neue Vollkom-
menheiten im Bilde mit Erstaunen sieht. Dieser
vollendende Fleiß ist mit edler Freiheit des Pinsels verbunden. Das Bild scheint zu leben, der belebte Blick
hat selbst in der Feuchtigkeit der Augen unbeschreib-
liche Wahrheit.

Seibolt hatte viel Virtuosenlaune, und ließ
sie selbst die große und gute Maria Theresia empfinden.

Diese Virtuosenlaune begleitete, wenn ich nicht
irre, öfter das Talent der deutschen und niederländischen Künstler als der italiänischen. Verbunden mit
dem liebenswürdigen Talent, scheint sie manchen
liebenswürdig. Ich liebe sie nicht. Sie scheint mir
Disharmonie im Charakter zu beweisen. Rafael

hatte weder Virtuosenlaune, noch Virtuosenmiene.
Ein Mann, wie Rafael, konnte sie nicht haben. Ohne
reine, erhabne Harmonie des Charakters, hätte Rafael nicht Rafael sein können. Oft rührt diese über-
müthige Laune vom Selbstgefühl des Mannes her,
der sich in seinem Werke spiegelt. Der erhabne
Künstler, den Liebe zur Kunst mehr als Ehrgeiz entflammt, fühlt immer weniger wie viel er that, als
wie tief er unter seinem Ideal blieb.

Der Umfang der eigentlichen befestigten Stadt
Wien ist nicht groß, und soll nur 60,000 Menschen
in sich schließen. Desto größer sind die Vorstädte.
Diese mitgerechnet, wohnen in Wien, nach einer
diesjährigen Zählung 250,000 Menschen. Die
innere Stadt hat viele und schöne Paläste, aber die
Straßen sind nicht breit, auch zum Theil nicht gerade.
Im Sommer wohnen diejenigen Vornehmen, welche
keine Güter besitzen, oder durch ihre Aemter ver-
hindert werden sich zu entfernen, mehrentheils in den
Vorstädten.

Die Gegenden um Wien sind sehr angenehm.
Die Stadt wird aber im Winter oft von fürchterlichen Stürmen heimgesucht, welche durch Oeffnungen
naher Gebürge sie unfreundlich anwehen.

Hundert und siebenter Brief.

Dresden, den 31sten December 1791,

Am 19ten December verließen wir Wien. Ein fürchterlicher Sturm brausete so heftig, daß wir auf der großen Donaubrücke, welche ohngefähr drei Viertelstunden von Wien entfernet ist, uns auf das Gelender verließen, weil wir würklich besorgen mußten, daß die Kutsche würde umgewehet werden. Dieser Sturm hat im ganzen Deutschland, ja auch in Dännemark sich fühlen lassen, an vielen Orten Häuser abgedeckt und Bäume gestürzt. Die Gegend an der dort sehr breiten Donau ist waldig und von großer Schönheit.

Die schmalen Striche von Oestreich und von Mähren, durch welche wir auf unsrer Reise von Wien nach Böhmen fuhren, und das Land Böhmen, sind fruchtbar und wohl angebauet. Die Dörfer und die kleinen Städte zeugen vom Wohlstande der Einwohner.

Man heget im nördlichen Deutschlande grundlose Vorurtheile gegen die südlichen Provinzen. Das Volk ist fleißig und freundlich. Die Wege in den kaiserlichen Staaten sind mehrentheils vortreflich, die Posten wohl mit guten Pferden versehen, und die Wirthshäuser weit besser als in dem obersächsischen, niedersächsischen und westphälischen Kreise. Auch sind die Wohnungen des Landmanns freundlich, und von Gärten umgeben, in welchen viele Obstbäume gezogen werden. Der beste Apfel unsers Vaterlandes, welcher nach einem sächsischen Dorfe Borstorfer

genannt wird, gebeihet in Böhmen sowohl als in
Sachsen.

Im südlichen Böhmen sah ich Weingärten, in
welchen die Reben nicht unter die Erde gesenkt waren.
Auch waren sie alle sehr schwach, Sprößlinge des
Jahres. Man behandelt sie dort, trotz des deutschen
Klima's, wie in Apulien und in Sicilien; nur mit
dem Unterschiede, daß man in jenen südlichen Ländern frisch lebende Reben schon im Winter, hier aber
die bis auf die Erde erfrornen, im Frühling be-
schneidet.

Nirgends sah ich auf den Feldern eine solche
Menge von Rebhünern und Hasen als in Böhmen.
Gleichwohl werden sie nicht, oder nachlässig, geheget.
Böhmen ist voll von unberufnen Jägern, fast jeder
Bauer gehet auf die Jagd, da des Wildprets so viel,
und eine geringe Strafe auf dessen unrechtmäßige
Jagd gesetzet ist. Dieses Land versieht die kaiserliche
Armee mit geübten Scharfschützen. Man erzählte
mir, es würde keiner in diesen Dienst genommen,
welcher nicht in den drei ersten Schüssen, auf eine
Entfernung von zweihundert Schritten; wenigstens
einmal den schwarzen Mittelpunkt der Scheibe ge-
troffen hätte.

Am 24sten kamen wir nach Prag. Es ist eine
zum Theil schön gebaute Stadt. Neue Zier und
altväterliche Pracht, beide im böhmischen Geschmack,
begegnen sich in dieser Hauptstadt. Die Mulde
scheidet sie in zwei Theile. Die große Brücke wäre
schön, wenn die vielen Statuen es wären, welche
ihr zur Zierde bestimmt sind. Einige Inseln und die
Höhen am Ufer würden der Aussicht Reize geben,
wenn sie beschattet wären. Dießseits Prag wird die
Gegend bergig und von Wäldern beschattet. Sei

Lowofitz kamen wir an die Elbe, deren Krümmung
wir schon auf jener Seite von Prag bei Kolin gesehen
hatten. In Kolin sahen wir einen Blindgebornen,
welcher auf dem Klavier spielte. Er mußte über verschiedne Dinge zu sprechen, und sagte, daß er sich
von der menschlichen Gestalt nach dem Gefühl, auf
seine Weise, einen Begriff machen könnte, aber nicht
von Häusern. Kolin, Prag, Lowositz, der Anblick
dieser Oerter rief mir lebhaft die Erinnerungen des
siebenjährigen Krieges zurück, an dessen Begebenheiten, entflammt durch unsers Gleims unsterbliche
Kriegslieder, meine Geschwister und ich einen glühenden Antheil nahmen; welcher unsre Kinderspiele be-
seelte. Indessen meine älteste Schwester die edle
Kaiserin Maria Theresia vorstellte, mußte ein e r n st-
h a f t e s vorläufiges Gefecht entscheiden, ob mein
Bruder oder ich im S p i e l König Friedrich sein sollte.
Der Ueberwundne mußte den Feldmarschall Daun
vorstellen. So sehr galt das Recht des Stärkern,
daß die jüngern Schwestern nicht einmal die Wahl
hatten; ob sie die Kaiserin Elisabeth von Rußland,
die Reichsarmee, die Schweden, oder gar die Franzosen vorstellen sollten. Zwischen Lowositz und Aussig
fuhren wir an der Elbe, neben Felsen, welche den
Weg so verengen, daß an vielen Stellen zween Wagen an einander nicht vorbei fahren können. Die
Schönheit des Stromes wird noch gehoben durch
des jenseitigen Ufers waldige Hügel, zwischen denen
große Dörfer liegen. Der volle Mond und glänzen-
der Schnee gaben diesem Anblick eine Schönheit, für
welche diejenigen nur unempfindlich sind, deren
Liebe der Natur im Winter nicht getreu bleibt.
Am 27sten fuhren wir, auf bösen Wegen, aber
in unterhaltender Gegend, über die Berge, welche

Böhmen von Sachsen trennen, und kamen des Abend nach Dresden.

... Ich verlasse Dresden diesen Abend, und sah nichts von seinen Merkwürdigkeiten, welche ich zu zwei verschiednen Malen in vorigen Jahren gesehen und bewundert habe. Diesesmal fehlte es mir an Zeit, da ich Geschäfte hatte. Ich sah diesmal nicht die Bildergallerie, welche nicht nur ohne Vergleich die erste in Deutschland ist, sondern auch, wofern ich nicht irre, vor jeder Bildergallerie in Italien den Vorzug behaupten darf. Florenz, Bologna und Genua sind reicher als Dresden an schönen Gemählden, — und welche Stadt kann sich in dieser Absicht mit Rom vergleichen? — aber weder in jenen Städten, noch auch selbst in Rom, trift man in Einer Sammlung solche Mannigfaltigkeit, solchen Reichthum. Die Stadt Dresden hat mir immer die schönste in Deutschland geschienen, und ihre Lage, ihre Gegenden, haben große Reize. Die große Elbbrücke, und die Terrasse des Brühlschen Gartens, gewähren selbst in der Stadt annuthsvolle Spaziergänge und Aussichten, welche unter den vaterländischen nur den schönsten Aussichten der Rheinufer weichen.

L e i p z i g,

gedruckt bei Christian Friedrich Solbrig.

Verbesserungen zum vierten Bande.

Seite 6. Z. 6. v. u. lies Chiaromonte.
S. 16. Z. 7. v. u. l. Furchtbarkeit.
S. 17. Z. 3. v. o. l. Carlentini.
S. 21. Z. 13. v. u. l. hymettischen.
S. 21. Z. 10. v. u. l. heißem.
S. 28. Z. 10. v. u. l. es mußte sich ihm ergeben,
S. 39. Z 8. v. o. l. in die Mysterien.
S. 41. Z. 2. v. u. l. begleitete.
S. 47. Z. 10. v. o. l. Laklos.
S. 57. Z. 3. v. u l. Höflinge.
S. 59. Z. 3. v. u. (in der Anmerkung) l. Polyxenos.
S. 62. Z. 15. v. u. l. Anapos.
S. 68. Z. 9. v. u. l. die Augen, statt seine Augen.
S. 97. Z. 2. v. o. l. verlangend,
S. 109. Z. 7. v. o. l. Libyens.
S. 110. Z. 12. v. o. l. Ilbysche.
S. 116. In der Anmerkung, l. κελευσв.
S. 157. Z 9. v. u. l. erwerben, statt erwarben.
S. 158. Z. 6. v. u. l. übernehmen.
S. 166. Die letzten sechs Worte der Anmerkung müssen, da sie einen Irthum enthalten, ausgestrichen werden,
S. 168. Z. 12. v. u. l. Sorento.
S. 169. Z. 10. v. u. l. Ψυχομενον.
S. 169. Z. 3. v. u. l. Ωκυς.
S. 170. Z. 12. v. u. l. βαραζειν.
S. 172. Z. 16. v. u. l. κυανη statt κυανη.
S. 173 Z. 7. v. u. l. und der Clane.
S. 185. Z. 10. v. u. l. des Labbalon, statt das.
S. 188. Z. 8. v. o. l. l'Acqua.
S. 193. Z. 16. v. u. l. Duketios, statt Dukelios,
S. 194. Z. 3. v. o. l. 401.
S. 194. Z. 12. v. u. l in Stand.
S. 202. Z. 16. v. o. l. der Kyklopen.
S. 202. Z. 17. v. o. l sarigliani.
S. 204. Z. 2. v. o. statt επιτιν l. επι τιν.
S. 204. Z. 6. v. o. statt 'ητ' l. 'ης'.
Bey der metrischen Uebersetzung in der Anmerkung sind die Verse nicht abgesetzt worden.
S. 231. Z. 10. v. o. l. ελθη statt ελθη.
S. 232 Z. 16. v. u. l. anderm.
S. 254. Z.6. v. u. nach dem Worte lassen, l. zu bekennen.
S. 268. Z. 13. v. o. l. unsern.
S. 276. Z. 8. v. u. l. Sorben,
S. 286. Z. 15. v. o. muß nach durchbohren ein Kolon stehen.
S. 300. Z. 2. v. o. l. wollten.

Seite 306. Zeile 15. v. o. lies zeuget, statt zeiget.
S. 309. Z. 1. v. o. l. sein statt seine.
S. 314. Z. 5. v. o. l. Teverone, statt Tererone.
S. 335. Z. 15. v. u. l. Case nove, statt Case nore.
S. 363. Z. 10. v. o. l. la quarantia.
S. 364. Z. 10. v. o. l. Foscarini.
S. 365. Z. 17. v. u l. Indem statt in dem.
S. 367. Z. 6. v. o. l. einen statt einem.
S. 371. Z. 11. v. o. lies nach dem Worte Schule, geschmückt.
S. 380. Z. 4. v. o. l. Materialien.
S. 385. Z. 16. v. u. l. nordwestlichen.

———